大夏教育文存

常道直卷

主　　编　杜成宪
本卷主编　杨来恩

华东师范大学出版社

《大夏教育文存》编委会、顾问名单

编委会
顾问　孙培青　陈桂生
主任　袁振国
委员　叶　澜　钟启泉　陈玉琨　丁　钢
　　　任友群　汪海萍　范国睿　阎光才

常道直先生(1897年—1975年)

前言

一

1951年10月华东师范大学建校时，也成立了教育系，这是华东师范大学教育学科之源。当时教育系的教师来自大夏大学、复旦大学、圣约翰大学、光华大学、沪江大学等高校教育系科，汇聚了一批享誉全国的著名学者，堪为当时中国教育理论界代表。如：国民政府在20世纪40年代曾实施部聘教授制度，先后评聘两批，各二三十人，集中了当时中国学术界各个学科的顶尖学者。两批部聘教授里均只有一位教育学教授，分别是孟宪承、常道直，后来都在华东师范大学教育系任教，孟宪承还为华东师范大学建校校长；抗日战争期间，国民政府出于"抗战建国"、保证中学师资培养的考虑，建立了六所师范学院，其中五所附设于大学，一所独立设置，独立设置的即为建于湖南蓝田的国立师范学院，院长为廖世承，后来成为华东师范大学副校长、上海师范学院（后为上海师范大学）院长；中国第一代社会学家、奠定中国社会事业研究的基础的言心哲，曾为复旦大学社会学系系主任，后转入华东师范大学教育系从事翻译工作；华东师范大学成立后教育系第一任系主任曹孚，后为支持中央政府成立中央教育科学研究所和人民教育出版社奉调入京；主持撰写新中国第一本《教育学》、后出任华东师范大学校长的刘佛年……就是他们，共同奠定了中国现、当代教育理论发展的基础，也奠定了华东师范大学教育学科60多年的发展基础。

然而，由于历史的原因，这批著名学者当年藉以成名并影响中国现、当代教育学科发展的代表性成果大多未能流传于世，他们中的很多人及其著作甚至湮没不闻，以至今天的人们对中国教育学科的由来与发展中的诸多重要环节所知不详，尤其是对华东师范大学教育学科对于中国现、当代教育理论和实践发展的重要性知之甚少，而这些成果中的相当部分实际上又可以看成是教育理论和实践中国化探索的代表作。因此，重新研究、整理、出版这些学术成果，对于华东师范大学教育学科的学术传承、对于中国的教育学术传承，都具有十分重要的意义。

二

华东师范大学建校之初，在教育系教师名册上的教授共有27位，包括教育学和心理学两个学科。当时身任复旦大学副教务长的曹孚被任命为教育系主任,但由于工作原因晚一年到职,实际上教育系就有教授28位。除个人信息未详的二位外,建系教授简况见下表。

出生年代	姓名(生卒年)	建校时年岁	学历、学位
1890—1899	赵迺传(1890—1958)	61	大学肄业
	廖世承(1892—1970)	59	博士
	张耀翔(1893—1964)	58	硕士
	高君珊(1893—1964)	58	硕士
	欧元怀(1893—1978)	58	硕士
	孟宪承(1894—1967)	57	硕士
	谢循初(1895—1984)	56	学士
	黄觉民(1897—1956)	54	硕士
	萧孝嵘(1897—1963)	54	博士
	黄敬思(1897—1982)	54	博士
	常道直(1897—1992)	54	硕士
	沈百英(1897—1992)	54	五年制中师
	言心哲(1898—1984)	53	硕士
	陈科美(1898—1998)	53	硕士
	方同源(1899—1999)	52	博士
1900—1909	赵廷为(1900—2001)	51	大学预科
	左任侠(1901—1997)	50	博士
	谭书麟(1903—?)	48	博士
	萧承慎(1905—1970)	46	硕士
	胡寄南(1905—1989)	46	博士
	赵祥麟(1906—2001)	45	硕士
	沈灌群(1908—1989)	43	硕士
	朱有瓛(1909—1994)	42	学士
1910—1919	曹孚(1911—1968)	40	博士
	刘佛年(1914—2001)	37	学士
	张文郁(1915—1990)	36	学士

(本表参考了陈桂生《华东师范大学初期教育学习纪事(1951—1965)》一文)

可见华东师范大学教育系初建、教育学科初创时的教授们,出生于19世纪90年代的15人,20世纪00年代的8人,10年代的3人;60岁以上1人,50—59岁16人,40—49岁7人,40岁以下2人,平均年龄50.73岁,应属春秋旺盛之年。他们绝大部分都有留学国外的经历,有不少美国哥伦比亚大学学生。其中博士8人,硕士11人,学士4人,大学肄业1人,高中2人。他们大体上属于两代学者,即出生在19世纪90年代、成名于20世纪二三十年代的一代(五六十岁),出生在20世纪、于二三十年代完成学业的一代(三四十岁)。对于前一代学者而言,他们大多早已享有声誉且尚未老去;对于后一代学者而言,他们也已崭露头角且年富力强。相比较而言,前一代学者的力量又更为强大。任何一个高等院校教育系,如能拥有这样一支学术队伍都会令人感到自豪!

三

　　令后人感到敬佩的还在于这些前辈教授们所取得的业绩。试举其代表论之,以观全豹。

　　1923年,将及而立之年的孟宪承撰文与人讨论教育哲学的取向与方法问题,提出:教育哲学研究是拿现成的哲学体系加于教育,而将教育的事实纳入哲学范畴?还是依据哲学的观点去分析教育过程,批评现实教育进而指出其应有价值?他认为后者才是可取的。理由是:教育哲学是一种应用哲学,应用对象是教育;教育哲学研究导源于实际教育需要,是对现实教育的反思与批评,而其结论也需要经过社会生活的检验。这样就倡导了以实际教育问题为出发点的教育哲学,为中国的教育理念和教育理论的转型,即从以学科为出发点转向以问题为出发点,转向更为关注社会、关注生活、关注儿童,从哲学层面作出了说明。之后,不刻意追求体系化知识,而以问题研究为主、从儿童发展出发思考教育问题成为一时潮流。1933年,孟宪承出版《教育概论》,就破除了从解释教育和教育概念出发的教育学理论体系,而代之以从"儿童的发展"和"社会的适应"为起点的教育学叙述体系。在中国,以儿童发展为教育学理论的起点,其首倡者很可能就是孟宪承。1934年,教育部颁布《师范学校课程标准》,其中的《教育概论》纲目与孟宪承著《教育概论》目录几乎相同。而孟著自1933年出版至1946年的13年里共印行50版,是民国时期发行量最大的教育学教科书之一。可以看出孟宪承教育学思想对中国教育学理论转型、教育学学科建设、课程建设、专业人才培养和理论研究的深刻影响。

1921年，创始于美国、流行于欧美国家的一种新教学组织形式和方法道尔顿制传入中国，因其注重个别需要、自主学习、调和教学矛盾、协调个体与群体等特点，而受到中国教育理论界和中小学界的欢迎，一时间，诸多中小学校纷纷试行道尔顿制，声势浩大。东南大学附中的道尔顿制实验是其中的典范。当时主持东南大学附中实验的正是廖世承。东南大学附中的道尔顿制实验与众不同之处就在于严格按照教育科学实验研究方法与程序要求进行，从实验的提出、实验的设计、实验的实施、实验结果分析各个环节都做得十分规范，保证了实验的信度和效度，在当时独树一帜。尤其是实验设计者是将实验设计为一个与传统的班级授课制进行比较的对比实验，以期验证两种教学组织形式的长短优劣。在实验基础上，廖世承撰写了《东大附中道尔顿制实验报告》，报告依据实验年级各科实验统计数据、实验班与比较班及学生、教师的问卷调查结果，分析了实施道尔顿制的优点与缺点，得出了十分明确的结论：道尔顿制的特色"在自由与合作"，但在中国的现实条件下很难实行；"班级教学虽然有缺点，但也有它的特色"。廖世承和东南大学附中的实验及报告，不仅澄清了人们对道尔顿制传统教学制度的认识，还倡导了以科学研究解决教育问题的风气，树立了科学运用教育研究方法的楷模，尤其是帮助人们正确认识了如何对待和学习国外先进教育经验，深刻影响了中国教育的发展。此外，廖世承参与创办南京高师心理实验室首开心理测验，所著《教育心理学》和《中学教育》，在中国都具有开创性。

1952年曹孚离开复旦大学到任华东师范大学教育系系主任，是教育系第一任系主任。1951年，在其博士学位论文基础上撰成的《杜威批判引论》出版。书中，曹孚将杜威教育思想归纳为"生长论"、"进步论"、"无定论"、"智慧论"、"知识论"和"经验论"，逐一进行分析批判。这一分析框架并非人云亦云之说，而是显示出他对杜威教育思想的深刻理解和独到把握，超越了众多杜威教育思想研究者。他当时就指出杜威教育思想的主要缺陷，即片面强调活动中心与学生中心，忽视系统知识的传授和教师的主导作用。对杜威教育思想有深入研究的孟宪承曾称道："曹孚是真正懂得杜威的！"后来，刘佛年在为《曹孚教育论稿》一书所做的序中也评价说："这是我国学者对杜威思想的第一次最系统、最详尽的批判。"曹孚长于理论，每每有独到之论。50年代的中国教育理论和实践界，先是亦步亦趋地照搬苏联教育学，又对包括教育学在内的社会学科大加挞伐，少有人真正思考教育学的中国化和构建中国的教育学问题。曹孚在其一系列论文中提出了自己的主张。他认为，教育学的学科基础包括哲学、国家的教育方针政策、教育工作经验、中国教育遗产和心理学五方面；针对当时否定教育继承性的观点，他提出继承性适用于教育，因为教育既是上层建筑，也是永恒范畴；对教育历史人物评价问题，他批评以唯物主义或唯心主义为标准，从哲学、政治立场出发的评价原则，主张将哲学思想、政治立场和教育主张区别而论，主要依据教育思想来评价教育人物；他认为，即使是资产阶级教育思想也不是一无是处，不能"一棍子打死"，也有可以吸取和改造的。在当时环境下，曹孚之言可谓震聋发聩。

1979年，刘佛年主编的《教育学》（讨论稿）由人民教育出版社正式出版。这是"新时期"全国正式出版的第一本教育学教材。之前，从1962年至1964年曾四度内部印刷使用，四度修改。"文革"中还被作为"大毒草"受到严厉批判。1961年初，刘佛年正式接受中宣部编写文科教材教育学的任务。当年即撰写出讲授提纲，翌年完成讨论稿。虽然这本教育学教材在结构上留下明显的凯洛夫《教育学》痕迹，但也处处体现出作者对建设中国教育学的思考。教材编写体现了对六方面关系的思考和兼顾，即政策与理论、共同规律与特殊规律、阶级观点与历史观点、历史与理论、正面论述与批判、共性与特性。事实上这也可以作为教育研究的一般方法论原则。在教材编写之初，第二部分原拟按德育、智育、体育分章，但牵涉到与学校教学工作的关系，出现重复。经斟酌，决定按学校工作逻辑列章，即分为教学、思想教育、生产劳动、体育卫生等章，由此形成了从探索教育的一般规律到研究学校具体工作的理论逻辑，不失为独特的理论建构。1979年教材出版至1981年的两年间，印数近50万册，就在教材使用势头正好之时，是编者主动商请出版社停止继续印行。但这本教育学教材的历史地位却并未因其辍印而受到影响，因为它起到了重建"新时期"中国的教育学理论和教材体系的启蒙教材作用。

不只是以上几位，华东师范大学教育系的创系教授在各自所从事的研究领域都有开风气之先的贡献。如，常道直对比较教育学科的探索与开拓，萧承慎对教学法和教师历史及理论的独到研究，赵廷为、沈百英对小学各科教学法的深入探讨，沈灌群对中国教育史叙述体系的重新建构，赵祥麟对当代西方教育思想的开创性研究，等等，对各自所在的学科都产生了重要影响而被载入学科发展的史册。还有像欧元怀，苦心经营大夏大学二十多年，造就出一所颇有社会影响的著名私立高等学府，为后来华东师范大学办学创造了重要的空间条件。所有前辈学者们的学术与事业，都值得我们铭记不忘。

四

基于以上认识,我们将此次编纂《大夏教育文存》视为一次重新整理和承继华东师范大学教育学科优良学术传统的重要契机。

我们的宗旨是:保存学粹,延续学脉,光大学术。即,将华东师范大学教育学科历史上最具有代表性的学术精华加以保存,使这些学术成果中所体现的学术传统得以延续,并为更多年轻一代的学生和学者能有机会观览、了解和研究前辈学者的学术、思想和人生,激发起继承和发扬传统的自豪感和使命感。希望通过我们的工作实现我们的宗旨。

就我们的愿望而言,我们很希望能够将华东师范大学教育学科一代代前辈学者的代表作逐步予以整理、刊布,然而工程浩大,可行的方案是分批进行。分批的原则是:依据前辈学者学术成果的代表性、当时代的影响和对后世影响的实际情况。据此,先确定了第一辑入选的 11 位学者,他们是:孟宪承、廖世承、刘佛年、曹孚、萧承慎、欧元怀、常道直、沈灌群、赵祥麟、赵廷为、沈百英。

《大夏教育文存》实际上是一部华东师范大学建校后曾经在教育学科任教过和任职过的著名学者的代表作选集。所选入的著作以能够代表作者的学术造诣、能够代表著作撰写和出版(发表)时代的学术水平、能够为当下的教育理论建设和教育实践发展提供借鉴为原则。也有一些作品,我们希望能为中国的教育学术事业的历程留下前进的脚步。

《大夏教育文存》入选者一人一卷。所收录的,可以是作者的一部书,也可以是若干部书合为一卷,特殊情况下也可以是代表性论文的选集,还包括由作者担任主编的著述,但必须是学术论著。一般不选译著。每一卷的选文,先由此卷整理者提出方案,再经与文存总主编共同研究商定选文篇目。

每一卷所选入著述,在不改变原著面貌前提下,按照现代出版要求进行整理。整理的内容包括:字词和标点符号的校订,讹误的订正,专用名称(人名、地名、专门术语等)的校订,所引用文献资料的核实及注明出处,等等。

每一卷由整理者撰写出编校前言,内容包括:作者生平、学术贡献、对所选代表作的说明、对所作整理的说明。每一卷后附录作者主要著作目录。

五

编纂《大夏教育文存》的设想是由时任华东师范大学教育科学学院院长的范国睿教授提出的。他认为,作为中国教育学科的一家代表性学府,理应将自己的历史和传统整理清楚,告诉后来者,并使之世世代代传递下去。实现这一愿望的重要载体就是我们的前辈们的代表性著述,我们有责任将前辈的著述整理和保护下来。他报请华东师范大学校长办公会议批准,将此项目立项为"华东师范大学优势学科建设项目",获得资助。还商得华东师范大学出版社支持和资助,立项为出版社重点出版项目。可以说,范国睿教授是《大夏教育文存》的催生人。

承蒙范国睿教授和时任教育科学学院党委书记汪海萍教授的信任,将《大夏教育文存》(第一辑)的编纂交由本人来承担,能与中国现、当代教育史上的这些响亮名字相伴随,自是莫大荣耀之事。要感谢这份信任!

为使整理工作能够顺利进行,我们恳请孙培青、陈桂生两位先生能够担任文存的顾问,得到他们的支持。两位先生与入选文存的多位前辈学者曾是师生,对他们的为人、为学、为师多有了解,确实给了我们很多十分有价值的指点,如第一辑入选名单的确定就是得到了他们的首肯。对两位先生我们要表示诚挚的感谢!

文存选编的团队是由教育学系的部分教师和博士、硕士生所组成。各卷选编、整理工作的承担者分别是:孟宪承卷,屈博、廖世承卷,张晓阳;刘佛年卷,孙丽丽、曹孚卷,穆树航;萧承慎卷,王耀祖;欧元怀卷,蒋纯焦、常国玲;常道直卷,杨来恩;沈灌群卷,宋爽、刘秀春;赵祥麟卷,李娟;赵廷为卷,王伦信、汪海清、龚文浩;沈百英卷,郭红。感谢他们在选编和整理工作中所付出的辛劳和努力!研究生董洪担任项目秘书工作数年,一应大小事务都安排得井然有序,十分感谢!

尤其是要感谢入选文存的前辈学者的家属们!当我们需要了解前辈们的生平经历和事业成就,希望往访家属后人,我们从未受到推阻,得到的往往是意料之外的热心帮助。家属们不仅热情接待我们的访谈,还提供珍贵的手稿、书籍、照片,对我们完成整理工作至关重要。谢谢各位令人尊敬的家属!

感谢华东师范大学出版社对文存出版的大力支持!也感谢资深责任编辑金勇老师的耐心而富有智慧的工作,保证了文存的质量。

感谢所有为我们的工作提供过帮助的人们!

杜成宪

2017年初夏

编校前言

常道直是我国著名的比较教育学家,所著《各国教育制度》为其代表作。该书全面、客观地介绍了20世纪30年代以前,英国、法国、俄国、日本、德国、美国、意大利、丹麦等国的教育状况,并分析了各国教育制度的特点。此书与庄泽宣的《各国教育比较论》以及钟鲁斋的《比较教育》,代表着民国时期中国比较教育研究的最高水平。在研究方法上,庄泽宣主要以"列国并比法"见长,钟鲁斋以"折中法"兼收并蓄,常道直则以"逐国叙述法"为主要特色。在此须加提叙的是,《各国教育制度》是在编著者其他著述,如《德国教育制度》、《法国教育制度》、《比较教育》的基础上,采择、补苴而最终完善起来的,可谓资料翔实、体大思精。然孟子曾言:"颂其诗,读其书,不知其人可乎?"在具体介绍《各国教育制度》之前,本文愿对该书编著者的生平与学术生涯略加介绍。

一

常道直,字导之①,江苏江宁人②。1897年2月12日,生于一商贾家庭,兄弟中排行第四。父亲常子瞻为晚清秀才,受中国传统文化影响,对子女的教育格外重视。幼时,常道直与三位兄长一道被送入私塾发蒙。在家中,常父亦亲自传授其儒家经典。1906年,两江总督端方在江宁创办同仁小学,常道直遂转入该学堂学习。之后,相继升读两江师范附属小学、江苏省立一中、江苏法政专门学校、金陵大学(文科)。1919年4月,杜威来华讲学,一时间教育改造社会之声响彻云霄,受此风潮影响,他决心改习教育。1920年1月,常道直考入北京高等师范学校教育研究科,成为该科首届学生。是年9月,担任《平民教育》杂志社编辑,宣传杜威的教育学说,并编译了《平民主义与教育》一书。翌年,经余家

---

① 导之是常道直的字。由于常道直在出版著作或发表文章时,常署名导之或常导之,故现有研究或教育辞书中常会出现讹误,将其作为曾用名或别名。此外,又因道直与导之在发音上颇为相似,民国时期就已出现诸多错误,如将其名误写作道之与导直。例如,南京第二历史档案馆,学术审议委员会审选部聘教授办法及送审名单(1946年)中的部聘教授名单(卷号02487)中,就将其名写为常导直;又如民国期刊《健与力》第4卷第12期的《对于体育的意见和理想:十二月三日教育部中等教育司司长导直对国立体育师范专校员生讲词》一文中,也写成导直。另一种错误,如1922年《社会学杂志》第1期第1卷的《中国社会纷乱原因之分析》一文,则误写成常道之。

② 今属江苏省南京市江宁区。常道直祖籍江宁,出生时住址已迁至南京市区。据《北京师范大学教育研究科同学录》与1924年《北京师大周刊》第228期《常道直启示》可知,常道直青少年时期的家庭住址在今南京市三牌楼群益里,属鼓楼区。

菊、陈启天、左舜生、杨钟健、苏甲荣五人介绍,加入少年中国学会。① 1922年4月,高师毕业后,应上海商务印书馆之聘请,负责《教育杂志》的"世界教育新潮栏目",译介、撰写了大量介绍西方教育最新成就与发展趋势的论文。此外,出于对推广民众教育的热诚,于1923年春,赴任江苏省平民教育促进会干事,与陶知行、徐养秋等人在南京近郊开展与推广民众教育。②

1924年7月,常道直通过江苏省公费留学生的选拔考试。1925年1月,辞却《教育杂志》与平教会职务,赴美国哥伦比亚大学师范学院留学,师从实用主义哲学家杜威(John Dewey,1859-1952),主修教育行政、教育哲学与教育社会学。③ 1926年,获教育学硕士学位,旋即前往英国伦敦大学深造。1927年夏,又转入德国柏林大学哲学系学习。1928年秋,学成归国。

1929—1949年,常道直将主要精力投入在以下两方面:一是高校的教学工作。先后在安徽大学、北京师范大学、中央大学任教,主要教授比较教育、教育哲学等课程,并根据学生学习与教学的需要,编订了《教育行政大纲》(1930)、《比较教育》(1930)、《增订教育行政大纲》(1931)、《新中华比较教育》(1934)等教材;二是教育学术团体的建设。与孟宪承、郑西谷、杨亮功等教育学者,倡议并组建了首个全国性教育学术团体——中国教育学会,并任常任理事兼驻会文书,主要负责"学会"的文书、公关及会员间的沟通工作,十余年亦复如是,堪称"学会之津梁"。除上述工作外,1943—1944年,常道直还担任了中等教育司司长,在抗战的艰苦条件下,组织兴办了21所国立中学,收留各战区流亡及失学青年。1947—1948年,被聘为西北师范学院与台北师范学院教授,定期前往两校讲学、授课。在百忙之中,他仍笔耕不辍,出版了《德国教育制度》(1933)、《法国教育制度》(1933)、《师范教育论》(1933)、《各国教育制度》(1936,1937)、《教育制度改进论》(1947)等著作。鉴于他在教育研究上的突出表现,经袁伯樵、汪德亮、孟宪承等15人之举荐,荣任教育部部聘教授。④

---

① 《少年中国学会消息》,《少年中国》,1922年,第3卷第6期。
② 常道直:《干部简历表》,华东师范大学人事处人事档案室。
③ 《常道直启示》,《北京师大周刊》,1924年,第251期。
④ 部聘教授荐举名单(油印件),学术审议委员会审选部聘教授办法及送审名单(1946年),南京:第二历史档案馆教育部档,全宗号五,案卷号02487。部聘教授的推荐和评选,为郑重其事,有章可循,教育部责成由吴俊升、傅斯年、吴稚晖、竺可桢等30余人组成的学术审议委员会,仔细研究,制定出《教育部设置部聘教授办法》。《办法》的第二条规定:一、在国立大学或独立学院任教授10年以上;二、教学确有成绩,声誉卓著;三、对于所任学科有专门著作,且具有特殊贡献。第三条规定,部聘教授须由教育部提经学术审议委员会全体会议出席委员2/3以上表决通过。部聘教授都是高教界的佼佼者,而且是中国相关学科专业的顶尖人物。(曹天忠:《档案馆里的部聘教授》,《学术研究》,2007年第1期,第113页。)

新中国成立后，常道直先后在四川大学、重庆大学任教。1951年10月，应孟宪承之邀，受聘为华东师范大学教育系教授。1956年，经李建勋、舒新城等人介绍，加入中国民主促进会。1958年，华东师大成立教育科学研究所，常道直任该所副所长。1963年，兼任外国教育史研究生班导师，孜孜不倦地为学生讲授西方教育名著，并将毕生所学悉数相传。1964年，华东师大西欧北美教育研究室（1972年更名为"外国教育研究室"）成立，任该室主任。1975年，因肺水肿，病逝于上海。

在了解常道直生平的基础上，对他的学术生涯与学术贡献作一番梳理，一方面，可以认识《各国教育制度》一书在其学术生涯中所处之地位；另一方面，也可进一步增进人们对常道直学术生命、学术贡献的了解。

常道直的学术生涯大致可以分为四个阶段：

第一阶段是在北高师学习至担任《教育杂志》编辑时期（1920—1924）。他在北高师研究科学习期间，嗜读杜威的著作，并经常随侍在杜威夫妇左右。在与杜威近距离接触的过程中，杜氏的思想和人格魅力，给常道直留下了深刻印象。受杜威夫妇学说的启迪，他不仅与余家菊创办了《教育与社会》杂志，宣扬杜威的教育学说。尔后，该杂志与《平民教育》合并，他还继续担任编辑，先后发表了《学校之社会的任务》（《平民教育》1920年第24号）、《教育实验之重要》（《平民教育》1921年第31号）、《自动教育略说》（《平民教育》1921年第33号）、《学习与做事》（《平民教育》1921年第34号）、《游戏在教育上之价值》（《平民教育》1921年第35号）、《杜威夫人注意我国女子教育》（《平民教育》1921年第36号）等文章，而这些文章中所阐发"民治国的教育是为全体人民而设的，并非为特种阶级的人民而设的"、"提倡与注入式教育相对的自动教育"、"学业与校外活动是连贯一气的"、"注重个体的创造力与养成个体对于社会兴趣"的教育观点与《民主主义与教育》一书中所包含的教育意蕴可谓一脉相通。从中，我们可以明显见到常道直思想与行动中所折射出的杜威思想的影子。

1922年，常道直任《教育杂志》编辑，负责译介国外最新的教育趋势，这使得他的视野得到了极大开阔。在工作中，他不仅译介了诸多有关西方各国教育理论与实践的文章，如《德国之补习教育》、《英国盲聋教育之危机》、《剑桥大学成人教育论文集》、《美国纽约省之大学校与工人教育》、《测量教授的成绩》、《德维士的教授术》、《欧哈德的教授之方式》等，也使其涉猎了比较教育、性教育、成人教育、职业教育等诸多教育研究领域。此时的他，开始学会独立分析教育现象与教育问题,相继出版《社会教育与个性教育》(与王骏声合著)、《学校风潮的研究》(与余家菊合著)、《成人教育》(与任白涛合著)、《性教育概论》等著作。须加说明的是,在此阶段,常道直虽成果丰硕,但并未形成专门的研究领域;对教育问题的分析虽有独到的见解,可又缺乏教育实践经验,很多观点都带有"书生式"教育家的味道。

第二阶段是在留学时期(1925—1928)。在留美期间,常道直跟随杜威,主修教育行政,这使得他对教育实际须有亲身的体验与细致的了解。在美国的近两年时间,常道直不仅参观了普林斯顿大学(Princeton University)、哈弗福德学院(Haverford College)、布林茅尔学院(Bryn Mawr College)等高等院校,也考察了劳林斯维尼学校,弗莱明顿公学等中小学校。这种参观的教学方法相当于医科的临床实习,使所学的理论能直接应用到实际问题,对于美国的地方实际教育情形获得更进一步的了解。① 细心的他将考察的每所学校的基础设施、课程设置、教职员情况、学校每年的经费开支与学校设置如实详细地记录下来。这些资料,经整理后,成为国内了解美国教育主要的资料来源。1926年,获得硕士学位后,他又留学英国伦敦大学、德国柏林大学,一方面,是为了对西方国家的教育行政有更全面的了解,探究其教育制度的渊源;另一方面,主要是想进一步研究赫尔巴特的教育学说。② 在德学习期间,常道直的思想受到了赫尔巴特的影响,这从其晚年的研究旨趣与教学实践,也可以窥见。关于此点在第四阶段会详细阐释,这里便不再赘述。此外,留学期间,常道直考察了欧美诸国的教育状况,对美、英、德、法等国的教育行政、幼儿教育、中小学教育、高等教育、师范教育、补习教育、职业教育等方面作了系统的研究,并尤为关注各国教育制度的演进与教育专业化的进展。

留学欧美,对于常道直而言,可以说意义非凡,除了前文提及的使其对西方各国教育情况有了切身体会以外,实地考察也使其受到了较为全面的教育学专业训练。不仅如此,对于欧美国家的教育专业组织的运作,他也有了比较清晰的认识,并与李蒸、李建勋、李清悚、杨亮功等人组织在美留学生教育专业团体。这为常道直回国后在社会上推动专业认证和专业技能的权威,成功地把教育专业化的程序和比较教育、教育行政等学科移植到中国,提供了模板与借镜。当

---

① 杨亮功:《早期三十年的教学生活 五四》,合肥:黄山书社,2008年版,第38页。
② 关于这点,深圳大学的张法琨教授也指出,常道直去德国留学的重要目的之一就是研究赫尔巴特。

时世界学术发展的趋势,赋予了常道直这代教育学人艰巨的使命,即促使中国的教育学科从译介走向编著,从移植走向创生。①

第三阶段是从留学回国至新中国成立(1928—1949)。归国后的常道直,深深地沉浸在教育学术研究之中。他先后受聘为当时国内的各大名校,教授教育哲学、比较教育等课程。在研究过程中,常道直特别注重对西方教育制度的研究,先后出版了《法国教育制度》(1933)、《德国教育研究》(1933)、《各国教育制度》(1936、1937)。此外,他还发表了《制度——贯彻理想的工具》、《学制之比较研究》等文章,阐述教育制度之于民族、国家的意义。这二十年中,常道直尽量使自己做一个"书生式"的教育家,勤奋写作,成果倍出,出版了多部比较教育学著作,并发表了诸多学术水平较高的论文。据不完全统计,截止至20世纪40年代初,常道直陆续出版学术著作十余部,发表论文二百余篇(见附录)。为此,他的学术研究水平赢得教育界同仁的一致认可,并颇具声望。1944年,教育部评选部聘教授,他当之无愧地荣膺此誉。

在此阶段,值得一提的是常道直为谋求教育专业"中国化"所作的不懈努力。20世纪30年代早期,中国研究事业迅速扩大,主要的学术研究机构(1916—1944)中,唯独没有教育。② 此外,一些学术界名人,如历史学家傅斯年、植物分类学家胡先骕均表达了对教育学术性、专业性的怀疑,上述各种因素促使了常道直与孟宪承、陈剑修等一批教育学人,希望建立属于教育专业的组织机构。在美国留学时,他们组织的教育专业团体其实已经具备了雏形。通过数年的筹备,他们于1933年成立了中国教育学会。在数届学会的选举中,常道直连任理事、驻会理事或驻会文书,负责学会的具体事务,积极推动中国教育事业专业化,并发挥了中流砥柱的作用,使得其时的教育学术研究的质量得到了较大的提升。1946年,常道直还代表中华民国教育协会理事会,出席在美国纽约举行的世界教育专业会议,并于世界教师会议席上发表演说,建议大会应为教师草拟一种职业伦理之国际法典。

第四阶段是任教华东师范大学(1950—1975)。这一时期,常道直的著作特别少,主要是以论文与手稿为主,尚未有公开出版的著作。新中国成立后,受国际政治格局的影响,即美苏两极格局以及中苏关系的破裂,欧美等西方国家的

---

① 瞿葆奎,郑金洲,程亮:《中国教育学科的百年求索》,转引自常导之:《增订教育行政大纲》,福州:福建教育出版社,2011年,第4页。
② 费正清,费维恺:《剑桥中华民国史(1912—1949)下卷》,北京:中国社会科学出版社,2007年版,第400页。

教育资料获取途径被迫中断,在获取第一手文献资料无门的情况下,常道直遂将研究的重点转向了对近代世界教育史上几个主要教育人物的评价上。在1958年华东师范大学学报上,他先后发表了《杨·阿姆司·夸美纽斯的生平和教育思想》与《赫尔巴特的教学论的再评价》二文,文中内容包含了其对西方教育发展历史的深刻认识与对教育史问题的思索。尤其是在《赫尔巴特的教学论的再评价》一文中,常道直指出评价教育史人物不能单纯地以"唯物"与"唯心"进行划分,他认为"历史上许多教育家的哲学观点往往是唯心、唯物玉石杂糅的",并不容易划分,不能随意将"把'唯物的'和'进步的','唯心的'和'反动的'之间划上一个等号,绝不容一概而论,否则就会陷入庸俗的社会学观点的泥沼"①。在其时的时代背景下,常道直能顶着压力,实事求是地对教育史人物进行客观的评价,体现了其作为一个学者,身上所持有的求实与求真的精神。

1960—1963年,国家为抢救老教授遗产,请常道直出任华东师范大学教育系外国教育史研究生班导师,带三名学生,他倾注毕生精力向他们传授专业知识,循循善诱为爱徒厘清中国独特社会、文化镜脉下教育面临的问题,为他们指明了今后从事教育研究事业应该努力的方向。关于研究生毕业论文的选题,常道直让学生围绕着赫尔巴特与杜威开展研究,并特别强调对两者进行比较研究,如郭德敏的选题为《杜威与赫尔巴特教育思想比较研究》、梁慧珠的选题为《杜威"做中学"理论研究》,张法琨的选题为《赫尔巴特兴趣学说研究》,遗憾的是,由于政治旋涡席卷而来,常道直未能指导三名研究生完成论文的写作。

西方学者 Sarri 曾言,19世纪末出生的那代知识分子是"一代特殊的中国人",既是"最后一代在学童时期受孔子学说浸润的人,又是第一代不仅在国家主权也在思想文化上面对西方列强挑战的人。"②常道直就是其中的代表人物之一,为了发展中国的教育学术事业,为了振兴民族国家,他殚精竭虑、呕心沥血。《各国教育制度》一书,可谓既集中体现了常道直的教育学术水平,也蕴含其"教育救国"的殷切期望。

二

中国历经鸦片战争、甲午战争之后,向西方学习的步伐日趋急骤。从清末

---

① 常道直:《赫尔巴特的教学论的再评价》,《华东师大学报(人文科学版)》,1958年,第3期。
② Sarri, *Legacies of Childhood*, p. ix. 转引自叶维丽:《为中国寻找现代之路 中国留学生在美国(1900—1927)》,北京:北京大学出版社,2012年版,第4页。

张之洞等人主张的"中体西用",到五四运动时期新一代知识分子所倡导的"全盘西化",不难看出国人日渐浓厚的自惭心理,以及对西方列强与日俱增的"膜拜"心态。近代教育家庄泽宣曾指出:"日本化的原因是由于日本与中国同种同文,日本既可因行某种制度而富强,中国当然也可以如法炮制,那知道竟不然!于是不得不直接去学西洋。可巧中国学校里向来教的外国语是英文,民国纪元前二年美国又退还了一大批赔款,革命后国体又名为共和,大家对于美国的制度当然是欢迎了。于是到美国去研究考察的人不少。"①常道直也直接批评当时"我国教育事事模仿他人,不管自己的要求和境况,以致完全无精进气象,实是大错"②。与清末民初的学者相比,以常道直为代表的新一代教育学者,在借鉴与移植西方经验的过程中,更为注重考察各国的历史文化、风土人情,并根据本国需要,有甄别地进行选择。他们不仅思考本国该向谁借鉴,借鉴时又当如何处理新与旧、中与西之间的多重文化关系,而且力求为本国教育制度的改进提供可供参考的范本。这从常道直编订《各国教育制度》之初衷,可见一斑:

> 我是一个五年多未尝间断过的大学教书匠,所以我个人本分内的工作,当然不外"教"与"学"两件事,或者更正确地说是一件事的两方面。我来年拟继续编著一套关于各国教育制度之比较正确、可靠的参考书。同时并对各国教育制度之学理根据,作进一步的探究。如上所说的工作计划,在目前天灾人祸交迫的中国,似乎是不切实际需要的。不过,我相信,中国的改造,各方面都需要正确而健全的知识作基础。过去我国教育上种种措施,表面上似乎是模仿甲国或乙国,但是经过精密考察以后,便不难发现国人对于外国教育制度和理想之知识实在异常缺乏,往往不免陷于误解或曲解。我自己觉得对于这种工作,尚有相当的准备和能力,所以深愿从这方面贡献我的劳力于国人。③

常道直之所以编辑外国教育制度丛书,除了前文提及的动机外,还与他亲历的1922年、1932年两场师范学制论争中的所闻所感不无关联。在师范学制方面,我国先是仿日,后又仿美,虽然制定过程经过社会各方的广泛讨论,但实

---

① 庄泽宣:《如何使新教育中国化》,上海:民智书局,1929年版,第13—14页。
② 常道直:《美国最近试验学校之状况》,《教育丛刊》,1921年,第2卷第4期。
③ 常导之:《个人计划(六五)》,《东方杂志》,1933年,第31卷第1期。

际运作中出现的问题每每有始料未及者。以1922年师范学制论争为例,当时,广东、江苏、浙江乃至全国教育会中的不少人士,纷纷主张废除师范学校,将之归并于中学与大学,理由是师范生的专业程度不高,而师范学校免交学费,使得本就因军阀混战而拮据的教育经费雪上加霜。壬戌学制建立后,仅保留了北京师范大学,这所大学在1932年,仍险遭废止。然其时之中国,国力衰微,地区间发展极度不平衡,乡村经济尤为落后,一般人家子女根本上不起中学,更遑论大学,辍学情况极为严重。加之中小学教师的工资微薄,大学毕业生大多不愿从事该职业。正是由于时人对中国教育现状缺乏通盘考虑,改革方式上也过于急促、轻率,导致了20世纪40年代中国的师资严重短缺,特别是在常道直担任中等教育司司长之时,情况尤甚。与之相比,国外的教育改革却循序渐进、细致周详。常道直曾考察过英国的教育改革,19世纪末英国的小学与中学之间缺乏合理的接轨,小学高年级课程未能适应青春期学生身心之需要。英国教育部在采纳国内各方意见后,确定了以下步骤:(一)委诸教育部的咨议委员会(由教育部专家所构成),进行详细的调查。(二)该委员会经过细密调查英国各地的情况后,参酌教育专家的主张,撰写成具体报告上交给教育部。(三)教育部接到报告后,考虑到全国各地有特殊情况,主张从小规模、小范围进行试验。① 中英两国的教育改革过程的对比,对常道直决心编订外国教育制度丛书亦产生了重要影响。

除了上述两方面原因外,更深层次的,是缘于常道直对教育制度之于教育发展,国家振兴作用的体认。晚清以降,中国建立起全国范围的官学体系,并同时拥有大量的私立书院以及众多的社学、义学、族塾与家塾。这种教育体系存在诸多问题,如各省、各市县乃至各书院之间缺乏交流与沟通,塾师的教学水平参差不齐,未划分层次鲜明的学级等。然其时之欧美国家,已建立起体系完备、层级分明的现代教育制度。在工业化社会,教育成为了国家、社会的公共事业,而公共事业的开展,亟需与之相配合的教育制度,方能发挥其功用。在常道直看来,教育制度改革是教育事业开展的动力,更是实现国富民强理想的最佳途径之一。在《比较教育》一书中,他举了丹麦、土耳其、日本、比利时等国之事例,说明教育在旧国家之改造与新国家之建设中所发挥的重要作用,而且事实也证明了教育对于一国之经济、社会发展意义非凡,如日本通过教育改革,由小国、弱国变为大国、强国。1942年,在《制度——贯彻理想的工具》一文中,常道直指

---

① 常道直:《师范教育论》,北平:立达书局,1933年版,第32页。

出:"一种高远的理想,必待有了能与之配合的制度,越能发生实际效果。"他还说:"教育制度大者如各级行政之组织,各种学校之结构,小者如学校庶务之处理,教师登记之程序,合之则构成一纲举目张之完整体系,分之则每一部门,每一事项,均各有其所应遵循的法度。全部制度仿佛是一架庞大的机器,其中局部的缺陷,即使是极微末的一部,也必会影响到全体;一个螺旋钉的松落,足令全部机器运转不灵。"①更何况学制与每个学生、家庭乃至国家都息息相关。因为学制之结构,关系儿童及青年之身心发展,教材支配,家庭经济负担,国家岁出以及人力经济等等方面,安得视为不急之务。②学制对于学生、家庭、教育事业与国家兴盛的重要性,使常道直进行的教育制度研究益添急迫之感。但是,在现代教育制度建设方面,中国无自身的先例成法可资借鉴,他遂而将研究的视界投向了西方。"美国之重效率,英国之尚品格训练,德国学制之灵活,法国行政系统之严整",在他眼中,各国之所长都值得借鉴与吸收。

三

《各国教育制度》一书分上、下两册。上册于1936年8月出版,下册于1937年7月出版,均由中华书局印行。该书叙述与分析并重,涉及英、法、俄、日、德、美、意、丹八国的教育制度,每个国家独立成篇,共八篇。

各篇以"各个国家为单位,先简单叙述其国家大概,以为全篇导论。本论分教育行政机关与学校系统两大部分:前者包括各级教育行政机关之组织及职权,教育视导制度;后者更区分章节,将各级学校之内容为系统的分析的说明"。③之所以先叙述各国概括,是因为各国均有其民族性与独特的文化传统,学制的演化也各有其背景与缘由,而且"一种制度可以视为某一民族在某一时代之集体的意志之体现"④。在对教育行政机关与学校系统两大部分进行阐述时,他采用"逐国叙述法",系统、客观地突出了各国教育制度的内容与特色。如教育行政机关部分,对各国的中央与地方的教育行政机构:教育部、教育行政机关、教育视察机关,不仅从历史的角度进行了考察与梳理,同时还在书中附以图表,直观、生动地反映出德、美、英、法等八国教育行政组织的状况;又如学校系统部分,他"特别侧重初等教育、中等教育、师范教育、职业教育及高等教育",同

---

① 常道直:《制度——贯彻理想的工具》,《星期评论(重庆)》,1941年,第37期。
② 常道直:《制度——贯彻理想的工具》,《星期评论(重庆)》,1941年,第37期。
③ 常道直:《各国教育制度》,上海:中华书局,1936年版,弁言。
④ 常道直:《制度——贯彻理想的工具》,《星期评论(重庆)》,1941年,第37期。

时兼顾民众教育与成人教育。在论及各级学校课程时,辅以详尽的课程表,不仅列出课程名称,还有具体的课时、分班情况。此外,对八国各级学校的学校、学生数量,他也都有准确、客观的记录。可以说,该书作者不仅多方搜集新颖、可靠的研究材料(法、英、德等国的最新著作),并且反复斟酌、修订,力求使全书无一空泛揣测之语。此外,作者还以天孙巧手将各国杂乱无章的教育资料,缝缀得井井有条。中央大学的学生王秀南曾回忆道:"比较教育教授常道直,讲义编得非常好,教材也时常更新。"①综言之,该书条分缕析、详略得当,系统考察了英、美、法、德、俄、意、丹等主要西方国家教育制度的状况,这既为当时教育研究、教育决策提供助益,也为后世教育研究的发展留下了宝贵的遗产。

此外,该书渗透着常道直对西方大国教育制度利弊的分析与评价。在论及英国教育系统时,他指出:"英国的教育,以缺乏系为其特色,而最明显的是中等教育之内部组织,几于全然缺乏统一性",但"在英国,所谓中学校,其根本观念大体可以人文主义或文化主义表著之",他认识到这与英国绅士教育传统密不可分。针对法国教育制度,他说道:"法国学校制度可视为现代双轨学制之代表",素以精英教育为核心,但近代以来,在义务教育方面着力尤甚;而"苏俄在其建国初期中,颇有一举而摆脱彼所谓资本主义国家之成法,而另起炉灶之势;惟自实行新经济政策以来,其学制上显然受了外来的影响",美国则素认"机会平等"为实现社会正义之先决条件,在教育方面之表现,即为单轨学制之创造,以期确保所谓"出发点之平等"。他对各国教育制度特点的评价,建立在对教育事实的基础上,故并不是专门论述,而是散见于各篇之中。在书后,他还对诸国学制的历史渊源进行了探源式的分析,他认为:"从多数国家之行政及学校制度中,皆可发见其所受于德法两国之影响,即美与苏俄亦非例外。"以今日之眼光,这些特点的归纳可谓鞭辟入里,抓住了各国教育制度的本质与核心,使读者能知一万毕,准确把握各国教育之精髓。

纵观全书,编著者撰写的内容凸显出如下四个特点:

第一,注重联系各国教育制度形成之历史。常道直认为制度之渊源,"纵的方面是本民族历代所累积,而具有永恒价值的一部分成训,横的方面是当代其他民族行之有年而效果彰著的许多实例"②。比如,在论及法国义务教育概况

---

① 王秀南:《教学著述六十年:王秀南教授八十回忆录》,新加坡:东南亚教育研究中心,1985年版,第77页。
② 常道直:《制度——贯彻理想的工具》,《星期评论(重庆)》,1941年,第37期。

时,常道直梳理了1882年法令(《费里教育法》),1921年的《阿斯蒂埃法》到1923年的"统一学校运动"等一系列法案的主要内容。清晰的历史脉络使读者既可知晓法国义务教育事业在这段时期内的发展状况,也可了解法国在义务教育阶段教育政策的变化与调整。又如在阐述俄国教育政策之演化时,他按时间线索将演变阶段分为了乌托邦主义时期、新经济政策时期与第一个"五年计划"开始以来三个时期,并分析了各时期政策的演进与发展。他对制度形成历史过程的重视,与其在书后所说的:与比较教育"内中最为密切的,要算教育史和近代教育思潮两门。比较教育可以看作教育史之继续研究,只有从其史的发展入手,才能使我们真正理解现制"相呼应。① 需要指出的是,此种比较教育观与著名比较教育学家康德尔(I. L. Kandel)的观点颇为相似,康氏也曾认为"比较教育的研究继续教育史的研究,把教育史延伸到现在,阐明教育和多种文化形式之间必然存在的密切联系"。② 可见,只有从制度与历史、民族传统的关系来理解现行教育制度,才能更加深刻、全面。

第二,强调教育制度与经济、政治、文化的关系。《各国教育制度》一书融入了常道直对各国整体特征的思考。在他看来,教育制度与各国经济、政治及文化都紧密相关。此书的弁言开宗明义:"要想了解各国教育制度,我们对其所依附之社会、经济、政治的背景,自应有充分的认识。"在另一本著作《德国教育制度》中,他也阐明了相似的观点:"欲充分了解一国教育制度,自应对其所依据之哲理,有相当认识。"③准确把握西方各国的风土人情、民族文化,是理解西方教育制度的基础与前提。有如在分析苏联高等教育之特色时,他指出其高等教育之特色可述者有四点:专业化、阶级化、政治化与军队化。④ 而高等教育之政治化,既可发见政治对教育制度的影响,也是理解当时苏联教育制度的重要抓手。这正是他在介绍各国教育制度之初,先简述各国"国势大概"之旨归。在每一篇的"国势大概"中,他从领土面积、人口、国家性质、职业结构、政治体制、教育财政等方面介绍了各国的基本情况,为后文中分析各级学校系统奠定了基础。

第三,重视材料的丰富性、代表性。马克思曾言:"研究必须详尽地占有材

---

① 常道直:《各国教育制度》,上海:中华书局,1936年版,书后。
② I. L. Kandel, *The New Era in Education*, Boston: Houghton Mifflin, 1955, 46. 转引自吴文侃、杨汉清:《比较教育学》,北京:人民教育出版社,2003年版,第2页。
③ 常道直:《德国教育制度》,南京:钟山书局,1933年版,弁言。
④ 常道直:《各国教育制度》,上海:中华书局,1936年版,第291页。

料。"而研究比较教育则需要详尽地占有外国教育资料。编著者在留学期间,特别留心外国教育制度,费尽心力,多方搜集资料,还亲身对美、英、德等国的教育进行了考察(见表1)。回国后,他又带回大批外国教育文献,并时常购买最新的外文书籍。① 每一章后所附的主要参考书目,也展现了常道直收集外国教育资料的能力。然外国教育资料多如牛毛,其中不乏舛误,如何甄别、处理,选出有代表性的材料,既考量比较教育学者的研究能力,也可反映出他们的研究水平。故而,编著者在书中并未面面俱到地阐述各国教育制度,而是根据现有文献和材料的多寡、重要性与代表性来决定阐述的详略,如对英、法、美、德、俄等大国叙述则较为详细,而对日、丹、意的叙述则较为简略;又如对各级学校之内容分析较为详细,分为学制、幼稚教育、初等教育、中等教育、高等教育,并对其中的师资、学生人数都进行了统计,而对国势大概、各级教育行政机关之组织与职权的分析则较为简略。同时,作者还确保了各国颁布的有代表性的法令,如英国的《1902年教育法》《1918年教育法》《哈多报告》,法国的《费里教育法》《阿斯蒂埃法》,在书中无一遗漏。

表1 常道直欧美留学期间发表的关于西方教育的论文

篇名	刊名卷(期)	发表时间
旅美参观学校纪略	教育杂志17(10)	1925-10-20
国家主义与德国教育之进展(上)	教育杂志17(11)	1925-11-20
国家主义与德国教育之进展(下)	教育杂志17(12)	1925-12-20
美国纽甲色省汉特顿县之乡村学校及乡村生活	教育杂志18(3)	1926-03-20
美国教育之管窥	教育杂志18(4)	1926-04-20
参观美国公立学校略记	教育杂志18(9)	1926-09-20
美国之职业教育及特殊教育举例	教育杂志18(10)	1926-10-20
参观美国一村之教育状况	中华教育界16(4)	1926-10
何浮氏论德国教育之精神	中华教育界16(5)	1926-11
德国改造共和后之教育革新	中华教育界16(7)	1927-01
英国之补习教育及其职业教育	教育杂志19(5)	1927-05-20
英国教育近况述要	中华教育16(11)	1927-05
英国乡村生活及乡村小学之概况	教育杂志19(6)	1927-06-20

---

① 2014年11月24日,笔者访谈了常道直的侄儿常国武,据他回忆,常道直的书房里堆满了大量的外文书籍。而这些书籍,大多是常道直留学时带回来的。

续表

篇名	刊名卷(期)	发表时间
英国师范教育之现状	中华教育 16(12)	1927-06
伦敦市之小学校中学校及职业学校	教育杂志 19(11)	1927-11-20
参观柏林男女中等学校略记	教育杂志 20(8)	1928-08-20
参观德国柏林之基本学校国民学校及平民中学校略记	寰球中国学生会周刊(339)	1929-04-23
参观德国柏林之基本学校国民学校及平民中学校略记(续)	寰球中国学生会周刊(340)	1929-05-07

第四，脉络清晰，不枝不蔓。诚如黄志诚、徐梦杰在《道弦如直，矢志教育——中国比较教育先驱常道直先生》一文中所言："常先生行文思维缜密、逻辑性极强，陈言务去，指直肯綮，但毫不深奥晦涩。"①以英国教育制度一章为例，节分为国势大概、教育行政机关组织、学校系统、幼稚教育、初等教育、中间教育、中等教育、大学教育、小学师资教育、中学师资教育、职业教育与成人教育。而每一目，亦是逻辑严密、条理清晰，以教育行政机关组织为例，分为教育部与地方教育行政机关，教育部又分为专管英格兰教育行政事宜之教育部、参议委员会、行政干部之组织、视察干部、教育调查所、各种委员会、教育部之职权；地方教育行政机关分为四类主管地方教育行政之机关、教育委员会、地方教育行政机关之职权、执行人员及视学人员、校董会、教师参与教育行政之组织，经纬纵横、层级分明地勾勒出当时英国教育行政机关之全豹。

由前文可知，《各国教育制度》是一本内容宏富，具有鲜明特点的著作，开创了中国比较教育学科"逐国叙述法"之滥觞，体现了较高的学术水平与学术价值。并且，成书之过程耗费了编著者大量心力。②《大夏文存》之所以辑入此书，正是虑及前述因由。诚然，作为民国时期的研究成果，《各国教育制度》不免有其时代的局限性，但它的历史价值、现实价值仍不可低估：

其一，该书对比较教育研究方法科学化进行了积极探索。与早期比较教育的研究者的著作，如吴汝纶的《东游丛录》、罗振玉的《扶桑两月记》相比，《各国教育制度》脱离了主观心比法的窠臼，充分运用了西方理性主义的研究范式，既

---

① 黄志诚、徐梦杰：《道弦如直，矢志教育——中国比较教育先驱常道直先生》，《师魂》，上海：华东师范大学出版社，2011年版，第562页。
② 常道直在《各国教育制度》一书的书后说道："本书的编著，前后历时将及五年，如今才暂时告一段落。"由此观之，在本书的编写上，他煞费苦心。

有实证的量化分析,也有详细的解释与分析。书中对每一国家教育行政组织、学校系统,都附以清晰的图片,对各国各级教育的课程、学生数量都作了准确的统计,而不只是停留在简单的描述上。此外,前文提及的注重联系各国教育制度形成的历史,强调教育制度与经济、政治、文化的关系等都推动了当时比较教育研究的科学化。

其二,该书促进了我国比较教育研究著作编写体例的多元化。中国的比较教育学发端于清末,学科发展则始于民国初年,20世纪30年代逐渐从教育学科中分化出来,成为独立的学科。随着常道直、罗廷光等一批留洋教育学者的归国,比较教育研究蔚然成风。其时,不仅国外比较教育学著述得以译介至国内,而且时人也独立编撰了视角各异的比较教育学著作,如庄泽宣的《各国教育比较论》(1929),钟鲁斋的《比较教育》(1929)、罗廷光的《最近欧美教育综览》(1939)、常道直的《各国教育制度》(1936、1937)。当代比较教育学者吴文侃、杨汉清在《比较教育学》一书也指出:这四本比较教育学著作"内容翔实、材料新颖、分析深刻,与当时外国学者的同类著作相比,毫不逊色"[①]。值得指出的是,《各国教育制度》综合融通了西方国家比较教育著作的菁华,以"逐国叙述法"为特色的编写方式,丰富了中国比较教育研究著作的体例。此种以国家为单位进行比较研究的方法仍沿用至今。

其三,该书为当时我国教育制度的改进、完善,提供了诸多助益。《诗经·小雅·鹤鸣》云:"他山之石,可以攻玉。"《各国教育制度》的旨趣在于借西方之石,达到取人所长,补己所短的目的,书中八国学制之演进,各级教育的发展历程,为其时中国学制的完善提供了可资借鉴的模板。常道直也从中汲取教育制度革新的理念,积极付诸于教育实践。1932年,在师范学制废止的论争中,他根据对西方各国教育制度改革的经验,提出了师范学制应有的原则:第一,切合国家与人民的经济状况;第二,符合一般中学对教员的要求;第三,参酌中等教育自身的迫切需要;第四,放眼世界各国师范教育的发展趋势。正是由于他与其他教育学者的不懈努力,北平师范大学得以保存。1944年,他任中等教育司司长,积极倡导中学学制改良,组织兴办了国立中学,为贫寒子弟提供了上学的机会。从某种程度上说,编写《各国教育制度》的过程,给予他诸多启迪。杜威曾言:"关于过去的知识是了解现在的钥匙。"[②]今日之中国,教育制度也处在不断

[①] 吴文侃、杨汉清:《比较教育学》,北京:人民教育出版社,2003年版,第46页。
[②] 杜威著,王承绪译:《民主主义与教育》,北京:人民教育出版社,1990年版,第227页。

改进之阶段,了解他国教育制度演进的历史,兴许也能使改革者积累不少经验与教训。

四

为方便广大读者阅读,本书对原书的标点、错字、漏字、译名等方面进行了重新校订。具体整理工作如次:

(一) 标点

全书用现代标点标出。原著标点与现代标点不符的,加以修订,如原书中存在不使用顿号的情况,如风俗、习惯、观念、态度等,现用顿号隔开;又如,原文中以波浪线表示书名号,现用《 》代替。此外,原文中断句不符合现代汉语语法习惯的,也作了调整或更正。

(二) 勘误

某些词语的使用不符合现代汉语使用习惯的,予以修订,如原书中的"钜资"现改为"巨资",异体字的"欵"改为"款",另有一些词语由于排版上错误,也予以更正。

(三) 译名

原著外国人名、地名等,与今通译有异的,一般改为今译,如"巴央"改为"巴伐利亚州","威登伯"改为"符腾堡","撒克逊"改为"萨克森州"。但如"哩"、"欧战"、"基尔特"等具有时代特点的名词,予以保留,并在页下注释现代释义。

感谢杜成宪老师的信任,为我提供此次学习与编辑工作的机会。在校订过程中,我得到了王保星老师、樊洁、陈少卿等同仁的协助,在此,一并对他们表示感谢。由于学识粗浅,校对之中定会出现不少讹脱,但祈读者不吝批评。

杨来恩
2015 年 11 月改于华东师范大学

目 录

各国教育制度 —————————————————— 1

常道直主要著、编、译、校专著、论文目录 ———— 473

各国教育制度

目 录

弁言 ——————————————————— 1

第一篇　英国教育制度

一　国势大概 ——————————————— 3

二　教育行政机关组织 ——————————— 4

 壹　教育部 ——————————————— 4

  甲　专管英格兰教育行政事宜之教育部

  乙　"参议委员会"

  丙　行政干部之组织

  丁　视察干部

  戊　教育调查所

  己　各种委员会

  庚　教育部之职权

 贰　地方教育行政机关 ———————————— 7

  甲　四类主管地方教育行政之机关

  乙　教育委员会

  丙　地方教育行政机关之职权

  丁　执行人员及视学人员

  戊　校董会

  己　教师参与教育行政之组织

 （附）英国教育行政系统图

三　学校系统 ——————————————— 12

 （附）英国学校系统图

四　幼稚教育 ——————————————— 15

  甲　幼稚教育初等教育及中间教育之分野

  乙　育婴学校及育婴班

　　　　丙　幼儿学校及幼儿班

五　初等教育 ——————————————— 18

　　　　甲　初等学校之分段及编制
　　　　乙　初等小学校之课程
　　　　丙　其他初等教育机关

六　中间教育 ——————————————— 22

　　　　甲　高级小学
　　　　乙　中央学校
　　　　丙　义务教育概况
　　　　（附）初等教育统计

七　中等教育 ——————————————— 28

　　　　甲　中等教育之性质及其复杂状况
　　　　乙　中等学校之类别
　　　　丙　教育部对于中等教育所取之政策
　　　　丁　中等教育之进展
　　　　（附）最近中等教育之统计
　　　　戊　中学之内部构造
　　　　己　中学之课程
　　　　庚　中学校之考试

八　大学教育 ——————————————— 42

　　　　甲　现有大学之分类
　　　　乙　大学之行政组织
　　　　丙　大学之学生
　　　　（附）最近各大学及大学学院学生之统计
　　　　丁　大学之入学资格、学位、各科人数及研究生
　　　　戊　大学之财政问题

九　小学师资教育 ————————————— 54

　　　　甲　小学师资之准备教育
　　　　乙　两年制之师范学院

丙　大学之师范部

　　（附）师范教育统计

一〇　中学师资教育 ——————————————— 59

　　甲　中学师资之训练方式

　　乙　中学师资现状

一一　职业教育 ————————————————— 61

　　甲　总说（附图一）

　　乙　全时的初级职业教育

　　丙　非全时的初级职业教育

　　丁　非全时的高级职业教育

　　戊　全时的高级工商及艺术教育

　　己　农业教育

一二　成人教育 ————————————————— 70

　　甲　总说

　　乙　两类成人教育机关之组织

　　丙　大学讲习班

　　丁　工人教育协会之一年科及大学扩充科

　　戊　其他主要成人教育机关

本篇主要参考书目 ————————————————— 74

第二篇　法国教育制度

一　国势大概 —————————————————— 77

二　教育行政机关组织 ——————————————— 78

　　壹　公共教育及美术部　　　　　　　　　　　78

　　　　甲　教育部之分司

　　　　乙　最高教育会议

　　　　丙　各委员会

　　　　丁　中央视学员

　　　　戊　教育部管辖权以外之公共教育

　　贰　大学区　　　　　　　　　　　　　　　　　　80
　　　　甲　大学区校长
　　　　乙　大学区之审议机关
　　　　丙　大学区视学员

　　叁　各府　　　　　　　　　　　　　　　　　　　82
　　　　甲　府长及大学区视学员
　　　　乙　府教育参议会
　　　　丙　初级视学员及幼儿学校视学员
　　　　丁　分区校董会
　　　（附）法国教育行政组织系统图

三　学校系统 ——————————————————— 85
　　（附）法国学校系统图

四　初等教育 ——————————————————— 86
　　　甲　初等教育之范围
　　　乙　幼稚教育
　　　丙　初等小学校
　　　丁　义务教育概况

五　高级初等教育 ————————————————— 91

六　初等小学教育人员及其训练 ——————————— 93
　　　甲　公立小学教师必备之资格
　　　乙　初级师范学校

七　高等小学与师范学校之教育人员及其训练 ————— 97
　　　甲　高等小学与初级师范学校之教育人员
　　　乙　高等初级师范学校

八　中等教育 ——————————————————— 99
　　　甲　中等教育之机关
　　　乙　学生之来源及奖学金制

  丙　学生之类别及学校生活之一般情形

  丁　中学校之学级编制

  戊　中学校之课程

  己　学士考试

  庚　中等教育之最近趋势

九　女子中等教育 —— 109

  甲　女子中学之类别

  乙　女子中学课程之演进

  丙　女子中学文凭部高级班之课程

一〇　中学校教育人员及其训练 —— 112

  甲　中学校之职员

  乙　中学校之教授

  丙　中学教授之资格

  丁　中学教员之训练与高等师范学校

  戊　女子中学之职教员

  己　女子高等师范学校

一一　高等教育 —— 116

  甲　国立大学之一般的组织

  乙　大学之分科

  丙　大学之教授人员

  丁　大学学位与国家学位

  戊　大学以外之高等学术研究机关

一二　职业教育 —— 119

  甲　职业教育行政组织

  乙　初级工商职业教育

  丙　中级工商职业教育

  丁　高等工商专门教育

  戊　职业师资训练

  己　农业教育

一三　私立教育 ——————————————— 123
　　甲　小学校
　　乙　中学校
　　丙　职业学校

一四　成人教育 ——————————————— 125
　　甲　成人普通教育
　　乙　成人专门教育
　　丙　体育

本篇主要参考书目 ————————————— 127

第三篇　俄国教育制度

一　国势大概 ——————————————— 131

二　教育行政机关组织 ——————————— 133
　　壹　苏联　　　　　　　　　　　　　　133
　　贰　各邦邦人民教育委员部　　　　　　133
　　叁　地方　　　　　　　　　　　　　　134
　　肆　教育视察　　　　　　　　　　　　135
　　（附）苏联各邦教育行政组织系统略图

三　教育政策之演化 ————————————— 137
　　甲　乌托邦主义时期
　　乙　新经济政策时期
　　丙　第一"五年计划"开始以来

四　学制之演进及其现状 ——————————— 140
　　甲　事实上之学制
　　乙　最近之改革
　　（附）苏联各邦学校系统略图

五　幼稚教育 ——————————————— 143

　　甲　幼稚教育之范围及其目标

　　乙　幼稚教育之机关

六　"四年制学校"与义务教育 ————————— 144

　　甲　四年制学校与初级学校

　　乙　义务教育推行状况

七　中等教育 ——————————————— 147

　　甲　中等教育之范围

　　乙　中等学校之近况

八　单一劳动学校课程之演进 ————————— 149

　　甲　复合制课程之理论及实际

　　乙　1927—1928年之课程

　　丙　第一"五年计划"初年之课程

　　丁　1932年度之新课程

九　职业教育 ——————————————— 156

　　甲　高等以下程度职业学校之主要类别

　　乙　1929年之新实业教育系统

一〇　教育工人之训练 ———————————— 159

　　甲　一般的陶冶

　　乙　训练中级教育工人之机关

　　丙　高级师范教育

一一　高等教育 —————————————— 164

　　甲　高等教育机关之内部组织

　　乙　1932年以来之重要改革及最近之统计

　　丙　高等教育之特色

一二　阶级淘汰政策 ————————————— 170

　　甲　初期的情形

　　乙　由"阶级选择"到"阶级动员"

一三 民族与教育 —————————————— 174

  甲 民族教育之设施

  乙 各民族语言在各级学校中之分配

  丙 各民族之人口总数与学生数

一四 成人教育 ———————————————— 180

  甲 政治规范学校苏维埃党校党员大学

  乙 民众政治教育机关之类别及数量

  丙 文盲消除工作之进展与效果

  丁 劳工大学

  戊 "政治教育"之近年情况

  己 "工人高等补习科"

一五 文化五年计划 ————————————— 189

  甲 原始的计划

  乙 初步成绩

  丙 原始计划之修改及进展

  丁 第一"五年计划"结束时之情况

  戊 第二"五年计划"之展望

本篇主要参考书目 ———————————————— 196

第四篇 日本教育制度

一 国势大概 ——————————————————— 199

二 教育行政机关组织 ——————————————— 200

  壹 中央教育行政机关——文部省　　200

  贰 地方教育行政机关　　201

  叁 东京市学务局　　201

    （附）日本教育行政组织系统图

三 学校系统 ——————————————————— 203

  壹 日本近代学制之演进　　203

貳　现行学校系统 —————————————— 203
　　（附）日本现行学校系统表

四　幼稚教育 —————————————————— 205
　　甲　幼稚园
　　乙　托儿所

五　初等教育 —————————————————— 206
　　甲　总说
　　乙　寻常小学校
　　丙　义务教育推行状况
　　丁　高等小学校
　　（附）小学校统计表

六　中学校及高等女学校 ————————————— 210
　壹　中学校　　　　　　　　　　　　　　210
　　甲　中学校之概况
　　乙　中学校之课程
　贰　高等女学校及实科高等女学校　　　　213
　　甲　高等女学校
　　乙　实科高等女学校
　　（附）高等女学校统计表

七　高等学校 —————————————————— 218
　　甲　高等学校之宗旨年限入学资格及分科
　　乙　高等学校之课程
　　（附）高等学校统计表

八　师范学校 —————————————————— 220
　　甲　师范学校之组织及入学资格
　　乙　师范学校之课程
　　丙　师范生之服务
　　（附）师范学校统计表

九　高等师范教育 —————————— 225

　　甲　概况
　　乙　男子高等师范学校及文理科大学
　　丙　女子高等师范学校
　　丁　高等师范生之待遇及服务
　　戊　临时教员养成所
　　（附）中等教员养成机关统计表及高等师范学校及女子高等师范学校学生分科统计

一〇　实业补习教育 —————————— 231

　　甲　实业补习学校之宗旨组织及类别
　　乙　实业补习学校之课程
　　（附）实业补习学校统计表

一一　实业学校 —————————— 238

　　甲　实业学校与职业学校
　　乙　实业学校之类别
　　丙　女子实业教育

一二　专门学校 —————————— 241

　　甲　专门学校之性质
　　乙　实业专门学校
　　（附）实业专门学校统计表
　　丙　其他专门学校
　　（附）其他专门学校统计表

一三　大学校 —————————— 244

　　甲　大学之宗旨学部及设置
　　乙　帝国大学
　　丙　其他官立大学
　　丁　公立大学
　　戊　私立大学
　　（附）大学统计表

| 一四 | 社会教育 | 249 |

　　甲　关于青年训练之机关

　　乙　关于成人教育之设施

本篇主要参考书目 —— 251

第五篇　德国教育制度

| 一 | 国势大概 | 257 |
| 二 | 教育行政机关组织 | 259 |

　　壹　德国及普鲁士邦教育部　　259

　　　　（附）全国教育会议

　　贰　其他各邦教育行政组织　　260

　　　　甲　巴伐利亚

　　　　乙　萨克森

　　　　丙　汉堡

　　　　（附）参加教育行政之其他各部（普鲁士邦）

　　叁　省教育理事部　　261

　　肆　府教会及学务局　　262

　　伍　教育视察制度　　262

　　陆　市乡学务机关　　262

　　　　（附）德国现制教育行政组织系统略图

| 三 | 学校系统 | 264 |

　　（附）德国各类学校名称对照表

| 四 | 幼稚教育 | 267 |
| 五 | 初等教育 | 268 |

　　甲　基本学校

　　乙　国民学校高级

　　　　丙　"国家少年日"与"乡训年"

　　　　丁　义务教育

六　中间教育 —————————————————— 274

　　　　甲　中间学校之概念及类别

　　　　乙　中间学校之课程

　　　　丙　中间学校之"中熟证书"

　　（附）全德中间学校发展状况表

七　中等教育 —————————————————— 281

　　　　甲　中等教育总说

　　　　乙　男中等学校之类别（一）——九年制中学校

　　　　丙　男中等学校之类别（二）——六年制中学校及不完全中学校

　　　　丁　男中等学校之类别（三）——建于国民学校高级以上之中学校

八　女子中等教育 ——————————————— 288

　　　　甲　与男子中学相类形式之女子中学校

　　　　乙　特殊形式之女子中学

九　中学之课程考试及学生劳动服务 ——————— 291

　　　　甲　关于中学课程之一般的理论

　　　　乙　普鲁士邦之中学课程纲领

　　　　丙　中学之考试

　　　　丁　中学生之劳动服务

　　　　戊　中学教育统计概要

　　（附）全德中学校（不包括中间学校）最近十年之发展状况

一〇　高等教育 ————————————————— 304

　　　　甲　各类高等教育机关之入学资格

　　　　乙　高等教育机关之类别及统计

　　　　丙　大学及其他专科大学之分科

　　　　丁　大学之行政组织

一一 国民学校师资之训练 —————————— 311
　　甲　国民学校师资教育之改造及其最近方针
　　乙　各邦师资训练概观及统计
　　丙　各邦现状举例
　　丁　国民小学教师之检定考试

一二 中学师资之训练 —————————————— 318
　　甲　中学教员之资格
　　乙　中学教员之训练及录用
　　丙　中学师资训练之新方案

一三 职业"补习"教育 —————————————— 322
　　甲　"职业学校"与"继续教育学校"
　　乙　职业教育义务及其推行

一四 职业专门教育 ———————————————— 325
　　甲　专科学校之意义及范围
　　乙　商业专科学校
　　丙　工业及工艺专科学校
　　丁　农业专科学校
　　戊　其他专科学校

一五 妇女专科教育 ———————————————— 332
　　甲　家政专科学校
　　乙　妇女工艺专科学校
　　丙　关于社会教育之专科学校
　　丁　社会福利事业学校
　　戊　社会及教育的妇工学院

一六 成人教育 —————————————————— 335
　　甲　成人教育之范围及其主持机关
　　乙　民众大学之类别及概况
　　丙　联邦及各邦对于民众教育所采取之政策
　　丁　为成年人所设之中等学校

一七　私立教育 ——— 339
　　甲　联邦新宪法关于私立学校之规定
　　乙　普鲁士对于私立教育之办法
　　丙　私立中等教育之状况

本篇主要参考书目 ——— 341

第六篇　美国教育制度

一　国势大概 ——— 345

二　教育行政机关组织 ——— 347
　　壹　联邦政府与教育　347
　　　　甲　内政部教育司
　　　　乙　其他各部之教育活动
　　　　丙　联邦政府举办之教育事业

　　贰　州教育行政机关　347
　　　　甲　州教育董事会
　　　　乙　州教育督察长
　　　　丙　州教育行政部

　　叁　地方教育行政单位　349
　　　　甲　学区
　　　　乙　乡镇
　　　　丙　乡集
　　　　丁　县
　　　　戊　市

　　肆　视导制度　351
　　　　甲　州辅导员
　　　　乙　县辅导员
　　　　丙　市辅导员
　　　　（附）美国教育行政组织系统略图

三　学校系统 ——— 353
　　（附）美国现行学校系统略图

四 幼稚教育 ——————————————— 355
  甲 育婴学校
  乙 幼稚园

五 初等教育 ——————————————— 356
  甲 概况
  乙 小学之分类
  丙 初等学校之课程
  丁 义务教育概况

六 中等教育 ——————————————— 361
  甲 概说
  乙 中学最近发展状况
  丙 中学之分科及课程
  丁 初级中学之课程

七 高等学院与大学 ————————————— 370
  甲 概说
  乙 初级高等学院
  丙 大学之分类
  丁 大学及高等学院之统计
  戊 高等学院之课程
  己 大学中之军事训练
  庚 研究科
  辛 大学之行政

八 小学师资教育 —————————————— 379
  甲 师范学校与师范学院
  乙 师资训练机关之课程
  丙 师范生之待遇及统计
  （附）美国教师待遇之情形
  丁 教师之检定及教师凭证之类别

九　中学师资 —— 387
　　甲　概说
　　乙　中学教员之资格及检定
　　丙　中学师资训练上之问题

一〇　职业教育 —— 389
　　甲　概说
　　乙　"部分时间"之职业训练
　　丙　全时的职业教育

一一　成人教育 —— 392
　　甲　概说
　　乙　成人教育机关举要

一二　最近经济危机与教育上之非常的设施 —— 395
　　甲　1933—1934年度之非常时期教育计划
　　乙　1934—1935年度之继续推进的新设施

本篇主要参考书目 —— 398

第七篇　意大利教育制度

一　国势大概 —— 401

二　教育行政机关组织 —— 403
　　壹　中央教育行政机关　403
　　　　甲　国民教育部之内部组织
　　　　乙　国民教育最高参议会
　　　　丙　其他隶属于国民教育部之参议机关
　　贰　行政区域　404
　　　　甲　行政区域之划分及区域教育长官
　　　　乙　区域教育长官之辅佐机关
　　叁　视察区及辅导区　406
　　肆　市区　407

（附）意大利教育行政组织系统略图

三　学校系统 —————————————— 408

　　甲　香第耳氏之教育改革

　　乙　现行学制概要

　　（附）意大利现行学校系统略图

四　少年训练制度 ————————————— 410

　　甲　少年训练之目标及组织

　　乙　体育行政及组织

五　幼稚教育 —————————————— 412

　　甲　三类幼稚教育机关

　　乙　最近发展情形

　　丙　课程

六　初等教育 —————————————— 414

　　甲　初等教育之分段及学校之分类

　　乙　初等学校之课程

　　丙　最近初等学校之发展

　　丁　小学之考试

　　戊　义务教育推行概况

七　中等教育 —————————————— 418

　　甲　概说

　　乙　与中等教育相关之各种考试

　　丙　中学之行政

　　丁　中学之课程

　　戊　中等学校之最近统计

八　职业教育 —————————————— 425

　　甲　中等职业预备学校

　　乙　专科中学

　　丙　1931年法规下之职业教育机关

　　　　丁　艺术教育

九　小学师资教育 ——————————————— 429
　　　　甲　革新后之师范学校及其课程
　　　　乙　小学教师之检定考试任用及升迁

一〇　高级师范教育 ——————————————— 431
　　　　甲　高级师范学校
　　　　乙　中学教师之分类考试及任用

一一　高等教育 ——————————————— 434
　　　　甲　大学之分类
　　　　乙　大学之分科
　　　　丙　大学之统计
　　　　丁　其他高等教育机关统计

一二　成人教育 ——————————————— 437
　　　　甲　全国闲暇活动总所
　　　　乙　成人识字教育

本篇主要参考书目 ——————————————— 439

第八篇　丹麦教育制度

一　国势大概 ——————————————— 443

二　教育行政机关组织 ——————————————— 444
　　　壹　中央教育行政机关　　　　444
　　　贰　地方教育行政机关　　　　444
　　　叁　学校视察　　　　　　　　444
　　　　　（附）丹麦教育行政组织系统略图
　　　肆　家长参议会　　　　　　　445

三　学校系统 —————————————— 447

　　（附）丹麦现行学校系统略图

四　初等教育 —————————————— 449

　　甲　总说

　　乙　学校之形式

　　丙　初等学校之课程

　　丁　市区初等学校

　　戊　义务教育概况

五　中等教育 —————————————— 453

　　甲　总说

　　乙　中间学校

　　丙　实科学校

　　丁　高级中学

　　戊　中学之考试

六　初等学校师资教育 ———————————— 458

　　甲　师范学校之课程及学生

　　乙　最近之改革

　　丙　教师之待遇

七　中等学校之师资 ————————————— 460

　　甲　中等学校教师应备之资格

　　乙　中等学校教员之检定考试

八　高等教育 —————————————— 461

　　甲　大学教育之性质及分科

　　乙　大学之修业年限及考试

　　丙　高等专门教育

九　职业教育 —————————————— 463

　　甲　低级职业教育机关

　　乙　住宿制的补习学校

　　丙　农业高等学校

一〇 民众高等教育 ——————————————— 465
    甲　民众高等学校之理想及其进展
    乙　民众高等学校之管理及政府之补助
    丙　民众高等学校之课程
    （附）民众高等学校及农业高等学校之统计

本篇主要参考书目 ——————————————— 471

书后 ——————————————————————— 472

弁言

教育制度之比较的研究，不惟在改造中的国家有其必要，即对一般教育发达的国家而言，亦十分重要。前次世界大战①，民族力量总比较之结果，无论战胜或战败各国，都深切感觉本国政治、经济、教育种种方面有借鉴他国制度之需要。关于研究外国教育制度之专著一时骤见增多，而尤以德、美等国为盛。各国出版之教育年鉴，如德之 *Das Deutsche Schulwesen*②，英之 *The Year-book of Education*，日本之《教育年鉴》等等，虽各以其本国为主体，均以其篇幅之一部分，叙述列国教育发展之情况。外此更有专事介绍各国现行学制及教育思潮之定期刊物，如美国哥伦比亚师范院国际教育研究所之《教育年鉴》及德美等国学术界合作发刊之《国际教育杂志》(*Internationale Zeitschrift für Erziehung*)。

我国近年，各大学教育系大概都规定比较教育为必修学科之一，而高等文官考试教育行政人员考试科目中亦列有各国教育制度一门，足见该学科之重要，已为一般所公认。本书编著之旨趣，就是企望对于研究各国教育制度者贡其一得之愚。

本书编制以各个国家为单位，先简单叙述其国势大概，以为全篇导论。本论分教育行政机关与学校系统两大部分：前者包括各级教育行政机关之组织及职权，教育视导制度；后者更区分章节，将各级学校之内容为系统的分析的说明，特别侧重初等教育、中等教育、师范教育、职业教育及高等教育。对于义务教育及成人教育，亦依据最新颖而正确的材料附带述及。关于各类学校之最近统计，并择要列入，借见各该国家教育之量的方面发展情况。

迄于目前，西文"比较教育"著作中最完备者，当推 Kandel 所编之 *Comparative Education*，内容包括英、法、德、意、俄、美六国，惟对高等教育、职业教育及成人教育等未列专章。本书则于各类教育机关力求为均衡的叙述，或者于帮助读者理解各国现行教育制度之整体上不无裨益。

本书就各国现行教育制度逐一为客观的简要的叙述，力避主观的意见或批评，且未涉及国与国间之比较。因为著者相信，关于此类工作，应由读者或用该书为教本者随时提出，详加讨论，似无逐一指陈之必要。

---

① 前次世界大战即第一次世界大战。——编校者
② Das Deutsche Schulwesen 译为德国教育制度。——编校者

教育专业所包括之范围甚广,非本书所能罄其底蕴。各国教育制度(特别是苏联),日在改进过程中,虽保守性较深之英、法亦非例外,故研究比较教育者对于各国教育期刊,应当临以不断的注意。以上两点是编者所欲在卷首预先声明的。

常导之二十五年〔1936〕一月十日于南京

第一篇
英国
教育制度

一　国势大概

英国本部称"大不列颠及北爱尔兰"(Great Britain and North Ireland),爱尔兰南部已宣布为自由邦,所谓大不列颠包括英格兰(England)、威尔士(Wales)、苏格兰(Scotland)及两小岛。合计面积89 041平方哩①。

人口据1931年4月27日统计为44 932 884人。其中英格兰(包括Monmouthshire②)计有面积50 874平方哩,人口37 789 738;威尔士占地7 466平方哩,人口2 158 193。

英为工业国家,人口集中于大都市,据1931年统计,伦敦计有4 344 003,若包举四郊,即所谓大伦敦(Greater London),则总数达8 203 942。

人民职业统计如后:从事农业及渔业者12%;工业及矿业者45%;商业及交通业者24%,此尚系欧战③前之调查统计(1911年),由此可略见其国工业化之程度。英格兰工业化之程度尤为显著;此由其人口之集中城市可见一斑,除伦敦外,人口过十万之都市,有45之多。

英格兰及威尔士共分府④(administrative county)为62,伦敦府一(County of London)。(威尔士计分12府。)每一府内,包括市区与乡区(urban and rural districts)。前者为人口密度较大者,市区数共40。

凡某一"区"受有市宪章(municipal charter)者,即成为"邑"(municipal borough),为数计131。邑之大者列为府邑(county borough),因其实际为府之组织故。府邑共83。

据1930年统计,教育经费国库负担56%,地方负担44%。

---

① 哩,英语mile的译名。英美制长度单位,一哩等于5 280英尺,合1 609米(中国大陆地区已停用此字,写作"英里")。——编校者
② Monmouthshire,即蒙茅斯郡,今属威尔士。——编校者
③ 欧战即第一次世界大战。——编校者
④ 此处府,包括下文中的市区、乡邑、乡区、府邑,是编著者常道直对西方各国行政划分的翻译。在翻译过程中,他采用了中国传统行政区划的称谓。如今这些称谓已发生变化,如administrative county译为行政郡;urban district译为市属区;rural districts译为乡属区;municipal borough译为自治区(或市区);county borough译为郡属区。——编校者

二 教育行政机关组织

壹 教育部（Board of Education）

甲 专管英格兰（England）教育行政事宜之教育部 创立于1899年，将前此分隶于教育局（Education Department）、科学及艺术局（Science and Art Department），又慈善委员会之教育司（The Educational Division of the Charity Commission）之职权逐一移归该部。惟关于农事教育之督察权，则迄今仍属农务部。

教育部之职务限于"督理英格兰及威尔士境内所有关于教育之事宜"；苏格兰及北爱尔兰另有其最高教育行政机关。

依该部之组织法，教育部之主构人员为主席（President）1人，枢密院主席大臣（Lord President of the Council）1人，主要国务员（The Principal Secretaries of State）5人，管库首席大臣（The first Lord of the Treasury）及财相（Chancellor of the Exchequer）1人。但实际上，该合议制之组织，从未集会。关于部务处之职权乃集中于该部主席，通常亦称教育部部长（Minister of Education），由国王任命，为内阁之一员，对国会负责。部长下有国会秘书（Parliamentary Secretary）1人，襄助部长对国会负责。

乙 "参议委员会" （Consultative Committee）为教育部之常设法定顾问机关，于1900年成立，1921年改组。委员原共21人，均由教育部长委任，每2年改选1/3（7人）。委员中至少2/3，须具有代表大学及其他从事教育事业团体意见之资格。该机关对于当前迫切的教育问题，每提出极有价值之报告及建议，以供部长之采择。

丙 行政干部之组织 行政干部之人员，据1932—1933年度之调查，计948名；1933—1934年度之预计减为931名。

迄于1922年，内部分设初等教育、教师训练、中等教育、专门及高等教育各司，至1922年改为将全境分为9个区域（Territorial Division），每一区域各由一部分职员本据统一的观点，对全部教育事宜负筹计全责，惟其上仍设初等、中等及专门教育三司长以总其成。

统率该部之一般的工作者为常任秘书（Permanent Secretary）、副秘书（deputy Secretary）与威尔士事务处。1907年设常任秘书，以及分司初等、中等、专门教育之司长3人,及科长5人所构成之秘书厅。

此外尚设有如下各股(Branches):人事、财务、法律、医务;及以下各组(Division):教师训练、年金、分区、教师薪俸。

除以上所列举者外,尚有建筑事务所,教育调查所(Office of Special Inquiries and Reports)。

丁　视察干部　现制初等、中等及专门教育各设视学长(Chief Inspector)1人,其中之一人兼首席视学长(Senior Chief Inspector)为全体视学人员之负责领袖。

视学人员包举区域视学员(Divisional Inspector 英格兰全国共分视察区9),分司初等、中等、专门、补习、艺术,及特殊学校之视学员及副视学员(Inspectors, Assistent Inspectors)以及为全体女视学员负一般责任之女视学长(Chief Woman Inspector)1人。

视学人数在1932—1933年度共计335名:其中专司威尔士视学事宜者27人,内有总视学1人;女视学员计64人;此外尚有体育视察员14人,隶医务股之下。

现时视学之工作,简言之,趋重于对改进行政及教学上之贡议、领导及奖励,以及搜集教育部所刊印报告书所需要资料等,而对学校例常之直接视察退居次要地位。

实际上对于中学校之完密视察(Full Inspection)每7年举行1次;初等学校则每3年视察1次。惟例常之视察之次数虽减少,视学员仍利用其他方法,如与教师商榷问题或举行会议以期常与各该区域以内之教育情况相接触。

戊　教育调查所(Office of Special Inquiries and Reports)　成立于1894年,可目为教育研究之最高机关。其工作为收集并供给关于本国及世界教育状况之资料,并对于特殊交付研究事项提出报告。

在该研究所之管辖下,有图书馆1所,藏有关于教育各方面之书籍。该所又负有关于英格兰与英领地间及其他国家间之教员交换事项责任,又帮助殖民事务部(Colonial Office)为英属殖民地选任教师;该所并为教育部之国外通讯员,以及对研究英国教育之外人尽其顾问职责。

己　各种委员会　教育部除设参议委员会外,助其制定教育政策者尚有各种比较专门性质之委员会,略举数种如后:

A. 少年组织委员会(Juvenile Organisation Committee)　1916年成立,隶内务部(Home Office),1919年改隶教育部。有委员44人,代表各种关涉儿童及青年之社会的和物质的福利之组织,及少年监护者,并促进相类似的委员会之组成,期与地方教育当局合作。

B. 成人教育委员会(Adult Education Committee) 1920年设立。其功能为促进成人教育,调整关于此方面之工作,创造一种与公私组织相合作之机关,并贡献意见于教育部。该委员会编印有关于成人教育之刊物。

C. 中等学校考试咨议会(Secondary Schools Examinations Council) 成立于1917年,其构成人员包括大学考试部、地方教育机关、教师登记参议会(Teachers Registration Council)之代表,其职责为贡议于教育部及调整教育部所认可的各个中学考试机关之标准。

D. 教师检定中央咨议委员会(Central Advisory Committee for the Certification of Teachers) 成立于1929年,构成分子计25人,分别代表大学、大学学院(University Colleges)、地方教育机关、训练学院(Training Colleges)之行政及教学人员,教育界全体及家事科目。该委员会之职务为调整区域联合董事会(Regional Joint Board)训练教师之工作。

此外尚时有为研究特种问题或学校科目所专门组织之各种委员会,兹从略。

庚 教育部之职权 可分别为以下各项:

A. 教育部之任务为督察地方教育行政机关履行教育条例上所赋予之权能,配置充分的各级学校于境内,并且增进教育一般的效能。

B. 教育部除了直辖皇家艺术学院(Royal College of Art)、维多利及阿贝特博物院①(Victoria and Albert Museum)及科学博物院(Science Museum)以外,并不设置或管理任何教育机关。

C. 教育部对于地方政府无强制权能,其所有权力乃由其系掌握分配政府协款②之机关。由此项权力,该部可以令地方当局提出关于各该区域教育之逐步的进展及组织之计划书,并可进行调查工作,察其对于法令(1921年教育条例)所赋予权能是否合法行使;该部并得令地方当局呈送报告,填造表册,并得规定受领协款之条件。

D. 教育部有视察学校,调查地方教育行政机关,校舍之适合,医术检查之

---

① 维多利亚及阿贝特博物院,今译为维多利亚和阿尔伯特博物馆,是英国一家以装置及应用艺术为特色的博物馆,规模仅次于大英博物馆。——编校者
② 协款即资助之意,后文中的大学协款委员会即大学资助委员会。——编校者

设置,教师之资格,时间表及课程之适当,以及各项记录与统计之保持等等权能;关于此等要点,如地方行政当局不能满足教育部之所需求的效率,有时引致协款减少,甚或完全丧失。

E. 又经 1918 及 1921 年两次之教育法令,地方政府之监督权及中央政府之视察权并扩张及于未受教育部津贴之私立学校。

F. 大学校为完全自治体,不属教育部管辖,各大学所受于政府之协款,其分配权乃操于大学协款委员会(University Grants Committee)。

贰 地方教育行政机关

甲 四类主管地方教育行政之机关 英格兰之主管地方教育行政之机关有府、府邑、邑、市区四种,分述如后:

A. 府:府之行政机关为民选之"府参议会"(County Council)。府参议会之职权,统言之,包括地方政府所有一切事宜,并为一府之主要教育行政机关。府参议会对全府之初等与中等教育有管辖权。

B. 市区:凡在府之行政区内,某一地域人口超过 2 万时,府参议会得许其成立"市区参议会",有管辖本区内小学校之权力。

C. 邑:邑是执有以国王名义所颁发之"市宪章"之市区,现英格兰共有邑三百以上;其人口多寡不一,通常在 1 万至 5 万之间。邑设"邑参议会"(俗称 Town Council)。邑参议会之职权,限于小学教育。

D. 府邑(County borough):邑之人口达到或超出 5 万时,得脱离府之管辖,而组成"府邑"。府邑并不设"府参议会",其职权仍操于"市参议会"(Municipal Council),不过其职权较为扩充而已。关于行政事项,其职权与府同。

乙 教育委员会 府、府邑、邑及市区之参议会各设"教育委员会"(Committee on Education),除征税与贷款以外,负教育方面一切责任。

教育委员会之产生方法各地方互异,有由市长指定者,有由投票选举者,有由各政党按比例代表原则推出者。会员中,通常应有女子 1 人,并由各该参议会选任有教育经验及熟悉本区域内各类学校之需要者为委员。此等委员称为 Coöpted members[①]。被选任者有时为教师、私立学校教员、大学代表或任何对教育具有一般兴趣者。所有委员皆为无给职。

委员会之人数无法规限制,各依其所采取方针而异,少者仅 5 人,多者至 50

[①] Coöpted members 应为 Coopted members,此处有误。——编校者

人(例如伦敦之教育委员会以参议员 38 人，Coopted members 12 人组织之)。通常府教育委员会之委员约 25 名，其中 2/3 代表参议会，1/3 为于教育有经验者。

教育委员会之职权，受自所属之参议会，有时颇为广泛，于教育事项上，有最后决定权；有时其所为决议，仍须经所属参议会之批准，始得发生效力。

委员会下又常分设若干(少者 3,多者至 12,通常 6)分组委员会：分司高等教育、初等教育、夜间补习学校、学校管理、督促就学、教育经费等。伦敦府参议会之教育委员会，将其职权分配于 6 个分组委员会：校舍容量及学生出席、书籍及教具、初等教育常务 (General purposes)、高级教育、特种事务 (Special Services)、教授人员。参议会之主席、副主席、代主席 (deputy Chairman)，以及教育委员会之主席、副主席皆为各个常设的分组委员会之兼任会员。常务分组委员会之设乃是为使一部分委员于公共集议时间以外，得有商榷一般事务之机会。

丙　地方教育行政机关之职权　邑及市区之教育当局对于所辖区域内之小学校，须负维护并保持其效能之责，并得管理此等教育所需之费用。此项规定，包括学童就学之管理，医术检查及治疗实施，实用和高深学科之组织，教育盲聋及低能儿童之适宜设备；在非由地方政府设置之学校 (non-provided Schools) 中，地方教育当局对于宗教以外之各科教学 (Secular instruction) 负完全责任。

除以上各项必尽之职责以外，地方当局尚得设置育儿学校 (Nursery Schools)、儿童运动场 (Play Centers)、假期学校 (Vacation Schools)、假期营幕① (Holiday Camps) 及其他为儿童之社会的或身体的训练之一切设备，供给贫寒儿童饭食以及运送。在 1918 年以后，地方教育当局并负有注意实施保护儿童及青年童工之各项法令之责。

府及府邑之教育当局必须负责考虑各该本区域内之教育的需要，并且，于与教育部商洽后，进行办理其所视为适宜之教育事业，设置或补助设置高级教育，并促进各类教育之一般的统整。

本此规定，教育当局得以设置初等以外任何种类之学校，可以训练教师，可以给予奖学金，可以赠与大学协款，并且经其认为适宜时，得在本行政区域以外设施高级教育。

---

① 营幕即野营。——编校者

实际上,非府邑(Non-County borough,即市邑 Municipal Borough,简称邑 Borough)及市区,关于此类教育事业(初等学校以外)系与其所在之府当局(有时并可与邻近之府邑)合作,而行使其职权。

现时邑及市区中,自己设置维持中等学校者尚有 25 个单位,可视为例外。

丁 执行人员及视学人员 参议会及其教育委员会所处理之事,非行政上之琐务,而为关于一般政策之问题。所有日常事务,由所选委之行政人员任之。通常其任用全然以其能力为标准,不涉个人所属之党派。

此项执行人员在各个行政单位,有称为书记(Clerk)者,有称为秘书者(Secretary),有称教育长官(Chief Education Officer)者,比较习见者为教育长(Director of Education)。担任此职者常为大学毕业生,而由曾任教师、校长或视学员而获有教育经验者。选任程序如下:遇有缺额时,用广告法征请,应征文件交由一分组委员会审查,所有合格应征者之名单由分组委员会制定,送交全体委员会最后决定之。任免之权完全操于地方教育当局。

行政部人员之人数视其所辖地域之大小及所负职权之多少而异。在仅能管辖初等教育之较小行政区域(邑及市区)每仅设教育干事或秘书 1 人,助理 1 或 2 人,及少数录事①。

英国地方教育行政机关,在总数 317 内,至少约有 250 并无地方视学员之设。(伦敦之地方视学制度最称完备)地方视学员之职务与教育部视学员,并无明显界划,惟就大体言之,较侧重细密方面。

兹举曼彻斯特(Manchester 人口 755 900)府邑之教育行政干部组织为例:该府邑教育委员会之下,设教育长(Director)、副教育长(Deputy Director)1 人,主任干事 1 人,干事 4 人(Chief and Principal Assistants),主任视学员 2 人,副主任视学员 1 人(Chief Inspector and Deputy Chief Inspector)及视学员 6 人,主任校医(School Medical Officer)1 人,助理校医 20 人,学校牙医 11 人,体育组织员(Organiser of Physical Education)1 人,助理 2 人,音乐辅导员(Music Adviser)1 人,助理 6 人,会计员(Accountant)1 人,测量员(Surveyor)1 人,法规部主事(Superintendent of the by-laws Department)1 人,少年雇佣监察员(Supervisor of Juvenile Employment)及库房主事(Superintendent of Stores)1 人。

主持干部者之能力,与该地方区域以内之教育事业之成败,关系极为密切。教育长官对于各个学校之关系,常出以善意的指导或贡献意见,使之感觉教育

---

① 录事,旧时政府机关中管记录、缮写的小吏。——编校者

长官与彼等乃是努力于共同事业之合作者。关于课程,教学方法等等,地方教育官厅亦每发布一种纲要,供一般教师之参考,但决不以官厅权力强制其遵行,而将推行之责任委诸各学校之校长及教员。

为督促学童入学起见,隶属于地方教育行政机关之下者,尚有督促入学员(School Attendence Officers),每学区1人。仅伦敦一市,已有三百数十人之多。督学员并负有调查本区学龄儿童及学童家庭状况等职务。

戊　校董会　校董(School Managers)　依法令,地方政府必须为每所或若干所学校委派一校董会。在校舍由地方政府自行设置之学校(称为 Provided School 或 Council School),全由地方政府委派。在校舍属私团体所有之学校(称为 Non-Provided School),即校舍不属地方政府所有,但系由公款维持者,亦称教派学校(Denominational School,或私立学校 Voluntary School),亦各为之设"校董会"。其构成人员包括校舍所有者及地方政府之代表,其比率为4∶2。通常每校董6人,1/3由地方官厅指任,2/3由校舍所有者委任。

在中等学校无必须委派校董之规定,惟亦有设置理事部(Board of Governors)者,其职务与校董部相似。

校董之职务为顾问性质;彼等得访问学校,并得阅览学校记录,彼等得对地方教育当局贡献关于校舍之意见;关于教师之任用,得咨询其意见,并且在非由地方政府设置之学校得任免教师,惟须经地方官厅之批准。

总之,校董之地位,一方面形成学校与公众间一个连锁,另一方面亦为学校与教育委员会间之一联络机关。

己　教师参与教育行政之组织　地方教育行政机关由问题商榷、会议举行及特殊委员会之组织等等方式,非正式地获得教师方面之合作,亦有若干地方正式地有咨询委员会之创设。此类委员会之性质及组织各异;有时委员乃由教育长或教育委员会委派;有时,一部分委员系由委派,另一部分委员系由教师选举产生。有若干地方,仅有关于初等教育之咨询委员会,有时兼包括各类教育。

在曼彻斯特,其咨询委员会代表一切从事教学职务者,时时受教育长之咨询,并就教育长询问意见。

在曼彻斯特,除该咨询委员会以外,还有14员所构成之参议委员会(Abvisory Committe),其中7人系教育委员会分子,7人系教师代表。对于该会可由教师或由教育委员会交议任何属于教育之问题。

(附) 英国教育行政系统图

（附经管教育行政之地方政府数目）

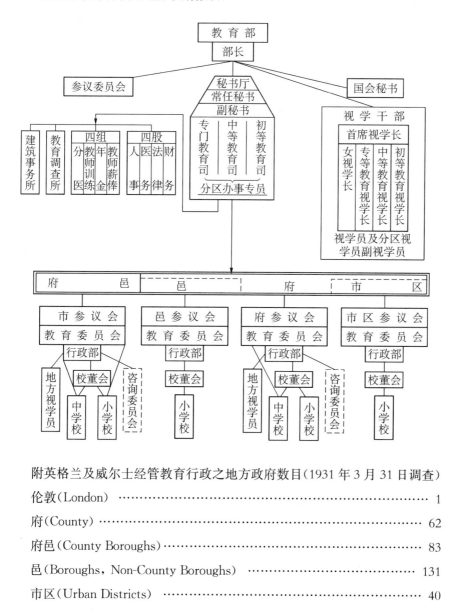

附英格兰及威尔士经管教育行政之地方政府数目（1931年3月31日调查）

伦敦（London）	1
府（County）	62
府邑（County Boroughs）	83
邑（Boroughs，Non-County Boroughs）	131
市区（Urban Districts）	40

三　学校系统

英国的教育，以缺乏系统为其特色。政府方面直到 1902 年之《教育条例》①（*Education Act of 1902*）发布以后，方开始企图将各类学校纳入某种系统之下，但迄今尚未能完全成就，并且因为应新兴的需要而产生之新型式学校之发展，愈使此项工作臻于复杂。1918 年之条例②，令各地方教育当局对所辖地域内之教育负担逐步的进展与统筹的组织之责，是为企图学制系统化之进一步的努力。

由于 1926 年《哈多报告》③（*The Hadow Report of 1926*）即《关于青少年教育的报告》（*Report on Education of the Adolescent*）之结果，开始了另一起学制系统化之运动，不过迄于目前，尚未能有所成就。兹依其现制下各类学校之相互关系，说明其学制大要如次。

公立学校系统从育婴学校（Nursery School）开始，收 2 岁至 5 岁之儿童。现时并有若干小学，将极幼之儿童组成育婴班（Nursery Class）者。

初等教育（Elementary Education）为大多数儿童所受之教育，生徒之法定年龄皆在 5 岁至 14 岁之间。通常将从 5 至 7 岁者组成幼儿学校（Infant School），超过此年龄者为初等学校（Elementary School）。

对于大多数学生，小学卒业即为教育之终结，但据 1918 年之条例，所有 14 岁至 18 岁之男女儿童，尚应受一种强迫的补习教育，惟此项规定，迄未能普遍推行。

初等学校之儿童，有少数于肄业 4 年或 5 年后，年龄 11 岁左右时，得经通过免费额考试（Free Place Examination）而取得升入中央学校（Central School）或中等学校之机会。中央学校于普通学科外，兼有职业预备性质之训练；其毕业生之成绩优异者，亦得升入中等学校或专门学校。

---

① 1902 年之《教育条例》即《1902 年教育法》，又称作《巴尔福教育法》，是英国国会通过的关于英格兰与威尔士教育的一项重要法案。——编校者
② 1918 年之条例，即《1918 年教育法》，因草拟者为赫伯特·费舍，故又称为《费舍教育法》，该法案将学生的毕业年龄提高到 14 岁，并计划逐步扩展高等教育。——编校者
③ 1926—1933 年以哈多为主席的教育调查委员会，在对英国全日制小学教育进行调查后先后三次提出《关于青少年教育的报告》，一般称为《哈多报告》，其中影响最大的是 1926 年报告。——编校者

中等教育一阶级，关于生徒之入学年龄及修业年限迄今尚无一致的标准。有许多学校，特别是女子学校，往往收受幼稚园年龄儿童，直到其已达入大学之程度，更有若干男校，收受来自私立初等学校9岁至10岁之儿童者。惟按诸教育部之《中等学校规程》(Regulations for Secondary Schools)，中等教育年限定为12岁至18岁共6年，其中分为二段：初级段4年，高级段2年。

凡不能升入中央学校及中等学校而在初等学校修毕者，可入各级各类供给全时的训练之职业学校。

修毕中学者，可升入养成小学师资之训练学院(Training College)或大学及单设之大学学院。凡清寒而优秀之中学毕业生，在目前殊不乏享受高等教育之机会。

现在教育设施之复杂情况，久为一般所认识。教育改制问题之亟待解决，在1921年5月国会选举中，为保守、自由及劳工三党所一致认为重要。由于各方改革之要求，1924年，教育部之参议委员会乃着手从事关于青年教育之一般的研究，其结果在1926年提出《关于青少年教育的报告》，其主要之建议包括以下各点：

（1）初级教育(Primary Education)应当于11岁强结束；自此以上，所有儿童当继续受一种初级以上之教育(Post-primary Education)；

（2）此第二阶段，应尽可能限度，组成单一整体(A Single Whole)，内中当包举各别型式；

（3）当通过一种法律，确定从1932年起，所有儿童迄于15岁均当强制入学。

综言之，该报告之要点不外使所有儿童迄于11岁皆在公款设置之学校中，受共同的基础教育。自此以上，再分化为多种学校，以求适应青年期男女学童之各别的能力和或然的需要。供给此项初级以上之强迫教育之学校，当为各类不同的四年制学校。

此项建议，虽然因政治的与经济的关系，未能经国会完全采纳成为法律，但地方教育当局中，已间有根据教育部1928年所印行之小册子《教育之新展望》(*The New Prospect in Education*)着手改组学制，并为11岁以上之儿童设置所谓高级小学(Senior School)。

(附) 英国学校系统图

生年	学 校 种 别	学年
20—21	成人教育　　　专科学院　大学	16
19—20	训练学院	15
18—19	(中学第二试)	14
17—18	↑↑	13
16—17	夜间学校　　　　　(中学第一试)	12
15—16	职业学校	11
14—15	补习学校　高级(小)学校　中央学校　中学校	10
13—14	预备学校	9
12—13	初	8
11—12	等 ———甄别考试———	7
10—11	学 →	6
9—10	校 　私	5
8—9	初级(小)学校　立	4
7—8	初等学校	3
6—7	幼 儿 学 校	2
5—6		1
4—5	育 婴 学 校 (幼稚园或家庭)	III
3—4		II
2—3		I

各类学校名称英汉对照表

Nursery School	育婴学校	(Part-time) Continuation School	补习学校
Infant School	幼儿学校	Evening School	夜间学校
Elementary School	初等学校	Preparatory School	预备学校
Primary School	初级(小)学校	Secondary School	中等学校
Senior School	高级(小)学校	Training College	训练学院
Central School	中央学校	Technical College	职业学院
Junior Technical School	初级职业学校	University	大学

四　幼稚教育

甲　幼稚教育初等教育及中间教育之分野

实施初等教育之学校,从广义解释,包括以下各类:

（1）育婴学校或育婴班(Nursery School or Class)

（2）幼儿学校或幼儿班(Infant School or Class)

（3）寻常初等学校(Ordinary Public Elementary School)包括幼儿班为其一部分。

（4）中央学校(Central School)

（5）工艺学校(Trade School)

（6）各种特殊学校(Special School)系为身体上或精神上有缺陷之儿童而设。

（7）露天学校(Open-air School)

（8）假期学校(Vacation School)

以上各类学校中,中央学校及初等学校之 11 岁以上部分,将于中间教育章讨论,工艺学校另详职业教育章。

育婴学校与幼儿学校,性质与办法,均异于一般小学校,兹别为幼稚教育专章。

乙　育婴学校及育婴班

A. 育婴学校　育婴学校之成为英国学制上之一阶段,比较上为时尚短。1905 年教育部公布《关于五岁以下儿童之报告》(Report on Children under Five),其中申述为贫寒家庭婴儿设置一种教养场所之必要。盖因一般幼儿学校原为 5 岁至 7 岁之儿童而设,而一般从事劳工之母亲,受经济情况之压迫,不得不提早送其子女入学。因此幼儿学校中,每因不得不收容不足 5 岁之幼儿,而有所谓婴儿班(Babies Classes)之产生,其后遂逐渐组成所谓育婴班。

1918 年之《教育条例》,重申儿童早年教育之重要性,并许可地方政府以公款设置此类教育机关,对于当时之育婴学校运动,予以一种有力的鼓励。惟据 1931 年之统计,英格兰及威尔士公立小学中不及 5 岁之幼儿仍有 159 335 之多,可见婴儿教育之发展,尚待努力。现时婴儿教育之机关,可大别为两类,即育婴学校及育婴班。

育婴学校系独立设置,属教育部医务股管辖,并受有教育部及地方政府之协款。

此类学校规模大小不一,每校所收容婴儿数大约从40人至260人;其中更分为若干组,每组约25人至35人。

育婴学校颇多属露天式(Open-air Type),备有浴室、床铺及隔离室(Isolation Rooms),并均供给午餐。其中开设时间多与普通学校相同,即从8时至下午5时;有时在某区域内,因为幼儿之两亲均需清晨外出工作,则从7时半至下午8时皆为开设时间,全日在校进餐。

据1931年之调查,育婴学校,公立者44所,私立者11所。又据伦敦《泰晤士报教育附刊》(Times Educational Supplement, July 16, 1932)教育部国会秘书宣称,该部所认可之育婴学校计56所,又另有新经许可成立者15所云。1933年3月31日统计,列58所,儿童注册数4 297名。

B. 育婴班 育婴班(Nursery Classes)与育婴学校不同,乃是构成幼儿学校之一部分。其发展较为迅速,仅曼彻斯特市已有50所左右。惟在全英格兰,其数量颇不易确定,因为多数收容3岁幼儿之婴儿室(Baby Rooms)虽然也被目为婴儿班,其实距应有之理想甚远:通常设备均甚简陋,且极少供给对于婴儿健康及卫生的和社会的训练上所最重要之午餐者。

惟近来已颇有可注目之进步,例如曼彻斯特之教育委员会已着手在幼儿学校校舍内,增筑一特殊"育婴翼"(Nursery Wing)为向南露天式,且别成一独立院落,自有出入门户、游戏场、园地、浴室、厨房,以及游、息、食所需之专室。

C. 育婴学校之课程 在育婴学校或育婴班,是"由生活而教育"(Education by Living),其中一切动作均有教育的重要性,随时留意良好习惯之养成。小动物及园地之照料,游戏室之扫除和整理,餐事之布置和伺应,学习盥洗和清洁牙齿;玩弄教育玩具,听讲故事,唱歌和做游戏,充实了每日除了沐浴、睡眠和进餐以外之时间。

在此类学校中,虽无正式课目之地位,但常注意由对儿童富有兴趣之活动,预植学习此等学科之基础。

丙 幼儿学校及幼儿班

英国公立小学,以满5岁为正式入学年龄,比较其他国家特早。5岁至7岁之儿童在公立小学中每编成幼儿班(Infant's Class)。其独立设置者,则称幼儿学校。

幼儿班及幼儿学校,前此一切设备及教学,与小学高年级略同,近来精神上颇见革新,而成为适于儿童兴趣之自由活动场所,其所侧重之点已不复为三R[①]及迎合较高学级之要求。由游戏、语言训练、故事、谈话、绘画、音乐、舞蹈、自然研究及手工,逐渐扩展儿童之经验,以为学习写、读、算之入门。一切侧重其具体性和现实性,并且为在儿童理解能力之范围以内者。

幼儿学校所采取之新方法,一方面使其与育婴学校精神上相融洽,同时并影响于初等学校低年级之工作,俾由幼儿学校过渡到初等学校,其间变化不致悬隔过甚。

兹将某幼儿学校之时间表列后:

	第一班(分时)	第二班(分时)	第三班(分时)
登记及宗教训练导(上午)	150	150	150
登记、仪容及个人卫生(下午)	75	75	75
祈祷、唱歌及散学	25	25	55
自由游戏(上午及下午)	150	150	150
各节中间(休息时间)之自由运动(3次)	75	75	75
计数	125	125	125
英语 读与做	190	200	200
作文、文法、默写	150	100	75
书法、诗、歌曲、字义	65	75	95
自然地理 谈话、故事、绘图、闲谈、历史与	140	115	165
体操 游戏及舞蹈、操练,个人卫生	150	150	150
音乐	60	50	50
手工(针工图画等在内)	220	235	190
合计分数	1 575	1 525	1 555

---

① 三R即Reading(阅读)、Writing(写作)、Arithmetic(算术)。——编校者

五　初等教育

甲　初等学校之分段及编制

在初等教育一阶段，例常将5岁至7岁之儿童编入幼儿学校，在此年岁以上迄满14岁为止，编入初等学校。惟本章将以7岁至11岁一个阶级为限，理由详后。初等学校本部之组织，无论在男女施教分合，以及按年龄分段方面，均尚无一致办法。实际上，往往同一地方教育行政系统下之学校，亦有采行不同之组织者。

在城市男女儿童，以分别施教为原则；在较小之市镇，则合教之学校较为习见；在乡村，则以合教为常。

大概说来，有若干学校将7岁至14岁儿童分部施教；亦有初级部从7至11岁男女合教，其最后3学年仍为男女合教编制之高级部。外此更有仅于初级部男女合教，而将末3年两分为男高级部与女高级部者。

教育部所印发之《初等教育备考录》(Handbook of Suggestion for the Consideration of Teachers and Others Concerned in the Work of Public Elementary Schools)将学校生活分成四个阶段：

(1) 保育段(the "Nursery" stage)收3岁至5岁未达强制入学年龄之幼儿；

(2) 幼儿段(the "Infants" stage)收5岁至8岁左右之儿童；

(3) 初级段(the "Junior" stage)所收学童，年龄迄11岁强；

(4) 高级段(the "Senior" stage)包括小学之最上三年级。

在初级段完结时，较优秀的儿童得由考试选拔，转入中央学校或中等学校。

前举《关于青少年教育的报告》及随后教育部所刊布之小册子《教育之新展望》中，提议以11岁左右为一确定段落，迄于该年龄之教育，由初级学校(Primary School 亦称 Junior School)供给之；自此以上迄于15岁，拟划定为强制入学之最高限界；于此阶段，生徒应各依其能力与志愿，分别入以下各类学校——选择的与非选择的现代学校（The Modern School, Selective and Non-selective）或中学校。此项建议，虽然未能通过国会成为法律，但各地方当局中，业已有依据此项主张，为11岁至14岁儿童设置高级小学(Senior School)者。

1931年参议委员会，又于其所提出《关于初级学校之报告》(Report on the Primary School)中，重申《关于青少年教育的报告》中之建议，主张所有学童于

11岁强,应即一律移入某种形式之中等学校。该报告继续提议,迄于11岁以前,应分为两段阶:其一迄于7岁强,其二从7岁强至11岁强。此项建议无疑地将为今后全国初等教育改造之依据。

乙　初等小学校之课程

对于幼儿学校及初等学校,教育部暨地方教育官厅均未尝规定其所应授之科目或教学时间表;课程编制之责,在于各个学校或学部(Department)之首席教师(Head-teacher)。惟所订之各科纲要及时间表,应受教育部视学员之审订。

教育部对于各学校课程编制所供给之唯一指导,即为自1905年以来所印发之《初等教育备考录》,但其作用,如其名称所示,仅为供从事初等教育者之参考,并非一种"课程标准"。学校所授科目中,唯一应遵照教育部所订纲要者,仅有体育一门,系依从医务股所发动者。然即此一科,地方政府如能取得教育部视学员之同意,亦得用其所自订之纲要。

初等学校通常所授课目为宗教训导、英语及文学、书法、算术、图画及塑作(Modeling)、自然研究、地理、历史、唱歌与音乐、卫生及体育、手工以及家事学科(针工、烹饪、洗濯及家事管理)。"道德教导"极少另成一独立课目者。

1921年之教育条例,规定地方教育当局须设置适于儿童之年龄、能力及需要之实用教学,并为年龄较长之儿童设较高深之教科。

兹将某初等小学之时间表列后:

某男女合教之小学校各科时间表

科目＼班级	ⅡA	Ⅱ	ⅢA	Ⅲ	ⅣA ⅤA	Ⅳ Ⅴ
宗教	175	175	175	175	175	175
算术	230	230	230	230	230	230
体操	75	75	75	75	75	75
地理	110	110	110	110	110	110
英语	195	195	195	195	230	230
休假	100	100	100	100	100	100
图画	150	150	150	150	150	150
针工	120	120	120	120	120	120
历史	70	70	60	60	60	60
手工	60	60	60	60	60	60

续 表

班级 科目	ⅡA	Ⅱ	ⅢA	Ⅲ	ⅣA ⅤA	Ⅳ Ⅴ
诗	70	70	60	60	60	60
舞蹈	50	50	50	50	50	50
随意加课	70	70	110	100	110	100
观察课	80	80	80	80	80	80
读法	145	145	140	135	100	100
合计	1 700	1 700	1 715	1 700	1 710	1 700

各个学校之课程彼此间之差别甚著,兹将一般城市小学之高级(指幼儿班以上各学级)所设学科及其每周所占时数分析之,大致如后:

学科	每周时数
宗教	$2\frac{1}{2}$
英语及算术	10 或稍增
历史、地理、唱歌、图画	5
理科及实用工作(包括女生针工,家事,男生之木工金工)	$5\frac{1}{2}$ 或稍减
体育	$1\frac{1}{2}$
课间游戏 登记	3 或稍减

丙 其他初等教育机关

A. 特殊学校 儿童以某种原因,致不能适应一般小学之情况者,需要特殊之教育设施。实际办法为各依其类,分为若干组,分别予以个别应付与特殊训练。对于盲聋、肢体残缺、癫痫及其他心灵衰弱者,各为规划特殊之学校。多数地方当局,常利用私立的及其他现有之设施。

此等有缺点之儿童,以心灵残缺(Mentally Deficient)者为多,其中每有仅为暂时性质者。此等儿童由医师及心理专家按时诊察,一俟获得充分之改善,即仍送回寻常学校。

由慈爱的及科学的治理,此等儿童多有得免于继续入于精神颓废之境者。

B. 露天学校 露天学校乃为身体虚弱儿童而设。在此类学校中、一切功课皆在户外。所有掩蔽,仅足避去极端寒热。教室系敞棚式,一方完全暴露,其他三面一部分遮蔽。书本教科不如通常学校之着重,而倾注于鼓励儿童之身体活动。

露天教学之成效甚著,故多数教师每将此理想应用于健康之儿童。又有多数寻常学校,每轮流在运动场或临近之公园内实施教学。

C. 假期学校 假期学校之所由发起,乃为由于保持儿童身体及心灵之继续发展,使贫乏父母之子女,在暑假期中,得从事健康作业。例如,有兴味之手工、自然研究、游戏等等。

六 中间教育

实施中间教育之机关,经教育部之参议委员会定名为现代学校(Modern School),其中别为选择的与非选择的两类,下述之高级小学可视为属于后者,中央学校则属前者一类。

甲 高级小学

A. 高级小学在学制上之地位 教育部于 1928 年所发布之《教育之新展望》,鼓励地方教育当局着手进行设置高级小学,将所有儿童不问其学业成绩如何,于 11 岁时,一概移入。此类学校在改组后之学制系统中,与中等学校相平行,但并不列入中等学校范围。

在新学制中,11 岁为开始分化年龄:于该年龄予以考试,其成绩最优者被选补中学之免费名额(Free Places),其成绩次优者被选入中央学校(Central School),其余则继续在初等学校之高级部(Senior Department)肄业,或被指派改入高级小学。中央学校通常设 4 年之学程;高级小学设三年科(有时为 4 年),所收学生皆为于 11 岁时未能通过升入中央或中等学校之甄别考试者。

高级小学有时为单独设置之机关,有时为自成一组织之小学高级部。高级小学之学生皆系来自四境之小学,以年龄为本据,不论其学业之造诣若何。凡遇生徒人数足够时,以男女分校为原则。

B. 高级小学之课程 高级小学之课程,大体上为初级小学之继续,惟程度比较提高,且加入适于各地方情况之实用工作,例如在乡村之高级小学,其基本学科虽与都市小学相同,但在相当范围内,常留意使各科教学与乡村环境相关联,特别是男生手工及女生家事一类课目。

兹将某高级小学之时间表列后:

分时 学科	第三班(第Ⅴ级)	第二班(第Ⅵ级)	第一班(第Ⅶ级)
宗教	150	150	150
算术	225	180	180
家常算术	225	30	180
代数	225	65	65
实用数学	30	45	45

续 表

学科 \ 分时	第三班(第Ⅴ级)	第二班(第Ⅵ级)	第一班(第Ⅶ级)
读法	95	95	75＋读经35
作文及默读	125	90	90
英语	140	110＋5(女)	110
诗	100	70	65
历史及公民学	100	100	95
美术(男)	150	150	140
美术(女)	45	65	65
体操或游泳	60	60	60
游戏(球类)(女)	30	45	30
实用科学(男)	110	140	140
生物学(女)	65	75	—
家事科学(女)	—	—	65
地理	145	95	100
针工(女)	150	150	150
唱歌(女)	30	60	60
唱歌(男)	60		
手工(男)	—	140	140
家事技术(女)	—	—	140
随意	30		
常识	30		

乙　中央学校

A. 中央学校之性质　中央学校由伦敦教育当局始创,时为1911年,实施一种普通陶冶与工商业准备训练相合并之教育。修业期间通常为4年,亦有时定为5年。其课程大概前2年为普通性质,后2年侧重实用方面。

伦敦之中央学校前2年全体生徒所习之共通课目包括英语、数学(代数及几何)、理科、历史、地理、艺术、音乐、手工、家事科学及针工,法语一科为将来拟于后2年入商科者所应习。后2年之功课,愈益倾向于商业、工业或家事三方面之一。在倾向于商业者,其课程中加入簿记、经济学、商业书牍、速记及打字;工业科加多各类工艺之时间;家事科(为女生设)则对家事学、家事管理、缝纫特予注重。

B. 中央学校之课程　中央学校之课程须顾及本地之特殊情形及需要,故其内容较为复杂;惟同时,仍为普通的教育,注重一般文化学科。

中央学校之主任教师于制定课程表时,有甚广博之自由。例如中央学校之应分别工商二科,抑或泯灭其间之差异,彼皆得自由决定。又各科之时间分配,彼亦得酌量加减。

下表系一工商两科并设之中央学校课程表:

学科\年级时数	普通	商业			工业		
	I	II	III	IV	II	III	IV
宗教	150	150	150	150	150	150	150
英语、作文、文法等	200	200	190	200	240	170	180
算术	260	220	210	230	220	230	220
历史	60	60	60	60	60	90	90
地理	110	150	170	150	110	90	110
理科	120	120	100	90	G110 B100	150	G140 B200
工艺	140	140	—	—	180	140	G140 B200
图画	90	120	100	120	120	140	110
唱歌	60	60	60	60	60	60	60
法语	240	240	240	250	180	180	G120 B60
速写及簿记	—	—	150	180	—	—	—
体操	60	60	60	60	60	60	60
园艺	60	60	60	60	60	60	60
园艺或针工	60	60	—	—	60	90	—

(注)表中G即女生,B即男生。

兹再附列位于乡区之某合教制"选择的"中央学校之课程表:

课目\分时\组别	IV A	IV B	III A	III B	II A	II B	I A	I B
英语	210	210	210	210	245	245	245	245
历史	105	105	70	70	70	70	70	70
地理	105	70	105	70	105	105	105	105

续表

课目\分时\组别	IV A	IV B	III A	III B	II A	II B	I A	I B
法语	175	—	175	—	175	175	175	175
数学	175	245	210＊ 175§	245	210	245＊ 210§	210⁺	210
针工(女)	70	104	70	140	70	70	70	70
机械画(男)	—	70	—	140	70	70	70	70
机械画(女)	—	—	—	—	—	—	35	35
测量	—	70	—	—	—	—	—	—
理科(男)	70	210	140＊ 70§	210	140	140	140	10
理科(女)	—	140	—	140	140	140	105	105
美术(男)	70	70	70	70	70	70	70	70
美术(女)	70	140	70	140	70	70	70	70
工艺	140	210	140	210	140	140	140	140
家庭技艺	140	210	140	210	140	140	140	140
商科	175	—	75	—	—	—	—	—
音乐	35	35	70	70	70	70	70	70
体操	35	35	35	35	35	35	35	35
游戏	70	70	70	70	70	70	70	70
园艺	—	—	140＊	—	—	140⁺	—	—
个人研究	70	—	70	—	—	—	—	—

＊§此是为一般不欲全修Form III所有学程,而碍从事农场工作者而设;此等生徒可免习法语及商科之一部分,而代以园艺及额外数学时间,致力于乡村问题;彼等并习簿记且额外加习理科。

⁺此是为一般被判定不能由学习法语而获益者而设,此等学生皆学习园艺及额外数学。

丙　义务教育概况

英格兰于1870年始实施强制入学办法,惟至1876年,始有对不入学者处罚之规定;1891年始实施义务教育免费办法;从1918年始,凡未达14岁者一概不得离校。

公立初等学校(Public Elementary School)为实施义务教育之主要机关。据英人解释,任何不收学费并且不收容16岁以外之儿童之学校,均得目为公立初等学校。依现行法规,凡为父母者有使其儿童从5岁至14岁"受关于读、写、算之切实有效的初步教导"(to receive efficient elementary instruction in reading, writing and arithemetic)之义务,见 1921 年《教育条例》第 42 条、又第 138 条。

强制教育之上端限制,得以地方单行法规提高到 15 岁,下端之限制亦可以地方单行法规提高到 6 岁。

地方政府必须于所辖地域以内,设置足以容纳所有居住本区域儿童之初等教育机关。又制定关于儿童就学之细则,亦属地方政府之职责。

依现行法规,所有公立初等学校概不得征收任何费用,惟此项禁例不适用于为盲聋及痫疾儿童所设之学校(1921 年条例第 37 条)。

强制入学法规由地方教育机关之督促入学委员会(School Attendance Committee 系分组委员会之一)及督促入学员(School Attendance Officer)执行之。后者负编制学龄儿童统计并调查缺席原由之责。自从教育实况改进及 1907 年推行学校医务检查以来,大多数之缺席者,已不复为由于逃学和玩忽,而多由于疾病。现时有提议以学校护士(School Nurse)替代督促入学员之职务者。事实上此种职员之工作颇多近于社会福利工作之性质,凡屡次缺席事件,最初由督促入学委员会或其小组委员会处理,最后始得移交少年法庭,惯习的逃学者得交特种学校(改善学校、工艺学校)管教。

全英格兰及威尔士平均出席百分率,在 1930—1931 年度达 89%。学生出席百分率之高,不但由于行政当局之督促有方,学校教学之得公众信仰,而中央政府之协款一部分系据出席数字计算,亦与有力。此外医务检查规程之严格实施,于增进学生之入学百分率上,亦大有功效,自不待言。

据 1934 年 4 月之报告,英国 14 及 15 岁之儿童,未能获得职业者有 10 万以上,并据估计,因 1919 年出生率之特高,在 1936 年,将更增至 50 万之多。此等少年既无业可就,故工党、全国教师协会(National Union of Teachers)及大部分舆论,均赞同将离校年龄由 14 岁提高为 15 岁,惟政府现时尚未接受此项主张而另设其他补救办法:即于新失业保险条例(Unemployment Insurance Act)中,规定设置少年训练所(Junior Instruction Centers),收容 14 岁至 18 岁之少年。伦敦府会所设之工艺学校(Trade School)即属此类,其目标为使生徒将来得以技工之资格加入实业界云。

此外,一般已离校少年之教育场所尚有日间补习学校(Day Continuation School),为 14 岁至 18 岁少年而设,每周上课时数至少 6 小时,至多 15 小时。课程上侧重职业需要,供给工商业务之初步的训练。

夜间学社(Evening Institute)存在于伦敦市之各部分,供给普通教育及关于商工学科之教学。

由以上诸种设施,可见一般少年在学之年数实常在逐渐延长中。

(附) 初等教育统计

按英教育部之统计,初等教育内包括育婴学校、初级小学、高级小学、中央学校在内,统称"公立初等学校",兹列表于后。

英格兰及威尔士公立初等学校统计表
(1933年3月31日)

下表列出初等学校之类别、校数、分部数、平均登记数、平均出席数、教师数。

初等学校之类别	校数	分部数	平均登记数	平均出席数	教师数
公立初等学校（Public Elementary Schools）	20 874	29 959	5 635 216	5 049 284	170 579
非属地方政府之公立初等学校（1）（Non-local School）	36	38	5 359	5 082	177
教育部认可之学校（2）（Certified Efficient Schools）	20	20	811	710	44
教育部认可之特殊学校（Certified special Schools）	624	624	52 700	46 074	2 661
育婴学校（Nursery Schools）	58	—	4 297	3 277	126
总计	21 612	30 641	5 698 383	5 104 427	173 587

(1) 非属地方政府之公立学校,其经费非出于地方教育行政机关,而乃附属于备有宿舍之教育机关,其办理者受有教育部之津贴。

(2) 此类学校,虽未受政府之津贴,但受教育部之视察,乃经其认为合格者。

七　中等教育

甲　中等教育之性质及其复杂状况

中等教育(Secondary Education)一词,系指在学制系统上立于初等教育(Primary Education)以上之教育;惟立于初等学校以上之教育机关,并非皆属中学校;在英国所谓中学校,其根本观念,大体可以人文主义(Humanism)或文化教育(Liberal Education)表著之。因此,高级小学、中央学校,以及其他含有职业训练意味之教育机关,均不包括在内;虽亦间有依广义解释中等教育一词兼包括小学初级以上所有各类型式之教育者,本书则从狭义。

在英国供给中等教育之学校,种别最繁:其中有全部以公款设置及维持者;有私立而在一定条件之下受地方及国家之协款者;有全然私立,除有时自行呈请教育行政当局举行视察以外,不受官厅督察者。此等学校之课业标准,入学年龄等等方面,均彼此差别甚大。

中学多由私人创始,直到1902年之《教育条例》,始将设置中等教育之责任加于府及府邑,自此始有"名副其实"之公立中学校——府立或府邑立中学校。现前英国中等教育上重要问题之一,即在于如何使现存各类型式之中等教育机关渐近于系统的组织。

乙　中等学校之类别

A. 公学("Public Schools")　所谓公学,在英国教育史上占极重要地位,最著者有九,其中历史比较最长者成立于1384年,最近者成立于1612年,兹依其成立先后,将其名称及成立年代列后:

Winchester(温彻斯特公学),	1384	Merchant Taylors(麦钱特泰勒斯学校),	1561
Eton(伊顿公学),	1440	Rugby(拉格比学校),	1567
St. Paul's(圣保罗公学),	1510	Harrow(哈罗公学),	1571
Shrewsbury(什鲁斯伯里中学),	1552	Charterhouse(切特豪斯学校),	1612
Westminster(威斯敏斯特公学),	1560		

此等学校在始创时,所收学生原以贫寒子弟为主体,惟自17世纪中叶以后,便逐渐失其原意,而为贵族及富家子弟所垄断,故该类学校虽然仍沿用"公学"之名,其实均系私立性质。据1929年之统计,属于此类之学校138所(此系依取得《公学校长会议》*Headmaster Conference*之会员资格者计算)中,完全独

立，不受中央及地方政府之津贴者75所（内威尔士3所，余均在英格兰）受政府协款者62所，完全由国家公款办理者1所（即 Royal Naval College at Dartmouth），此外有2所受政府之津贴，但不必设免费学额。据英国教育家之意见，此类学校声誉遍于全国者，约计有55所至60所云。

"公学"之大多数均为寄宿学校，每年收学膳费多者达200或250镑；少者约60镑或50镑（亦有免费生额）。多数学生于13岁左右受入学考试，参与此项入学考试皆来自预备学校（Preparatory School）。

公学之课程向以古典文字之研究为其骨干，惟自从20世纪初叶以来，已逐渐容许分化；现今在"公学"之课程中，与古典文字并立者尚有现代语言、数理、文史等科。

此类学校之校长（Headmaster）及教员（Master）大部均来自牛津、剑桥两大学，而由公学毕业之生徒大多数亦以该二大学为其升学之鹄的。

所谓"公学之精神"（Public School Spirit）乃由竞技运动以及日常团体生活所培植。因为多属寄宿制，学校自成一小社会，生徒朝夕熏陶于所有一切习尚及成训中，自能于其品性上产生深刻的影响。

公学之新生来源为预备学校。该类学校皆系私人创办，无捐赠校产，并不受政府直接管辖，所收费用颇重，所有学生通常于9岁入学，多拟于至迟14岁时便升入其他较大之学校。多数预备学校皆属寄宿学校，但日间学校亦不在少数。其中一切情况，皆竭力仿效所拟升入之公学。

预备学校在学校系统上观之，系与小学平行，惟课程内容，则初等学科以外，设有拉丁文、法语、数学及希腊文（近将此科改为选习的）等中学科目。

属于此类之学校现无确实调查，总数大约在七百以上。惟其中加入预备学校联合会（Association of Preparatory Schools）者约计550所。

B. 男子中等日间学校（Boy's Day School） 多数成立甚早，其中有追溯到第7世纪者，如罗彻斯特（Rochester）之 King's School① 即以604年为其成立期。据教育部《合格中学册》（*List of Efficient Secondary Schools*）所列有1 473所，其中未受国库及地方之协款者仅有295所（约1/5），其余均受公款扶持，而形成公立学制之一部分。

在由政府扶持之学校中，有324所为男子日间学校，285所为男女合校之日间学校，两共609所，可视为纯粹日间学校，其余多兼收住宿生与通学生。

此类学校免费生额颇多，其中有30所完全免收学费。各校收费多少不一，

---

① King's School，即罗彻斯特国王中学。——编校者

通常以 9 镑至 20 镑为常。

学生来自私立学校或初等学校,入校年龄在 12 岁前,至 16 岁或 18 岁离校,一切风尚颇近于公学。所设科目有注重现代生活需要之倾向。

C. 女子高级学校(High School for Girls) 为供给女子中等教育之学校,多由私人团体、会社或地方政府设立。其课程不如男子中学之趋于保守,家事科与拉丁文、代数等科并重。多系日间学校,能与家庭市里间保持密切的联络。

此类学校加入女中校长协会(Head Mistresses' Association)者有 537 所(1925—1926 年度),学生费用及学校生活与前男子日间学校相近。

D. 市或府立中等学校(Council Secondary School) 此类中等学校可称之为平民的"真正公立的"中等学校。其中有男女分校者,有男女同学者。此类学校现时正在方兴未艾之时期。

此类中等学校,原则上由府或府邑设置,惟所有设施计划,应经教育部之认可。各校应组织一理事部,其中包括地方教育机关之代表,校长即由该机关选择,而由地方教育官厅任用。校长于内部行政对理事部负责,关于外部或事务方面对行政官厅负责。校长对于教员之任免有相当发言权,地方公立中学所收学费较其他各类学校为廉,而且精神及制度比较上与初等学校相衔接,多数学生皆于 11 岁或 12 岁由公立初等学校转入,多数修业 4 年。

在此类学校之课程从始即有侧重数理学科之倾向。虽然成立历史尚短,其生徒之学业造诣已能与他类中学并驾齐驱。近来对于团体生活及竞技活动方面,亦在努力进展中。

丙　教育部对于中等教育所取之政策

A. 中学教育系统化之主要因素 如上所述,中等学校之类别颇多,惟近年由于下述二种势力,已趋于形成一个公认的全国中等教育制度:(1)大学入学资格及考取奖学金额之规定;(2)考试机关所订关于中学考试之标准;(3)教育部自 1903 年以来所发布之《中学规程》(Regulations for Secondary Schools)。

《中学规程》对于中等教育之范围及意义,修业期间,以及教育内容都有明白规定。

教育部自始即致力于完成初等及中等教育间之适当的联络;因为实际上各类中学之开始入学年龄无一致办法,此举更属必需。因此《中学规程》内特明订:凡欲得该部认可之中学必须属"为意欲最少在校肄业 4 年,至少达 16 岁之生徒而设之学校"("The school must be a school for pupils who intend to remain for at least four years and up to at least the age of sixteen")。又云:"该类学校须设置一种普通教育学程,其性质与分量应适合于至少从 12 岁到 17 岁之一阶段。"教育部对于中学所给予之协款即系根据各个学校所有 12 岁以上生徒之数目计算,对于 10 岁到 12 岁间之儿童所给协款数减低。

B. 教育部关于给付协款条件之规定 按教育部所订关于中等教育机关受领协款之标准,均系属于外部或物质方面之事项,对于内部方面则避免控制其课程、教育纲要、时间表及内部之行政,关于此等事项,虽然应经教育部视学员之认可,实际上一切责任皆加于各中学之校长及其教授人员。

凡向教育部请领协款者,须定期受教育部视学员之完密视察,并须事前提出计划书请其认可,给予协款之条件为校舍及设备必须满意,学校每年开课 36 周,教职员须适宜并人数足够且备相当的资格,薪金不得依据每年所获得之协款数目,每班人数不得超过 30 名,继续留校 4 年之生徒须达到一定之百分率,须为来自初等学校者设置免费学额,其名额应占全体数 25%。现时少数私立学校所收来自初等学校之学生虽有减低至 10%者,但在一般中学内,免费生额有增至 50%者,且在 15 个地方教育行政系统之下,业已完全废止学费。

不幸,中学倾向废止学费之趋势被 1932 年 9 月教育部所发布之《新规程》(1933 年 4 月 1 日实施)所妨阻。按该规程,所有中学校均应征收学费,惟须设法维持贫乏儿童享受中等教育之便利。

教育部虽未订出划一的学费标准,但建议以 9 镑 9 先令为最低限度。所有受领协款之学校每年须设"特殊学额"(Special Place)替代前此所常用"免费学额"一词。其所定限度系为上学年所收容生徒全数的 25%至 50%。"特殊学额"依竞争考试之结果给与之。通常有一学童之家庭其父母每周之收入在如下限度以内者:乡区 3 镑至 4 镑,都市化之府及府邑 4 镑至 5 镑,大城市 5 镑,得完全免费。家庭收入渐增,则所减免之费渐少;儿童数目增多,则免费之限制亦降低。

丁 中等教育之进展

自从 1902 年以来,中等教育之进步颇为迅速,在 1903—1904 年,受领协款之学校计有 407 所;至 1931 年(3 月 31 日)英格兰及威尔士所有此类学校增为 1 367 所(英格兰占 1 218 所)。此等学校依其设置者分配如下:

地方政府学校　720	公产(Foundation)及其他学校	458
罗马公教学校　87	威尔士中间学校(Welsh Intermediate School)	102

此项数目中男校计 500 所,女校 485 所,男女合校 382 所。生徒数在 1902 年为 31 716 人,至 1931 年增为 411 309 人(男 217 110,女 194 199)。

经教育部认为"合格"("Efficient")但未列入"协款册"内者,在英格兰及威尔士共 362 所(在英格兰者 343 所),其中共有生徒 64 622 人(男 32 193,女 32 429),预备学校经认为"合格"者 228 所,生徒 16 647 人。

此外尚有多数中等学校未受教育部协款,亦未请求视察者,不在前列数字中;又在受领协款之学校中,不及 12 岁之生徒计有 45 883 人(男 16 939 人,女 28 944 人)。

较诸生徒总数之增加尤富有意义者,是为来自初等学校之儿童能以享受中等教育者之增多。1931 年此类生徒在受领协款之学校比数达 76.1%。免费生之总数在同年度计 194 095,占全体学生 44.3%,免费额之百分率从不足 25% 到 75% 以上。但遇减低至 25% 之标准规定以下时,须经教育部审虑该校之特殊情形后始予以许可。

免费的中等教育已实行于 15 个地方行政区域(共 74 校)。

在领受协款之学校中,11 岁至 16 岁儿童之数目计 302 987 人,或全数中 74%;生徒在 11 岁以后留校时间之长度在男生为 4 年 8 个月,女生 4 年 9 个月。平均离校年龄男女生均为 16 岁 7 个月。此外,中学内高等科(Advanced Course)之数目,亦颇见增加:在 1929—1930 年度为 483,至 1930—1931 年度增为 494。

在 1908—1909 年度,升入大学之生徒计 1 056 人(男 695 人,女 361 人),至 1930—1931 年度增至 4 132(男 2 701 人,女 1 431 人)。最足以表明来自初等学校生徒教育机会之增进者,是为免费生之继续留校期间,以百分率计竟较纳费生为高,而且在升入大学之生徒中,属于出身初等学校者达占 64.4% 之多。

【(附) 最近中等教育之统计】

英格兰及威尔士中等学校统计表
(1933 年度)
中学校之类型、各类学校之校数、学生数,以及学生之性别等。

学校型别	校数	男校	女校	合校	学生数		
					男生	女生	合计
Ⅰ. 经教育部认为合于受领协款条件之学校:——							
(a) 地方政府(Council)	746	203	272	271	123 533	126 137	249 670
(b) 威尔士中间学校(Welsh Intermediate School)	102	22	24	56	15 364	14 105	29 469
(c) 经补助者(Aided):——							

续 表

学校型别	校数	男校	女校	合校	学生数		
					男生	女生	合计
1. 罗马公教（Roman Catholic）	87	25	62	—	8 174	16 686	24 860
2. 基金及其他（Foundation and Other）	443	249	129	65	87 789	50 095	137 884
合计	1 378	499	487	392	234 860	207 023	441 883
Ⅱ. 独立的男校（Independent Boy's School）							
(a) 公学（Public School）	851	84	—	1	34 000	115	34 115
(b) 预备学校（Preparatory School）							
1. 经认为合格者	256	229	—	27	16 410	1 648	18 058
2. 其他属预备学校联会之会员学校	260	260	—	—	11 000	—	11 000
(c) 其他经认为合格之学校	66	57	—	9	8 667	799	9 466
合计	667	630	—	37	70 077	2 562	72 639
Ⅲ. 独立的女校经认为合格者（Independent Girls' School Recognised as Efficient）	278	—	278	—	1 189	33 903	35 092
总计Ⅰ，Ⅱ及Ⅲ三项：	2 323	1 129	765	429	306 126	243 488	549 614
Ⅳ. 其他学校：（包括男校、女校及混同学校，因资料不足，未能分类）							
(a) 其他属独立学校联会之学校（Independent School Association）未经教育部认为合格者	(约560)	—	—	—	—	约计	40 000 至 50 000
(b) 其他多半属于罗马公教之学校	(约400)	—	—	—	—		

（注）上表中项Ⅰ之数字，据1933年3月31日之统计。

项Ⅱ(b)1. 与(c)及项Ⅲ则依同年10月1日之统计。其他数字系根据最近（关于未经认为合格之独立学校）可能获得资源所列出之约计数量。

戊　中学之内部构造

A. 中学之分"级",分"门"及分"组"　英国中等教育之内部组织,几于全然缺乏统一性。通常每所学校,若是生徒人数足够时,均分设 6 个学级(Forms)。为保持伸缩余地起见,每插入"增附学级"(称为 Shell, Remove, 或 Transitus)。又以同一理由,在同一"学级"以内,每设置数个班次(Classes),依生徒之能力分班肄习。结果其进级制成为弹性的。

在设置高级功课或高等科(Advanced Courses)者,其常用编制为使生徒于第六级或最高级修习 2 年。

关于学科之组织,更形纷歧多端。在历史较长,规模较大之学校,每从始即分"现代"与"古典"二门(Modern and Classical Sides)。又有若干学校,每先经一共同之基础阶段,随后再分为二门。更有一类学校,设法使一般业已在语言门(Language Sides)肄业数年者,仍得改入侧重数理或历史门。此项组织,又因各校每将特种学科,如数学或第一外国语之类,复行分组(Sets)教学,愈益增加其复杂性。

按照一般趋势,参以教育部所发布之《中学规程》,通常中学课程之编制,在 12 岁以前皆为普通性质。从 12 岁至 16 岁(4 年),仍属普通科。惟同时对于数学、理科及文字学科,因生徒之倾向,为相当供应。

总之,凡关于人类思想及活动之基本要素诸学科,皆当继续研习至满 16 岁时。既达 16 岁以后,其高级科(2 年)方开始分门专习(详课程章)。

B. 中学编制举例　中学内部之编制极形分歧,兹举数例,用示一斑：

(一)克立夫登学院(Clifton College),该校组织分设：

子、上级部(Upper School),学生年龄 13 岁至 19 岁;课程别为 3 门,即：

1. 古文(Classical),
2. 现代(Modern),
3. 军事(Military)。

丑、初级部(Junior School),学生年龄 10 岁至 14 岁,为上级部之总预备阶段。

寅、预备部(Preparatory School),学生年龄 7 岁至 11 岁,为初级部之预备。

预备部之功课,包括英语、法语、拉丁文及算术之基础。

初级部教授相同之学科,惟在最高数级加授希腊文,为预备升入上级部专攻古文门者而设。由此,儿童于13岁未满时,除本国语外,已习3种言语。凡意欲升入现代门者,另加数学时间。

上级部从初即二分为现代语及古文二门。现代语言门包括军事预备科(从第四级(4th Form)即上级部之第二年,以后即另行构成一门)。

每一生徒编入某一级,与其级友共习一定之学科;此外各科,则分为若干组教授之,其法为依照学生对于特殊学科之能力,选集不同级之生徒教授之。

(二)海格学校(Highgate School),全校共分4部,每部约有男生120人,命名如后:

  子、初级部(Junior School)学生年龄9岁至12岁;

  丑、下级部(Lower School)学生年龄12岁至14岁;

  寅、中级部(Middle School)学生年龄14岁至16岁;

  卯、上级部(Upper School)学生年龄16岁至19岁。

最高级分为"大学"(University)与"非大学"(Non-university)二门。前者专准备入伦敦大学及剑桥、牛津两大学,其中有少数系准备受伦敦之"大学及门考试"(Matriculation)以为入各种专业之门径者,其余以某项理由,不能遵由前述二途径者,则予以较广之自由,使其依各自兴趣,选习学科。该校级制(Form System)依然保存,惟内容富于必需之弹性,使中材之生徒,不致为少数敏慧者而牺牲。

(三)某市立女子中学,该校生徒共540名,其中175名(约32%)系获有"奖学金"者,其编制如下:

  子、初级部(Junior School)包括 Form Ⅰ.Ⅱ.Ⅲ.各级;

  丑、中级部(Middle School)包括 Form Ⅳ.Lower Ⅴ.各级;

  寅、上级部(Upper School)包括 Form Upper Ⅴ.Ⅵ.各级。

纳费生通常于10岁入学,奖学金额之学童于11岁半左右入学。
在入第三级以前,将所有生徒分为以下各组:
(1)——身心发展健全之女生,能再继续留校5年,其中之最优秀分子,将续受大学教育者。
(2)——能力属中材而将于16岁离校者,其中大多数之目的在续入师范学校(Training College)受小学师资之准备训练,或志愿充任文官职务者。

(3)——体质欠强,或先前教育准备不足,或心智发达延迟之女生。对于此等生徒,家政课目先于正式学科。

前述之分组并非严格的,亦非永久的,在适当情况下,可由此组转至彼组。

该校对于才力敏捷之女生,采行"导师制"(Tutorial System),若某生于某特殊学科之造诣超越同班学生时,可到"研究室"充分利用图书馆研究任何所喜习之功课,并不必为课程内所规定者。担任此部分工作者,有女教师 2 人,对学生给予必要的指导。

己 中学之课程

A. 教育部关于中学课程一般的规定 按教育部之中学规程,规定中学课程必须备具英语及文学,英语外至少一种外国语、地理、历史、数学、理科及图画各科,外此并须设置团体游戏、体操、手工及唱歌。"如课程内包括两种外国语,其中之一必须为拉丁文,除非得有教育部之认可"。该部有时并可许其"完全省略外国语文一科目,假使在英语教学中,能以供给相当的语言学的训练,并且其教学人员适于担任此项教学"。

在女校中,课程内必须包括家事课目之实际教学,如缝纫、烹饪、洗濯、理家、家庭卫生。对于年龄较长之女生,得以此类家事课目之配置一部或全部替代理科及算术以外之数学学科。

参议委员会在所提出的《关于中等学校男女生徒课程上应有之分化报告书》(1923 年)中,建议在男女生徒之课程中均当予以较大之自由,并且特别对于审美的训练(经由音乐、艺术及其他审美学科)予以较显要和确实的地位。

教育部方面并不订定学科纲领,但由其视学员审定各认可学校之课程、学科纲领与时间表,并由各科备忘录与提示之刊印,而对各校发生一种间接的影响。

(一) 首四年之课程

多数中学生徒,从 12 岁至 16 岁,修习普通学程 4 年,而以由一校外考试机关所主持之"第一次考试"(First or School Certificate Examinations)结束之,教育部在一通告(Circular 1294)中拟定中学各科时间分配表如后:

学科	课时(45 分)	学科	课时(45 分)
英语	2—4	数学	6
外国语文	9	图画	2
理科	6	音乐	1

续表

学科	课时(45分)	学科	课时(45分)
历史	2	手工	2
地理	3	体操	2
读经	1		
总计			36—38

(二) 高等科之课程

高等科(Advanced Course)乃是为一般已经通过第一次考试而拟继续在校修业2年者而设。教育部初将其学程分为3门：

(1) 理科及数学；

(2) 古典学科(Classics)，即包孕于希腊及罗马之语言文学与历史中之古代文明；

(3) 近代学科(Modern Studies)，即近代与中古西欧诸国之语言文学与历史。

除所列专攻学科以外，应仍继续设置普通学科。嗣因有抗议限制高等科于上列三科之办法者，故教育部旋又许可增置下列各科：

(1) 古代及近代文明，包孕于语言、文学及历史者：(a)希腊及罗马，(b)近代之英国或西欧其他国家。

(2) 地理配以另外二种经教育部所认可之学科，至少其中之一应为历史或一种理科。

(3) 其他学科之配合，经教育部之认可者。

高等科以"第二次考试"(Second or Higher Certificate Examination)结束之。课程内容在某限度内，与多数大学"普通学位"班之第一年功课重复。

在1930—1931年度英格兰计有高等科494，设于341所学校内，科目分记如后：

理科及数学	230	古典配同近代学科	7
近代学科	182	地理学科	5
古典学科	37	其他学科之配合	33

以上数字，不包括多数未曾请求教育部正式认可之学校所设之高等科。国家公费生额(State Scholarship)每年最高额2百名，在英格兰或威尔士大学通常可保持3年，乃依据"第二次考试"之成绩给予。

B. 中学各科时数分配举例 英国一般中学之校长，于课程之规划上，较小学之首席教师享有更广博之自由。各校于规定课程及各科时间分配,虽应受教育部视学员之认可,但在视学员方面,率留意容许并奖励弹性之组织,绝不斤斤于机械的划一,以阻遏各个学校之进步与创作。兹举中学各科时数分配表实例数则于后:

(一)曼彻斯特文法学校(Manchester Grammar School)课程表

子　首四年之各科时数分配表

门别 年级 平均年岁 时数 学科	古典学科门				近代学科门				理科门	
	第一年	第二年	第三年	第四年	第一年	第二年	第三年	第四年	第三年	第四年
	12	13	14	15	12	13	14	15	14	15
英语及历史	5	5	—	—	6	6	5	5	6	6
地理	2	2	5	—	2	2	5	—	6	6
理科	1ª	3ᵇ	2ᶜ	5	1ª	3ᵇ	5ᵈ	6ᵈ	10ᵉ	10ᵉ
算术	2	2	1	2	3	2	—	1	1	1
拉丁	6	6	5	5	—	—	—	—	—	—
希腊(或地理)	6	6	5	6	—	—	—	—	1	—
拉丁或法语	6	6	—	—	—	—	—	—	5	5
法语	4	4	4	4	7	6	5	5	—	—
德语	4	4	—	—	—	—	—	5	—	—
手工	2	4	—	—	2	2	—	5	—	—
体操	1	1	1	1	2	2	1	1	1	1

a = 自然科学
b = 物理学
c = 化学
d = 物理带化学
e = 物理及化学为准备大学及门考试之两学科

丑　第六级(Sixth Form)之课程表

	主科	辅科	其他学科非为高级学校证书者
古典学科Ⅵ	希腊文、拉丁文、古代史	英语、希腊文、圣经	德语或法语
数理学科Ⅵ	纯理数学、应用数学、物理学、高等数学	拉丁文	英语、德语或拉丁文

续 表

	主科	辅科	其他学科非为高级学校证书者
历史学科Ⅵ	历史、法语或拉丁文、英语	经济学	德语、拉丁文或希腊文、法语
理科Ⅵ	化学、物理学、纯理及应用数学、生物学、植物学、动物学 生徒就中可习化学及任何其他二科	拉丁文、德语或法语	英语
近代学科Ⅵ	法语、德语、历史	—	英语、拉丁文

(二) 圣里奥那兹中学(St. Leonard's School)(女子中学)课程

该校之入学年龄为13岁,可留校达19岁时。所附设之预备学校,约有女孩及幼年男孩百人。所设学科有宗教、诵读、习字、算术、几何、代数、英文、文学、历史、地理、拉丁文、法语、图画、自然研究、瑞典式体操、舞蹈、唱歌及手工。

该校之高级部(Senior School)包括5级,其名称如下:

下五级(Lower Ⅴ),五级(Ⅴ),上五级(Upper Ⅴ),下六级(Lower Ⅵ),六级(Ⅵ)。

每1级各有2个或3个,或更多平行的"分部",大体以其对英语一科之造诣为分别。"级"科为《圣经》、英语及历史;其他各科多半分"组"教学。兹举其各级第一"分部"之课程表于后:

学科\级别\平均年	下五 Lower Ⅴ	五 Ⅴ	上五 Upper Ⅴ	下六 Lower Ⅵ	六 Ⅵ
	14.2	15.0	15.7	16.9	18.5
英语	3	2	2	1—3	考试预备及学校管理工作
历史	2	2	2	2—5	
圣经	2	2	2	1—2	
法语	4	4	4	2—5	
拉丁	4	4	4—5	4—5	
算术	2	2	1	1	
代数	2	2	2	1—6	
几何	2	2	2	1—4	
植物	1	—	3	—	

续 表

学科 \ 级别(平均年)	下五 Lower V 14.2	五 V 15.0	上五 Upper V 15.7	下六 Lower VI 16.9	六 VI 18.5
物理	2	—	(5)	(2—5)	
化学	—	2	(5)	(2—5)	
地理	1	2	3	—	

第六级(VI)无正式课程,学生至此级已修完普通课程。学生在此级中,或专预备某项高等考试,或在下六级补习,彼等并参与学校之管理工作。

庚 中学校之考试

中学校之校外考试制度,向来极为复杂。1914年根据参议委员会之《中等考试报告》(*Report on Examinations in Secondary Schools*)限制考试机关之数目,减缩校外考试为二:第一次为普通性质,于修完中学四年科举行之;第二次比较进于专门,于第一次考试通过后2年举行之。

教育部得依规程,令各中学受认可的考试机关之试验,并据应试生徒之数目,按名给予协款。此等考试机关均隶属于大学,经教育部认可者共计有八。

A. 第一次考试　凡满16岁之中学生,得受此种考试。所试科目通例5种至6种,由下列3科组内选择之:

(1) 英语,包括史地;

(2) 外国语文;

(3) 自然科学及数学。

凡通过此项考试,并且能以满足一定补充条件者即得升入大学肄业。

兹再举一实例于后:

牛津与剑桥学校考试部(the Oxford and Cambridge Schools Examination Board)所订第一次考试学科配置如后:

第一组　(1)经义,(2)英语,(3)历史,(4)地理;

第二组　(1)拉丁文,(2)希腊文,(3)法语,(4)德语,(5)西班牙语,(6)意大利语,(7)阿拉伯语;

第三组　(1)初等数学,(2)加试数学,(3)物理学,(4)化学,(5)物理及化学,(6)普通科学,(7)植物学,(8)生物学;

第四组　(1)音乐,(2)图画,(3)几何画及机械画。

第四组内 3 种科目之一,得并入于该项凭证所需之 5 种科目内。凡欲得该项凭证者,必须:(1)于首三组各学科中,至少每组内各有一科达到满意的标准;(2)有 5 科达到满意的标准,包括前项所举 3 科及第四组科目一种;(3)于 5 科中至少有一种试验成绩优异,并且全部考试能令主试者满意。

1931 年第四组科目经修改为于下列科目内,得以二种计入授予学校证书所需最低限度之科目内:艺术、音乐、工艺、家事科学(包括针工)、商业学科、几何及机械画,及任何经教育部中学考试参议会所认可之科目。

B. 第二次考试： 凡通过第一次考试者,可在中学继续修习"高等科"2 年,第二次考试通常即系以高等科之课程为依据。牛津与剑桥学校考试部将应试科目分为以下各组：

（1）古典学科；

（2）现代学科；

（3）数学；

（4）自然科学。

在每组以内,并须考试辅科数种。

此项考试为学生开放修习高深学问之途径;凡考试成绩优良者,其在中学所修习之学科,认为与大学肄业一全年相等。

在 1931 年,受第一试者计 66 909 人,其中获得证书者 46 301 人,占 69.2%;受第二试者计 11 016 人,获得证书者 7 408 人,占 67.2%。

由前项统计,可见高等科之设虽日有推广之势,但多数学生仍是在通过"第一试"时即行离校。

八 大学教育

甲 现有大学之分类

英格兰之大学，可依其性质，别为以下数组：

(1) 历史悠久的并住宿的牛津(Oxford)与剑桥(Cambridge)两大学。

(2) 伦敦大学：其复杂的组织，宏大的规模，及其地位在帝国之首都，使其能以利用各种国有学术机关各点，皆非其他各地方大学所能比肩。

(3) 地方大学(Provincial Universities)：此中包括曼彻斯特(Manchester)、利物浦(Liverpool)、谢菲尔德(Sheffield)、利兹(Leeds)、杜伦(Durham)、伯明翰(Birmingham)、布里斯托(Bristol)及雷丁(Readiug)各大学，威尔士大学(University of Wales)亦属此类。

此外尚有受领政府协款之大学学院(University Colleges)，如诺丁汉(Nottingham)、埃克塞特(Exeter)及南安普敦(Southampton)，及未受协款之学院，如赫尔(Hull)与莱斯特(Leicester)。

A. 牛津与剑桥两大学 牛津与剑桥两大学，乃由若干自治的、设置斋舍的学院之组合，此等学院各自选举其负责人员，拥有并管理各自所有之巨额财产，有时比诸其所合成之大学更为富有。其一般情况，大体上可以说仍沿袭中古学人自治基尔特①之理想(The mediaeval idea of an autonomous guild of scholars.)。

各个学院应保留若干职任位置大学之人员，且应将所有收入按比额缴纳于大学。

此两大学虽然以其历史(牛津大学成立年追溯至1167—1170年，剑桥大学1207年始由牛津分出)及境况，演进成为特异组织，但如推断其为静止不变的，则不免陷于错误。近代重要的改革，如宗教考验之废除，奖学金额之公诸一般竞争考试，以及许可女子为正式学生(牛津大学于1920年10月)，皆是为适应时代潮流之重要进展。

此两大学一方虽然深受时代潮流之影响，但仍将永久保持其独特的性质与

---

① 基尔特即行会，同业公会。中世纪欧洲城市中同行业或相近行业手工者的联合组织。——编校者

地位。

就两大学之性质与功能观,可归纳为以下各特点:

第一,牛津与剑桥异于英格兰其他各大学,乃是全国的(National),不是代表一个特定地域的。

在其他大学中,若是除去海外的和外国的学生不计,便可见其所罗致之学生,多系来自特定的地域,且不难为之划定概略的地理疆界来。据1929—1930年度之调查,此等大学之学生有2/3系来自距校30英哩以内者。

第二,该两大学大体上抽取了全国最颖秀的才智原料。此点至少以关于文科(Faculty of Arts)方面是无可置疑的。因为各地公立中学之高才生,多倾于借奖学金之助,升入该两大学肄业。学生于此可能获得一切地方大学情况及资源所不克供应之智能的和社会的自我发展之特殊的机会。其结果于个人及国家均极有价值。

第三,两大学尚有一可注意之特点,即是其中之社会生活。在此种社会内,个人的财富或社会地位是无足重轻的;只有个人之特长(Merit)与社会的适应性(Social Adaptability)乃是位置各个成员间相互关系之主要条件。此项风气之形成大部分可说是由于该两大学各学院内之特别亲密的共同的社会生活,这是在非住宿的大学之情况下所不能实现的。

第四,就此两大学加以比较,则在学术研究之造诣上,凭剑桥之近今的记录,常居于较优越之地位,而牛津则对于生活之准备上似为剑桥所不及。

大体说来,此两大学于纯粹科学及文艺之研究上,表现其特殊贡献,非其他大学所能比肩;惟关于应用于实业之科学,则将让诸新兴诸大学云。

兹将牛津、剑桥两大学所包括之学院及其成立年列表于后:

牛津大学		剑桥大学	
1. University College	1249	1. Peterhouse	1275
2. Balliol College	1266	2. Clare College	1326
3. Merton College	1274	3. Pembroke College	1347
4. Exeter College	1314	4. Trinity Hall	1350
5. Oriel College	1324	5. Corpus Christi College	1352
6. Queen's College	1341	6. King's College	1441
7. New College	1387	7. Queen's College	1448
8. Lincoln College	1427	8. Catharine's College	1473

续 表

牛津大学		剑桥大学	
9. All Soul's College	1438	9. Jesus College	1496
10. Magdalene College	1473	10. Christ's College	1505
11. Brasenose College	1512	11. St. John's College	1511
12. Corpus Christi College	1516	12. Magdalene College	1542
13. Christ Church	1525	13. Trinity College	1547
14. Trinity College	1555	14. Conville & Caius College	1558
15. St. John's College	1555	15. Emmanuel College	1584
16. Jesus College	1571	16. Sidney Sussex College	1596
17. Wadham College	1612	17. Downing College	1807
18. Pembroke College	1624	18. Selwyn College	1882
19. Worcester College	1714		
20. Hertford College	1874		
21. St. Edmund Hall	1857		
22. Keble College	1870		

此外两大学尚各有女子学院（Woman's College），近年因请求入学女生之踊跃，供不应求，以致入学试验难度异常提高云。

B. 新兴大学——伦敦大学及地方大学 19 世纪之英国，在政治上比较自由，在经济上亦比较富裕，于时初等、中等及专门教育皆有长足之进步。

因为一般社会有要求扩张大学教育之设施于牛津剑桥二大学以外，于是在伦敦乃产生大学学院（University College 1826 年成立，1836 年定今名），不久又成立国王学院（King's College，1831），随着以主持考试及授予学位为其主要任务之"伦敦大学"就自然出现了（1839）。自此历经连续不断的进展，乃成为一个宏大的学府或多数学府之联合（Coalescence of Institutions）。

在英格兰之北部，于 1831 年于教会卵翼下成立了杜伦大学（University of Durham），一切以牛津、剑桥两大学为模范。

较新的"地方大学"直到前世纪之后期方才发生。此等学院之产生，一部分乃出于私人之惠赠巨款。此类学院多吸收该地已存之高等学术机关，益以公家之直接的捐赠，地方与中央之协款，遂逐渐成为规模粗备之大学。

维多利亚大学（Victoria University），即曼彻斯特大学，乃是此类大学中首先获得授予学位之权能者。现时在英格兰，多数大城市中均有大学校之存在，在其他都市中,则有若干大学学院正趋向发展到大学之地位。

百年以前,牛津与剑桥在英国执有不容争执之威权,现时则有了11个大学与5个非学位授予的大学学院(Non-degree Granting University Colleges);在威尔士有具备4个学院之大学1所,并在兰彼得(Lampeter)有授学位的学院1所。

近代成立之大学多数皆位于人口集中之都市,其结果为只有比较少数学生是住在校舍以内的,社会的和体育的活动为之大受限制,意即大学教育上之一种有效的价值之严重的损失。惟近来颇有重复努力把握古大学理想之征象,原来设于大市之大学,有移到郊外者,有努力增置住宿设备者。在1929—1930年度,新兴大学学生之住校者占17.7%。

惟19世纪成立诸大学,因其位于市区,得与实际生活相接触,对于大学本身亦不无利益。

兹将新兴大学及大学学院之名称及其成立年列表如后:

大学(Universities)		大学学院(University Colleges)	
杜伦(Durham)	1831	埃克塞特(Exeter)	1901
伦敦(London)	1836	诺丁汉(Nottingham)	1881
曼彻斯特(Manchester)	1880	布里斯托(Bristol)	1909
伯明翰(Birmingham)	1900	雷丁(Reading)	1926
利物浦(Liverpool)	1903	南安普敦(Southampton)	1850
利兹(Leeds)	1904	莱斯特(Leicester)	1925
谢菲尔德(Sheffield)	1908	赫尔(Hull)	1928

乙　大学之行政组织

A. 剑桥大学　牛津大学由22学院(College)及3学馆(Private Halls)所构成;剑桥大学包括17学院及1学馆。此各院各为一独立组织,每院设院长(Dean)、导师(Tutor)、事务员(Bursar)及管理员(Steward),导师之职务为分别担任一部分学生学业指导事宜。在牛津大学各学院并设置正式功课,惟在剑桥大学则正式功课实际上已完全由大学担任设置。

兹将剑桥大学之组织撮要叙述如后:

剑桥大学设大学总长(Chancellor),为名誉职;实际负行政责任者为就各学院院长中选出之副总长(Vice-Chancellor)任期1年。辅佐总长执行校务之机关为大学参议会(Council of Senate),以本大学有选举权的教职员选举8人,各学院院长互推4人,教授代表4人组织之。

大学参议会执行校务之报告，应受大学会议（Senate）之审核。大学会议之构成人员包括大学总长，副总长，神、法、医、理、文、音乐、哲学各科博士（对最后两者尚有须寓居剑桥若干时期之限制），以及神科学士，医科、文科、法科、药科硕士等。

此外重要机关有"教务会议"，以副总长，各"学科会议"（或作"教务分会"）所各自推出之1人，以及大学会议所选任之8人组织之。该会议之主要职权为计划并审议关于学科及考试事宜，并聘任读师（Reader）①、讲师（Lecturer），惟须经有关之学科会议之同意。

学科会议之构成人员为各专科之教授、讲师及考试员，其职权乃为关于各该学科之教学及研究事宜。主要的学科会议有：神学、法学、医学、古典学、中古与近代语言、数学、物理与化学、生物与地质学、历史与考古、精神科学、音乐、经济与政治、农林等等。

教授选任会之构成人员为副总长，及大学会议所推出之代表8人（其中由大学参议会提出2人，教务会议提出3人，有关之学科会议提出3人），任期8年。选任教授时，至少须有该会会员2/3出席，并有出席会员过半数之同意始得确定。遇不能选出时，始得由总长直接聘任。

B. 伦敦大学 英格兰及威尔士之新兴大学（共10所）之组织，大致相似。其最高机关为大学管理院（Court of Governors），其中包括大学职员、大学之赞助人、扶持人、地方团体之代表，以及代表学生及毕业生之利益者；该院每年举行常会，讨论"参议会"（Council）所提出之报告，并选任参议会会员。"参议会"对该院之关系仿佛理事会与股东大会之关系。此两机关均不过问属于大学会议（Senate）或各科（Faculties）之教务。

兹就伦敦大学之组织加以说明。自1858年以来，该大学所举行之考试及学位授予均公开于任何学院或非属学院之学生，故实际上成为校外生之考试及学位授予之机关。至1900年之新组织法，始网罗伦敦区域以内所有高专学术研究机关而形成一种松懈的"联邦制"的组织，自此始形成一教学机关。伦敦大学计包罗多科学院2所（即大学学院与国王学院），高等专科（Schools）34所，学术研究所（Institutions）28所。

"大学"与各联属机关之关系颇为疏懈。大学之主要功能是为规定课程，认可教员并确定其地位，举行考试及授予学位。关于财政方面，大学并无有效的

---

① 读师（Reader），英国大学教师类别之一，地位仅次于教授。——编校者

控制方法。中央政府及伦敦府参议会之协款,向来是直接分配于各学院及专科学校。

大学设总长及副总长。前者为名誉职,后者由大学会议(Senate)就该会议之会员中选任之,任期1年。

伦敦大学分神学、文艺、法律、音乐、医药、理、工、经济、政治8科(Faculties)。

该校有所谓校外毕业生(External Graduates)者,即是一般往往始终未尝在伦敦大学所属院校肄业,但经许可参与校外学位(External Degrees)考试(投考者并无应在校若干时期或曾修习某项科目之限制)而获通过者,亦视为该校毕业生。其所受之考试,一般相信其标准甚至高出校内生(Internal Students)。此项办法使一般不能入大学门墙而能自行努力学问者,亦有领受学位之机会。近因各地新成立之大学颇多,有认此项考试已非必要者,故在欧战前即已有停止此项学位考试之建议,惟因各方坚持保存甚力,一时当不致有所动摇。

在前一世纪,有若干高等教育机关利用伦敦大学之校外考试者,现多已被认可为独立的大学,惟埃克塞特与诺丁汉两独立大学学院,迄今仍在伦敦大学之庇荫下。新兴的大学虽然大为增加高等教育之利便,但第一学位之校外的候选者仍有增无减,此类学生在1900年有890人,至1929年增至1 741人。

伦敦大学之现行组织法于1929年实行,内容趋重完成大学之统一性及中枢集权制,特别是由于将财政上之责任付托于一新设机关——大学管理院(Court)。

管理院之构成人员为大学当局(3人),大学会议(Sonate)代表(6人),国王代表(4人),伦敦府参议会代表(2人),及由此等会员所推出之代表(1人)。

大学会议包括大学当局4人,大学基本9院校之主任,毕业生大会(Convocation)代表17人,大学各科代表17人,医校(General Medical School)2人,大学学院与国王学院之神学门(Theological Department)各1人,及由该会推出之4人。

大学会议下有5个常设委员会,即教务参议会(Academic Council)、校外生参议会(The Council for External Students)、学院主任参议会(Collegiate Council)、大学扩充及讲习班参议会(Council for University Extension and Tutorial Classes)、大学入门考试及中学考试参议会(The Matriculation and

Schools Examination Council)。

丙 大学之学生

A. 大学中受经济的扶持之学生 近年因为社会及经济各方面重要的变迁,大学方面亦深受其影响。试比较各大学在欧战前与现在所有学生之来源与境况,可以略见一斑。最堪注意者,为曾在公立初等学校受初步教育者百分率之增高,以及受有公款或私人捐助(或兼受有两种津贴费)者人数之加多。在多数大学中(特别以地方大学为显著)曾经肄业公立小学之学生增至50%,有时甚至多至60%;即在牛津、剑桥两大学,此类学生数亦不下30%。此类学生多于11岁强获得免费学额及维持费(Free Places and Maintenance)而得升入中学,更以同样方法得由中学转入大学。总计除牛津、剑桥外,现有之大学生得以在校赓续其学业者,其中(包括男女生)殆有50%或60%,皆恃有中央或地方政府以及大学之奖学金及维持费;即在牛津、剑桥,此类学生数亦在继续增长中,从始到终,完全以私人收入供大学教育所需费用者,为数日渐减少。

有估计英国各大学如一律需学生自措费用,则牛津、剑桥两大学将丧失学生30%,而在其他大学或竟减少至50%云。

B. 大学之女生 大学教育之开放于女生者首为伦敦大学,在1878年即许女子受大学学位。自是以后,各大学对于女子所加之限制,逐渐解除。在1929—1930年度,英格兰、苏格兰及威尔士共有大学生45 603人,内女生共计12 921人,占28.3%,惟在各大学,女生之成分相差颇著,由后表可见:

大学	学生总数	女生总数	百分比
牛津	4 572	807	17.6
剑桥	5 671	472	8.3
雷丁	613	381	62.1
埃克塞特	437	205	46.9

在多数大学中,除牛津与剑桥外,男女学生之百分比,几于一致:伦敦大学为1/3,利兹、利物浦、曼彻斯特略少,伯明翰、布里斯托与威尔士略多于1/3。仅在雷丁一校女生占过半数。

现时牛津对于女生之数目仍有所限制,而剑桥则仅于领受学位之权利方面加以限制。

（附） 最近各大学及大学学院学生之统计

英格兰及威尔士大学教育统计表
（1932至1933年度）

本表分列各大学及大学学院之学生数及其性别

学生类别 学生数 大学及大学学院	全时学生			部分时间学生			修习非大学程度之学生	入大学校外班之学生	总计	国家公费生名额	
	男	女	共计	男	女	共计				男	女
伯明翰大学 (Birmingham University)	1 071	469	1 540	174	29	203	184	1 110	3 037	10	12
布里斯托大学 (Bristol University)	631	330	961	11	23	34	760	1 170	2 925	3	3
剑桥大学 (Cambridge University)	5 206	418	5 624	—	—	—	—	2 037	7 661	277	67
杜伦大学 (Durham University)	1 240	390	1 630	294	70	364	285	1 761	4 040	7	9
埃克塞特大学学院 (Exeter University College)	256	188	444	132	24	156	150	512	1 262	—	—
利兹大学 (Leeds University)	1 156	362	1 518	234	93	327	123	1 423	3 391	5	6
利物浦大学 (Liverpool University)	1 461	551	2 012	357	108	465	—	1 071	3 548	11	21

续表

学生类别 / 学生数 / 大学及大学学院	全时学生 男	全时学生 女	全时学生 共计	部分时间学生 男	部分时间学生 女	部分时间学生 共计	修习非大学程度学程之学生	入大学校外班之学生	总计	国家公费生名额 男	国家公费生名额 女
伦敦大学(London University)	8 480	3 537	12 017	4 794	2 121	6 915	522	2 362	21 816	50	117
曼彻斯特大学(Manchester University)	1 651	658	2 309	290	39	329	350	1 258	4 246	{14	17
曼彻斯特工学院(Manchester College of Technology)	321	5	326	36	4	40	5 727	—	6 093		
诺丁汉大学学院(Nottingham University College)	498	197	695	632	89	721	1 705	3 112	6 233	—	—
牛津大学(Oxford University)	3 970	835	4 805	—	—	—	—	1 282	6 087	160	80
雷丁大学(Reading University)	273	322	595	12	4	16	850	71	1 532	—	—
谢菲尔德大学(Sheffield University)	617	135	752	209	58	267	1 619	1 228	3 866	2	2

续 表

学生类别\学生数\大学及大学学院	全时学生			部分时间学生			修习非大学程度学程之学生	入大学校外班之学生	总计	国家公费生名额	
	男	女	共计	男	女	共计				男	女
南安普敦大学学院（Southampton University College）	352	153	505	339	44	383	404	645	1 937	—	—
阿白斯特大学学院（Aberystwyh University College）	559	264	823	16	11	27	35	731	1 616	} 15	17
班格尔大学学院（Bangor University College）	414	164	578	15	11	26	—	889	1 493		
卡迪夫大学学院（Cardiff University College）	864	354	1 218	55	51	106	—	1 125	2 449		
斯旺西大学学院（Swansea University College）	497	184	681	24	2	26	—	632	1 339		
威尔士国家医学校（Welsh National School of Medicine）	61	6	67	77	33	110	52	—	229	—	—
合计	29 578	9 522	39 100	7 701	2 814	10 515	12 766	22 419	84 800	554	353

丁 大学之入学资格、学位、各科人数及研究生

A. 大学之入学资格 一般中学学生，于16岁左右通过第一次考试后，经大学考试机关审查认为学绩完备，即得免除大学入门考试(Matriculation)。

但该生如继续在中学肄业2年，经通过第二次考试，可得高级学校凭证，获得此项凭证者，一方可以免除大学入门考试，并且可以免除大学第一年功课，而直接入优异班(Honours Course)肄业。

惟因考试机关非一，所悬标准不尽一致，因而此等凭证之效力亦异。有时持有某考试机关之凭证者在某某大学可以免除入门考试，而在其他大学，往往另需经过考试。现在趋势经过高级学校凭证考试而升入大学者人数日增，而凭第一次考试所得之学校凭证或大学入门考试而升学者为数日趋减少，不久或将完全灭迹。惟须注意者即此辈执有高级学校凭证者，均是先已获得学校凭证且有不少兼为大学入门凭证(Matriculation Certificate)之持有者。

B. 优异学位与寻常学位 大学课程分优异(Honours)与寻常(Pass)2类：前者内容较专门而高深，后者所习范围较广博而浅易。一般学生除非被学校当局迫令其入寻常班，皆愿入优异班。据1929—1930年之统计，英格兰及威尔士大学入优异班者占65.2%，寻常班者34.8%。

大学修业期间，文理科通常为3年，惟多数大学需要优异班学生加习1年。寻常班学生受"寻常学位"(Pass Degree)；优异班学生受"优异学位"(Honours Degree)，后者又依其成绩别为第一等至第四等。

C. 大学学生所习学科之分配 1929—1930年度，英格兰、苏格兰及威尔士各大学学生所攻学科之分配及取得学位或证书(Diplomas)者如下表：

科别	文科包括神学美术法律音乐商业经济及教育科	纯粹理科	医科	工科	农科	合计
学生总数	24 300	7 538	8 759	4 152	815	45 564
百分比	53.3	16.5	19.2	9.1	1.8	
取得学位及文凭者	8 012	2 637	1 873	1 429	222	14 173

D. 研究生 大学研究生(Research Students)为数甚少，最近统计研究生约占第一学位生5%强。在1929—1930年度研究生总计2 128人，在以下6机关中分配如下：

剑桥大学		355
伦敦大学	帝国理学院(Imperial College of Science)	227
	政治经济学院(School of Economics)	121
	大学学院(University College)	233
牛津		172
苏格兰爱丁堡大学(Edinburgh University)		133
合计		1 241

由上表可见,英国大学之大多数均属"第一学位"大学,研究工作实嫌未足;在苏格兰,此种情形尤著;除爱丁堡外研究生所占百分率,不及1%云。

戊 大学之财政问题

大学协款委员会(The University Grant Committee)是分配国家补助大学经费于各大学之机关,该会直属于财政部而与教育部无直接关系。该委员会每五年制成各大学财政状况调查报告,并每年发刊统计,于款项分配时,大部分参照各大学从其他来源所得之经费(特别是地方来源,多数新的大学,其地方的来源,以地方政府之协款为大宗)确定之。

牛津、剑桥两大学向恃基金捐赠维持,惟近年以诸种关系,自从1922—1923年度,亦不得不从新兴大学之后,请求中央政府给予津贴,惟各学院仍以自力维持,不受政府资助。大学协款委员会之主张发布于1923—1924年度之报告者,极为显明,该报告郑重申述大学自治(University Autonomy)之必要性,并指出公款补助之增加,行将引致外力的控制之加重。因此该委员会策励大学当局设法增加基金,作为大学收入之主要来源。

据英国1933年《教育年鉴》所载,国会对于大学之协款(Parliamentary Grant)总数已达1 739 909镑:由财政部支出者1 500 598镑,由教育部支出者13 750镑,由中央政府其他机关支出者225 561镑。

财部协款分配于19个高等教育机关,通常5年分划一次。上述其他机关乃指农渔部(Ministry of Agriculture and Fisheries)、森林部(Forestry Commission)及帝国贸易部(The Empire Marketing Board)提出款项补助大学者。

迄至目前,一般资助大学者,尚无以赠与金钱为取得控制权之手段者。在国家方面今日对于大学所付与之协款,多于战前10倍,然始终完全承认容许大学自由之必要。然而英人一般仍认为此中伏有危机,并以为大学之自由苟以任何形式被侵害时,皆当警戒并竭力反抗云。

九　小学师资教育

甲　小学师资之准备教育

前此凡志愿受师范训练者于其入师范学院之前，往往经历"学习教师"或"教生"之阶段：

A. 学习教师(Student-teacher)　由地方教育官厅选取现在中等学校肄业而志愿将来充当小学教师者，给予相当津贴，使以大部分时间在一小学校中从事教学观察及实习，其余时间仍在中学校中修习普通学科。其期限通常为1年，期满通过必要考试，得入师范学校。

B. 教生(Pupil-teacher)　教生一方面在小学校中受关于实际教授之训练，同时在经认可之场所继续受普通教育。其督察之责，属于地方教育当局。教生从16岁开始从事教学，继续至18岁时，可由通过一考试而升入师范学院。

最近教育部之政策，为逐渐废止曩昔之"学习教师"及"教生"制，而要求将来之小学教师于取得升入师范学院资格以前，应受全时的中学教育。现时在教生集中所(Pupil-teacher Centres)及学习教师之人数，较前已大为减少，已存者仅暂供训练乡校教师之用。

今后一般男女青年志愿受师范训练者，大率皆于11岁或12岁升入中学，修习普通学程，并不涉及其将来所拟从事之专业。至达16岁时，得为公费生额之候选人。此项公费生额乃由若干地方教育当局专为志愿充任公立学校教师之适宜中学生而设。公费包括免除学费，并生活维持费，为期1年或2年。

就一般情形言，一般将来的教师，不问其为免费生抑公费生，若欲升入师范学院，应通过中学第一试，并达18岁。凡拟升入大学之师范部者，须达17岁，并通过大学入门考试，或通过中学第一试，而获免除大学入门考试者。

就一般情形论，大学师范部之入学条件较单设之师范学院为严。凡入师范部或师范学院为正式生者，皆须填具志愿书，声明愿修毕全部学程，将来并在公立学校中担任教职。

乙　两年制之师范学院

A. 类别　两年制之师范学院为英国小学师资训练之中坚机关，从行政上，可大别为两类：

第一类系为男女分别设置之住院制的学院，从1840年以来先后成立，皆由与教会相关联之私团体主办。

第二类包括地方教育当局所设置并维持者。学生有完全住院者,有完全通学者,其中有男女同学者,有男女分教者。

据 1930—1931 年度之统计,所有两年制之师范学院 74 所中,其隶属别如后:

(1) 由大学设置者 1 所;

(2) 由各地方教育行政机关设置者 22 所;

(3) 由其他团体设置者 51 所,内中:

(a) 属英格兰教会者 29 所,

(b) 属罗马公教会者 8 所,

(c) 属威士廉教会(Wesleyan)者 2 所,

(d) 属非特殊教宗者(Undenominational)者 12 所。

B. 与大学师范部之差异 两年制之师范学院与大学师范部(详后节)最显著之差异为:在大学师范部,其专业训练乃集中于为大学毕业生所设之一年科;而在师范学院则通常将专业训练分布于两年内。两年制之师范学院乃为训练初级学校教师而设,而大学师范部之目的则在于供给国款补助之中等学校及高级小学与中央学校之师资。

C. 管辖 向来两年制师范学院之教学及训练程序,皆规定于教育部之《教师训练规程》(Regulations for the Training of Teachers),师范生之最后离校考试亦由教育部主持。至 1929 年,教育部放弃直接控制政策,而增进前此孤立之学院与大学或大学学院间之关系。大多数师范学院皆被按地域分组(全境分 12 区组(Regional Groups)),使受联合管理部(Joint Board or Board of Administration)之辅导。该部系以本地区之大学或大学学院,地方教育行政机关以及各师范学院之代表组织之,其职责为规定本区组以内各师范学院所遵循之课程,惟须经教育部之批准。该部又主办最后之考试,惟有一重要保留,即师范生对于实际教学上之熟谙程度仍由教育部之视学员评定之。

在此项新办法下,除各地之联合管理部以外,尚有一教师检定中央顾问委员会(Central Advisory Committee for the Certification of Teachers),包含各管理部之代表共 25 人:代表大学者 8 人,代表地方政府教育当局者 4 人,代表师范学院者 4 人,师范学院教授代表 4 人,教育专业代表 4 人,家事学科代表 1 人,时时会同教育部职员会商关于地区考试标准等类之一般的问题。

D. 课程及实习 师范学校各科教学纲要,乃由各区管理部拟定,大概在课程内皆分别专业学科(Professional Subjects,包括教学原理、方法、实际以及卫生、体育)与普通学科(General Subjects),其中又分为学科(Academic Group,包括英语、地理、理科等)与术科(Practical Group,包括音乐、图画、工艺等)两组。

一般课程上,因学生之才力与目的,多容许巨量之分化。凡意欲担任小学高级或中央学校之教师者得修习比较狭隘的课程,包括一种或数种较高深的学程;其志愿为小学初级生之教师者,则修习较多数目之学科,而内容标准则稍低。又生徒于学科与术科两者分量之多寡,亦得自行选择。

依教育部之规程,凡师范生如在入学以前未曾获有教学经验者,须在其受训练之期间以内,从事12周时之教学实习。实习之设备各学院不同:少数训练学院自设有学校,但全体皆设法使用公立学校,其中有特别被指定为实习学校(Demonstration School)者,其余则仅供观摩与实习之用而已。通常观摩与范教由担任各该科教材之讲师负责,经常的试教则由担任教育学科之讲师指导。

最后考试由各地区管理部主持,凡通过此项考试,并同时于实际教学上能够满足教育部之标准者,即由管理部授予教师凭证(Teacher's Certificate),再经1年之试任期(Probation),便可经教育部承认为检定合格教师(Certificated Teacher)。

丙 大学之师范部

A. 概况 大学及大学学院之设立师范部(University Training Departments)始于1890年,现据1930—1931年统计共有22所;英格兰所有各大学,威尔士大学之4学院,以及英格兰之5所大学学院均设有师范部,亦称教育科(Departments of Education)。

教育部对于大学师范部,按照"认可的学生"(Recognised Student)之名额给予津贴。受此项优遇者,须签一志愿书,声明将来志愿在教育部认可之学校中充任教职,不愿受此项拘束者亦得入学,惟须自己负担一切费用。

大学师范部之修业期间最初定为3年,因学生须同时修习大学学位所需之学科与教师凭证所需之专业科目,以致感觉负担过重,乃于1911年增设第四学年。其前三年专致力于大学学位之获得,最后一年实施专业训练。此项办法实际上已泯灭初等与中等学校教师间训练上之一差别。故教育部于1926年之规程内,已根据实际情况,摒除初等与中等师范学院以及大学师范部与其他师范学院间之行政上的差别。

B. 课程及教育文凭 在少数大学师范部内,"认可的师范生"得修习一种学术教育与专业训练相并合之两年课程,其内容与通常师范学院相同,特别着眼于初等学校之需要。惟典型的大学师范部乃是"四年科"(Four-year Course)与"一年科"(One-year Course)两类：

（一）四年科：乃为至少已达17岁之男女生，业经通过修习大学文科或理科学位所需之入学考试者而设。惟有时对于已在大学肄业1年或2年者亦可许其加入。规程上除提及该科课程应使生徒获得担任教师所需之有用知识以外，对于学科之选习并无若何限制。其一般理想盖认此等认可的师范生在其肄业之首三年时期，当与大学其他学生分享同一之社会生活，并以同一之非功利的精神研治学问云。规程上并未限定第四年之专业训练，究当适合于中等或初等学校之特殊需要。通常凡获有优异学位者，多半就一中学从事教学实习，而寻常学位之毕业生，志愿任教高级小学或中央学校者，则多在中学以外之学校从事教学实习。

（二）一年科：乃纯属专业训练性质，凡大学之毕业生得以"认可生"或私费生之资格入学。其与四年科所不同之点，仅在其所收学生不限于毕业本校者，其他经承认之大学学生亦得入学。来自英国海外属地及印度之学生颇多入一年科肄业者。

师范部学生修业期满，以大学所主持之考试结束之；考试内容在各大学不尽一致，但通常皆包括专业学科及专科教学法；对通过是项考试者授予教育文凭(A Diploma in Education)，持有此项文凭者，如曾有小学教学经验，便得领受初等学校教师证书。

（附）　师范教育统计

英格兰及威尔士：师范教育统计表
（1932—1933年度）
后列两表分列师范教育机关及师范生之数目、科别及性别
（1）经认可为师范学院之机关

机关型别	地方教育官厅设置者	其他团体设置者		合计
		经认可予以协款者	未经认可者	
1. 大学及大学学院之师范部	—	22	—	22
2. 专收大学毕业生之师范学院	—	1	2	3
3. 两年制之师范学院	22	50	2	74
4. 家事学科师范学院	7	4	—	11
5. 合计	29	77	4	110

(2) 在训练中之学生所习课程之类别及其性别

课程类别	学生		
	男	女	合计
1. 四年科	3 129	2 397	5 526
2. 二年科	2 880	8 279	11 159
3. 一年科	433	453	886
4. 第三年专科	157	40	197
5. 家事专科	—	—	—
(a) 三年科	—	395	395
(b) 二年科	—	450	450
(c) 第三年专科	—	209	209
6. 在训练中之学生总计	6 599	12 223	18 822

一〇 中学师资教育

甲 中学师资之训练方式

近顷英之中学与小学师资趋向合一训练,已于前章述及。中学教师之需要训练,最初为1868年学务调查委员会(School Inquiry Commission)之报告所主张。惟一般向来多认教师之学识与品格重于专业技能,尤以"公学"为甚,尝谓其所需要者为一gentleman,而非一schoolmaster云。

教育部规定:中学校如欲获得领受协款之认可,应具有名额与资格俱适当之任教人员,但并未明白规定此项资格之内容。惟该部在所发布之规程内是认一种训练方式如下:即大学之毕业生应在一认可之中学为试任教员,予以少数薪俸,在此1年期间以内,于实际教学方面受该中学当局之指导,并研习教育理论学科,最终,经通过大学所主持之考试,便取得中学教师文凭。惟经此种方式训练之教师为数殊少。

自从大学有师范部之设置,中学师资之训练制度始渐进于确立。依现制,大学毕业学生(得有优异学位者)受1年之中学师资训练,通常所习科目,在理论方面有教育原理、教学方法,有时并设专科教学法、教育心理学、教育卫生学、教育史等;在实际方面则将受训练之师范生分派于本地各中学,而受师范部及各该中学任教人员之监导。教育部之规程规定须至少有60日用于实际教学工作方面。

1年期间届满时,受专业学科考试,并于考试员前为1课时或数课时之教授。在此1年内所作之论文、报告,以及学校实习期之工作记录,于教师文凭之授予上,亦均一并加以考虑。

乙 中学师资现状

英国中学教师大多数皆属大学毕业生,其非大学毕业者多属初级班或专科(艺术、音乐、手工、家事科目及体操等)之教师。据教育部1930—1931年之领受协款各中学统计,校长1 315人中,仅有47人系非大学毕业生;教员20 379人中,大学毕业者14 918人,占全数73%。又男教员中有83.5%,女教员中有65.5%,皆属大学毕业生。

全数教员中曾经师范训练者计有12 163人,占全数56%;大学卒业之教师有9 030(55.7%),非大学卒业之教师有3 131人(56.8%)系曾受训练者。

一般大学卒业之中学教员多属优异学位之持有者。盖在一般中学皆愿聘致有优异学位者担任高级或专门学科之教席,而中学教师之薪俸等级表上,对于执有高级优异学位者,定有增加薪给办法,亦为使一般大学生群趋此项学位之一原因。

一一 职业教育

甲 总说

实施职业教育之机关种别繁多,不胜枚举,大别之,分为全时的与部分时间的两大类。

各类职业训练机关在学制上之地位及其相互关系,略如下图所示:

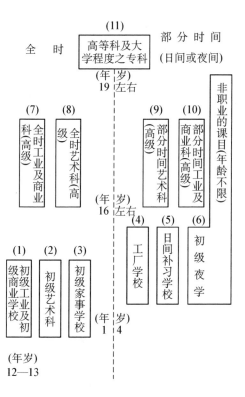

(1) Junior technical and junior commercial schools
(2) Junior art departments
(3) Junior housewifery schools
(4) Works schools
(5) Day continuation schools
(6) Junior evening schools
(7) Full-time technical and commercial courses (senior)
(8) Full-time art courses (senior)
(9) Part-time art courses (senior)
(10) Part-time technical and commercial courses (senior)
(11) Advanced courses and courses of university grade

乙　全时的初级职业教育

A. 初级职业学校　此类学校供给男女青年以全时的训练,俾得于15岁或16岁时,适于从事工业,商业或某特殊部门之实业。

初级工业学校从1913年已形成一种特殊职业学校,惟初级商业学校至1925年始确立。据1930年之统计,以上两类之认可学校计有115所,其中为男生设者64所,为女生设者10所,男女兼收者41所。学生计有19 500(内女生5 300)名,共设206科。

在伦敦,此类学校通常称为工艺学校(Trade Schools),事实上供给学徒训练之一部分,有时径被实业界所承认为构成学徒期之一时期。

在伦敦以外各地之常型的初级实业学校可较正确地目为前期学徒训练学校。

在伦敦之工艺学校,设有钉书、制鞋、建筑、木器制作、乐器工艺、绘画及装饰、照相制版及摄影、橡皮工艺、银器制作,以及裁缝等;在某多科学校内并有为女生专设之女衣裁缝、刺绣、洗衣、烹饪等科。

在各地则倾向于设置一种比较普通性质的预备训练,有属营造实业者,有属商事职业者。

初级职业学校之通常入学年龄为13岁,学生皆来自小学。此类学校设有定数之免费生额,其给予由竞争考试决定之;其余生徒每年需纳费3镑。校长通常与当地工商界时相接触,生徒在学2年或3年,便可由彼介绍就业。

B. 初级艺术科　艺术学校之发展,以1913年之教育部规程为嚆矢,惟初级科之被认可则始于1916年。据1929年9月30日之统计,艺术学校之初级科计有36,学生1 962名,其中男生1 151名,女生811名。

此类学校多设于大都市,大多数以13岁为入学年龄,亦有少数许可12岁入学者,修业期间2年或3年。受此项训练者所从事之业务类别颇多:如建筑、制衣、皮工、纺织图案、油漆与装潢等等。多数学校所供给之艺术训练为广博性质的,亦有少数乃与特种艺术工业(例如瓷器及珠宝)为密切的关联。学生通常多由考试选录,其中得免费或公费待遇者为数不少。

C. 初级家事学校　此类学校比较上不甚发达,现时在全英格兰及威尔士仅有全时的家事学校十一二所,其中几有半数均设在伦敦。家事学校之目的为继续14岁左右女子之普通教育,同时并予以关于家庭工作之全备的训练。

现有之初级家事学校,有3所完全为住宿的,学生有来自颇远之地点者。即在日间学校内,亦往往设法使学生轮流住校1周,或于周末(指星期六)住校,以利实习工作。修业期间短者仅3月,长者至2年,间或并有延长至3年者。

初级家事学校之学生以来自小学为常,有若干地方教育机关,对于就学者除依据考试成绩,准受免费待遇外,更给予第二年学生以常年津贴,金额有时多至12镑。

丙　非全时的初级职业教育

A. 公款设置之夜学　为方离初等学校之男女生徒设置夜学,乃英国公立教育上之一重要设施。夜学之功课,原以继续初级普通教育为主体,至1893年,学科范围始加扩充,而包括多量之实用工作及体育音乐等科目,以及初步的职业训练;至1904年,教育部所发之修正规程,始使之与初等学校功课分离,而列入实业教育范围。现时之夜学,日益趋向为修习高级职业科之预备机关,并且使之对于一般日间从事工作之青年(有时成人亦在内),成为一种社交的和休乐的活动之中心。

据1929年之统计,在英格兰及威尔士计有夜学4 800所,就学者计661 074人。多数夜学原系为方离日间学校之14岁及15岁青年而设,惟在全数学生中,年龄在16岁以下者,仅约230 000人,其在21岁以上者竟超过225 000人。21岁以下之学生,男生远较女生为多;但21岁以上者,则女性多出男性者不止一倍。夜学所设之制衣、烹饪及制帽各科,最具有吸引成年女子之力量。夜学之修业期原规定为2年,现有减短1年者。一般夜学学生以种种外诱能继续修业全年者,通常不及2/3,能修完2年全学程者更少。

初级夜学之课程,向来甚少倾向于特种实业工作之专精,惟最近因小学离校生之年龄延迟,所具普通教育基础较前充实,各科教学内容已趋于顾及与生徒将来所执业务之关系方面。

B. 工厂学校　在1918年费休尔①氏《教育条例》(*Fisher's Education Act of 1918*)公布以前,已有少数雇主设有工厂学校。自1918年以后,工厂日间补习学校之校数始渐增多。此类学校中,有由地方政府设置校舍并负维持之责者;有由雇主设置校舍,而地方教育当局担负经常费用者;亦有少数地方,校舍之设置以及维持与管理责任完全由雇主负责者。在一切工厂日间补习学校,雇主须负督促学徒入学之责,并对于入学者在工作时间内之受课时间,应照常给予工资。

此类学校之设立,已遍于全国各部分,并及于以下各业:机械及电气工程、

---

① 费休尔即英国文教大臣赫伯特·费舍,《1918年教育法》的草拟者。——编校者

胰皂制造及其他类似化学工业、食物制作、靴鞋制作、织物制作等。课程通常包括语文科目及体育：男生加数学、图画及理科，女生加家事。属于特种工艺技术之职业教导，概不设置。据实际结果所示，此类学校对于工厂及少年工人均极多裨益云。

C. 强制的补习学校 1918年之《教育条例》，表现欧战终了时期改造运动之一方面。该条例规定："凡具有办理初级以上教育权能之地方教育当局须设置补习学校(Continuation Schools)，设置适宜的课程、教学与体育，概不收费。"同时并规定所有14岁至18岁少年应入此类学校；受课时间须在每日上午8时与下午7时之间，由地方教育官厅决定之，每年须有320小时。其后，该条例又经补充规定："在该条例施行之首七年，得以16岁为应受此种教育之上端限界；并准许地方教育机关，将每年受课时间减为280小时。"该条例又规定凡雇用少年者，于其应入补习学校之时间，须使之休止工作。

前项条例发布后，各地方教育官厅于1920年已着手拟定逐步推行补习教育之方案者，有斯特拉特福(Stratford-on-Avon邑)，拉格比(Rugby市区)，伯明翰(Birmingham府邑)，伦敦府(Administrative County of London)等9个地方行政区域。

惟试行之结果欠佳，因有认此种学校对于少年之就业上有所妨碍者，而1921年之实业上之衰颓，愈不利于补习教育之推行。此时期应运而兴之节约政策，遂将试验仅及1年之制度，除唯一例外之拉格比以外，加以毁坏。现时唯拉格比尚存有强制的补习学校。

拉格比之日间补习学校修业期间为2年(6学期)。课程上，因一般14岁至16岁少年将来所拟从事之业务多尚未届决定时期，故确定的职业教导之分量甚少，惟从各项广博的职业分野，分为工业、文书簿记、家事(女)等科。

丁　非全时的高级职业教育

A. 工业及商业学校与学院之夜间及部分时间的日间科 直到19世纪之最后十年，英国之政府及实业界方面对于工商业教育，均尚未尝有本于国家全部政策之大规模的设施。1882年所设皇家实业教育调查会(Royal Commission on Technical Education)之报告，至七、八年后方引致行政改革，而指示公家以实业教育设施为其责任之开端。

1904年，教育部初次发布关于夜学、工业学校、艺术学校及艺术班之规程，一切以公款设置之部分时间的工商科目教学，均纳入于以上各校科类之一。所有此等教育机关，均归府及府邑管辖。惟现时尚有若干重要工业及艺术学校及学院,包括大学及大学学院之夜间部及矿冶学校,并非地方政府所设置。

在英格兰与威尔士计有工业学院(Technical Colleges)132所;此外,尚有多数较小规模者,通常称工业学校或学社(Technical Schools or Institutes),其中设有关于工业及商业学科之夜班。

在大不列颠,对于工商教育机关建筑设备上所支出之费用,尚不逮欧陆诸国与美国。其原因之一,乃因此等地方教育官厅,在二十世纪之初廿五年,乃消耗其精力与财源于中学教育所致;又一般地方教育当局每不能领悟工业教育之重要性及其所需之适当建筑与设备。此外,全时的学生在全数中之过少,伟大之建筑仅于晚间使用二、三小时,在行政者之心目中,实属不经济云。

就学工业与商业学校(或学院)之晚间及部分时间之日间科者,其确切数目殊不易估计。据1930年教育部年报所载:习工业科之学生约有290 000名;习商业科之学生约458 000名。但其中属初级夜学之初级科学生颇不少。又此项数字系代表班级登记数,而非个别学生之数目。估计入高级工业科及商业科之夜班学生总数当在200 000以上。

此外尚有登记于工业日间班(Technical Day Classes)之学生26 000名,其中有1 400名系入修业期间较长之全时科者。其余中有5 000名以上乃系从事商航及其他航海业,企图增进其职位而入修业期间仅数月之短期全时科者。其余大多数皆为从事工商业务之少年,经获得其雇主之许可,且每并不受工薪扣减之损失,于1周内以1个或2个半日入学者。

入高级工业或商业夜科者之通常最低年龄为16岁,学生有已得有中学凭证者,有系于14岁离初等学校,以后(14岁至16岁)更获有实际工厂经验,或续入夜学2年者。

在工业学校及学院,所设科目繁多,难期缕举无遗,大别为以下各类:

a. 采矿工业,

b. 化学工业(包括煤之副产品、玻璃、磁器、钢铁、皮革、油漆、染色及橡胶),

c. 工程及金属工艺(包括各类之工程、造车、电话、电信、无线电等等),

d. 纺织工业(包括一切关于毛、棉、丝、麻等之制造程序),

e. 衣着工艺,

f. 食物及饮料业,

g. 书籍及印刷工业(包括照像),

h. 建筑及木工业(包括一切关于造屋、测量、木器制作等等),

i. 杂项工艺(包括例如镶牙、理发、乐器等等),

j. 家庭业务（包括女衣缝制，针工，烹调，制女帽，洗衣等等）。

高级工业科通常修业期间3年，每生每星期上课最多3晚。惟在规模较大之工业学校中，有时发现继续在学七年、八年或九年者，彼等所修习之学程大部已进于大学标准云。

在1929—1930年度，英格兰及威尔士公立教育行政机关所补助设于学校及学院之商科，计有18 923班，各班登记人数计达458 000名。此外在少数最大都市中尚有独立的商业学校或学院，每所均有学生过千人，其中1所，注册生超过2 000。私立商业学校，专授速写、打字、簿记、商业通信等科者，几散布于一切都市，为商事机关雇员及店员工余专习某门课目之所。

夜校之商科学生有专为取得某项专业资格而拟应各该专业团体之考试者（如一般希冀为簿记员、书记员、银行行员，或保险公司经理人之少年均属之）；亦有并无专习某类职业之明晰观念者。对于该类学生，一般商业学校及学院逐渐设立一有系统的商科课程，于冬季中每周上课三夜，修业期间2年或3年。其愿继续研究较专门之学科者，得续修第四年、第五年、第六年，甚或有更长者。

商科课程极形纷歧，惟其中亦不无共通之点，共通学科之一，是为商业实际之一般的考察（A general survey of commercial practice），其科目有"商业"、"商事经济学"、"工业及商业之组织"，在高级普遍教授之另一科目为簿记，英语通常认为宜设，但每被省略；商业的和其他之算学，通常见于第一年或第二年。较专门之学程包括广告及售货术、实业管理、统计学等。

B. 艺术学校：部分时间之日间与夜晚科　在19世纪中叶，英国制造物品关于图样方面之贫乏既为一般所觉察以后，于是艺术学校始行创设，最初即称为图样学校（Schools of Design）。1840年，政府以协款10 000镑补助大城市中图样学校之设备，自是逐年发达。至1884年已有艺术学校177所，外此尚有众多之"艺术班"，大部均恃公款维持，并受政府之制驭。至本世纪之初，竟增至339所。自是以往，逐渐趋向汰去弱者，其余学校则日进于充实。据最近统计，艺术学校计230所，学生57 054名（除外初级艺术科）。此类学校大多数皆集绕于大工业，而远离农业区域。

艺术学校所教授之技艺有装书、家具制作、玻璃装饰、金银器物、首饰、油漆、木刻、石刻、磁器、丝织等等。

艺术学校可大别为三类：有专重特种艺术工业之实用方面者；有比较不甚专门，以适应各类工业艺术工人之需者；有属一般美术的性质者。

部分时间艺术科之学生总数5万人中，大约有2万人所习学科均系与其所从事之业务有密切关联者。

此项艺术科,每周上课约计6小时,功课上包括实际工作(如可能时)、绘图、图样等。艺术科中每设有某种特班,乃专为实际从事某种特殊工业者而设。

所有艺术学校为应初级、初级以上及夜间学校教员教学上之需要,皆有适当设置。

戊 全时的高级工商及艺术教育

A. 工业及商业学院之全时科 全时专习工科及商科之高级生比较上为数不多,总数约在7 313人,分配于55所工商教育机关。所设之全时科目中,如工程、化学、商业,大致均匀分布于全国;另有若干种则集中于二、三适当之中心区,如印刷(6中心区)、制鞋(4中心区)等。

全时的工科之目的在于使学生对于实业或工艺之理论与实际,获得彻底的领悟,并增益其有关实业过程之化学的、物理的及数学的科学知识。每一种工科课程(除一二例外),皆以一种工业或工艺之全体为其研究对象,并非专注意其中某一部门之专精,因此等学生之最后目的,乃在于负一般责任之管理的位置故。此等学校虽以颇多时间,有时多至全时1/3,用在关于工业程序之实际工作上,然从教育观点言,一般工科之课程确甚广博。例如在印刷、烤制面包及糖果、纺织等全时科,通常除各该业之专门科目外,尚加有关于线、形、色之美术原理;全时的工科学生通常并研究经济学、物价、工厂管理问题;所有工程及化学科高级生之科学的造诣,大都足以相当于大学学位之所规定。全时的工科学生中颇有致力于理科与工程之学位者,而商业学院学生亦有希望获得商学或经济学科之学位者。

B. 艺术学校及学院之全时科 在英国艺术学校中之全时科学生,据1929—1930年统计,总数为5 078名,其中有为对其以前所受之普通教育加以专门化的扩充者,有专为某项业务之准备者。此类学校之目的有两方面:丰富其美术的观念,并养成其以铅笔、毛笔、工具,或机器表现美术的观念之能力。

在各著名之艺术学校中,皆有专为志愿充任艺术科教师而设之各种利便。关于中学艺术科教员之训练,据牛津大学地方考试委员会(Local Examination Delegacy)所发之中学教员艺术证书(Secondary Tachers Art Certificate)乃准据中学(第一试)凭证之标准,更加以在一认可之艺术学校内修习艺术科及教育学之研究,时间不得少于4年,并通过相当之考试。

皇家艺术学院(Royal College of Art 在伦敦)初成立于1837年,称"图样学校"(School of Design),1863年改称国家艺术训练学校(The National Art

Training School），至1897年始定今名。该院在教育部之直接管辖下，大部恃公款维持。毕业该院者授予皇家艺术学院艺友证书（A Diploma of Associateship，A. R. C. A.）。其设立宗旨表现于其最初之名称，此后虽渐失其原意，但仍设法供给少年图样工师以有价值之利便。

该院有一迄未得满意解决之问题，即如何使图样教学与制造程序为密切的联络。艺术学院多年以来并从事艺术师资之训练。

1928—1929年度，全时学生计358名，均须经入学考试录取，其中有自费者，有获得各种公费奖学金者。所施之艺术教育范围，可由其毕业学生所从事之职业略见一斑：教育、绘画、装饰、工业图案、建筑、雕刻等等。

己　农业教育

实施农业教育之机关，可依修业年限及生徒在学年岁，而别为低级与高级两类。前一种形式，可以英格兰及威尔士之田园学社（Farm Institutes）为代表，设冬令科或一年科；后一种形式，可以大学农学部（Agricaltural Departments）或农业学院（Agricultural Colleges）为代表，修业期间3年。惟此两者中间并不相衔接，因前者之课程，并无作为升入后者之准备意味。

A. 低级农业教育　属于此类之专门农业教育，乃为一般于离校以后，不克再受多于一年之训练者而设。此等学校所收学生乃以农人之子弟或其亲属为主，但其中亦有自身与田园无关，而决心在内国或殖民地度其田园生活之青年。据1933年3月31日之统计，田园学社计有174班，学生2 056名。

在若干府区，未设有田园学社者，每于府内各中心地点设有日间科或夜班，实施有系统的农业教学。在前举年度，日间科计有424班，学生5 596名；夜班有479班，学生12 307名；外此又有函授科13，学生286名，手工训练班297，学生2 422名；农事讲演及示范之集会共10 465起。

每一田园学社皆受各府教育行政机关或数府合组之联合委员会之管理。修业期间通常包括冬季二学期，一在耶稣诞节[①]前，一在耶稣诞节后。典型的课程包括以下各科：土壤、肥料、作物、牲畜、饲料、农具、兽医、卫生、测量、田园簿记、普通农业科学（生物学、化学）、乳牛、家禽、养蜂等。此外又每于夏季设乳牛、家禽等特别科。所有此等学社均为住宿的，皆有附属之田园（除一所外）。学费及膳宿对于居住本府者之子女为每周1镑，对其他学生约倍其数。少数奖学金额由府及农业部（Ministry of Agriculture）设置之。入学年岁为16岁及16

[①] 耶稣诞节，今译圣诞节。——编校者

岁以上。大多数田园学校皆开放于女生；有得入一般冬令科者，有仅限于在夏令专为妇女而设之特别科者。

B. 高级农业教育 大学农学部与农业学院之学生，大概分属两类：志在拥有或管理大规模之土地者，与志在于国内或国外担任行政的、顾问的、或教育的性质之工作者。后者每须对某方面有所专精，且当获得一学位。惟须注意者，凡有志充任农业科学内某部门之研究或顾问之职务者，应先取得一纯粹理科学位，因农学学位中所包括之普通科学基础尚欠充足之故。

此类高级农业教育机关所需之预备教育，为充实之中等教育；惟有时每鼓励一般非生长田间之青年，于入学前先经历 1 年田园生活。最妥善之措置，为使一般有志习农者，于离中学前一、二年之假期中，就田园实地工作，因以熟谙其日常生活。

学院之入学年龄定为 18 岁左右；引致学位之全学程，期间 3 年；但多数学院均设有二年科，修完者可得农业文凭。高等农业科之学生，据 1933 年 3 月 31 日之统计，共 1 614 名，分配于以下各科：农业 806 名，园艺 201 名，乳业 84 名，家禽饲养 82 名，兽医 416 名，产业经理 15 名，农村家庭经济 10 名。

一二　成人教育

甲　总说

英国之成人教育运动，已有百余年之历史，最初主持此项运动者乃是一般私人的和宗教的组合，其原始目的不外消除文盲，供给简易的宗教训导与通俗科学研究。由工业革命所产生之机工传习所（Mechanics Institutes，19 世纪初叶 Dr. George Birkbeck① 所创办）可目为成人教育及实业教育之母。直到 19 世纪之后半，各大学方觉察自己的责任，开始校外的学术活动（Extra-mural Activities），现时已普及各地。其方式为大学扩张（University Extension）与讲习班（Tutorial Classes）。最后，政府方面经多方考虑以后，始进而参与成人教育工作；初由教育部给予私人会社以补助费，近来更经由地方教育当局，直接提供成人教育的设施。

就大体言，大学所供给者，为属于人文学科一方面，而地方教育官厅之一切设施，则为适应成人方面对于实业与家事学科、工艺，以及其他具有特殊兴趣科目之一般的要求。大学与地方教育官厅两者均与首先创发此运动之私人团体谋切实的合作。

最近过去之十年，成人教育进展之迅速，超过一切前例。不列颠成人教育社（The British Institute of Adult Education）创立于 1921 年，确定其原始目标之一为："复活公众对于成人教育之兴趣。"1924 年教育部发布之规程，许予当时所亟须之财政上的援助，于是致力此项工作之组织乃日益发达。教育部之"年报"自从 1926 年以来，即包括成人教育一章。随后发布之统计，均表现被认可而被予以公款扶持之班级，逐年有显著的增加。在 1926 年，被补助之班级计 1 370，至 1930 年，总数增为 1 845。此等班级之学员在 1930 年计有 37 270 名。惟其中在实受政府补助之班级者为 27 098 人。此外在未取得公款津贴之成人教育班级，所有大量的、继长增多的学生均不在此数内，关于此方面现尚无精确之统计。

乙　两类成人教育机关之组织

现时成人教育之组织，可大别为二类：第一类所包括之各团体，其原始目的

---

① 乔治·伯克贝克（1776—1841），美国内科医生、慈善家，成人教育的先锋。—编校者

乃在于教育方面；第二类包括各类仅以促进成人教育为其全部工作中之一部门者。

在第一类中，其最显著之特色乃是在成人教育一总名称下所包含之参差不齐的教育标准。在第二类中，其最显著之特色为此等成人活动之推进者，各自希望借着发生于成人群众中之新的兴趣，而成就各种不同的目的。本章仅就第一类为简略的说明。

各大学、工人教育协会(The Workers' Educational Association)、教育公社协会(The Educational Settlements Association)、全国成人学校联合会(National Adult School Union)及各地方教育行政官厅，均属于第一类，其中所施设之教育，程度极形纷歧。其标准之最高者，堪与大学中优异课程相提并论，有时并可经由一种助学金制，由校外生进于校内生之地位。在另一端，则有各种短期科及一次结束之讲演。在此二极端之间，则有各等级之课程，以图适应各种不同的需要。

丙　大学讲习班

大学讲习班(University Tutorial Classes)在成人教育体系中，占第一席地位。现时英格兰及威尔士之各个大学均兼事校外学术工作（Extra-mural Work)，此项联络方式各有不同。所有各大学皆与工人教育协会(简作 W. E. A.)为切实的合作，大学所有任何校外学术活动，均以大学及 W. E. A. 之代表组织之。多数大学均特设一专司成人教育事宜之机关，控制校外讲习班之一般的政策与标准，及委派本区域内之导师。

近为谋各方成人教育工作之整合，乃有两种中央机关之设：中央讲习班联合顾问委员会(The Control Joint Advisory Committee on Tutorial Classes)，司理关于讲习班之财政的需要与供给津贴机关之共通问题；大学校外学术工作参议委员会(The University Extra-mural Consultative Committee)，则专谋改进程度与方法之共同的策略。

大学讲习班之目标，为供给一般以经济的或其他理由，致不克入大学者以大学程度之教育。凡加入讲习班之学生，须承诺继续上班 3 年之久，在此期间内，每年 24 次班会中，至少须出席 18 次，每次至少 2 小时，并须按时呈缴研究报告于导师。

讲习班之学生有时系录自预备讲习班，此种预备班之学生业已以 1 年时间，专用于所拟专攻科目之概括的探讨。有时并有少数较热诚之学生，愿更继续对同一学科再作 1 年之深入的研究。在 1929—1930 年之一学年，英格兰及威尔士计有三年科 604 级，另有预备班 72 与高等科 5。

丁　工人教育协会之一年科及大学扩充科

A. 一年科　在成人教育活动中占次席地位者为各种不同之一年科。工人教育协会组织有二种一年科。其一颇近于预备讲习班,所不同者仅在其系自成一组织而已。此等一年科,并非意在较透彻的研究之准备,虽然时常足以鼓起学生充分的兴趣,其结果自然引致前进研究之要求。学生须出席班会 24 次,每次不得少于 2 小时,并呈缴研究报告于导师。此外并须研习若干读物。

工人教育协会所组织一年科之第二类,则远不若前者之严格。此科包括至少 20 次(每次 1 小时半)之班会,并无必缴的研究报告。对于学生方面,亦甚优容,入学者所负义务至为轻微,只需允承出席全数级会 2/3。

B. 大学扩充科　大学扩充科(University Extension Courses)大致可视为与此项一年科属于同一范畴。惟班会之次数愈为减少,仅以 18 次为强制的。扩充科于完结时,对于班级功课成绩达于优良标准者,给予文凭。惟大学之扩充科与工人教育协会一年科之第二类相同,并非按照前进研究之需要而组织。它是为迎合一般不欲尽力作研究报告之学生而设。近年来,此科进步颇堪注意。在 1926 年,共有大学扩充科 158 班,至 1929—1930 年度增为 222 班。

教育部认可之一年科亦表现相似的增加:在 1926 年,其总数为 226 班,至 1929—1930 年度,增至 334 班。同时工人教育协会之年报中,总括教育部及地方教育行政官厅所补助之一年科,则表现从 441 班(1926—1927 年度)跃进到 634 班(1929—1930 年度)。

C. 单一学期班、短期讲演及周末讲习会　期间仅延续约一个学期之单期班(Terminal Classes)近年亦颇发达。该科每期仅 12 周,每次班会 1 小时半,有时仅 1 小时零 1 刻。学生不必缴呈研究报告。其教育的品质差别颇大。导师之资格未经规定;一般最普通的条件,为了然于工人阶级之需要。据教育部之统计,在 1926 年,计有 334 班,至 1929—1930 年,增为 608 班。

此外尚有偶设的 6 个星期或 3 个星期之连续讲演,以及周末(星期六)及在星期日外任何一日举行之讲习会,亦可列入本组内。与会者出席总计不过数小时,不需作文字报告,亦不必研读参考书。周末讲习会通常于星期六及星期日举行,共包括三次讲演,继以讨论。

D. 研究团及夏令学校　此外,工人教育协会与教育公社协会,尚组织有另一种学级,称之为研究团(Study Circle),以 6 至 20 人组成之。集会时并无导师,一切依平民主义精神从事问题探讨。此项组织未受任何公款扶持,其标准视参加者之程度而异。现时在成人教育运动中占一种虽尚未获得认可而实甚重要之地位。

大学讲习班委员会(Tutorial Classes Committee)及工人教育协会又为其学生举办夏令学校。其主旨为供给讲习班学员以体验大学生活之唯一机会。

戊　其他主要成人教育机关

A. 全国成人学校联合会之工作　全国成人学校联合会以其独立的组织和成训,与其他各机关多少有另立门户之致。它是一切成人教育组织中之历史最久者,向来对于促进各阶级男女之一般的教育上,居领导地位。其所持目的之一为:"造就及发展男人和女人,并授以生活之艺术。"(To make and develop men and women and to teach them the art of life.)由于"学团"(School Groups)之组织,其中学员之资格不涉及阶级、政党或宗派,而专力促进关于教育、宗教、社会服务以及休乐之各种正式的和非正式的活动。此等学级之程度,因学生之能力而异。现时学员总数约近 43 000 名。

B. 工人学院、罗斯金学院、贝尔开比克学院,及公社之教育工作

(1) 伦敦克苍岱尔路之工人学院(Working Men's College, in Crowndale Road, London),创始者为摩赖斯①(F. D. Maurice 时在 1854 年),在成人教育运动中,占特殊地位。其主要目的乃是供给成年学生以人文的教育。

(2) 罗斯金学院(Ruskin College),创立于 1899 年,为一住宿之学院,专为教育男女劳工,特别以使其适于从事劳工运动之职务为目标。

(3) 贝尔开比克学院(Birkbeck College),成立于 1823 年,初名伦敦技工学社(London Machanics Institution),至 1920 年成为伦敦大学之一部分。由其所设之夜间讲演,供给一般日间从事工商业或各项专业者以大学教育。该院业将商业与工业学科移并于其他校院,而于与伦敦大学联络下发展普通学科方面。

(4) 在住宿的公社(Residential Settlements)中,多数均从事于正式的和非正式的教育工作,其中多数与大学、学院或公学间保持密切的联络。每一公社之一切设施,皆以迎合其邻境之特殊需要为其目的。

---

① 今译弗雷德里克·丹尼森·莫里斯(1805—1872),英国作家、神学家。—编校者

本篇主要参考书目

1. Percy, E., P. Nunn and D. Wilson (Editors): *The Year Book of Education*, 1932–1935.
2. Balfour, G.: *Educational Administration*, 1921.
3. Norwood, C.: *The English Educational System*, 1928.
4. Kandel, I. L. (Editor): *Educational Yearbooks*, 1924–1935.
5. Selby Bigge, L. A.: *The Board of Education*, 1927.
6. Board of Education: *The New Prospect of Education*, 1928.
7. McMillian, M.: *The Nursery School*, 1930.
8. Jones, L. G. E.: *Training of Teachers in England and Wales*, 1923.
9. Darwin, B.: *The English Public School*, 1929.
10. 余家菊:《英国教育要览》,上海:中华书局,1925年版。

第二篇
法国教育制度

一　国势大概

法兰西(La France)位于西欧,面积本部计550 986平方公里①;人口据1931年3月7日统计,为41 928 851。殖民地面积计有12 070 000平方公里。本部分为90府(Département),府复分为环区(Arrondissement)279。

人民职业:从事农林及渔业者占42.7%,从事工业及矿业者约占31.7%,从事商业及交通业者约占14.3%。

法为共和国,有众议院及参议院,教育部部长为内阁之一员。据1930年之统计,教育经费国家负担77%,地方负担23%。

---

① 法国目前的领土面积为632 834平方公里,其中本土面积为543 965平方公里,而此处550 986平方公里,应为本土面积,20世纪上半叶,法德两国的领土面积常因战争的成败而发生改变。——编校者

二 教育行政机关组织

壹 公共教育及美术部（Ministère de l'Instruction publique et des Beaux-Arts）

公共教育及美术部首席长官为教育部部长。此名称始于1920年，前此称法兰西大学院院长（Grand Maître de l'Université de France），迄1920年，并兼巴黎大学区校长（Recteur de l'Académie de Paris）头衔。

甲 教育部之分司 教育部综理全国教育事宜，执行法令，拟定规程，编制预算，并监督一切教育机关；内部除总务处外分为6司（Direction），每司有司长（directeur du ministère）1人。各司名称如后：

(1) 初等教育（enséignement primaire）；

(2) 中等教育（enséignement secondaire）；

(3) 高等教育（enséignement superieur）；

(4) 美术（Beaux-Arts）；

(5) 会计（Comptabilite）；

(6) 职业教育（enseignement téchnique）。

最后一司于1920年增设。

以上各司复分为若干科（Bureaux）：高等教育司分3科，中等、初等及职业教育司各分5科，美术司分6科，会计司分3科。此外设有体育事务处（Service de l'éducation physique）。

乙 最高教育会议（Conseil supérieur de l'Instruction publique） 为审议全国教育问题之最高机关。该会议每年举行常会2次，会期1月及7月。其构成议员（Conseillers）计56名，分配如后：

(1) 大总统指任9人代表公立教育事业，其资格为教育部各司司长或曾任司长者，中央视学员及其他高级教育行政官吏；部长选派4人，代表私立教育机关。

(2) 大学及其他高等教育机关代表共27人，由彼等各自互选之。

(3) 中等教育机关代表10人，由互选产出（国立中学正教授8人，公立中学代表2人）。

(4) 初等教育机关代表6人，由互选产出。

会员任期皆为 4 年,均得连任,开会时以教育部长为主席。

该会议所司事为关于课程、方法、教科书、考试、法规、训诫、私校监督等等,并裁决教育上之争执事件。在该会休会期间一切日常事件由 15 人所构成之常务委员会(séction permanente du conseil)处理之。

丙　各委员会(Comités Consultatifs)　所司事务,以关于教员之聘任升迁事件为主。

A. 初等教育委员会:由初等、中等及高等教育司司长,视察初等教育之中央视学员,大学区校长,高等初级师范校长,初等教育司第一科科长,大学区视学员或指定之教授组织之。

B. 中等教育委员会:其委员包括大学区校长、高等师范学校校长、中等教育司各科长、中央之中学视学员、巴黎大学区视学员。

C. 高等教育委员会:包括大学校长及各科教授之代表若干人。

前述之体育事务处,在中央视学员及体育委员会(Comité Consultatif de l'Education physique)指导下。

丁　中央视学员(Inspecteurs généraux)　总数计 58 名。其任务为视察部定教程之实施,及从事教法之改进,并包括学校行政之监督。

对于高等教育之视察已不复存在。现时中央视学员可分为以下各类:

(1) 中央中等教育视学员 19 名,分任各种学科之教学视导,此外尚有学校行政及财务之视察员,通常就教育部之科长中选任之。中央视学员之报告为教员升迁黜免之标准,彼等又为教员检定委员会之一员。

(2) 中央初等教育视学员 20 名,其中图画科 1 名,初等小学 4 名,幼稚教育(女视学员)4 名,行政事宜 1 名,其余未特别规定。大概注重师范及高等小学校之视导事宜。

(3) 中央职业教育视学员 9 名,内有女子 1 人。

戊　教育部管辖权以外之公共教育

管辖机关	学校种别
A. 农务部	农业教育
B. 工商部	高等邮电学校
C. 劳工及卫生部	关于实施卫生教育之学校
D. 公共工程部	属于该项性质范围内之学校
E. 陆军部	陆军学校
F. 海军部	海军学校

| G. 属地部 | 在法国本部之殖民学院及在殖民地所设学校 |
| H. 外交部 | 在保护地摩洛哥及突尼斯之学校 |

贰 大学区

教育行政区域依大学分布地域，分为17大学区（Académies），其名称如后：Paris（9）、Aix（6）、Alger（3）、Besancon（3）、Bordeaux（5）、Caen（6）、Clermont-Ferrand（6）、Dijon（5）、Grenoble（6）、Lille（5）、Lyon（4）、Montpellier（5）、Nancy（3）、Poitniers（8）、Renns（7）、Strasbourg（3）、Toulouse（8）。

以上各大学区，皆以各该大学所在市之地名为名。各名称后所附之数字，系各该大学区所辖之府数。

甲 大学区校长 大学区校长（Recteur）经教育总长推荐，由政府任命之。任此职者应有国家博士衔，通常系就曾任高等教育机关之教授者中选充之，其职权颇广：

A. 彼对于本大学区之高、中、初三级教育之行政人员有督察权；彼对于从事高等小学校、初级师范学校、国立及公立男女中学校、大学各科行政或教授人员，每年应各加以评语；凡须由教育部任用之人员，其人选均由彼提出，此外彼并得直接任用某项人员。

所有大学区校长均参与中等教育及初等教育两委员会之工作，并应列席高等教育委员会之各组会议。

B. 大学校长监督所有教育机关之物质的及精神的生活。彼监视财务、行政，并留意保持纪律；彼对于以增进高等小学校效能为目的之学校扶持会（Comités de patronage）为当然会员；彼任命师范学校行政会议（Conseil d'administration des Ecoles Normales）之人员；彼为女子国立中学及男子国立中学行政会议之主席；彼身为大学之代表，编制大学之预算书，支配其费用，并每年提出结算书于会议（在该会议中，由彼任主席）。

C. 外此，彼对于教育事业本身亦具相当权能。彼有监视私立教育机关权能，审断其是否违反国家教育方针、宪法及法律。在公立教育机关中，彼留意教育最高会议所议决课程及方法之遵行；每日时间支配表、教学用书表、奖品用书，以及生徒所得阅读之图书馆书目，均须经其认可。彼主持新进中等教育人员试用事宜，彼时常视察初级师范学校，并对某类学生有斥退权力。彼有出席于小学教师所组织教育会议之权。彼对于本大学区内大多数之考试行使其一般的监督权。彼发给证书及文凭。彼指定国立中学教授,使其出席于学士考试(Baccalauréat即中学毕业考试)任评判员。

总言之,大学区校长之任务,为代表中央政府执行关于公私立教育之一切法律及部令。彼当查察关于人员、行政、教育等一切问题,并明确报告于教育部及其代表(中央视学员)。在他方面,彼又具有将三级教育形成切实的联络之必要权能,由彼审度各地方之资力与需要,务使相互融洽,而防止分离之趋势,致有不利于国家教育方针之虞。彼又得伸张其个人的势力于大学本身职务范围以外,奖励或促进私人创办各类教育事业,以期增多各级学校教育之同情及赞助者。

乙　大学区之审议机关

A. 大学参议会(Conseil de l'Université)由大学各科代表组织之,校长为主席,专司本区大学内部事宜。

B. 大学区参议会(Conseil Académique)该会专司中等学校方面事务。其组织以大学区校长为主席,会员包括大学区视学员(Inspécteurs d'académie)、大学各科学长及大学中学所选出之代表。该会之职权,为关于中等学校行政、教员训诫,以及属于本区教育经费之事项。

丙　大学区视学员　　大学区视学员之任用,经教育总长提出,由政府委任之,全国计有98名。一般通例,每府有大学区视学员1名,但有若干重要府区(如Nord及Alger)各有2名,分司中等及初等教育。而塞纳(Seine)一府,独有8名之多,其中一名专门视察初等教育。

凡得任此职者必须具有下列资格之一:

(1) 须具备国家文科或理科博士学位,或为中等学校教员考试(Agrégation)及第者,或者握有初等视学及师范学校行政资格证书(Certificat d'aptitude a l'Inspéction primaire et a la direction des Écoles Normales),师范学校及高等小学教授资格证书(certificat d'aptitude au Professorat des Écoles Normales et des Écoles primaire Supéreures),或某项"教育硕士"证书(licences d'enseignement)。

(2) 曾任下列职务之一:大学文科或理科教授或讲师,国立中学校长(Proviseur),国立中学学监(Censeur)或教授,师范学校校长,或初级视学员(Inspécteur primaire)。实际上,所有大学区视学员,除少数例外,均为Agrégés即Agrégation及第者。

大学区视学员在大学区校长之下，各于所辖府内，管辖中等教育并监督初等教育。彼督察国立中学、公立中学、师范学校、高等小学校之财务及行政事务。彼视察并记录所有此等教育机关之教育人员，彼决定关于教育之组织（如时间支配、设立特别学级、分组等）之事件。

彼对于公共初等教育行使一种极有力之权能，并视察所有初等学校及幼儿学校（Écoles Maternelles）；分配实习男女小学教师（instituteurs et institutrices stagiaires）之职务亦为彼之职权；府长（Préfet）所委任之小学男女正教师（instituteurs et institutrices titulaires）须依据彼之提名；彼当出席于各种教育会议，为府委员会（Commission d'épartementale）之主席，编制学校用书表；彼为以下各种考试委员会（Commissions d'éxamens）之主席：初级证书（Brevet élémentaire）、高级证书（Brevet supérieur）、教育证书（Certificat d'aptitude pédagogique）以及师范学校入学考试。

叁　各府

法国本部之普通行政区为府，初等教育行政区域即以府为单位。

甲　府长（Préfet）及大学区视学员　府长与专司本府督学事宜之大学区视学员，直辖全府之初等学校。府长依大学区视学员之推举，任免本府之小学教师，监督教育经费，决定校址及高小奖学金授予事项。

乙　府教育参议会　在各府均设有初等教育参议会（Conseil départemental de l'Enseignement Primaire），每三月开会一次，以府长为主席，大学区视学员为副主席；其他构成人员包括府议会议员（Conseillers généraux）4人，师范学校校长2人，男女教师代表各2人，私立学校代表及教育部长指定之初级视学员2人。会员任期3年。其所行使之行政职务甚为重要。就大体言，其使命为监督上级行政官厅所规定之规律及程序之遵行。该会有提议所认为有益的教育改革事宜之权；该会又参议关于各个里区（Commune）以内应行设立或维持初等小学之数目及性质，以及所需之必要教师数目。该会每年根据大学区视学员之提议，编定应行升秩或予以奖励之男女教师（instituteurs et institutrices）名单。该会并有施行惩戒权能。又遇大学区视学员不允某私立学校之开办时，其争执由该会裁决之。

丙　初级视学员及幼儿学校视学员　大学区视学员在初等教育行政方面，为之辅佐者有男女初级视学员（Inspécteurs et Inspéctricos Primaires）及府区幼儿学校女视学员(inspéctrices départe mentales des Écoles Maternelles)。两者皆由教育总长委任，其资格为年满 25 岁，至少有 5 年教学经验并曾经通过初级视学或幼儿学校视学检定考试(Certificat d'aptitude a l'Inspection primaire ou a l' Inspection des Écoles Maternelles)者。

原则上，每环区设初级视学员 1 名，但亦有若干重要环区有 2 名以上者。按法国计分环区 276，初级视学员之数目，据云共达 500 名。有时，在某地域内，每将女子初等小学另作一组，归一女初级视学员视察。每一初级视学员所辅导之教师约 200 名。

通常，初级视学员行使其职权于其辖境内所有一切高等小学、初等小学、幼儿学校，彼对所视察之男女教师之任用及升迁贡献意见。彼为教育会议及初级学科证书(Certificat d'études primaires)考试委员会之主席。彼参与关于公立学校用品增置或分配事件。

府区幼儿学校女视学员，对于幼儿学校及幼儿班(Classes enfantines)行使相类之职权。现时全国只有若干地域设类此视学员，彼等之管辖区域，每为二府或二府以上。

丁　分区校董会　每一环区复分为若干分区(Canton)，分区之校董(délégué cantonal)由府教育委员会选任，为本区公民之代表，监察区内之小学校，但校董对于教师并非上级官员，其职务限于物质方面，如校舍保管、学童健康等等。校董每年集会 4 次，议定对于府教育委员会之建议事项。

(注) 按法国共有"分区"3 024，通常每一"分区"包括里区(Commune)12，惟最大之"里区"有分为数个"分区"者。里区之长官为里公会所选任之里长，其关于教育方面之职权为督察校舍，建议新校舍之建筑，绍介私校之开办，增进学生之出席、及学童调查等，但对于教员并无若何权能。为其辅佐者，有里区学务委员会(Commission Municipal Scolaire)，其构成人员为分区代表，及里公会所选任之人员，初级视学员为当然委员。该会每三月举行一次，以里长为主席。

(附) 法国教育行政组织系统图

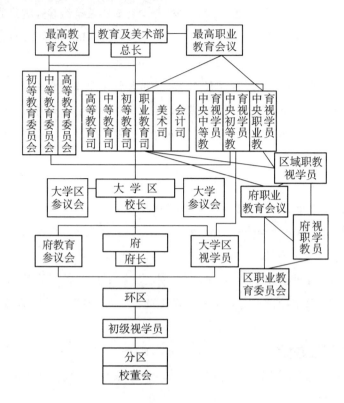

三 学校系统

法国学校制度可视为现代双轨学制之代表。法国儿童及青年之教育路径，分为两途：其一由公立初等小学校毕业后，可续入职业补习学校或低级职业学校；或于小学修毕后，续入高等小学校（或小学补充班），以为升入师范学校，或中级职业学校之准备。其二，由中学预科（与初等小学前数年相当）径升入中学校，预备更升入大学校或高等专门学校（les Grandes Écoles）。前一途为平民阶级之子女而设；后一途则事实上几为资产阶级所垄断。两途互相隔离，故有双轨学制之称。兹将其各级各类学校之相互关系，列为简图如后。

近年来，法国单一学制（École unique）之思潮渐占势力，严格的双轨制已在动摇中。1924年9月22日之教育部部令，已将中学预科置于初级视学员监督下；1925年秋季更由部令实行将中学预科与小学首数年级打通，许清寒子弟免费入学；至1930年，更于国会通过中学初级免费办法，以后并拟逐渐免除以上各级之学费，可见其将来趋势之一斑。

（附） 法国学校系统图

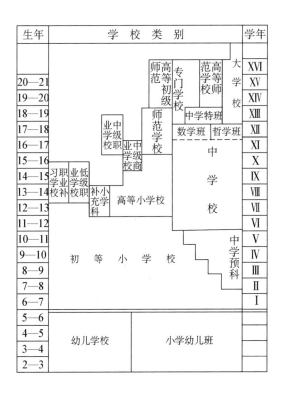

四 初等教育

甲 初等教育之范围

法国所谓初等教育(Enseignement primaire)，其范围包括由幼稚教育以迄训练初等师资之师范教育，全部自成一系统。兹列举其所包括之学校类别如后：

(1) 幼儿学校(école maternelle)及幼儿班(classe enfantine)；

(2) 初等小学(école primaire élémentaire)；

(3) 高等小学(école primaire supérieure)及附于初等小学，而视同高等小学教育之补充科(cours complémentaire)；

(4) 补习科(cours d'adults et d'apprentis)，其中包括为不识字者所设之学级，以及与初等高等两级小学相当之教育；

(5) 男女师范学校(école normale)及高等初级师范学校(école normale primaire supérieure)，后者系为训练师范学校及高等小学之教师而设。

此外尚包括低能儿学校及班级(écoles et classes de perfectionement pour les enfants arrieres)，专收 6 岁至 13 岁之低能儿童。又师范学校之实习学校(écoles et classes d'application)亦属此类。其附设于师范学校本部者，称附属学校(écoles annexes)。

乙 幼稚教育

幼儿学校及幼儿班为施行幼稚教育之场所。现时之办法，皆准据 1921 年 7 月 17 日之法令。依该法令规定，幼儿学校专收容 2 岁至 6 岁之儿童。在人口不满 2 000 之里区，得代以附设于小学校之幼儿班。

在幼儿学校及幼儿班中，每供给儿童午餐及衣鞋等物。医术检察每月至少须有一次。

此类学校皆由女教师主持，所有儿童依其年龄及才力分为二组，通常以 5 岁为分组之限界。其教学项目可分为：

(1) 体操及呼吸练习，游戏等；

(2) 感官练习、工作、图画等；

(3) 语言练习及记忆学习；

(4) 观察练习；

（5）初步道德及社会仪节；

（6）读、写、算之初步。

每班之学童数不可超过 50，亦不得在 25 以下。每一女教师每周服务时间以 30 小时为度。

丙 初等小学校

依现行法律，所有男女儿童从 6 岁至 13 岁，其父母或监护人有使其受初等教育之义务，教育之场所，或为公立学校或私塾，或在家庭均可。事实上，幼儿往往从 5 岁时即入公立学校之预备部（Séction préparatoire）。

A. 设置及编制 每个里区依法至少需设公立学校一所。法国小学可大别为两类：在多数小村落中多仅设一混同学校（école mixte）兼收男女儿童。在人口超过 500 之里区则分设男女小学校。大凡生徒数目充足时，每依照年龄及能力分班教授；但遇仅能设置一班时，则分为数组。原则上，从 6 岁至 7 岁归入预备部；7 岁至 9 岁为初级科（cours élémentaire），从 9 岁至 11 岁为中级科（cours moyen），从 11 岁至 13 岁为高级科（cours supérieur）。各级每周上课时间均为 30 小时，此时间不包括在家庭或在监导下之自习作业。

B. 课程 小学之课程，依 1923 年 2 月 23 日教育部所规定，从预备部起，设以下各种科目：修身（morale）、读、写、法语、算术、实物课（leçons de choses）、图画、手工、唱歌及体操。从初级科起，加授法国历史及地理，高级科之生徒更加授公民训育，并研究古代文明（埃及、犹太、希腊、罗马）之概要及普通史，注重其与法国之关涉。此外，又以全班远足（Classes promenades）及其他简易方式，施以科学教育：物理及自然科学大意、卫生、农业、园艺及为女子设之家政科（Sciences Ménagéres）。

兹将其课程表列后。

教学时间通常上午 8 时至 11 时，下午 1 时至 4 时；星期四日无课。

得国家及地方政府之许可，小学校亦得设宿舍，办法与中学校相类。此类学校须有餐堂及病房。膳宿费由教育部长规定之。小学校之教师每周服务时间 30 小时（幼儿学校及补充科同）。

学校假期，暑假通常为 6 个星期（8 月中旬至 9 月终），其他宗教节期及国庆日（7 月 14 日）共计约 14 天。

级段\科目	预备部 C. P.	初级部 C. E.	中级部 C. M.	高级部 C. S.
修身及公民	$1\frac{1}{4}$	$1\frac{1}{4}$	$1\frac{1}{4}$	$1\frac{1}{2}$
读法	10	7(女 $6\frac{1}{2}$)	3	$2\frac{1}{2}$
写字	5	$2\frac{1}{2}$	$1\frac{1}{2}$	$\frac{3}{4}$
法语	$2\frac{1}{2}$	5	$7\frac{1}{2}$(女 7)	$7\frac{1}{2}$(女 7)
史地	—	$2\frac{1}{2}$	3	3
算学	$2\frac{1}{2}$	$3\frac{1}{2}$	$4\frac{1}{2}$	5
自然	$1\frac{1}{4}$	$1\frac{1}{2}$	$2\frac{1}{2}$(女 2)	$2\frac{1}{2}$
图画	1	1	1	1
手工	$1\frac{1}{2}$	1(女 $1\frac{1}{2}$)	1(女 2)	$1\frac{1}{2}$(女 2)
乐歌	$1\frac{1}{4}$	1	1	1
体操	$1\frac{3}{4}$	2	2	2
休息	2	$1\frac{3}{4}$	$1\frac{3}{4}$	$1\frac{3}{4}$
总时数	30	30	30	30

各校在前表规定范围以内,得自行变通拟定其课表,惟应经初级视学员之认可。

C. 毕业考试 小学校之教育以毕业考试结束之。此项考试于学年之终就各分区(canton)举行。通过此考试者,得初等小学证(cerlificat d'études primaires élémentaires),所有至少年龄达 12 岁者皆得与试。考试委员会(Commissions cantonales)由大学区校长委任,以初级视学员为主席。其余多为从事初等教育之人员,考试之内容如下:

(一)笔试的部分,包括:

(1)默写:最多 15 行,附以若干问题(最多 5),以试学生是否明了所默写之文句。

(2) 算术及米突制①:二题。

(3) 短篇作文:其题目或取自修身与公民科,或取自历史地理,或关于物理自然之知识。

(4) 男生加试简单几何画,或关于农业科问题一;女子加试缝纫。

(二) 口试的部分,所试之范围如下:

(1) 读诵及解释论文一段;背诵由受试者自择之诗一篇,或长篇之诗一段。

(2) 唱歌、心算及简易体操。

丁 义务教育概况

1882 年之法令②,已规定 7 年之教育义务。1923 年之改革③,于小学已有之学科外,拟再加授初步几何及代数、历史、地理、自然科学、唱歌、音乐、图画、手工等。一端因幼儿教育之设施,他方因补习教育之推行,其教育义务期间颇有延长之势。初等小学之六年功课,在优才之儿童,只须六年(在满 12 岁时)已能修毕,对于此等儿童之教育期,尤有延长一年之必要。

惟是以法律(1921 年草案)延长义教年限,至今未能实现。1919 年之《爱司特条例》④(Loi Astier),仅一部分见诸实行。该法规定凡从事工商业务之青年须入补习学校(cours obligatoires professionnels),至满 18 岁为止。在 1924 年,有青年 200 000 人在此类或相似之学校,但未入此类学校者仍有 600 000 人左右。

即七年之义务教育,事实上亦未能推行不懈。此由其不识字人口之比较众多可见。在欧战开始以前,不识字人口已减至 3%,战后突见加增。统计入伍兵士之不识字者,在 1928 年为 9%,1926 年为 9.39%,1924 年为 8.89%,其逐年增加之原因,据云乃由大战期中(1914—1918),一般 10 岁至 14 岁儿童多离校工作所致云。

1924 年之统计,所有初等小学校(包括幼稚部),共有儿童 4 144 563 人,仅

---

① 米突制,即米制的旧名,国际公制,为法国于 18 世纪首创。——编校者
② 《1882 年教育法》又称《费里教育法》,为法国教育部长费里(Ferry,1832—1893)颁布的有关初等教育的法案。——编校者
③ 1923 年之改革,以"新大学同志会"活动为先导,掀起了"统一学校运动",并导致了一系列的教育改革。是年,法国政府对小学课程进行了修改,规定不论是公立小学还是中学预备班,都须遵循同样的教学大纲,开设同样的课程;所有 6—13 岁的儿童,不管在何种学校读书,原则上都能接受同样的教育。——编校者
④ 《爱司特条例》即《阿斯蒂埃法》,是法国职业教育史上第一次颁布有组织形式的法律,并首次指出职业教育强制性与免费性的原则。——编校者

占全人口数10.6%。此数中,有若干系肄业于私立的(事实上为天主教的)小学校者,其所施设之教育,每不能满足公立教育之要求,其学生共有805 226人,占全学生数25%。

此外法令上又容许免除入学义务之办法:凡满12岁之儿童,通过毕业考试者(据1931年统计,通过此项考试者为报考者的84%),即可得免除许可。取得此项许可者为数甚众,以致法国之教育官吏中,亦每有误认教育义务以满12岁为终结者。

据1931—1932年度之统计,公立幼儿学校计3 218所,儿童342 706名;公立初等小学计68 783所,学生3 998 705名。

五　高级初等教育

男女生徒,于离初等小学后,欲继续入学修业者,得受高小教育,其场所或为附设于初等小学之补充科,修业期间一年或二年;或为独立之男女高等小学校,修业期间三年至五年。

入高等小学或补充科之资格,至少达 12 岁,执有初等小学证书,或曾经通过高等小学或中学公费生考试,并曾经修习小学高级科一年而通过该级学科之考试者。生徒年龄至长不得过 18 岁。此类学校教育之性质半属普通教育,半属职业教育(1920 年《高等小学法令》)。

A. 高等小学每周上课时间　规定为 30 小时左右。星期四日休课。课程包括修身、公民法制、经济大意、法语及文学、外国语言、本国史及世界史略、地理、算术、代数及几何、物理及自然科学要旨、实用卫生、习字、速记、打字、美术图案、几何图案及造模型、唱歌及体操。除此等基本学科外,更益以各种理论的及实用的教科,视各地域工业、商业,或农业各方之特殊需要分别规划:机械学、工程学、工业化学、工业电学、理论的农学、农业化学、运输及海关、普通簿记等等。男生外此尚有军式体操、工厂、实验室、农业、园艺诸项工作。女生有家政科(économie domestique)育婴、洗衣、缝纫、烹饪,并可从事农艺工作。

B. 高小学校之课程组织　极富弹性,以期适应各地方之需要。在高等小学中,第一年为共通科,从第二学年起,与普通科并立者,尚有各种专门科(工业、农业、商业、航海、家政等)。普通科乃男女师范学校入学考试之一种预备场所。

兹将其课程表附后:

高等小学校各科时间分配表

学科＼科别	普通	农业	工业	商业	家政
道德公民法律问题国家经济学	1	1	1	1	1
法语	4	3	3	4	3
现代外国语	3 或 4	—	—	4	—
历史地理(各半)	2	2	2	3	2
数学	3	3	3	3	2

续 表

学科 \ 科别	普通	农业	工业	商业	家政
机械学	—	1	1或2	—	—
工艺科	—	1	1	1	—
物理化学自然及卫生	3	4	4	3	3
农业(男)	—	2	—	—	—
家事(女)	—	—	—	—	1
图画	3	1	5	0或1	3
书法	0或1	—	—	1	—
速写	0至3	—	—	3或4	—
簿记		1或2		2或3	
唱歌	1或2	1或2	1或2	1或2	1或2
体操	2	0至2	0至2	2	2
工作(男)	4	9	12	1	—
工作(女)	6	—	—	—	12

高小学生如志愿从事邮电行政业务,可受一种特别毕业考试。此外亦有预备入艺术实业学校,或航务学校,以及师范学校者。

高小学生每年平均离校之男女学生有 24 000 人:其中有 4 000 升入别种学校,2 500 成为教师,4 000 从事商业,3 000 从事工业,1 000 从事农业,4 000 任公署职务。外此,出国或入陆军者数百人。

C. 高等小学校之毕业考试办法 于 1917 年重行规定。凡应此项考试者,于受试之年 1 月 1 日应已达 15 岁。此项考试各科(普通或专门)均包括笔试、口试及实地试验。三项考试均满中等分数者,由大学区校长发给高等小学校学业证书(Brevet d'énseignement primaire supéieur)。

据 1931 年 11 月 15 日之统计,高等小学计有男校 328 所,女校 240 所,学生男 38 934 名,女 39 079 名。

六　初等小学教育人员及其训练

甲　公立小学教师必备之资格

凡从事公立初等小学教学事宜者，均应为非隶属教会之人员，凡各教会员司及各宗派之牧师均不得充任。除例外情事，男子小学均由男教师(instituteurs)任教；女子小学、幼儿学校、幼儿班、混同学校，均由女教师(institutrices)任教。男女教师均需有法国国籍，年龄达18岁，至少须执有初级证书(Brèvet élémentaire)，并提出医术检查证书，证明其体格适于担任教师职务。

男女教师皆分为两级，即正教师(titulaires)与试用教师(stagiaires)。其中有一名，加校长(directeur)或女校长(directrice)之称号。凡被任为正教师者，至少须曾在一公立或私立小学校试教2年，并需兼执有高级证书(Brévet supérieur)与教育证书(Certificat d'aptitude pédagogiquo 详后)；从18岁以上，在师范学校中所经历之研习岁月，计入正式试教期间内。凡未达25岁者不得被任为小学校长。

兹将取得前述三种证书所应具备之资格略述如后：

A. **初级证书**　欲得此项证书之男女生徒，于应试年度之正月，年龄至少须满15岁。考试包括口试与笔试，其程度与高等小学之普通科相当，惟节去经济学、卫生及家政。考试结果由一委员会评判，该会以大学区视学员为主席，委员包括若干公立学校教育人员及私立小学代表1人。

B. **高级证书**　欲得此项证书者，于应试年度之正月至少须满17岁，并已执有初级证书，或高等小学证书，或学士考试之第一部分，或女子中学毕业证书或文凭。考试之形式与初级证书相同，包括笔试，口试及实习。师范学校之男女教生应于修毕3年(其他候任者得于3年)时受此项考试。所有该生在学校之3年内所得成绩分数，依所曾修业学校教师或校长所给分数并入计算。

C. **教育证书**　凡执有必备学力证书(初级或高级者)，可进而取得教育证书。欲得此项证书者，须已达20岁，曾在公立或私立学校试教2年。从18岁以后在师范学校之岁月，亦并入计算。此项考试包括实地试验及口试。实地考试为在一班中进行3小时的教学，其中必须包括体操及唱歌；口试至少须有半小时，包括关于实际教育或学校行政以及学生笔记、练习题之批阅等。

乙　初级师范学校

小学教育人员之养成，大部分均操于初级师范学校（Écoles normales primaires）。师范学校发轫于法国大革命时期，1877年8月9日法令，规定各府应设立并维持男女师范学校各一；1881年6月16日法令①，小学教师之教育免除纳费，学生之维持费及教授之薪金由国库负担。

据1932—1933年度统计，男师范计87所，学生6 696名；女师范计86所，学生6 775名。

A. 学生之类别　此类学校收取两类生徒：(1)志愿在校修业3年之男女教生；(2)男女旁听生，经大学区视学员许可，在校修业3年者。

男女教生均系由会试选拔，此项考试每府于学年将终时举行之，下一学年之始亦得举行补考。与试者须属法国国籍，年龄至少15岁，至多18岁，有医术查检书证明其适于担任教职；并订明于离师范学校10年内当服务于公立小学校。每年所收生徒之数目，由教育总长于每年之始规定之。

试题之一，系由考试者自择。其范围在男生为农业及应用于农业之科学，应用于工业之科学；在女生为幼儿学校教育法，及卫生或家政。若于此项考试分数及格者，大学区校长即于其证书附加注明。

凡考试结果名列备取册者，亦可经允许自费入学，为自费生，修习师范学校学程。

男女旁听生乃选自男女临时或试用及补充教师，年龄至少30岁，其名单预先由初级视学员及幼儿学校女视学员合组之委员会编造。

B. 学科　师范学校之教科如下：普通道德及职业道德（Morale générale et Morale professionnelle），应用于教育之心理学及社会学大要，科学的哲学要旨（Notions de Philosophie Scientifique）、教育学、法语及法国文学、一种外国语、历史、地理、算术、代数、几何、测量、物质与自然科学及其原理应用、卫生与家政、农业与园艺，以及图画、乐歌、体操、手工。

兹将1920年，经拉培氏②（Paul Lapie）完全改订后之课程，列表如后：

---

① 1881年6月16日法令与前文中1882年法令，同为《费里法案》的组成部分。——编校者
② 拉培氏即拉皮埃（Paul Lapie, 1869—1927），法国著名哲学家。——编校者

法国师范学校课程表

学科＼每周时数＼年级	男子师范学校				女校
	I	II	III	合计	合计
教育心理学及社会学、教育学、伦理学、哲学	2	2	2	6	同
法语及文学	4	4	4	12	同
历史及地理	3	3	$2\frac{1}{2}$	$8\frac{1}{2}$	同
现代外国语言	2	2	2	6	同
数学	3	3	2	8	第三年1时
物理及自然科学、卫生、实验及女生家事	4	4	4	12	第三年5时
农业理论	—	1	1	2	改授家政科
图画及塑作	2	2	2	6	同
几何画	1	1	1	3	同
唱歌及音乐	2	2	2	6	同
体操	2	2	2	6	同
手工及农业	4	4	4	12	家庭及园艺工作
合计	29	30	$28\frac{1}{2}$	$87\frac{1}{2}$	$85\frac{1}{2}$

由前表可见，男女师范学校之课程，几乎完全相同，其相异点，仅限于家事及幼儿保育之训练方面。

C. 实习 所有师范生须在指导下从事教学实习。各个生徒在修业期3年内，均需在一公立小学校或幼儿学校内为50个半日之实习。

凡由教育总长指定供师范学校学生从事专业的练习之机关，称为实习学校（Écoles d'application）。此类实习学校如与师范学校设于同一建筑物内，称为附属学校（Écoles annexes）。

前述训练之结果，给予男女生徒以高级证书，如该教生已达法定年龄，即可获得教育证书。

由此可见师范学校之教育，已不复似往日之严格地将普通教育及专门实用的训练完全分开。在三年之全学程中，普通教育与专门训练均相辅而行。自1920年以来，因普通学科之程度提高，已足使师范生在一定条件下，升入大学。尤为值得注意的，是师范教育之改组中，对于将来的国民小学教师之农业准备特为注意，物理与化学每根据此观点教学。师范学校所在地点之产业状况，对于教学上亦颇有影响。只有历史及文学未有关于特殊地域的研究之规定。

D. 最近师范教育之趋势 师范学校课程之增富,其中尤以社会学之增设颇于提高师范生之自重与自觉有相当影响。

师范学校中所供给之普通教育,自1920年以来已加提高。所授科目除心理学、社会学,以及伦理学外,不仅有法语及文学,而且有关于外国古今文化之学科。历史教学引领学生去探究历史上的文献;外国语教学注重由国语翻译,以提高对法语之知识;自然科学大部分用实验法教授。专业的科目,有教育学、青年心理学、园艺及农业。师范学校中教科之改组,对于小学教育已有若干影响。

小学教师之训练方法,在目前尚属一争执问题。急进者主张于中等学校修业期满后,再益以一年之大学教育。反对之者,谓普通中学校内不能如师范学校内之充满教育职业的精神。一般师范学校之校长自然亦反对取消彼等之学校,彼等理由之一为深恐教师职任之候补者将更加减少云。师范学校为形成下代国民思想之工具,故现时颇为各政党所注目云。

E. 特殊预备学级 在若干师范学校内每加设第四学年学程,分文科与理科;所有生徒,由考试选取,与试者须执有高级证书、学士证书,或女子中学毕业凭证;其目的为准备男女生徒参与高等初级师范学校(Écoles Normales supérieures d'enseignement primaire 详后)之入学考试。此等生徒亦得经准许,延长其修业期到第五年,甚至第六年。

七　高等小学与师范学校之教育人员及其训练

甲　高等小学与初级师范学校之教育人员

A. 类别　师范学校之教职员包括男或女校长1人，事务主任1人，或事务教授(Professeur économe)1人，教授若干人，专科助教(Maîtres aŭxiliaires)若干人。有时高等及中等教育之教授亦得在师范学校任课。

高等小学之教职人员，包括男或女校长1人，教授若干人，副教授(Professeurs adjoints)若干人，代理教师(instituteurs délégués)若干人，及助教(maîtres auxiliaires)。有时高等及中等教育之教授人员，亦得被委担任教务。

B. 资格　在高等小学中，校长及教授应当执有"硕士"(Licencié)文凭，或师范学校及高等小学教授资格证书(Certificat d'aptitude au professorat des Écoles normales et Écoles primaires supérieures)，或（如现代外国语教员）专科资格证书(Certificat d'aptitude Spécial)。副教授多来自代理教师，而曾在小学补充科，或高等小学，或师范学校任教职3年，并执有资格证书之第一部分者；彼等经5年服务后，亦得被任为正教授。

师范学校之教职员亦需具有同等学职及经验；惟校长更需至少年达30岁，并兼执有以下各种凭证："硕士"或教授资格证书，或初级视学及师范行政资格证书。

师范学校及高等小学之教授资格证书记明下列六科之一：法语及法国文学、历史及地理、现代外国语、数理科学、物理化学、自然科学、应用科学。

取得此项资格之考试分为二部分举行，投考者不得于同一年度应两部分考试。每部分均包括笔试、口试及实习，考试程序于每年10月1日前公布。应第一试者须年满19岁，执有高级证书、学士文凭，或女子中学毕业证；应第二部分考试者，须已达21岁，曾经通过第一部分之考试，或执有高等学科凭证(diplômes ou certificats universitaires d'études supérieures)，并须证明会在一公立或私立教育机关实习2年；在初等教育高等师范学校之修业期视为实习期。

此外尚有各种专科资格证书(Certificat d'aptitude aux enseignements spéciaux)，其中包括商业、图画、手工、唱歌、音乐、体操、农业等等各种专门学科证书。

C. 初级视学及师范行政证书　欲得初级视学及师范行政资格证书者，须年满25岁,曾在公立高等、中等或初等教育机关服务5年,并执有教授资格证、文科硕士或理科硕士证书。凡小学教师具备一定条件,并服务初等教育10年者,亦得一体应试。笔试部分包括:(1)教育学及应用于教育之心理学;(2)道德或应用于道德或教育之社会学。口试及实习,包括幼儿学校、初等小学、高等小学,或师范学校之视察,并作成正式报告。

乙　高等初级师范学校

法国有高等初级师范学校两所,其一在圣克卢(Saint Cloud),系男校,其一在丰特奈-欧罗斯(Fontanayaux-Roses),为女校。此两校之目的,为于2年期间养成师范学校及高等小学之教授。所有学生均由每年一次之考试录取,及格者即取得教授资格之一部分。所有与试者须属法国国籍,年龄在受试年度之12月31日至少须达21岁至多23岁,并须已得有高级证书,学士文凭或女子中学毕业证,并曾服务于公立教育机关2年。

该两校均分文理两科(séction),文科又分为二组:法国语及文学、历史及地理。理科则专攻以下各科之一:数理科、物理化学、自然科学。心理学及教育学为所有学生应习之共通科目。修业期间2年。

以上两校又设专科(Cours Spéciaux),于一年之修业期内,准备初级视学及师范学校行政资格证书;此专科之学生由大学区校长提出,请教育总长选取,所提出者均为已取得师范学校教授资格证者。彼等所专门之学科为应用于教育之心理学与教育法规及行政。

在1926年度,男校有学生68名,女校67名。

八 中等教育

甲 中等教育之机关

按法语所谓中等教育(Enseignement Secondaire),专指以实施文化陶冶,准备高深学术研究之中学校,此外中学程度之高等小学、职业学校、初级师范学校等,均未包括在内。研究法国中等教育者当留意此点。

在法国以公款举办之中等学校,依其设立之主体别为两类,即:

A. Lycées Nationaux,简称 Lycées,意译作国立中学;

B. Collèges Communaux,简称 Collèges,意译作市立中学。

国立中学之经常费由国库负担,市立中学之经费由各市负担。在学校行政组织上,两者亦略有差别,详后。

据 1932 年 12 月之统计,国立男中学计 125 所,学生 99 754 名;市立男中学计 229 所,学生 54 976 名。

乙 学生之来源及奖学金制

A. 学生主要来源 有如下两种:

1. 由中学初等班升入者:法国中学校设有四学级之初等部,前两级称预备部(Division préparatoire),后两级称初级班(Classes éémentaire)。初等部与初等小学前四年或五年程度相等,惟入学者需纳费,故实际上向为来自富厚家庭子女所独占。1924 年 9 月 29 日教育部令从下学年开始(1925 年 10 月 1 日),所有中学预备班一概与小学校相当各级混同,不纳费生徒亦许一体入学。此可视为法国教育界近来盛倡之单一学制理想之一部分的实现。

2. 由公立小学校转入者:即曾经在小学肄业 4 年(或 5 年),始改入中学者。其中颇多清寒优秀儿童,经考得奖学金者。

此外尚有由私立学校及高等小学校中途转入者。高等小学之课程,与中学无拉丁语之 B 部颇相近,故转学时颇为利便。

B. 奖学金制 略述如后:

奖学金(bourses)制在法推行颇广,在国立及公立中学内,得全部或一部免费者,为数颇多。按 1925 年之统计,中学学生计男 107 802 名,女 49 885 名,其中受资助者计有 20 017 名。此等补助金,由国库担负者占多数;然亦有一部分,系由府或市设立;不仅限于免除学费,而且包括外方学生在学校宿舍中之免费住宿及照料。凡欲补此免费额者，必须通过一种竞争考试（Concours）。

据1925年1月9日教部新规程，每学年之始，应举行统一的免费生考试。凡获通过者，可任择一种合于彼之才力与志愿之学校：

（1）国立或市立中学校，

（2）高等小学校，

（3）商业学校或工业学校。

于免费之给予时，所须考虑之条件，除必须通过考试之外，还有在小学校中之操行与成绩，家庭之经济状况（如儿童数目）及服务情形（如父亲对于本地公益上之特殊贡献）。

每一环区，得有一完全免费生，称为"国家公费生"（bourse nationale），其不必经过考试，只予于初等教育文凭（certifcat d'études primaire）上成绩最佳，而且依其家庭之经济状况有待补助时。

除此等补助办法外，各校校长在例外事件中，得免除特别优秀生之学费膳宿费之一部或全部。

又凡在公共教育机关中从事教学人员（从事初等教育者在内）之儿童，在国立及市立中学享受免学费权利。

丙　学生之类别及学校生活之一般情形

A. 学生之类别　法国中学校之宿舍制，与其中等教育特殊精神关系至为密切，兹依其对于宿舍制之关系，将学生分为以下各类：

（1）舍外生（externes libres 或 externes simples）。彼等仅于受课时间到校，依其父母居住，所有自习功课，亦在家宅内完成之。

（2）监导的舍外生（externes surveilles）。彼等除上课外，并在自习厅（études）于专任监导人员督率之下，完毕其学校功课。彼等于每晨7时45分到校，12时离校；下午1时45分复来。上课以外，并须继续在自习厅，至晚7时离校。

（3）半舍生（demi-pensionnaires）。彼等于早晨7时到校，至晚7时始离校。彼等在校内进早餐，及午后茶点。

监导的校外生及半舍生于星期日均不到校。

（4）舍内生（internes）。彼等全时在校内，受常时的监导。彼等仅于假期中或星期四及星期日经特别许可，始得出校门。

B. 学校生活　法国中学校内部，以严肃著称于世，有人称其为"寺院"与

"军营"之化身,可云形容得当。兹将巴黎某国立中学之详细日程附后,以见一斑:

6:00——起身,夏季常在5时半,幼年生较迟半小时。	
6:00—6:30——着衣履、盥洗。	
6:30—7:30——自习时间。	
7:30—8:00——早餐。	
8:00—9:00——上课。	
9:00—9:05——休息。	
9:05—10:00——上课。	
10:00—10:05——休息。	
10:05—11:15——上课。	
11:15—12:00——自习时间。	
12:00—12:30——午餐。	
12:30—13:30——休息。	
13:30—14:00——自习时间。	
14:00—15:00——上课。	
15:00—15:05——休息。	
15:05—16:00——上课。	
16:00—17:00——咖啡及休息。	
17:00—20:00——自习时间(高级班无休息、低级班与中级班一次休息)。	
20:00—20:30——晚餐。	
20:30——就寝(在夏季于晚餐后,尚有半小时休息)。	

冬季日程稍为移后,大学生于6时,小学生于6时30分起身,晚8时45分归寝室。各国立中学大致一律,惟在市立中学,其间差异颇大。

每课教学时间皆为全时的。两课时间之休暇仅5分钟,仅足学生由此教室转到彼教室之需。

在高级班中,哲学、历史、数学、自然科学之教学,可以两小时连续下去。

在法国星期四为自习日,除高级班中有实习功课外,均无教学。是日上午,住校生在自习厅研习几无间断(7—10时自习,10—11时休暇,11—12时自习)。下午专用于远足旅行。晚间之自习时间内学生可写信,或读专为本班学生所备之书籍。

假期：最长之假期在学年之终，从7月中旬起，至9月30日为止；基督诞节①，惯例从12月23日至1月3日；春节包括基督复活节前后各6日，合共12日。此外尚可有假期2日，由大学区校长规定之。

丁　中学校之学级编制

A. 法国国立及公立中学修业期皆为7年，班级（Classe）之名称如后：

Sixième(6e)　　第六学级即第一年级

Cinquième(5e)　第五学级即第二年级

Quatrième(4e)　第四学级即第三年级

Troisième(3e)　第三学级即第四年级

Seconde(2e)　　第二学级即第五年级

Premiere(1e)　 第一学级即第六年级

每级修业期间皆限为1年。修毕第一班（1e）课程后：受学士考试（baccalauréat）之第一部分。

凡通过此考试之学生可于：

Classe de Philosophie(文哲班)　　　┐
Classe de mathématiques(数理班)　┘即第七年级

两者择一。修业1年完毕，受学士考试第二部分，即为中等教育之结束。

对每班之学生数之限制，无明文规定，通常从30至35人，而以40人为最高限度。惟此最高数目通常只见于低级中；在中级及高级中（特别是近代语言班中），超出25人者甚少。

通常儿童初入第六学级时为10岁。故若在全学历中，未经留级，至17岁时，即可修毕。

全部修业期7年，通常分为二期（Cycles）如后：

第一期：第六学级（6e）至第三学级（3e）；

第二期：第二学级（2e）至数理班或文哲班。

凡修完第一段课程者，得第一期中等教育凭证（certificat détudes secondaires du premier degré）。于此，可作一结束，学生年龄已达14岁，可以选定一种实际业务。但实际只有少数（大半智能较低弱者）以此凭证为满足；多数皆希图学士学位，甚至有更超出此限度，而求更高深之中等教育者。

B. 大都市中之国立中学，往往更设提高班级，以为升入某种高等专门学校

---

① 基督诞节即圣诞节。——编校者

之预备。例如 Lycées Louis-le-Crand 与 Henry IV 两校（皆在巴黎），均设有"最高文学班"(classe de rhétoiques supérieures)。其他各市亦有同样设置。其目的为准备参加著名养成中学教授之高等师范学校(École Normale Supérieure)文科之入学试验。

此外还有于中学毕业以上更设预备科，专为投考 Saint Cyr 军官学校者，又有"特别数学班"(classe de mathématiques spéciale)专为入多艺专门学校(École Polytechnique)、中央艺术及制造学校(École Centrale des Arts et Manufactures)、矿务学校(Écoles des mines)及高等师范学校理科之准备者。

戊　中学校之课程

欧战后，法国中等学校课程，屡经改革，其争执之重心，皆在于古典语文与现代学科之地位消长问题。现行之中学课程，系1931年4月公布施行者。其要点为将中学课程从第六学级起分为A、B两部；第四学级以上，更于A部之旁，加设A1部，各部之共通科目为法语、史、地、数学、理化、现代外国语等等；A部学生加习拉丁文及希腊文；A部增加拉丁文时数，免修希腊文；B部学生则加多法语时数，并加习第二外国语。

兹将现行男子中学各级课程表附后：

第六学级(6e)及第五学级(5e)

时数 学科	共同学科	A部	B部
法语	4	—	3
拉丁文	—	6	—
历史	$1\frac{1}{2}$	—	—
地理	1	—	—
现代外国语	3	—	3
数学	2	—	—
自然科学	$1\frac{1}{2}$	—	—
图画	2	—	—
合计	15	6 15+6=21	6 15+6=21

第四学级(4e)

时数 \ 学科	共通学科	A部	A1部	B部
法语	3	—	2	4
拉丁文	—	5	6	—
希腊文	—	3	—	—
历史				
地理	$3\frac{1}{2}$	—	—	—
现代外国语	3	—	—	4
数学	3			
自然科学	1			
图画	$1\frac{1}{2}$	—	—	—
合计	15	8 15+8=23	8 15+8=23	8 15+8=23

第三学级(3e)

时数 \ 学科	共同学科	A部	A1部	B部
法语	4	—	1	$2\frac{1}{2}$
拉丁文	—	4	6	—
希腊文	—	3	—	—
历史	2	—	—	—
地理	1	—	—	1
现代语	3	—	—	4
数学	3			
自然科学	1			
美术观摩	$\frac{1}{2}$			
图画	1	—	—	—
合计	$15\frac{1}{2}$	7 $15\frac{1}{2}+7=22\frac{1}{2}$	7 $15\frac{1}{2}+7=22\frac{1}{2}$	$7\frac{1}{2}$ $15\frac{1}{2}+7\frac{1}{2}=23$

第二学级(2e)

学科 \ 时数	共同学科	A部	A1部	B部
法语	3	—	—	1
拉丁文	—	$3\frac{1}{2}$	5	—
希腊文	—	4	—	—
历史	2	—	—	—
地理	1	—	—	—
现代语	$1\frac{1}{2}$	—	2	6
数学	4	—	—	—
物理及化学	3	—	—	—
美术观摩	—	—	$\frac{1}{2}$	$\frac{1}{2}$
合计	$14\frac{1}{2}$	$7\frac{1}{2}$ $14\frac{1}{2}+7\frac{1}{2}=22$①	$7\frac{1}{2}$ $14\frac{1}{2}+7\frac{1}{2}=22$	$7\frac{1}{2}$ $14\frac{1}{2}+7\frac{1}{2}=22$

第一学级(1e)

学科 \ 时数	共同学科	A部	A1部	B部
法语	$3\frac{1}{2}$	—	—	1
拉丁文	—	4	5	—
希腊文	—	$3\frac{1}{2}$	—	—
历史	—	—	—	—
地理	$3\frac{1}{2}$	—	—	—
现代语	$1\frac{1}{2}$	—	2	6
数学	$3\frac{1}{2}$	—	—	—
物理及化学	$3\frac{1}{2}$	—	—	—

---

① 此处原书计算有误为 $22\frac{1}{2}$，$14\frac{1}{2}+7\frac{1}{2}=22$。——编校者

续　表

时数 学科	共同学科	A部	A1部	B部
美术观摩	—	—	$\frac{1}{2}$	$\frac{1}{2}$
合计	$15\frac{1}{2}$	$7\frac{1}{2}$ $15\frac{1}{2}+7\frac{1}{2}=23$	$7\frac{1}{2}$ $15\frac{1}{2}+7\frac{1}{2}=23$	$7\frac{1}{2}$ $15\frac{1}{2}+7\frac{1}{2}=23$

文哲班及数理班

(Classe de Philosophie et Classe de Mathématiques)

文哲班		数学班	
哲学	$8\frac{1}{2}$	哲学	3
历史及地理	$3\frac{1}{2}$	历史及地理	3
文学研究	2	现代语言	2
现代语言	2	数学	9
数学	$1\frac{1}{2}$	物理及化学	$5\frac{1}{2}$
物理及化学	4	自然科学	$2\frac{1}{2}$
自然科学	2		
合计	$23\frac{1}{2}$	合计	25

体操从1925年10月1日起，定为每星期两全时，此外每星期四日之下午有运动及军式体操。今学部(section moderne 即B部)学生必需选习两种外国语，或以英语或以德语为必修外国语。

对于第二外国语，可由以下各种外国语中选一：英语（若以德语为第一外国语时）、德语（若以英语为第一外国语时）、意大利语、西班牙语、葡萄牙语、阿拉伯语、俄语。当然只有在巴黎或其他少数大市中之国立中学，能兼设以上各种外国语。

己　学士(baccalauraèt)考试

A. 法国中学毕业，授予学士文凭(diplôme de bachelier)，获得此项文凭，须经二次考试。第一试，于修毕第一学级时举行，第二试与第一试相隔一年，于修毕文哲班或数理班时举行之。

此项考试，均由各该中学所属大学区之大学文科及理科委员会主持。委员会之构成分子,包括大学教授及中学教授各若干人。其用意,在于勿使各中学之教员自试其学生。

学士考试开放于一切修毕中学第一学级,而年龄至少16岁者,不问所肄业学校系国立、市立或私立。第一试及格者,始许应第二试。

B. 第一、第二两试,均分笔试与口试两部分。自1925年新课程实施后,第一试笔试部分分为三类:

a类:法语作文、拉丁文翻译、希腊文翻译、科学论文分两部:(1)数学,(2)物理学。

a类:法语作文、拉丁文翻译、现代外国语试验、科学论文。

b类:法语作文、现代外国语试验、第二现代外国语试验、科学论文。

口试包括中学高年级所授各科目,以八门为限。

通过全部考试者,始得升入文哲班或数理班,准备应第二试。

第二试,比较第一试着重各班学生所专攻之科目,但文哲班之学生,仍需试理化科目,数理班之学生亦需试哲学。

C. 学士考试每年举行两次:第一次在6月25日左右,第二次在10月15日左右。第一次考试落第者,得于第二次再受试验。

"学士文凭"为中等教育教授(professeur de l'enseignement secondaire)或研究法律、医学及神学者所必备。此凭证对投考各种军事学校及高等专门学校,亦具有相当功用。又关于行政职务,如海关、邮电、税务之考试,亦以握有此项凭证为一要件。

据历届考试之结果,通过第一部分考试者,从来未见多于半数;通过第二部分之考试者,罕能过半数。据此则一般中学学生能于7年期间内取得学士文凭者,实际上仅有全数1/4而已。

庚 中等教育之最近趋势

法国之中学校向来在大体上可说是为资产阶级所独占之教育机关。欧战以来,单一学制之主张,逐渐得势,中等教育之机会亦逐渐开放。兹举其最重要之改革如后:

A. 从1925年10月1日,中学之初等部,一律与小学之相当年级混同,无力纳费之学童得免费入学,并将该部置于初级视学员之监导下,从此中学预备班逐渐泯灭其阶级性。

B. 1927年12月27日,财政法规定从1928年10月1日起,凡附设有高等小学或职业学校之中学校,其首四学年免除学费。此项法规之用意,在于使一般能以领受中等教育之益者,不致因学费之故,而被摈斥。

C. 1930年3月12日,众议院表决中等学校免费之原则,其第一步办法为议决"从1930年4月1日起,中学校第六学级(即第一学年)之学费免除"。

由前所引证,可见其中等教育之倾向平民主义化。惟法国教育家之主张与立法者之用意,并非要扩大中学教育机会于智力不齐之生徒,而始终坚持中等教育仅民族中之颖秀份子方能享受。目前所努力者为使全国优秀儿童不致因经济关系,致被夺去享受中等教育之机会。

九　女子中等教育

甲　女子中学之类别

实施女子中等教育之机关，从行政的立场，大别为三类：

A. 女子中等科（Cours secondaire de jeunes filles），为市立或私立之学校，是为一种尚未完成之公立中学校。

B. 市立女子中学校（Collèges communaux de jeunes filles），其管理、财政、人员各方面，与男子市立中学相类。

C. 国立女子中学校（Lycées nationaux de jeunes filles），一切与男子国立中学相类。

据1932年12月之统计，国立女子中学计72所，学生44 608名，市立女子中学计95所，学生22 129名，女子中等科计30所，学生5 315名，合计197校，学生72 052名。

乙　女子中学课程之演进

公立女子中学之设立，始于1880年及1881年之法律。其课程直到1924年，均分为五学年。主要教科为法语及文学、现代语、数学、物理、化学、自然科学、历史、地理、图画、针工、音乐及体操。代替男子中学之学士考试者，为授予中学毕业证书（diplôme de fin d'etudes）。但即在欧战以前（自1900年），已有女中应与男中设施同等教育之要求，于是女中每有设拉丁文科目，以备参与学士考试之拉丁文现代外国语组者。

1924年3月25日之女子教育改革案，一方面仍保存引致中学毕业证书之中学科，较前延长1年（简称文凭部séction diplôme）；同时另设课程较为丰富之七年科，而以达到学士考试（简称学士部séction baccalauréat）为目标。从此以后，女生与男生均以同等程度修习法语、数学、外国语、自然科学、历史、地理及图画各科，共6学年。惟女生中有一部分，将古文作为附加科目，以为学士考试之准备；其他一部分则加意研究女子本分内之学科（例如家政、针工、音乐）；同时于文凭考试以前，仍得进修罗马、希腊之名著，现代外国之文学，心理学及伦理学。课程表之编定时，并留意使预备学位考试者同时仍有时间可修习女子实用各科。

由此可知，女子中学之课程，显然日益趋于与男子中学一致，最近已由教育部正式宣布，1925年之新订课程（参看章八，节戊），同样应用于女子国立公立中学及中等科（从1928年10月起，已开始实行于学士部第五年以下各班）。

从1925年并决定所有"文凭部"第四年以下各班，暂时适用大体与准备无拉丁文学士考试者相同之课程及时间表，此部女生仅修习一种外国语。

丙　女子中学文凭部高级班之课程

1928年3月15日之法令，根据最高教育会议之建议，确定文凭组之修业期间同为7年，1931年实行，并授予中学补充证书（diplôme complémentaire d'études Secondaires）。同月30日教育部法令，更进而作出详细规定。

最后三学级之课程主要科之时间限定为18小时，其分配如下：

科目＼周时＼学级	第二学级	第一学级
法语	5	$4\frac{1}{2}$
历史	2	2
地理	1	1
美术	$\frac{1}{2}$	$\frac{1}{2}$
现代语言	4	4
数学	3	3
物理化学	$2\frac{1}{2}$	3
合计	18	18

由前表可见文科所占时间，显然特多，理科仅占1/3而已。文哲班（最后一级）主要科目时数，合计仅得14时半，分配如后表：

哲学	5
文学研究	1
历史及地理	$3\frac{1}{2}$
现代语言	2
数学	1
博物	2
合计	$14\frac{1}{2}$

此外尚可加设随意科目:哲学加课3小时,或理科加课4小时(数学1小时,物理及化学3小时)。

前举三学级之课表内,尚应加入图画、缝纫、唱歌,及体育各项必修课目。

一〇　中学校教育人员及其训练

甲　中学校之职员

A. 国立中学之校长称"Proviseur"，居领导及管辖全校地位。关于教务及学校秩序事宜，由学监①(Censeur)负责；关于事务及学校经济事宜，由事务主任(Économe)经管。学监之下有监学员(Survillantes généraux)一人或数人为其辅佐。事务主任之下，每有副事务员(Sous-économes)。

关于宿舍内部管理事宜，有隶属于事务主任之舍务员(Maître d'internat)专司之。

学业指导员(Réptéiteur)之主要任务为监视学生之自修，有时得为教授之代理人。

B. 公立中学之校长称"Principal"，校长以下之职员有监学员、学业指导员及舍务员。待遇较国立中学任同类职务者，颇形悬殊，资格自亦较低。该类中学所设宿舍，多由校长个人负经济责任办理，或径由该校所在地之市政府经办。

乙　中学校之教授

A. 国立中学之教授资格，原以经国家会试（Agrégation）及第者（称 Agrégé）为正途，惟目前尚缺乏充足人选，因而中学教员之资格颇形参差，兹依其先前所受之训练及其所曾通过之考试，别为以下四类：

(1) 会试及第教授(professeurs agrégés)

(2) 非会试及第正教授(professeurs titulaires non-agrégés)

(3) 代理教授(professeurs chargés de cours)

(4) 助理教授(professeurs adjoints)

此外尚有各种专科教授：例如图画教授(professeurs de dessin)、体操教授(professeurs de gymnastique)及初等部教授(professeurs de classes éementaires)。

B. 市立中学之教授，通常依训练及经历分为三级(ordre)，此等教员多具有教育硕士(licence d'enseignement)资格。教育硕士与一般大学硕士不同之点，即在后者得自由选定其应考之科目，而前者所应习科目乃根据中学教学之需要

---

① 学监，旧时学校中监督、管理学生的人员。——编校者

而规定,此项硕士之候选人须肄业大学4个学期。文科教育硕士分为哲学、文学、史地、外国语各类;理科教育硕士分三类:(1)数理,(2)理化、数学或自然科学一门,(3)动物学或生理学、植物学,或地质学及物理学科之一种。近年因候补者供过于求,有主张另凭考试选任者。

丙 中学教授之资格

A. 会试及第教授资格之取得,须经历高等师范学校(École normale supérieure d'enseignement secondaire,亦称男子高等师范学校(École Normale Supérieure des Hommes)在巴黎市 Rue d'Ulm)4年,然后再通过国家会试之全部。(经历详后)

B. 因为会试及第人数不敷任用,故各府之国立中学,多需任用代理教授。此辈多为已经通过会试之笔试部分,而未获通过口试者;或曾经任职公立中学,至少有10年教育经验;或已通过"博士"考试者;或取得外国语教授证书(Certificat d'aptitude al'enseignement deslangǔes vivantes)者。

C. 代理教授中,约有15%的人经在国立中学服务15年后,可升为第二级之正教授,地位与会试及第者相等,但待遇上仍较低。

D. 助理教授多为出身学业指导员者。在国立中学,担任学业指导员者,多备具硕士证书或中等教育资格证书(certificat d'aptitude de l'enseignement secondaire)。此项证书依竞争考试之结果授予之,投考者资格限制甚宽,但须有相当之教学经验,现时为男子设者仅有外国语教员证书一类;为女子设者,有文理各类。在小规模之国立中学,往往仅执有"学士证书"。

此外初等班教授证书、各类专科教授证书、外国语教授证书,可由应特种考试获得之。

丁 中学教员之训练与高等师范学校

A. **准备教育** 凡已得"学士学位"之中学毕业生,若欲投考高等师范学校者,可以入大都市国立中学之最高文学班习文科(语言、历史、地理、哲学)或入特别数学班习理科(数学及自然科学),修业期1年。彼等可由通过一种竞争考试,以公费生(Boursiers)之资格入学,而就此更预备新竞争考试,获胜者可升入"高等师范学校"为公费生。

B. **高等师范学校** 男子高等师范学校,成立于1808年,其宗旨原为传授公费生以"教授文学及科学之技能",至1903年,与巴黎大学合并,归教育部高等教育司管辖。该校设有宿舍、完备之图书馆,仍为全国训练国立男子中学师资之唯一学府。

高等师范学校学生分文理两科（Séction des lettres et Séction des Sciences），兼收舍内生与舍外生（internes et externes）。学生由严格考试录取，每年所收名额，有一定限制。所有学生均为公费生。

高等师范学生皆就巴黎大学受课，修习将来所拟担任教授之科目，并在定期内，获得文学硕士（Licence és lettres）或理学硕士（licence és sciences）。

C. "会试"（Agrégation） 凡拟应此项考试者，须于取得文科或理科硕士后，再继续在大学研究2年。在第一年即第三学年修毕时，应通过一次考试，结果受领高等学科证书（Diplôme d'études supérieures），是为会试之预试。第四学年修毕时，便得参与会试。

会试每年举行一次，所录取人数依照全国各国立中学所需要之教授数目，由教育部部长决定。所试科目，分为以下各类：哲学、文学（希腊文、拉丁文、法文）、文法（希腊文、拉丁文、法文）、历史及地理、现代语言（德语、英语、意大利语、西班牙语、阿拉伯语）、数学、物理及化学、自然科学。

考试分笔试与口试两部分举行。笔试大率分四场举行。向例笔试结果，大率有半数落第。笔试及格者始得应口试。考试及第者之百分数，通常率甚低，据历届统计结果，哲学、文学、文法、史地、德语、英语，各类极少超过20%；数学、理化、自然科学，极少超出33%。

D. 预备教师之教学实习 高等师范学校前此对于实习教学殊不重视。现今则例有关于教育学科之演讲。按1929年之规程，所谓教育实习包括：（a）教育理论之研究，其内容为法国及外国中学之历史及组织，以及关于所担任科目之专科教学问题共二十讲；（b）在公立中学之实习，即于连续三个星期中，观察将来所拟担任科目之教学；此外又需参加班级管理，功课准备，作业改正，及其他教育工作2周。实习时期亦可分布于大学研究之时期内，于一季内，每星期实习2小时。

在多数巴黎以外之大学区内，实习期支配不同。在波尔多（Bordeaux）大学区，规定外国语教师实习期（stage）为3个月，其他文科理科教师仅4星期。

惟以上所规定，每因此等候补者之中，有已经在中学校中任代理教授或监学职务，而曾代行教学者，即可免除规常之实习。

戊　女子中学之职教员

所有女子中学之教职员，均系女子。男子国立中学教授之在女校任课者，仅属例外事件。

市立或国立女子中学之校长称"Directrice"，在其下者有女教授、事务主任

(Économe)，及事务员(Sous-économe)、监学长(Surveillante générale)、学业指导员(Répétitrices)、监察员(Surveillantes)。

女中学之教育与男中学相同，其教员亦可分为会试及第教授、代理教授及"硕士"各级。

最后一类，必须更获得女子中学教授资格证书(Certificat d'aptitude a l'enseignement dans les lycées de jeunes filles)，或现代语言教授资格证书(Certificat d'aptitude a l'enseignement des langues vivantes)，始得被正式任用为中学教员。

己 女子高等师范学校

A. 女子高等师范学校(École Normale Supérieure d'enseignement Secondaire des jeunes filles 亦称 École normale Supérirure des Femmes)在塞夫勒(Sévres)。其设置之目的，其入学考试之严格，其学业之程度，均与男子高等师范学校相类。女子高等师范学校于1881年设立，隶属教育部之中等教育司。

该校养成女子国立及公立中学之教授人员，准备女子中等学校教员之检定证(Certificat d'aptitude)及女子中学教员会试(agrégation)，此项考试，分文学、历史及地理、数学、物理及自然科学各类。所有生徒均为住舍生，并为国家公费生，彼等均系由考试选取。凡志愿入该校者，须至少达18岁，至多不得过22岁，并需已获得女子中学毕业证(Diplôme de fin d'études Secondaires des jennes filles)、高等证书(Brevet Supérieur)或学士文凭。该校有附属国立中学1所，专为候补中学教授之实际训练而设。此项设备，在男子高等师范学校迄今未见实现。

女子高等师范学校，每年仅收录文科、理科学生各15名左右，修业期3年，从事会试之准备。在参与会试之前，须在一国立女子中学内，于一中学教授之指导下，实习3星期。

B. 自从1925年以来，女子中学之课程，已与男子中学大部分相同，女中教授之资格自应亦加提高，俾与男子会试标准一致。1927年2月13日部令，依据《最高教育会议》之意见，拟从1938年左右开始，所有会试标准，均使男女相同。自此女子之通过男子高等师范学校之入学考试者，得入男子高等师范学校为舍外生。又近年已许可女子投考向为男子所专设之会试，同时专为女子举行之会试仍继续存在。最近，文学、哲学、外国语言、自然科学各门之会试，业已男女共同举行。

一一　高等教育

本章将仅以大学教育为限，其他大学程度之高等专门学校，另于职业教育章述之。

甲　国立大学之一般的组织

公立高等教育之实际的组织，为比较晚近之举。1896年7月10日之法律①，综合各个独立专科及专校(Facultés et écoles)创设大学，地点在各大学区之首市。法国共分17个大学区，各有国立大学(université de l'Etat)1所，其名称同大学区。原则上，每所大学包括所辖区域内一切隶属于教育部下之高等教育机关，又隶属他部之同级教育机关或科学研究事宜之一部分；府、市、商会或基金团所经营之高等教育事业，亦得经特殊许可而附属于大学各科之下。又各大学亦得于某项情事下，于他大学区地域内设立附属机关，并可在国外设立学校。

大学校经政府给予广大的自治权。

往日之中央高等教育视学员(inspecteurs généraux de l'enseignement supérieur)早经取消。

各大学各有其独立预算表，由大学委员会自行管理。该会之构成分子为各科或各专校之代表（当然会员或选举会员 membres de droit ou membres élus），以及校外人员若干，但系由该会自行聘请。

各大学因享有相当之自由，故能各自分途发展，扩张其智识的与社会的任务。此等大学逐渐各自获得其独具之性格，在不悖国家教育政策之范围内，各自对于四周之地域情况，如历史、语言、经济的需要，均特加注意研究，以尽力谋地方之物质的及精神的幸福。

此类发展之结果，各大学之组织当然颇形纷歧。

乙　大学之分科

各大学因自由发展之结果，与各地需要之差异，内部分科不尽相同，但大体上不外如后所述：

---

① 1896年7月10日之法律，是法国一项未公开的教育法令，该法令赋予了大学以世俗的性质、财政上之自主权与教学自由的独立性，使法国的科学和研究得以快速发展。——编校者

(1) 法学科(Faculté de droit);

(2) 医学科(Faculté de medicine)、药学科(Faculté de pharmacie)、医药混合科(Faculté mixte de medicine et de pharmacie);

(3) 理学科(Faculté de sciences);

(4) 文学科(Faculté de lettres)。

各大学中有设五或四科者,有设三科(法、理、文,并附医药专校)者,亦有仅设二科(文、理,并附医药专校)者。斯特拉斯堡(Strasbourg)大学为国立大学中唯一设神学科(Faculté de theologie)者。

据1931年度国立各大学学生,依其所习学科别统计如后:

(1) 法学科 20 871 名。

(2) 理学科 15 959 名。

(3) 文学科 18 386 名。

(4) 医学科 17 554 名。

(5) 药学科 5 554 名。

(6) 神学科 350 名。

合计　78 674 名。

丙　大学之教授人员

大学之教授人员分为正教授(Professeurs titulaires)、副教授(Professeurs sans chaire)、代理教授(chargés de Cours)、讲师(Maîtres de Conferences)。正副教授由各该科之委员会提出人选,经最高教育会议同意后,以政府命令委派之。代理教授及讲师则由总长就高等教育委员会所编定之合格人员名册选任之。在法科及医药科不设讲师,而以由考选出身之"会试及第者"(agrégés)充任之。

丁　大学学位与国家学位

法国大学学位,有国家学位与大学学位之别。前者有 baccalauréat(学士)、licence(硕士)与 doctorat d'Etat(国家博士)之称。大学学位由大学给予,乃为外国学生设,比较限制为宽,共有三大类如后:

(1) 法国教育文凭(certificat d'études françaises);

(2) 大学教育文凭(diplôme d'études universitaires);

(3) 大学博士(doctorat de l'université)。

各科所需时限不同,文科、理科之硕士通常需2年,法科需3年,"博士"再各加2年。医科预科1年,本科5年。

此外有所谓"国家会试"(agrégation),名额少而标准高。通过此项考试者,视为特殊荣誉,并取得受任国家职务之资格。

戊　大学以外之高等学术研究机关

A. 与巴黎大学间保持广泛的联络之高等教育机关,有:

(1) 高等师范学校,以造就中等学校师资为目的(见章一〇)。

(2) 典籍学校(École des chartes),为养成考古学及图书馆专家之所。修业期3年。

(3) 东方语言专门学校(École spéciale des langues orientale vivantes),修业期3年。

(4) 实用高等学校(École pratique des hautes-études),为研究数理及文史专门学术之所,研究期3年。

B. 与大学无关之独立研究机关:

(1) 法兰西学社(Collége de France),其任务为:以容易了解的,人人可以领受的方法,讲演最近科学发展状况。一切讲演均系公开,无考试,亦不给予文凭。

(2) 博物院(Muséum d'histoire naturelle),亦为一自然科学研究所。

一二 职业教育

甲 职业教育行政组织

A. 法国之工商职业教育，向不属教育部职权，而由工商农务各部分司之。1919年7月25日《爱司特条例》(Loi Astier)整理职业教育。1920年1月25日，始以法令将工商职业教育改隶教育部，于该部增设职业教育司。

惟农业学校则迄今仍归农业部管辖。

职业教育司设司长1人，内部分设4科。其最高参议机关为最高职业教育会议(Conseil supérieure de l'enseignement technique)，各府设府职业教育委员会(Comitès départementaux)，各分区设区职业教育委员会(Comitès Cantonaux)。

B. 最高职业教育会议，以教育总长为主席，会员有选任与当然两类。关于实业教育之法律、规程及一般通令之草案，须经该会议审查。在休会期间，有一常设委员会(Commission permanente)处理一切常务。

府职业教育委员会之任务，为促进所辖境域内职业教育之设施，参与本府内公立及私办职业学校之监督事宜等等。分区职业教育委员会，参议由府委员会所交议之问题。

C. 关于视察方面，专设有中央视察员(Inspecteurs généraux)、区域视察员(Inspecteurs régionaux)、府视察员(Inspecteurs départementaux)，均由教育总长任用。

乙 初级工商职业教育

凡修毕小学教育之青年，拟投身工商界者，可由下述两种方式之一获得所必需之训练。两者均以职业证书结束之。

A. 直接从事工业或商业活动，而以一部分时间受职业补习教育。

B. 续入初级工商业学校，受全时之训练。

兹分别说明于后：

A. 依现行法律，凡年未满18岁之少年，受雇从事工商业务者，其雇主有使其以一部分时间入职业补习科之义务。

义务职业补习科(cours professionnels obligatoires)，由府委员会决定，于各里区设立之，各工厂或商店亦得自设，国家可以津贴用费至所有经费半数。此科完全不收费。凡 18 岁以下之少年(若未入其他职业学校时)均有继续入学 3 年之义务。受课每周至少 4 小时,每年至少 100 小时;最多每周 8 小时,每年 200 小时。上课时期须在日常工作时间以内。但不幸法令上又明定:如果每日工作时间未超过 8 小时者,可不受此项拘束,此后法律上既明白确定每日 8 小时工作制,此项规定遂失其原意。

修毕规定学程者,可得职业证书(certificat d'aptitude professionnelle)。

B. 全时的初级职业教育机关之重要者,为实用工商学校(école pratique de Commerce et d'industrie),由府或市设立,或数府市合设。生徒于 12 岁入学,修业期间 3 年。课程除普通科目外,包括工商业雇员所需之学识(理论与实际)及技艺。该类学校之组织,颇富柔韧性,使其能以适应特殊地域之要需。最近全国有此类学校计 147 所。

此外有私立之初级工业学校,称专艺学校(école de métiers),其性质较前者为专门,致力于工业或商业之某一特殊方面之训练。该类学校,系由各业自行设立,最近计有 17 所。所谓成艺学校(école de perfectionnement),亦系私立(见于阿尔萨斯-洛林 Alsace-Lorraine),性质及程度与前两类学校相类,最近调查计有 16 所。

修毕实用学校学程经通过考试者,给予实用工业或商业证书(Certificat d'études pratiques commerciales où industrielles)。

丙　中级工商职业教育

实业界所需之中级职工人才,如工头、管理员、督察员之属,通常乃选自最优良工人,由各业各自训练之。职业教育当局因感于此项人才之重要,乃设立国立职业学校(école nationale professionnelles)。

该类学校所收学生,须经竞争考试。入学年龄须在 13 岁以上,修业期间 4 年。但志愿转入他种专门学校(如国立工艺学校,及其他同等程度之学校)之学生,其肄业期间,得减为 3 年。

国立职业学校之课程,较实用学校高深,除共同科目外,得因地方之需要,设特殊学科。修毕全部学程者给予专门证书,称为实用工艺证书(Certificat d'études pratiques industrilles)。

直隶于教育部之此类学校共有 8 所,此外有国立时计制造学校 2 所,亦属此类。

丁　高等工商专门教育

A. 凡备具相当之才能者,得于国立职业学校或其他实用学校受准备训练,以便参加国立工艺学校(École nationale d'arts et métiers)之入学考试。学生年龄约 16 岁至 19 岁,修业期间 3 年。其目的为养成工厂之经理员、工程师,及熟谙机械工程之专门人才。课程上对于实习极为重视,每日有 5 小时从事工厂实习工作,对通过最后考试者,给予工程师证书(Brevet d'ingéneur)。

国立工艺学校现时计有 7 所。

B. 高等商业学校(École supérieure de Commerce),以养成普通商业、出口商业、银行、实业等机关之高级雇员、业务主任及经理为其目的。此类学校多数由商会举办,惟须经国家认可。

入学为正式生者,至少须年达 15 岁,并经通过入学考试。通常修业期间至少 2 年。科目多寡及其性质,各校不同,各依其地域需要而变。

修业期满,成绩在中等以上者,给予高等商业文凭(Diplôme supérieur);其成绩在中等以下者,仅给予修业证书(Certificat d'études)。

高等商业学校最近统计,共有 13 所,此外尚有 4 所,仅称商业学校(Écoles commercialles)。其中里尔(Lille)有女校 1 所,巴黎有男校 3 所,女校 1 所。

C. 国立工艺学院(Conservatoire Nationale des arts et métiers)及中央工艺制造学院(École centrale des Arts et manufactures)均设在巴黎,为造就工程师及实业界领袖人才之高等专门学校。

国立工艺学院公开授课,不取费,每科皆附以必要之实习,修业期间 2 年。中央工艺制造学校兼收男女生,入学资格为:与中学毕业同等程度,年龄在 17 岁以上,经通过入学考试者,修业期间 3 年。

此外实施高等职业教育之机关名目繁多,不逐一备述。

戊 职业师资训练

职业师资之训练机关为职业师范学校(École normale de l'enseignement technique),创立于 1912 年,校址在巴黎,专以造就各类各级职业学校之师资为目的。男女青年经通过入学试验得入学。内部组织为男女生各设工商两组,修业 2 年,期满授予工业或商业教师证书(Certificat d'aptitude au professorat industriel où commercial)。

此类学校所训练之师资,实际上供不应求,故由国立工艺学院或其他专门学校毕业者,亦尝被任用担任实际方面之教学。

己 农业教育

实施农业之教育机关,归农务部管辖,兹略举其重要学校数类,以示一斑:

A. 国立农学院(Institut National Agronomique),在巴黎,设立于 1876 年,

为养成农业专家及农业科目教授之最高农事教育机关。正式学生须经入学考试,修业期间 2 年,给予农业教授(Professeurs d'agriculture)及农学技师(Ingénieurs agronomes)凭证。

B. 国立农业学校(Écoles nationales d'agriculture)程度比前一种较低。此类学校之入学须经试验,年龄须在 17 岁以上。其目的为训练农事视察员及农业官吏。修业期间 2 年,给予农业工程师凭证(Diplôme d'ingénieur agricole),全国计有 3 所。

C. 实用农业学校(Écoles pratiques d'agriculture)为中级农业教育机关,所收学生年龄多在 14 岁至 18 岁,课程理论与实际兼重,以培养经营农林事业之人才。修业期间 2 年至 3 年。此类学校,并供给国立农业学校之准备教育。最近调查,计有 29 所。

D. 农业补习科(cours post-scolaires Agricoles)为建于初等小学以上之农业科,入学年龄通常为 13 岁。生徒以大部分时间工作,小部分时间受课,修业期间以 4 年为度。毕修全部学程者,给予农业学科证书(Certificat d'études agricoles)。

此外同等程度之学校,尚有冬季或季候农业学校(Écoles d'agriculture d'hiver où saisonniéres),女子农事管理学校(Écoles ménagéres agricoles)等等。

以上仅择要介绍,其他农业学校类别尚多,不赘述。

一三　私立教育

甲　小学校

法国之私立学校，多半为天主教会所设立。公家与教会之教育，久已互为水火。其根本原因，盖由于公立学校对宗教之态度，欲排除宗教于学校以外，此为天主教会所不能坐视者。因彼等之学校，以宗教教育为最要最先之学科故。是即所谓国家与教会之争。兹举其办法要点于后：

（1）私立小学校与公立小学同，亦得一端设幼儿学校，他端设成人科或补充科。

（2）私立小学校教师，亦须持有国家颁发之证书，僧侣不得充任教师。

（3）凡设立私立学校者，必须呈报该管官厅、市长、府长及大学区视学员。

私立学校虽然为独立的，但所用之教科书须经中央最高教育会议之审查，以故由教会编印之书本常有被禁止者。

（4）关于教程及方法，各私立学校享有自由权。

据 1931—1932 年度之统计，私立幼儿学校计 481 所，儿童 27 971 名；私立初等小学计 11 802 所，学生计 916 089 名。

乙　中学校

在法国，除国立、公立之中学校以外，尚有多数私立中学，几全由教会设立。法之贵族，即在共和政治下，仍有其一部分潜势力，彼等每宁愿令其子女入此类学校，一般资产阶级亦每喜效其所为。但事实上，在各府之国立、公立中学之生徒，皆较私立中学为众多，惟在西部数府为例外。

私校之学费及宿费均较公立者为贵。教师大半为教会人员。反对私校者，早已主张私校教员应与公校教师受同等之检定，但至今尚为悬案。

照法律，私立教育（enseignement libre）亦与公家教育同，当立于国家之监督机关之下，但按期规常的教学视察，每不能实行。

政府对于私校唯一有效之控制，乃由中学校毕业考试委员会操之。凡私校学生之考试，与公校学生完全相同（参看章八节己）。据考试结果所示，私校学生于古文科目，与公校较，并不见弱；惟其他各科，则较低下。

私立中学校之教育，乃为养成天主教信徒而设，故其各科教学，于此点特加重视，而哲学一科尤为宗教化之中心科目云。

在1930年度全国私立中学学生计128 161名。

丙　职业学校

凡欲设私立职业学校者，须以书面请求书，送递本里区市长（maire de la commune）、府长（préfet du département）、国家检察官（Procureur de la Republique）及教育部。以上诸当事者，如表示反对设立此类私立学校致起争议者，以府职业教育委员会为裁决机关，职业教育高等会议之常设委员会为上诉机关。

凡在私立职业学校任行政或教授职务者，须为法国人，并满足关于法定年龄及资格之规定。外国人满足前项条件者，经教育总长就个别事件，可以特殊决定许可之。

国家之视学员，监察私校道德卫生方面，考核其教育是否不悖于法令及宪法，以及其课程是否与该校长请求设立书中所记载者相符合。

私立职业学校，经行政当局之考核，职业教育最高会议同意，可得国家承认。国家对所承认之学校可给予若干补助金，并维持若干公费生额。彼之课程表、校长及教员之任用，均需得部令准许。公立教育之人员亦得在私校任校长、学科及工厂主任职务。彼等受视察之情形与公立学校相同；又彼之修业证及文凭亦受国家管辖。该项凭证考试由教育总长指定或由府长代为指定之人员构成之。

私立高等教育机关不得授予"学位"（Grades），但得依其所供给之专门训练给予学者以各种"称号"（Titres）。

一四 成人教育

所谓学校以外之教育(Enseignement post-scolaire),一般言之,乃指所有初等小学教育以后,即13岁以上者所受之非全时的、非正式的教育。

此类教育至为纷歧,并未经国家组织。除关于专门教育(农、工、商各专业)部分外,皆听诸私人团体,或地方之规划。此等教育机关之费用,多属自筹,国家津贴颇微,大部分出自工人团体及地方经费。

甲 成人普通教育(enseignement général)之实施机关如下:

A. 成人班(cours d'adultes):设置于公立学校内,1926—1927年,有男女教师32 482人,教授约计25 833班,有听讲者354 095人。

B. 由通俗教育社(Socétés d'instruction populaire)所组织之讲习科,此类会社在1923—1924年度,增至549所。

成人班于必要时,设一不识字者专组(section pour les illettrés)。此类机关之目的为整理及补充在小学中所受之教育。在多数地方,其教学皆力图适合地方要需:例如在乡村学校(écoles rurales)其成人班有一部分专教授农人应具之理论及实用知识。

C. 各种讲演会(conférences):分文学的、艺术的、历史的、科学的。在1926—1927年度,计有44 973起,传播关于以上各种学术之思潮及实际问题。巴黎有电影部,附于教育馆,隶属教育部,讲演会可以借用。其他各府中亦有联合设电影部,以谋讲演参照上之利便。

D. 大学校外讲演:由大学择相当地点,为成人讲演学术。在里昂(Lyon)且办有成人教育专班。

E. 各种奖助学术之团体(patronagés)、老学生联合会(associations d'anciens élèves)、平民团(cercles populaires),亦各组织各种集会,其性质包括教育的及娱乐的。

乙 成人专门教育(enseignement professionnel) 实施商业及工业教育之义务职业科(Cours professionnels obligatoires),属职业教育范围(详章一〇)。农业教育于农业推广科(cours post-scolaires agricoles)施行之。为女子所设之家政教育(L'enseignement ménager)之实施机关有:(1)农事管理科(cours post-scolaires ménagers agricoles)及流动家政学校(écoles ménageres ambulantes),

(2)多数成人班中亦设家政科。

丙　体育　体育及竞技虽无国家之正式组织,但在老学生联合会中,进步颇为迅速,国家方面并予以巨额之津贴费。

本篇主要参考书目

1. Kandel, I. L. (Editor): *Educational Year-Books*, 1924—1933.
2. Richard, C.: *L'Enseignement en France*, 1925.
3. Soleil, J.: *Le Livre des Instituteurs*, 1926.
4. Voelker, O.: *Das Bildungswesen in Frakreich*, 1927.
5. Loue, F.: *Das franzoesische Schulweesen*, 1926.
6. Kandel, I. L.: *Comparative Education*, 1933.
7. Kandel, I. L.: *French Elementary Schools*, 1926.
8. Cabot, S. P.: *Secondary Education in Germany, France, England, and Denmark*, 1930.
9. Roman, F. W.: *The New Education in Europe*, 1920.
10. 周太玄:《法国教育概览》,上海:中华书局,1926 年版。

第三篇
俄国教育制度

一 国势大概

社会主义苏维埃共和邦联合国(简称苏联 U. D. S. S. R.),由俄罗斯(Russland)、白俄罗斯(Weissrussland)、乌克兰(Ukraine)、外高加索(Transkaukasien)、乌兹别克斯坦(Uzbekistan)、土库曼斯坦(Turkmenistan)及塔吉克斯坦(Tajikistan)7 邦构成。各邦名称及其土地面积与人口数目(依 1933 年 1 月 1 日之统计)如后:

(1) 俄罗斯联合苏维埃共和邦(R. S. F. S. R.)

土地 19 757 953 平方公里,人口 113 983 200。

(2) 白俄罗斯苏维埃共和邦(B. S. S. R.)

土地 126 792 平方公里,人口 5 439 400。

(3) 乌克兰苏维埃共和邦(U. K. S. S. R.)

土地 451 731 平方公里,人口 31 901 400。

(4) 外高加索联合苏维埃共和邦(Z. S. F. S. R.)由以下三邦构成:即格鲁吉亚(Georgien S. S. R.)、亚美尼亚(Armenien S. S. R.)、阿塞拜疆(Azerbaidzan S. S. R.)共计土地 184 492 平方公里,人口 7 074 000。

(5) 乌兹别克苏维埃共和邦(Uz. S. S. R.)

土地 340 346 平方公里,人口 4 918 400。

(6) 土库曼苏维埃共和邦(Tu. S. S. R.)

土地 491 216 平方基罗米突①,人口 1 268 900。

(7) 塔吉克苏维埃共和邦(Ta. S. S. R.)

土地 145 100 平方公里,人口 1 183 100。

以上 7 邦合计土地面积 21 352 572 平方公里,人口 165 768 400。疆土较革命以前约计减少 7%。白俄罗斯、乌兹别克斯坦、土库曼斯坦,为单一邦,其余各邦内尚包含自治共和省或区。俄罗斯邦内包括 11 自治省,12 自治区;外高加索境内之格鲁吉亚有 2 自治省,1 自治区;阿塞拜疆有 1 自治省,1 自治区;乌克兰有 1 自治省;塔吉克斯坦有 1 自治区。在以上各邦中,俄罗斯一邦拥有全数人口 70%,土地 92%。

---

① 基罗米突,英文 kilometer 的音译,即千米(公里)之意。——编校者

按1926年12月人口调查结果,苏联共包括182种民族,149种语言。俄罗斯人占总数52.9%,乌克兰人21.2%。

苏联为农业国,全国人民恃农业生活者,占85%以上,市居人民约占15%。近年努力发展工业,工业出品90%皆操于国营工厂。

苏联之7邦,各有一"中央执行委员会"及一"邦人民委员会议"。后者主席以下设有工人及农人督察、劳工、财务、最高经济会议各机关;外此,有农业、内政、司法、教育、卫生,及社会福利各人民委员部。

苏联一切权能以党中央委员会为集权中枢。由该委员会产生党政治部(Politische Bureau der Partie),委员52人,乃是苏联之真正的统治者。

据1930年统计,苏联之教育经费联邦政府负担24%,各邦政府20%,地方政府56%。

又据1934年之预算,支出计48 879 400 000,内国防费2 873 200 000,教育费2 668 600 000,体育费24 800 000(单位卢布)。

二 教育行政机关组织

壹 苏联

在苏联之人民委员会议中,无教育委员之设,教育事权乃专属各邦(按外高加索联邦不设教育部,而由所属三邦各设一邦教育部)及各邦以内之自治省与自治区。惟自治省内之高等教育机关及科学研究所,仍由所属之联合邦政府管辖。总计在 9 邦及所包括之 15 自治省,15 自治区,共有教育行政机关(称人民教育委员部 Narkomprose)39。各自治区之教育行政机关隶属于所在之各邦(或自治省)之教育人民委员部下。

最近有一种趋势,要统一各部之学制及课程。党之政治部曾决议为全苏联设一联邦教育行政部(Union-Narkompros),该部对于全苏联各邦之教育设施当握有重大权威,虽然迄未实现,但莫斯科之人民教育部事实上已逐渐握有联邦教育权能。各邦教育人民委员间有定期会议(Kollegium des Narkomproses),从事各邦教育事宜之协商。实际上因党部之权限甚广,故虽有 24 个独立之教育部(9 邦及 15 自治省),其实全苏联之制度,仍呈异常划一之观。又全苏联所有高等教育机关,已分别归联邦政府之各人民委员部直辖,并有联邦高等教育委员会主其事,故联邦政府之教育的权能已较前大为扩充。

贰 各邦邦人民教育委员部

各邦之教育行政机关,通例包括以下重要区分:

(1) 社会教育司(Glavsocvos)

(2) 专业教育司(Glavprofobr)

(3) 政治教育司(Glavpolitproswjet)

(4) 科学及美术司(Glavnauka)

(5) 书报检查司(Glavlit)

此外尚有行政组织司,总辖内部行政组织、地方教育行政机关,以及财政、建筑等事宜。该部所设委员会,最重要者为全邦学术参议会(Gus)、少数民族参议会(Savnazmen)等等。"全邦学术参议会"原为议定教育政策,编制课程及方法之机关,至 1933 年 9 月 19 日,为增进教育行政机关之内部的集权起见,业已取消。兹将各司职责略加说明如后：

（1）社会教育司：学前教育机关、初级学校、中等学校、青年保护、儿童运动等。

（2）专业教育司：高等专门学校、各级职业学校，并包括美术及音乐学校等。

（3）政治教育司：党义之国家的宣传，各级党务学校，成人教育机关，民众图书馆等。

以上三司各成独立体制，仅由党部之一般政策为之统整联合。

（4）科学及美术司：学会、研究所、邦立图书馆、博物院、邦立戏院等等。

（5）书报检查司：亦称文献部。

所有科学研究机关、高等教育机关，均由人民教育委员部直辖。

各个人民教育委员部均为一集权之中枢。所有各学校之教授及行政人员，均由该部任用。各校之经济来源，均须取给于政府，不许有私产及其他经济来源。高等教育机关之"学术自由"亦被否定。所有各科教学程序、内容、目标，均须由中枢制定及批准。

"五年计划"①实行以后，中学及高等职业学校之管辖有所变更。所有高等教育机关分别改隶于其他人民委员部，例如医校属卫生人民委员部，工业学校属工业人民委员部，经济及"赤色法律"专校属司法人民委员部等等。至是教育人民委员部所得保持完全管辖权者仅余教育科及美术科；惟教育部之专业司仍职掌全部专门教育之监导及联络事宜而已。

叁 地方

前述之九邦，除却在其境内之自治省、区以外，分划为若干县：在俄罗斯邦，共有68县，合为33行省；乌克兰邦分为40县，直接隶属于邦政府；白俄罗斯邦仅分为8县区。每县各设教育局，直隶于各该邦人民委员部；惟在俄罗斯邦则分别隶属于33省之教育厅，此等省教育厅及12自治区之教育部同隶于莫斯科人民教育部之下。所有省及县教育行政机关亦按中枢之组织分为社会、专业、政治各科，各别径属于中枢之相应各司。

除前所述直属于邦教育部之机关以外，其他各类教育机关概归各地方政府

---

① 五年计划即苏联的第一个五年计划(1928—1932)，苏联共产党和政府为摆脱落后农业国的面貌而实行的大规模、有计划、全面的社会主义建设。——编校者

司理；各邦普通行政机关，为二级制，惟俄罗斯邦为三级制，兹就该邦之组织，分述如后：

（1）省苏维埃（Sowjet der Regionen）设教育厅，维持并管辖一切中等学校、职业学校，并监督初级学校、幼稚园、民众图书馆等等。

（2）县苏维埃（Sowjet der Bezicke），直接管辖实施"社会教育"及"政治教育"之机关，并给付服务此等机关人员之薪金。

（3）区苏维埃委员会（Sowjetkomitee der "Rayons" od. Valost），其职权仅限于民众教育机关之物质的经济的方面（校舍、民众图书馆及教师住宅之保管，并对于供给教具、教本之一部分责任），通常无行政权。

在行政系统上，所有此等教育行政机关，均为相应的地方苏维埃行政部之一构成部分，同时受中枢教育行政部之委托，处理地方教育事务。

凡下级机关主管人员之任用，须由上级机关批准。地方机关，不可视为自治机关。苏维埃的法律，根本上不承认事权划分；下级及行政机关，所发命令处分，上级机关得随时撤销或变更之。

肆　教育视察

俄国之视学制度可分为邦与地方两级。邦视学员为教育委员部之代表，每员司理3省至5省内之视察事宜。其任务不仅限于消极地考察，而是要积极地帮助公共教育之改进。彼为教育行政机关之耳目，参加各地之教育集会，对于重要事项为其顾问。此外使教员熟谙教育理论上之新发展，扶助教员增进其物质的福利等等，亦属其责任之一部分。彼于执行职务时，不仅要与地方行政机关合作，而且要与地方各种公团及劳工接近。同时彼又属教育研究机关之一员，故能接近最近之教育思想及方法云。

地方视学员，须备具相当之教育资格，特别是关于社会科学及教育学之理论方面。凡任此职者，至少须已有3年之实际教育经验。彼之职务与邦视学相似，不过服务区域比较狭小而已。

（附） 苏联各邦教育行政组织系统略图

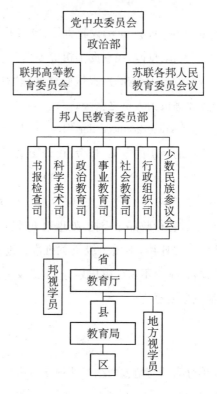

（注）以俄罗斯邦为例。

三 教育政策之演化

苏联各邦教育政策之演进，依其一般的政治演进情况，可分为三个时期：

第一，乌托邦主义时期；

第二，新经济政策时期；

第三，第一"五年计划"开始以后时期。

兹依次简约说明如后：

甲 乌托邦主义时期

1918至1921年可称为乌托邦的共产主义时期,亦称为无治的共产主义(Die Anarchc-Kom Munistische Periode)。当时的理想,是要求共产主义的社会秩序之立刻实现。一般正统的马克思派怀想着一举消灭所有阶级区别及阶级政治之工具(国家及法律)。其教育理想为摆脱一切束缚,使个人全体禀赋均得自由充分发展。1918年之法令及1918至1921年间之官式教育文籍,都表现此项主张。

1918年《单一劳动学校规程》(Reglement über die einheitliche Arbeitsschule)规定一种单一的学校型:其全部分为两阶段,前段5年,后段4年,均为普及的、义务的。该规程并明定学校教育免费,学业用品免费,甚至午膳亦免费。规程第29条,给予各个学校以完全自治权,国家对于学校仅行使一般的管辖权,并容许私人创设教育事业。

前述极端乌托邦的计划,始终未能见诸实行。此中原因,简言之,不外缺乏所必要之物质的及精神的条件。迨新经济政策(Die Neuo ökonomische Politik简作NEP)推行,经济状况渐趋改善时,该理想计划,始稍有推行希望,而当权之党部已改变方针,认为不合时宜,甚至斥为悖于纯正的共产主义。

此后仅有少数所谓"试验"学校,尚保持前述理想(据云其数目在1926年全苏联不过10所)。此类学校多数并非由苏维埃当局创设,主持者多为资望素著之教育家。彼等甚至被共产主义的教育学之正统的代表讥为"小资产阶级的"、"伪社会主义的"。惟前此外国之教育考察者所被指引参观者,仍多属此类学校云。

乙 新经济政策时期

苏维埃的教育之第二时期,与"新经济政策"之理想其间有极密切之关联。该项政策指示乌托邦理想之放弃,其表现一方面为国家资本主义

(Staatskapitalismus)之实施,他方面为无产者之阶级狄克推多制(Klassendiktatur)之树立。

前此之教育理想,为以"泛艺的教育"(Polytechnische Bildung)陶冶适于生活于无阶级的社会之个人,今则代之以专艺的教育(Professionelle Bildung)之理想。学校之任务,显然是一方要应付国家资本主义之要需,他方要听命于当权的党部。国家为一资本主义的巨大产业组织,所需要者为专门职业人才(Spezialisten),而党部方面则需要主义之后继者("Nachwuchs")。此两重务为新时代的苏维埃教育之标的。

新经济政策实施以后之教育理想,表着于现行之《单一劳动学校法典》(Das Statut der einheitlichen Arbeitsschule,1923年12月23日发布)。在此时期,所有设施不复出于纯然的理想,转而倾注现实。形貌上,虽然仍沿称"单一劳动学校";事实上,则苏维埃学校自从1921年以往,早已日益远离原始之理想。

前此之劳动学校概分为两阶段,今则改为三阶级。第一阶段,包括4学年,通常为8岁至12岁儿童而设,教授儿童读、写、算,及关于儿童环境中之产业的活动之知识及技能,以及自然界与社会生活现象之初步。第二阶段之第一部修业期3年,学生年龄13岁至15岁,目标为教以关于人类之产业活动及其组织,以及自然与社会生活之势力及现象之完全知识,并训练生徒使成为苏维埃共和国之忠实公民。第二阶段之第二部,修业期间2年,学生年龄15岁至17岁,其教育目标为养成具有明晰鹄的之新生活的创造者,不问其以后的活动系在任何领域内或属任何专业。

1923年之法典①尚有一特点,即宣称当权阶级对于高级教育之优先权(Vorrecht der herrschenden Klassen),是即所谓阶级淘汰(Prinzips der Klassenauslese)政策,此项规定使党部及官厅得任意左右高级学校生徒之去取,其详另于专节讨论。

总之,此一时期之教育政策厉行极端的中央集权,开始所谓教育国家专营政策(Bildungsmonopols des Staates),说者谓其与沙皇尼古拉一世(Nikolaus I,1825—1856)及俄之传统的教育思想不无渊源云。

以上即所谓新经济政策时期之"新教育政策"。苏维埃之教育领袖,对于前此漫无节度之试验所发生之不良效果,亦坦然承认。前此之举棋不定的改革,

---

① 1923年之法典即《俄罗斯联邦民法典》,是十月革命后在列宁领导下,由苏维埃工农政权所制定的第一部以生产资料社会主义公有制为基础的民法。——编校者

竟致被最高当局者斥为教育行政部之幼稚病。(Kinderkrankheit des Volksaufklarungskommissariats,据雷可夫①(A. Rykov)在全俄地方教育行政长官会议之演说,时为 1926 年)。

丙 第一"五年计划"开始以来

前节所谓稳定时期,未能延时许久。斯大林(Joseph Djugashvili Stalin),于 1928—1929 年着手改变苏维埃之一般政策,使之趋向"百分之一百的共产主义",此与举世熟闻之"五年计划"关系极为密切。

"五年计划"原定期间为 1928—1933 年,后提前于 1932 年 12 月终完结。此期之设施乃指示从新经济政策复回到共产主义:正是实行列宁(Lenin)在开始新经济政策时所宣称:"我们目前退后,为的是要腾出地步,好向前为更有力的跃进!""五年计划"正是表现此种有力的向前跃进,其目的不但要摒除新经济政策,而且要完全消灭一般所谓特权的实业上渔利的份子。此等份子便是城市之小商人与小工业家,所被称为 Nepman 者,以及乡村之富农(Kulak)。

与消极的计划相密切辅助进行者,尚有积极方面的计划。此项计划,一切是严密规定的。关于工业农业方面之计划不暇叙述,仅略述其"文化的五年计划"(der Kulturelle Fünfjahres Plan)。文化计划为社会主义的改造计划之一有机的构成部分。其计划为在 1928—1933 年中间,要实行下述各点:

(1) 造就各类合格的劳动力(Qualifezierter Arbeitskraft):工程师、技术师、农学家、技工等,乃为实行所计划之全国工业化及农业集体化所需要,故当加意训练。

(2) 树立新制度下之文化的基础,其含义包括文盲及宗教之最后的消除(因宗教被视为旧制度之最有力的拥护者);普及义务教育及中等与高等教育无产阶级化(Proletarisierung)之完全贯彻,企图使出身劳动阶级者达到 90% 至 100%。

由此项政策,学制上又发生一次重要变化,特别是关于职业教育之设施方面(详后)。

---

① 雷可夫(Alexei Ivanovich Rykov, 1881 - 1938),苏联政治家、革命家,曾任苏联人民委员会主席。——编校者

四　学制之演进及其现状

甲　事实上之学制

A. 事实上之学制(1922年至1929年10月)与法典上之形式,其间相差甚远。四年制之第一阶段学校为全部学制之基础部分,在1926年,全苏联计有102 081校,生徒约8 000 000名。第二阶段学校,在俄罗斯邦及外高加索邦领域内,计有1 931校,生徒291 000。后一类学校之校数,尚不及前类学校数2％,生徒数尚不满全体初等学校人数4％。第二阶段学校生徒之数目,逐年趋向减少,在乌克兰邦,因为新近推行之专业化的教育政策,实际上已将其完全取消。

其次最大的学校形式为所谓"七年制学校",计有4 934校,生徒1 800 000名,此类学校包括法典上之劳工学校第一阶段及第二阶段之第一部。第三类学校型式为"九年制学校",计777校,学生500 000名,包括法典上两阶级之全部。

由前所述,可知苏俄在当时实有三个不同之学校基型,即在官式文件中,亦不复循用法典上之名称,而依其修业年限称为四年制、七年制及九年制之学校。所谓"单一学校"(Einheitsschule)显然已名不副实。

B. 形式上,对于每个生徒升入较高一级学校之门户,似乎是洞开的;但在事实上,则以封闭为常。从四年制学校到七年制或九年制学校之途径,因为后者之异常拥挤,大感困难。此外,又因四年制学校之教学平面,尤其是乡村小学校,每较低于七年制或九年制学校;七年制及九年制学校之首四学年,颇近于中学预科,课程较高深,有时甚至已开始外国语教学。

由苏维埃教育刊物上之实证,亦可见由此类学校转入彼类学校之异常困难。在第二阶段学校方面,仅能收容初等学校毕业生2％—3％。

因为在苏维埃学制中,无单一的基础学校之存在,故某一儿童之全部教育经历在实质上大多数于其最初步入最低学级之时,即已预先决定。所余者,仅于工人高等补习科(Rabfacs详后)使少数之四年制及七年制学校毕业生,得以达到入高等专门学校之门径。此等补习科乃专为青年团之团员所特设之补习机关。

由此可见,在实际上并无"单一学制"之存在,反之实有三种学校基型并峙。大多数人民必须以四年制的初等教育为止境。此类学校毕业生徒仅有2％,可经第二阶段学校或工人高等补习科,而获得领受高等教育之准备。

七年制学校,有时亦称市区民众学校,修毕者可以升入中级职业学校,即所谓三年制之专科学校(Technikum)。

九年制学校,为有志升入高等专门学校者所必须通过。惟此类学校之最后二年(即第二阶段学校之第二部)以准备从事高等学术研究为目的者为数极少,大多数皆趋于"专业化"而侧重某项专门职业之训练。

吾人如果设想单一学制理想之放弃,乃仅由于必要的物质条件之缺乏,便不免陷于误解彼邦领袖之主旨。单一学制原理之抛弃,乃由"专业化的苏维埃教育"理想之本身引申而来。盖单一学制理想,乃出于正则的平民主义,现时苏俄之教育则是反平民主义的。被教育者仅被当作达到国家及党所持目的之工具,因而所谓"单一学制",于此遂失其存在之意义。

乙 最近之改革

1929 年 10 月由联邦政府命令全苏联各邦实施统一的产业教育制度,并对于各邦之自由,大加限制。其结果对于一般教育制度影响极大。依 1929 年之改革,高等教育期间缩短 1 年,由将所谓"九年制学校"延长一年,改称为"十年制学校"以补充之。十年制学校之特殊目标为高等教育之准备。七年制学校之特殊任务,将在于准备生徒升入专科学校及青年工人专艺学校为标的。为工人儿童所设置之特别七年制学校,当设于工厂及实业区域。在乡村,七年制学校当改组为青年农人学校。

但 1930 年以往,不惟十年制学校未见实现,即所有已成立之"九年制学校"至"五年计划"开始后,在一般职业化之潮流中,其最高两年及单设之中等学校,多转型成为职业学校,颇有即将于一、二年后灭之势消。

在 1930—1931 年度有第二阶段学校及九年制学校之高级班 1 250 所改为专科学校,并有一部分变为工厂学校。

至 1933 年 9 月规复十年制学校,先就七年制学校之上增设第八学级。同时并于初等学校增设"预备班",收 7 岁之儿童(原称零级 Nullavaya,英译作 Zero-grade)。

兹将依据最近所得资料将苏维埃学校系统,以图表示如后:

（附） 苏联各邦学校系统略图

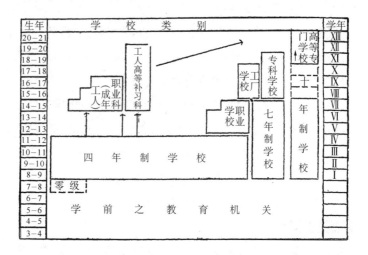

初等及中等学校新规程于1934年5月16日公布。

该规程第1条第2条按之规定，称四年制学校为初级学校（9岁至11岁），七年制学校（12岁至14岁）为中级学校，十年制学校（15岁至17岁）为高级学校。中级学校修毕，有优先升入专科学校之权利；高级学校修毕，有优先升入高等教育机关之权利。

俄之全部学制可大别为三大部门，即：社会教育、专业教育与政治教育。社会教育之机关包括学前教育机关、四年制学校、七年制学校、十年制学校及第二阶段学校。

专业教育包括：（1）青年农人学校、工厂七年制学校及初级职业学校；（2）工厂学校、专科学校；（3）高级教育机关。

政治教育所包括之范围，与他国之"成人教育"约略相同，其官方定义为："成年的苏维埃公民之政治的教育"。其机关大别为二类，即"党校"与消除文盲中心。

由上之学校系统图，吾人所得之印象为：苏维埃学制上之根本特质"阶级政策"在现制下，较前愈见进展；专业教育制度较前更加组织完密。全部学制愈益成为固定的，而生徒之个性及其天赋能力、自由发展之权利，愈益被忽略。儿童之命运，从最幼稚时代，即已一切确定。三种不同的教育途径：低级的、中级的、及高级的资格之养成，愈益彼此互相隔离。

全部学校系统成了固定的型式：四年制的、七年制的和十年制的学校，以及建筑于其上之专业教育机关，是公然宣称为训练各等地位之农人、工人及公务员之学校。

高等教育之享受，仅限于享有特权之少数（工人及共产主义者），然彼等亦不得自由选习高等学科，而必须由党部及政府当局征集派送云。

五 幼稚教育

> 甲 幼稚教育之范围及其目标

在苏联各邦,未满3岁的儿童之照料(其机关为育儿所)属健康部之职责;3岁以上属教育部事权。学校教育从8岁方开始;3岁至未满8岁儿童之教育场所为幼稚园(白日的)、儿童夏令场及儿童馆(住宿的),总称为学前之教育机关。以后所述,以幼稚园为主。

学前教育之目标,经俄罗斯邦教育部核定者为:发展儿童之唯物的人生观,创造的活动和集体生活的习惯。教材之组织,据1924年全俄学前教育会议所议决者,应圜集于"劳动"、"自然"与"社会"三主干之下。

> 乙 幼稚教育之机关

A. 幼稚园之编制通常分为三级:第一级,3岁至5岁;第二级:5岁至6岁;第三级:6岁至7岁。开设时间,在城市中,通常为上午9时至下午5时,各项活动从上午10时开始,下午4时完毕。上午11时前早点,下午2时午餐,餐后约休息20分钟。亦有开设时间较长,以应工厂操作妇女之需要者。例如列宁格勒(Lenin grad)之幼稚园或幼儿院,即从早7时半开园,至下午5时止,此外尚有开设时间更长者。对于夜间工作之母亲,幼稚园亦设法适应其需要。

B. 在儿童馆除了早晨开始较迟,晚间用于举行大会及委员会以外,其他与幼稚园相类。惟在该机关内,各门科目多未预先规定。儿童馆多依儿童年龄区分:有学前儿童馆、初等学校年龄儿童馆及不健全儿童馆之别。

C. 儿童夏令场,并非仅为嬉戏之场所,亦系一种学前教育机关。该类幼稚园于温暖的季候开设于露天下,此外与一般幼稚教育机关无异。

在1931年3岁至8岁儿童总数计有21 664 000,其中在幼稚园者约332 000;在儿童馆者约200 000;儿童夏令游息场无正确数字,所有3岁至8岁儿童,已享受一种幼稚教育者约占全数中2%。

又据1932—1933年之估计,幼稚园及儿童馆已超过1百万,参加夏令场之儿童数约达4百万名。除在大都市外,此等幼稚教育机关之标准率甚低。

六 "四年制学校"与义务教育

甲 四年制学校与初级学校

所谓"四年制民众学校"(Vierjährigemassenschule)即是《法典》上单一劳动学校之首四年,与各国所谓初等学校相当,惟俄之教育家及教育行政当局,多不喜沿用西欧国家之名称,故创为此项名词。该类学校,依其实际组织及其数量上言之,与其谓为单一劳动学校之一阶段,毋宁视为一种独立学校。

在学年龄原则上原为8岁至12岁,但因一般迟延入学或留级之故,每有18岁之青年在内。

在1929—1930年度,初级学生11 491 000名中,年龄长于12岁者计有2 625 000名。

本书对于此类单设之学校,称"四年制学校",若兼包括七年制民众学校及九年制学校之前四学级者,则统称为初级学校,以示区别。

1915年至1928年间,初级教育上之进步自不容否认,惟不如一般所预期之速。由官厅之统计,可见其大概:

年度	学校数	学生数
1914—1915	104 610	7 235 988
1920—1921	114 235	9 211 351
1921—1922	99 396	7 919 751
1922—1923	87 559	6 808 157
1923—1924	87 258	7 075 810
1924—1925	91 086	8 429 490
1925—1926	101 193	9 487 110
1926—1927	109 044	9 925 000
1927—1928	116 375	10 474 000
1928—1929	122 575	11 098 000
1929—1930	130 735	12 381 000
1930—1931	151 738	17 366 000

上表所列数字,包括四年制学校、七年制学校、青年农人学校及为年长失学

者所设之初等学校。最近数年首四年之学生数增加如次：

1931—1932 年　　　　18 000 000

1932—1933 年　　　　19 000 000

1933—1934 年　　　　略超上年度之数目

在俄罗斯邦有较确切之数字：

1933 年　　　　计 13 013 000

1934 年　　　　计 13 225 000

又据最近另一报告，所列 8 岁至 10 岁儿童入校之数字如后：

年度	入学儿童
1927—1928	9 793 000*
1928—1929	10 361 000
1929—1930	11 626 000
1930—1931	14 220 000

* 按此数目与前表所列同年度之数目不相符合，盖因后者（据英国 Angle-Russian Parliamentary Committee 报告）不包括 10 岁以上之学童在内，其余参看"五年计划"章。

前项报告原表后并附说明："上表是说，实际上，苏俄全国所有 8 岁至 10 岁的儿童，将在本年内（1931—1932）完全入校读书。此外，在 1931 年，将有超过 3 000 000 由 11 岁到 15 岁曾经失去初等学校（第一阶段）读者机会的儿童，入初等学校，或受相当于该校的教育；同时并有 2 000 000 名 8 岁至 14 岁的儿童，将入七年制的（初级）学校，合计起来，入校儿童的总数将达 19 300 000 人"。

初级学校每年上课之法定日数，乡区 190 日，市区 205 日，第二阶段学校，乡区 200 日，市区 215 日。但实际上乡区仅 130 日，市区约 150 日（1925 年统计）。

乙　义务教育推行状况

A. 按 1923 年之《法典》，并未提及强迫教育，亦未明定学校教育免费办法。实际上，从 1921 年来，已实行征收学费，不仅限于城市，且推及乡村，仅有所谓最贫苦的工人和农人方得免除。

直到革命后之第八年，各邦教育当局方才各自发布部令，规划普及学校教育办法。在此等法令中，大率规定四年制之学校网，最迟到 1933—1934 年度，当扩张及于全体学童。乌克兰以 1930 年为普及时限。所需经费 2/3 由地方行政机关筹措，邦政府（按苏联各邦预算表）仅担负 1/3（又按：事实上 1927—1928

年度俄罗斯邦教育经费预算,邦政府仅担负 11.4%;地方担负 88.6%)。

为推行四年制学校起见,苏俄政府于 1925 年 8 月 31 日之法令,明定在实施义务教育之四年制学校尚未普设以前,限制第二阶段学校之设立;并规定第一级学校与第二级学校之数目应为 20∶1 云。

B. 据 1928—1929 年度统计,全苏联之儿童(8 岁至 11 岁),事实上已入学受教育者每百名中所占之数目如后表:

邦别 地域	全苏联 U. d. S. S. R.	俄罗斯邦 R. S. F. S. R.	白俄罗斯 B. S. S. R.	乌克兰邦 UK. S. S. R.	外高加索邦 Z. S. F. S. R.	乌兹别克邦 UZ. S. S. R.	土库曼斯坦邦 Tu. S. S. R.
在城市	99.3	101.4*	104.1*	97.0	116.5*	68.5	122.6*
在乡村	68.8	67.4	96.8	77.4	69.4	18.5	17.4
全体	75.1	73.8	99.0	82.7	81.3	31.0	33.0

* 凡数目超出 100 者,指示超出义务学龄之生徒所占数目。

就一般观察,在城市中,义务教育几已完全推行;但在乡区,则距普及尚远。在此种情形下,莫斯科之教育部,遂不得不于 1928 年决定,将原始所规定俄罗斯邦限于 1933—1934 年普及教育义务,更往后迟到 1936—1937 年度,即十月革命后之第十九年。

C. "五年计划"实施以来,义务教育突飞猛进,超出事前之一般估计,1931 年 8 月 14 日,为苏联政府通令全国实施 8 岁至 11 岁儿童之四年强迫教育(并就可能限度,为 11 岁至 14 岁少年延长 3 年)之周年纪念日,是日,苏维埃当局报告义务教育推行状况如下:全办联现受四年教育之儿童,计有 15 500 000 名;在俄罗斯邦为 8 岁至 11 岁儿童 97.1%;乌克兰邦为 98.2%;白俄罗斯邦为 97%;其他各邦百分率较低。但就全体总计观之,已超出预计进程 10% 左右。

此外,尚有 8 岁至 11 岁之儿童 2 000 000 名享受额外三年之训练,连前合计有受义务教育之儿童 17 600 000 名。

又据最近统计,1933 年之始,初等学校生徒计有 18 754 000 名。苏维埃联邦内 8 岁至 12 岁儿童已入城市学校之儿童数目达 100%,乡村达 98%。现时义教年龄在乡区仍为 8 岁至 12 岁,但在工业区域已渐延长为 8 至 15 岁云。

七 中等教育

甲 中等教育之范围

在苏俄之原始的教育制度上,本无初等与中等学校之区分,惟在现时一般教育家,如布隆斯基(P. Blonsky)[①],品克微克[②](A. P. Pinkevitch)辈之著作中,均复采用初等学校与中等学校之名称。所谓中等学校大别为以下各类:

一、七年制学校之末三年,是为中学第一部。

二、九年制学校之后五年,包括中学第一部3年及第二部2年。

三、单设之所谓"第二阶段学校"与九年制学校之后5年相当。

若从广义解释,则在"中等教育一词下",尚兼包括建于四年制学校以上之初级职业学校,及建于七年制学校以上之中等职业学校。

七年制学校包括初级学校4年及中学之第一部3年,共为7年,是为一切专业训练之基础,政府方面现拟将来延长义教年限至15岁而将所有初级学校均改为七年制学校。在1929—1930年度,全体生徒1 664 000人中,年龄在15岁以上者计731 000,此类学校多数设于城市。

九年制学校及第二阶段学校,原为准备升入大学而设,其课程分为二部(即前三后二)多数集中在都市。按1931年,在苏联九邦中,无此类学校之设者占六邦云。

乙 中等学校之近况

七年制学校分为三大类:在农业区者称青年农人学校,在工业区者称工厂学校,在市区者为普通七年制学校。

九年制学校之最后二年课程趋于分化为教育科,合作科苏维埃财务行政保险行政科。

第二阶段学校之学生初级部12岁至15岁,高级部16岁至17岁。以上各类学校课程另详专章。

在1928—1929年度计有七年制学校5 707所,学生2 071 400;九年制学校946所,学生635 100;第二阶段学校897所,学生328 700名。此外有青年农人

---

① 布隆斯基(1884—1941),苏联心理学家、教育家。20世纪二三十年代,"儿童学"的著名代表人物之一,主要著作有《儿童学》、《心理学概论》、《记忆与思维》等。——编校者

② 品克微克,生卒年不详,20世纪苏联教育家,其代表作有《教育学新论》。——编校者

学校约 700 所。

兹将属于"社会教育"部门之中等教育统计表附列于后。

年度	校数	学生数
1914—1915	1 790	563 480
1920—1921	4 163	564 613
1921—1922	3 137	520 253
1922—1923	2 478	586 306
1923—1924	2 354	752 726
1924—1925	1 794	710 431
1925—1926	1 640	706 804
1926—1927	1 724	791 000
1927—1928	1 847	882 302
1928—1929	1 854	976 462
1929—1930	1 921	1 122 205
1930—1931	687	403 796

以上所谓中等学校包括九年制学校及第二阶段学校。在 1930—1931 年度约计有九年制学校 700 所,第二阶段学校 550 所转变为专科学校,故数目骤减;下一年度此种普通中学已完全绝迹。

据另一统计,第五至第十各年级学生逐年数目如次:

1930—1931 年　　2 070 000
1931—1932 年　　2 901 600
1933 年　　　　　4 350 000
1934 年　　　　　5 600 000

在俄罗斯邦,1933 年计 4 350 000;1934 年计 4 355 000。

八　单一劳动学校课程之演进

在前面已说明：所谓单一劳动学校，可云已名存而实亡；惟欲解释其课程之理论及其演进，则仍以暂行沿用此法典上之名称为便。

俄罗斯邦单一劳工学校课程之演进，可大概分为三个时期：

1. 1923 年之复合制课程；
2. 1927—1928 年之课程；
3. 第一"五年计划"初年之新课程。

以下分别略述如后。

甲　复合制课程之理论及实际

A.《单一劳动学校法典》第 35 条，说明劳工学校之性质如下：学校中之全部工作及其中之生活情况，必须趋向下述目的："使生徒形成无产者的阶级意识及无产者阶级根性(das proletarische Klassenbewusstsein und die Proletarischen Klasseuinstinkte)；此外，并使其对于实利的、生产的和社会政治的活动，有相当准备。"

学校之课业，为人类劳动生活及其组织各方面之理论的与实际的研究。全体教学，均以此为中心，不论其性质为关于自然界的，或关于社会界的。1923 年经全邦教育参议会所通过之新课程，即本此理论制定。在该课程中，全体教学材料均统集于三主干之下：劳动(Arbeit)居中心地位，自然(Natur)与社会(Gese lschaft)为其两翼。旧的意义之各门科目名称，不问在初级与高级，均一概取消。从此只视为一个统一的复合的标题之一附属的部分或方面。

此种教材组织方法，苏维埃教育家称之为复合制(Methode der Komplexe)。

此项"三柱式"(Drei-Kolonnen-Schema)之特点，简言之，为个别的学科及"资产阶级的科学之因袭的结构"之否定。一般共认此为共产主义的教育改革之中心点及其象征云。

B. 依 1923 年之课程纲要，第一年级"复合标题"之中心为："儿童在一城市或乡村家庭中所有直接的环境内的劳工生活"，一方面"一年之季候"，他方面"家庭与学校"，构成自然界与社会界之事实。两者皆与基本标题"劳工"相联络，以充实第一学年之教材。

自是而上，年级愈进，则劳工圈(Arbeitskreis)亦愈扩大，至第四学年，即已以"俄罗斯共和邦及其他各邦之国家经济"为中心标题。在较高年级中,对各类主要生产事业,加以较深进的研究。在第五学年,其教学中心乃是:"由农业发生之工业,它们的种类及方式"。在"自然"方面,为与之相关联之地理、历史、农业、生物等知识;此外还有物理、化学,就其于了解植物之气候、土壤、生活所必需者,从而纳入之。在"社会"方面,亦包含与之相契合之知识:如历史上之特殊有关事实(类如农奴制、农民问题),尤其重要的,为法国的与俄国的革命。关于国语以及外国语之教学,在此学年的所收罗之文学资料,亦须为于农民生活、农民战事,或农奴制有关者。

C. 因为复合课程之本身及教师训练方面,含有种种困难,故实际推行时,殊欠顺利。事实上就 1924 至 1927 年间之发展经过观之,所谓"复合制",实止见其日就衰歇。

即在最初制定此项新课程时,邦及地方教育行政当局,已经见及数学与自然科学(特别是在高级中)依据"复合法"规画教程之不可能。于是,此类学科(如数学、物理及化学)乃首先被认为系在"Komplexe"范围以外者。

1925 年秋,莫斯科教育部于一特别通令中,令各地学校加增外国语额外时间,并提示该科之教学,当脱离一种"矫作的、任意的与复合标题之联络"。1926 年,在邦学术参议会之教育组中,经热烈之辩论后,国语科,甚至地理与文学史两科,都经宣布脱离复合法之范围,而认为特别分立之教学科目,拥护之者;迄于 1927 年所能为力者,仅为阻止历史复行成为一独立科目。

按复合制,原拟贯彻于单一劳动学校之全部九学级中,至是则仅保持于其首四学级中;在以上各学级,已缩小其范围,而成为一专门科目(虽然是享有优越地位的),即是所谓"社会科学"。此科大半由一党人依照官厅所审订之教科书教授之,其内容不外关于共产主义之教条。

由此,彼根据于马克思之"生产关系"教条而形成之复合制课程,其不足以笼罩全体学科,已为公认之事实。

乙 1927—1928 年之课程

1927—1928 年度发布之课程及教授纲领,实际上已不啻将 1923 年之复合课程推翻。在劳动学校之高级方面,因为高等专门学校恢复入学试验,而确定某项普通教育之科目为必修;在初级方面,亦规定其教学之范围应包括国语、数学、自然及地理,为升入高级之必修学科。又 1927 年之课程并拟定初级学校数学、国语、自然各科之教学时数。

A. 劳动学校第二阶段之第一部,即第五、第六、第七三学级,已经恢复旧式之时间表,并于各门学科之每周教学时数分别规定。

学科	第五年级	第六年级	第七年级	全课目之总时数
1. 社会科学	4	4	4	408
2. 俄语及文学	5	5	4	476
3. 数学	4	4	5	442
4. 博物	3	4	4	374
5. 化学	1	2	2	170
6. 物理	4	4	4	408
7. 地理	2	2	2	204
8. 外国语	3	3	3	306
9. 劳作	3	3	3	306
10. 艺术	2	2	2	204
11. 音乐	2	1.5	1.5	170
12. 体育	2	1.5	1.5	170
合计	35	36	36	3 638

(注) 每学年包括36星期,其中2星期用于学级组织及结束。

B. 劳动学校第二阶段之第二部,即九年制学校之第八、第九两学级,及独立之"第二阶段学校"之末二年,亦有相似的课程表。所异者,为其规定全时之1/3(即每周12小时)应为专业教育保留,其内容由教育当局依其所应侧重之职业的倾向,分别决定之。

(子) 普通课程——全体学生必修学科表

学科	每周时数		全课目之总时数
	第八年级	第九年级	
1. 社会科学	5	4	306
2. 俄语及文学	4	4	272
3. 数学	4	4	272
4. 博物	3	3	204
5. 化学	2	2	136
6. 物理学	3	3	204
7. 外国语	2	2	136
8. 艺术	2	1	102

续 表

学科	每周时数		全课目之总时数
	第八年级	第九年级	
9. 音乐	2	1	102
10. 体育	2	1	102
合计	29	25	1 836

（注） 每学年包括 36 星期，其中 2 星期用于组织及结束。

（丑） 专门课程——普通及特殊学科每周时数表

课程类别	普通学科		专门学科		合计		全课目之总时数
	第八年	第九年	第八年	第九年	第八年	第九年	
Ⅰ. 教育课程							
a. 学校教育组	29	26	9	12	38	38	2 584
b. 学前教育组	29	26	8	12	37	38	2 550
c. 政治教育组	29	26	9	12	38	38	2 584
Ⅱ. 合作课程							
a. 农业经济合作组	29	25	9	13	38	38	2 584
b. 消费合作组	29	25	9	13	38	38	2 584
Ⅲ. 苏维埃行政课程							
a. 财政税务组	29	25	7	13	36	38	2 516
b. 保险组	29	25	7	13	36	38	2 516
c. 行政组	29	25	7	11	36	36	2 448

此外，尚有设医药、商业等组者。

此项新课程，对于前此彻底政治化之复合制课程，显然为一种让步，而复返于彼辈所斥为资产阶级的分科制课程之窠臼。苏维埃教育领袖壁士塔克（M. Pistrak）称之为教育上之新经济政策。在拥护复合制课程者如克鲁普斯卡亚[①]（N. Krupskaya），布隆斯基（P. Blonsky）辈，对于此项新课程皆极端表示不满。

丙 第一"五年计划"初年之课程

A. 1929 年之课程改革 前述所谓"稳定时期"之课程，仅有二年之运命。不久即有 1929 年新课程之发布。此番不复企图恢复已被碎裂之复合制，亦不再提出任何新奇的教育主张，而仅以将 1927 年课程所业已极可能范围排除之

---

① 克鲁普斯卡亚(1869—1939)，全名娜杰日达·康斯坦丁诺夫娜·克鲁普斯卡亚，苏联教育家、无产阶级政治活动家。——编校者

政治的成分重新恢复为满足。其方法为于普通教科内，以纯然机械的方式，纳入政治材料。在第一学年已经羼入"宗教弊害及迷信之解说"，"关于列宁生活中之事实之简易记事诗之背诵"。儿童必须参与耶稣诞日与复活节之反宗教运动，(在1929年耶稣诞节已举行)教师必须留意在该日须有百分之一百的生徒到校。同时，从第一年起，即从事"农业的春令工作"，并合儿童实习协同的工作。

在第三学年(儿童年达10岁)教师便要与彼等讨论"村之阶级结构及为土地分配之阶级斗争"。至第四学年便需研究以下各主题：(1)农产品所倚赖者为何，如何可以增进之；(2)工人在帝制下之斗争与十月革命；(3)苏联与社会主义之建设，红军为工人之工具；(4)人与地；(5)春令之工作，儿童参加农作物之收获。

由以上所举例，已足指示在此新课程中，其所包括之政治化的教材，不但超出于1927年之课程，而且远逾1923年之著名的复合制课程。

B. 1930年之课程改革 前述1929年之课程，不旋踵即被宣称为折中主义的，而非十足的马克思主义的。于是又有复回到"复合制"之势，但此番所采取之方式乃为"设计式"的(Methode der Projekte)。此法当1929—1931年间被誉为五年计划中之最切实的教学方法。此种美国的方法，在1924年即已有苏维埃教育家克鲁普斯卡亚出而提倡。事实上，"复合法"与"设计法"其中颇多共通之点，而后者对于学校与生产工作之融合上尤为适宜。盖"复合法"太偏于理论方面，在复合法中所谓"劳动"乃包罗全部教学活动，实比较生产关系(Produktionsver bältnissen)意义上之所谓"劳动"一观念(乃专指具体的社会有用的工作者)要广泛得多。

第一"五年计划"之第二、第三两年，颇表现设计法之胜利，许多热诚者，企图要使此种美国的方法适应于苏维埃的关系。学术会议之教育委员会曾决议改组学校课程，并以设计法为其根据。该项新课程，出现于1930年，首经七年制工厂学校所采用，并拟随后推行于七年制之农场学校及七年制市区学校。本书于此不再详加说明，因其有效期间，尚不足一整年，即被废止云。关于教学之政治化一点，此项新课程实已超越了任何旧课程。彼所异于1923年之课程者，为其引领学生实行参加各种实践的"工作"(如耕种、器具制造)。各种实业工作或集体农场工作，乃是在此等学校之主要大单元(Hauptthema)为全部教学所围绕集中云。

丁 1932年度之新课程

1932年8月31日公布之最新课程表，显然表白苏俄当局于此已毅然放弃一切新教育理论，而试办已十二年之劳动学校(Arbeitsschule)最后乃回复为传统的学习学校(Lernschule)。即初级学校至此亦有了严格规定时数之课表,而历史一科向来皆被吞没于所谓复合法或设计大单元者,至是亦恢复其独立的地位。社会科在前此被目为"特权学科",在此新课程中地位大为减退,其时间多半为历史科所分占。

在1932—1933年新学年开始时党部通过一关于初等及中等教育之决议中,甚至以明文禁止采用设计法。1933年党部又申令各校务以系统的、连贯的教学替代前此之"活动课程"。

又此项新课程对于工厂学校及青年农人学校一律适用并无任何分化,是亦大可注意之一点。

(子) 初等学校课程表(七年制工厂学校之第一阶段[即首四年]及四年制乡区学校适用之。)

科目	每十日周之时数			
	第一年	第二年	第三年	第四年
一、数学	8	8	8	8
二、俄语	9	9	8	8
三、自然	4	4	4	4
四、社会	2	2	3	4
五、地理	—	—	2	3
六、体育	2	2	2	$\frac{1}{2} \times 2$
七、外国语	—	—	—	3
八、绘画艺术	2	2	2	2
九、音乐	1	1	1	$\frac{1}{2} \times 2$
十、劳作	4	4	4	4
共计	32	32	34	38

(丑) 七年制工厂学校及青年农人学校之第二阶段(第五学年至第七学年)课程表

科目	每十日周之时数		
	第五年	第六年	第七年
一、历史	3	3	4
二、社会科学	2	2	—
三、俄语及文学	8	6	7

续 表

科目	每十日周之时数		
	第五年	第六年	第七年
四、数学	8	8	7
五、物理及天文	5	5	5
六、化学	—	3	4
七、自然科	4	3	3
八、地理	3	3	2
九、绘画及几何画	2	2	2
十、音乐	1	1	$\frac{1}{2} \times 2$
十一、外国语	4	3	3
十二、体育	2	2	2
十三、劳作	6	7	8
十四、军事科	—	—	$\frac{1}{2} \times 2$
共计	48	48	49

(寅) 第八学年之课程表

科目	每十日周之时数	科目	每十日周之时数
1. 历史	4	9. "生产技艺"	2
2. 经济地理	2	10. 劳作	8
3. 文学及语言	6	11. 体育	2
4. 外国语	3	12. 军事学	1
5. 数学	7	13. 几何图画	2
6. 物理	5	14. 绘画	1
7. 化学	3	共计	49
8. 自然	3		

于此尚有数事可述：其一前此久废之学校考试，已于前一学年终举行；其二前此各校皆使用一种常变之小册子，现则令其一律采用教科书，由苏维埃学者以6个月期间之热烈紧张工作编成之，以备新学年开始时之用；史地教学前此每被没入"设计"或讨论会中，至是已分立，而新编之历史及地理教科书乃在新俄第一次复行出现。

九　职业教育

现代俄国教育之最重要两点，为政治化与职业化，由前所述，可以概见。此两者实贯彻于全部教育系统中。就大体观察，所谓职业教育系统，可以包罗所有正式学校教育之大半。本章所述，仅以比较专门性质之职业训练机关为限。兹先略述实施职业训练之主要教育机关，然后再介绍1929年由苏联当局所公布之"实业教育新系统"，以备参考。

苏俄政府之初期教育政策，对职业教育殊不注意，其意盖以泛艺的(Polytechnical)课程，包括人类文化之各方面，兼为一切专业之准备；但在最近之十年来，则职业教育已成为官方注意之中心，早期之主张，可以俄罗斯邦人民教育委员 Lnnar Charsky 为其代表；彼认职业教育当以健全之普通教育为基础，故职业训练之分化当尽量延迟。同时乌克兰派之教育家则持反对见解，不承认所谓普通陶冶，以为系布尔乔[①]的成见。两派斗争近十年，至"五年计划"时期，乌克兰派思想占胜，鲁氏旋被解除职务（继任者为Bubnov）。

甲　高等以下程度职业学校之主要类别

A. 初级职业学校(Berufsschule)　目的为小工厂所需技工之训练。凡具备(4年)小学以上程度者，始得入学，修业期2年或3年。此类学校可目为临时性质，将来义教如延长至15岁时，自当归于废止。

B. 工厂青年学校(Fabzavuč德译作 Fabriks jugendschule)　工厂学校乃专为工厂艺徒及青年工人而设，皆由工厂或大规模实业工程机关举办，大多数即设于工厂内，入学资格为小学4年修毕，肄业期间4年，每周上课平均18小时，从事实际生产工作24小时至34小时。自1928年来即拟提高入学程度，以7年普通教育为基础。设3年之课程，专为大规模实业机关造就专技工师，此类学校依工业部门分设冶金、机械、电气技术、纺织、铁道、开矿、办事室工作、化学、印刷、食料制作、制饼、建筑、水运、木工、砖石工作、造纸、制皮及其他各科。1927年度有903校，学生99 122名。

C. "专科学校"　为一种不若工厂学校之专门而程度较低的高等专门学校(大学)之中等职业学校。在俄罗斯邦"专科学校"乃是为修完七年制学校，或同

---

① 布尔乔即布尔乔亚，又称资产阶级。——编校者

等程度之青年而设,修业期4年。专科学校训练中级资格之专门人才,国家工业及政府机关之专门干部人员,以应经济及行政各方面之需。主要类别有工业、经济、农业、教育、医药、艺术等。

兹将专科学校在1927—1928年度及1930—1931年度之数字列后,以见其最近之迅速进展情形:

		1930—1931年	1927—1928年
工业	校数	1 129	201
	学生	264 948	46 227
农业	校数	651	204
	学生	97 007	29 910
经济	校数	217	58
	学生	40 681	12 211
教育	校数	618	383
	学生	129 402	62 500
医药	校数	218	97
	学生	43 691	18 784
美术	校数	99	90
	学生	17 981	18 910
合计	校数	2 902	1 033
	学生	593 710	188 542

D. 其他职教机关: 此外尚有各类专科夜校(Technischen Abendschulen)乃为成年工人及雇员而设,自1926年以来发展颇速,其修业期间分为长期科(期间1年或2年)与短期科(期间1月或仅二三周)。

为增进成年工人之一般学识起见,尚有一种"工所学校"(Werkstätteschulen)有6个月及1年两种学程。

附中等以上各职业学校在1927—1928年度及1930—1931年度之校数及人数表

	校数		学生数	
	1927—1928	1930—1931	1927—1928	1930—1931
专科学校	1 038	2 932	190 582	593 710
初级职校	1 417	2 764	139 430	516 834
工厂青年学校	903		99 122	

续表

	校数		学生数	
	1927—1928	1930—1931	1927—1928	1930—1931
长期夜班	1 074		120 086	
短期夜班	1 303	5 251	75 135	505 872
工所学校	320		21 585	
合计	6 055	10 947	645 940	1 616 416

又据 1933 年初之一报告，中等专科学校有学生 949 000 名；工厂学校有学生 1 177 000 名。

乙　1929 年之新实业教育系统

1929 年 10 月，联邦政府发布一命令，要于全苏联实施一种"统一的产业教育制度"，并对于各邦之自治，颇加以限制。下列之职业教育机关之七种形式，即由该命令所规定者：

A. "高等工业专门学校"(Technische Hochschulen)以造就工程师为目的；修业期间，专门部 3 年至 4 年，完全部 4 年至 5 年。

B. 大学之"物理数学及实业工艺科"(Physikalisch-Mathematische u. Industrielle-Technische Fakultäten der Universitäten)以造就工程师及实验室人才为目的。

C. "实业学院"(Industrielle Akademien)以造就实业行政人员为目的；修业期 2 年至 3 年。

以上三类学校，均以修毕完全中学(十年制学校及相当程度)为入学资格。

D. 职业中学(Technische Mittelschulen)即专科学校，以造就大实业中之中级专门人员为目的；修业期 3 年至 4 年，以七年制学校修毕为入学程度。

E. 实业学校(Technische Industrieschulen)以造就实业界之低级行政人员为目的；修业期 2 年至 3 年，入学程度为修毕七年制学校之学程。

F. 青年工人专艺学校(Arbeiter jugendschulen, Lehrlingsschule für Arbeiterjugend)以造就大规模的及中等的实业及特殊产业部门之合格的工人为目的；修业期 2 年至 3 年，入学资格为七年制学校修毕。

G. 低级职业学校(Untere technische Berufsschulen)以造就小规模实业之工人为目的，修业期 2 年至 3 年，乃为修毕四年制之初等学校者而设。

所有以上各类机关之课程及教学要旨，在全苏联均拟厉行统一化。

* 按此项计划并未完全见诸实行，其中第三、第五两种即未尝见其成立。

一〇 教育工人之训练

甲 一般的陶冶

师范教育之根本原则,确定于 1924 年之全俄大会。苏维埃教育工人之活动不仅以学校为限界,而且要为其学校所在地之领袖的文化工人。换言之,为教师者须要将学校变化成为文化启蒙之地方的中心。兹将教育的工人所当备具之一般的训练列后:

第一,学校作业之基础,既然在于人类之劳作活动,故为教师者必须兼备关于劳动之理论的与实际的技能(农业或工艺方面)。

第二,每一教育工人,必须熟谙解剖学、生理学及心理学上之新近发明事实。他的专业的训练,必须基于牢固的生物学知识。

第三,教育理论本于人文科目,故教师于社会科学,当有充分之素养。他尤其要熟谙马克思派的哲学,或辩证的唯物论,马克思主义的社会学,或历史的唯物论。

第四,应付儿童及少年之教师,对于"儿童学"(Pedology)之研究,自亦极为重要。

关于实际训练方面,一般教师对于本地域各种工作之敏慧的参加所必需之技能,当有所准备。至于控制教学程序之方法,则可在试验性质之机关或寻常公立学校中获得之。

以上所谓"教育工人",其含义较"教师"为广,包括通常学校之教师、幼稚园、育儿院之保姆,以及各类成人政治教育机关之工作者在内。

一般教育及政治教育机关之专技人员,于教育专科学校、教育学院及大学之教育科中训练之。研究学程,专为训练专门科目之教授人员而设者,于高等机关内设置之。

乙 训练中级教育工人之机关

A. 教育专科学校 该类学校之任务为供给学前教育机关、初级学校、儿童馆及政治教育机关之寻常工人。入学程度为修毕七年制学校,年龄约 15 岁,或经考试证明其程度相当者;修业期间 4 年。该类学校,因其所在地之产业状态,或偏向农业,或偏向工业。依 1930—1931 年度之统计,教育专科学校共 618 所,学生 129 402 名;至 1932—1933 年度又增为 763 所,学生 169 300 名。

专科学校之课程包括两部,各二年(按十年制学校设置后,其修业期间有改为2年或3年之说)。第一部之课程着重普通的及专业的学科,各类教育机关之参观及苏联各邦教育制度之研究。第一年课程内有初步教育学程,并从事本地域内教育机关之调查,将调查所得资料加以学理的分析。第二年,有教育学及俄罗斯邦之教育制度两学程。

第二部两年之课程,更倾向于专业性质,其课目可分为三类:社会科学、教学方法及实习工作。所谓实习工作不仅包括通常之教学实习,而且要练习参加四围人口中间之农业或工艺工作。他必须在民众中领导各项"运动",类如文盲消除,无家儿童扶助,少年运动,儿童俱乐部及图书馆等等工作。

下表为俄罗斯邦之教育专科学校课程表:

科目	每周时数	
	第一年	第二年
数学	4	4
物理	3	3
化学 自然	6	6
农业	2	2
土语	5	5
外国语	2	2
阶级斗争史	2	2
经济地理	3	——
经济学	——	2
劳作	3	3
绘画	2	2
音乐	2	2
体育	2	2
儿童学入门	2	3
俄罗斯邦教育制度	2	2
合计	40	40

* Theory of Evolution 系本英译。

科目	每周时数	
	第三年	第四年
演化论*	3	—
阶级斗争史	3	—
经济政策	2	—
宪法	1	—
史的唯物论	—	3
环象研究	1	—
外国语	2	2
儿童学	4	—
复合数学组织问题	1	2
工语教法	2	2
算学教法	2	2
自然教法	2	2
社会科教法	1	2
劳作教法	2	1
图画教法	2	1
唱歌教法	2	1
体育教法	1	1
教育实习	6	13
儿童学实习	—	2
政治宣化	—	2
合作	37	36

多数教育专科学校，均设在小镇市而远离人口集中之区域。此项办法，使之成为邻近教师之天然的领袖。该类学校又与教育人民委员部及高等教育研究机关保持相当之关系。

B. 九年制学校之第二部偏重教育方面者 俄罗斯邦尚有一种中等程度之教师训练机关，即为九年制学校中所设之教育组。在该组中，一方面，保持最小限度之普通教育课目；同时加入专业科目及实习教学。据官厅统计，九年制学校其中有 20%，偏重社会教育方面。每年由此等机关卒业者，约有 1 万名。此类教师之训练自欠充分，惟在合格人员缺乏时，可暂充初等学级之助理教员。按九年制学校于"五年计划"中被削去二班，则此类师资训练科当已不复存在。

丙　高级师范教育

A. 俄罗斯所有高级师范教育机关可分为两大类：其一为教育学院及大学之教育科；其二为教育研究科。教育学院及大学教育科之修习期间，通常为3年（又作4年或5年），依所专攻科目而异。教育研究科修业期一年半，其中两学期专攻规定学程，另一学期完成论文一篇；肄业者通常均已毕业于一种高等教育机关。

在1926—1927年度，有教育学院与大学教育科14所偏于农业方面，4所偏于工业方面。1928年在全苏联共有教育学院27，学生15 886名；大学教育科15所，学生9 000名。又据另一统计，高等师资训练机关在1930—1931年度共88所，学生41 432名；1932—1933年度增为156所，学生73 500名。教育研究科中有二所专造就实业工艺科目之教授人员，一所专造就专门农业科目之教员，一所专训练社会经济学科之教员。音乐、美术之教师，于高等美术学校之教育组训练之。

B. 教育学院及大学教育科之主要任务为养成中等学校，工人高等补习科，及其他初级以上学校之高级资格的教员，该类学校所训练之专技人员分为以下类别：

（1）学前教育之视导人员。

（2）劳工学校初级班之视导人员。

（3）政治宣化工作之高级资格人员。

（4）聋人教员。

（5）盲人教员。

（6）疑问儿童教员。

（7）从事未满学龄儿童之社会的及法律的保护之人员。

（8）专精儿童学之教员。

（9）中学校物理及数学教员。

（10）中学自然科学教员。

（11）中学社会科学教员。

（12）中学本土语言及文学教员。

（13）中学外国语教员。

（14）专科学校类之职业学校专门科之教员。

教育学院及大学教育科之课程，屡经修改，兹将其要点略述于后：

通常全体课程所占时数中，50%到60%用于所专攻之主科（如自然科学、社会科学、物理及数学或现代语言);约15%用于社会科学(如政治经济学及历史);其余则用于儿童学、教育学、教育史、公共教育组织,及其他专门科目;讲演、实际工作及研究工作,每周合计为36小时。

在侧重农业之教育学院及大学教育科中,有小规模农事活动之参加及若干农学科目。在侧重工业之机关,则有工作室或工厂之实际工作。

教学实习,通常于附近之寻常学校中行之,有时一部分就所附设之试验学校行之。独立的教学工作,仅限于第四学年,但各类教育机关之参观及调查,则于学业开始时行之。

全部学业训练以论文考核结束之。此项考试由特别委员会主持。但在受此项考试以前,须通过4年所规定各学程。通过最后考试者受领某项教师资格证书。

由此类机关毕业者,每年约计有3千至4千人,但仍不足中等学校之需云。

C. 教育研究科之主要任务为训练专科学校之各专门科目之教员。入学者必须为某项高等教育机关之毕业生,并有2年之教授经验。此外还须通过一入学考试。其课程分为各种专攻部,如:教育学、学前教育机关之教法、学校教法、劳动教育学、财政学、工程学、机械学、电气工程、建筑、运输、化学、普通及特殊农业、果实及蔬菜栽种、森林、牲畜等。

一一 高等教育

甲 高等教育机关之内部组织

所有高等教育机关,均隶属于专业教育司之下,在苏联无西欧意义之以研究人文学科或纯粹科学为主旨之大学。

按1918年之教育方针,凡一切年满16岁,有志求知之青年,均得入高等教育机关,自由研究。惟此项理想,并未实现。

1922年之《苏维埃高等学校规程》(*Reglement Ueber die Sowjethochschulen*)明白规定:苏维埃之高等学校(或大学),异于一般资产阶级社会之大学,在彼自诩为研究纯粹学问之所,而在苏维埃政制下,则以训练专门及组织人才,供国民经济各特殊方面之需用为其任务。又此等最高资格专家之造就自应准据实际要需。

依1930年7月23日之法律,不但将所有具备多科之高等专门学校及专科学校(中等)分解为各个狭义的专精的某项技艺之研究机关(Zweckinstitute enger Spezialität),并且将其管理职责由教育部移转于其他相应之联邦政府机关,例如:化学研究机关移转于联邦化学托拉斯(Chemischen Bundestrust),建筑研究机关移转于联邦建筑工业总部(Bauindustriezentrum des Bundes),兽医研究机关移转于各邦农业人民委员部之牧畜司(Viehzuchtabteilungen der Landwirtschaftskommissariate),医术研究机关移转于各邦之人民卫生委员部(Volksgesun-dheitskommissariaten),苏维埃法律研究机关移转于司法人民委员部(Justizkommissariaten),合作事业研究机关移转于苏维埃合作事业总部(Zentrale der Sowjet Genossenschaften)。在教育委员部之行政及预算下,所剩余者仅有教育的及艺术的研究机关及专科学校(Pädagogischen, Künstlerische Institute ǔ Technika)。

由此项改革结果,直接办理高等专门教育者计有14种政府机关,因此等机关间亟须适当联络、调整,于是乃于1933年10月17日创立联邦高等专门教育委员会,隶属于联邦中央执行委员会之下。该教育委员会下设有视学干部。

大学既经分解为各个小规模的某部门的研究机关,只余少数(如在莫斯科Moskau、列宁格勒Leningrad、托木斯克Tomsk各地者)仍保持"大学"名称。不过该大学之多数科系,已被剥夺,范围因而缩小,其功能专限于造就从事物理、数学、地质、生物学各科领域内之科学研究之人才。

本此原则，哈尔科夫工业学院（Charkawer Technologischen Institutes）析为八，列宁格勒大学（Leningrader Universität）析为七所独立的学府，分隶于其他各国家机关。高等教育机关之分裂为多数小研究所，将进展至何程度，可由此等研究所之名称见之，例如农业机器制造研究所，养猪研究所等等。

高等学校之总数，在1930年一年中，由151所（学生191 000人），增到537所，（学生272 000）。其增加之方式，乃是分割图书馆、实验室及其他共同财产，结果为物质的根基之大受打击，其影响高等教育之专门化，不仅影响及于组织方面，而且及于教育方面。在高专学校，其最显著者为教授地位之退后（Zurückdrängung der Rolle des Professeurs）。讲演实际上已废止，教授仅仅成为"学习队"（Lernbrigaden）中之领队人。其组织为由7名至10名学生构成研究团，各该团接受共同之研究题目并共同受考验。又此等研究题目须与学生所从事之"生产工作"（Produktionsarbeit，在工厂、苏维埃农场（Sowjetfarmen）、诊疗所、学校）保持最密切的联络。彼等对此等工作极为重视，每将"理论及学习工作"与"生产工作"两者规定出确定的时间比例为"1∶1"即学习与生产两者时数相等。一般主张将学生所得助学津贴费取消，其理由谓学生应由自己的生产工作所得工资维持生活。由此不但可以解决了供给日益增涨学校教育之经费上的难题，而且由此实现了手脑工作合一（Einheit der Hand-n. Kopfarbeit）之原理。

由下表可以略见大学专门化情形，1927—1928年度所有20所大学至1930—1931年度已不复存在，盖已分裂为若干专门学校云。

	年度	1927—1928年	1930—1931年
工业	校数	25	243
	学生数	45 592	140 468
农业	校数	30	96
	学生数	22 421	35 955
经济	校数	6	58
	学生数	6 029	22 810
教育	校数	27	88
	学生数	15 886	41 432
医药	校数	9	38
	学生数	9 977	——

续表

年度		1927—1928 年	1930—1931 年
美术	校数	12	14
	学生数	6 860	4 653
"大学"	校数	20	——
	学生数	53 009	

一切高等教育机关及其学生总数如后：

年度	校数	学生数
1920—1921	244	207 000
1926—1928	129	159 000
1930—1931	537	272 000
1933 之初	——	501 000

乙　1932 年以来之重要改革及最近之统计

苏联当局对于高等教育制度颇多不满之点，特别以关于纪律之废弛，学生团对于管理及教学上之干预，课程之欠缺组织，入学资格之过低，从而毕业生学力上之瑕疵，过度的分化，不良的团体工作 group working 制（十数学生构成一团体，共同工作，努力学问者往往仅有二三人，其余多数每坐享其成），以及因为时时遭令学生参加民众运动，从事田园、工厂及建筑工作，以致学业时常间断。以上种种，均经当局认为须加改正者。校长及教授干部始被授予权力，以杜绝学生之干涉校政；入学及学年考试亦经命令举行，并对于文凭授予厉行严格考试，学校课程内容大加扩充，教授人员之地位与薪金亦颇加改善。

A. 高等教育机关之合并　第一个"五年计划"时期，工业教育机关，由 1829 年 38 所，至 1930—1931 年度突增为 248 所，此项量的增加伴随着狭隘的"专业化"及标准之降低。苏联最高当局（党部）于 1932 年 9 月 19 日之命令中已指出：由此种教育之结果，所有工业专门学校之毕业生仅具有"技工"而无"工程师"之资格（The Qualifications of a technician and not of an engineer）。1933 年 10 月 27 日之党部命令，又重新申述此项高等教育设施之多所浪费，且教学与生产工作间缺乏联络；其结果遂将其中性质过于狭隘者分别归并，其数目因之减少，如后表所示：

年度 种别	1932 年	1934 年
工业	211	162
运输	41	28
农业	138	107

1934 年 2 月 28 日联邦高等教育委员会发布一令文,拟着手提高学生文化陶冶之水准。

B. 大学及"学位"之复活 与前述专门教育机关之改组相伴进行者,为 1933 年 10 月之命令,恢复旧日中心区域之各"大学",即在首先实现大学专门化之乌克兰邦,亦恢复其境内之敖德萨(Odessa)、基辅(Kiev)、哈尔科夫(Charkov)各大学。1934 年 1 月 13 日并已恢复学位制度:"科学选士"(Candidate of Science),除通过最后考试或提出论文一篇外,并需有二年之实际经验;"科学博士"(Doctor of Science)须提出一具有高等科学价值之特殊论文一篇。

C. 入学考试之恢复 新的入学规程由联邦高等教育委员会于 1934 年 4 月 2 日颁行,其第 1 条云:"一切 17 岁至 35 岁之公民,未被褫夺选举权者,均得入高等教育机关";第 2 条云:"一切请求入学者,不论曾否毕业中学,均需通过下列各科之入学试验:俄语及文学、数学、物理、化学及社会科学";第 4 条云:"在通过考试者中,工人、国营农场之工人及其儿童,以及经政府特别认定为等于工人(例如各级学校之教员)之公民享有优先权。"据云所定各科及格标准,高于英国之一般大学及门考试,惟较诸战前之入学考试仍较低云。此项规程从 1934 年秋季实施。

D. 学生之来源与待遇 苏联高等教育机关学生之准备教育实嫌未足,据 1933—1934 年之统计,该年度入学之学生来源如后:

工人高等补习科	49.4%	专科学校	14.0%
中学校(九年制)	13.0%	七年制学校	4.2%
工厂学校	4.6%	夜班	14.8%

以上仅有 13% 中学卒业者可认为曾受充足的普通教育,其余多于职业训练虽颇为充分,但缺乏普通教育基础。此项事实经政府承认,故于 1933 年 12 月 8 日令为新生设置特殊预备班。

所有学生均受政府公费维持,住于专设之学生公寓;学生所得月费,按学生考试成绩及年级高下而定;对于人数不足之各科,特增高其月费,以示鼓励。

E. 学生之统计

全体学生最近三年之统计如后表：

高等教育机关		1931年1月1日	1932年1月1日	1933年1月1日
联邦管辖者	工业及运输	133 700	201 400	234 700
	农业	44 700	57 500	62 200
	经济	19 200	22 500	25 100
各邦管辖者	教育	41 400	(60 000)	73 500
	医药	26 800	(45 000)	(69 000)
	美术	4 600	(5 000)	(5 000)
统计		270 400	391 400	469 500

有括号者系估计数，其余系据官方统计。

大学女生之百分数，近颇见增加。1933年之统计如后：

医科　　　　　　71.4%　　工业科　　　　19.8%
教育科　　　　　49.3%　　农业科　　　　30.6%
经济科　　　　　34.9%

在1928年，在所有高等教育机关中，女生占23.1%；1933年为33.0%。

丙　高等教育之特色

苏联高等教育之特色可述者有四点：(1)专业化，(2)阶级化，(3)政治化，(4)军队化。专业化已详前节，阶级化另见阶级政策专章，此处专就末两者略述其梗概：

A. 高等教育之政治化　凡受高等教育之学生不问其所习科目为何，均以社会科学(Soziolwissen-schaftliche Faecher)为共通必修科，例如医科学生亦需修习以下各科目：

(1) 辩证的唯物论及自然科学方法史(首四学期，各6小时)
(2) 列宁主义(第六学期，2小时)
(3) 苏维埃经济及经济政策(第八学期，2小时)

此外教育、工程、兽医、音乐各科学生均须修习此类学科，惟因其所专攻之科别，略有差异。

B. 高等教育之军队化　苏维埃定期刊物中时常谈及"教育之军队化"，就其广义言之，乃兼指其招募学生之方法，采取征兵之方式，此应在阶级政策中述之，兹惟论其高等教育机关中之军事教育。

在1929年，俄教育部已令所有大学、专门学校、专科学校以及中等学校，均加授必修之军事科，在全部修业期内，每周2小时，兵式操在内。在"五年计划"之高潮中，全部学制之军队化（Militärisierung des gesamten Schulwesens）愈趋积极，超过前此所有之一切尝试。除了要造成拥护苏维埃制度之积极的斗士，善用马克思列宁主义为其战具，且在一切情况下，始终忠于党之政策者以外，现更进一步要训练真正之战士。各学校被彰明较著的宣称以造就红军中之军士为其目的，或者是各类资格之红军士兵（专科学校），或者是红军中之后备军官（高等专门学校）。学校全部学习时间1/5至1/3，应用于军事科学之研究及兵式操练；在所有高等专门学校中都设置军事学讲席（Lehrstühle für Kriegskunde）及军事研究所（Kriegs semiuare）；在专科学校中，以及七年制学校中，亦专设有军事科教席及军事室（Lehrämten für Kriegskunde u. Kriegsecken）。其军队化设施上之最可注目而异于其他国家者为其大规模的、彻底的组织，正如每一高等专门学校之隶属于某一特定生产部门之下一般，彼于军事方面，亦系分隶于红军之某一部队下。

每一高等专门学校及每一专科学校，除了各有其生产特性（Produktions spezialität）外，尚各具有军事的特性（Militärische Spezialität）。其类别有炮兵、装甲车兵、坦克车、化学战事、军医等等。各教育学院所专门之军事训练，为造就步兵之后备军官，各党员大学及苏维埃党校则造就红军之政治部人员，军队宣传者及内战之专家（der Spezialisten im Bürgerkrieg）。每一学校关于军事方面受某一军团之司令部（Oberkommando eines Armee korps）之指挥，惟所有关于军事训练之费用，仍由各该学校负担。

外此所有九年制及七年制学校，在此方面亦隶属红军之下。由上所述可知：全部学制不仅编隶于生产程序以内，而且同时成为苏维埃国家战斗器械之一部。

一二 阶级淘汰政策

甲 初期的情形

在苏俄教育政策之第二时期,中等教育及高等教育已被宣布为劳工阶级之特权,于是有所谓阶级淘汰政策(Politik der Klassenauslese)。

惟"主义后嗣者之陶铸"与"专门人才之训练"两种目的,内部常显示严重的矛盾性,故实际上不易贯彻。自从 1925 年以来,所有高等专门学校及专科学校之入学,须经过入学试验;于是从 1926 年来,便有提高七年制及九年制学校之教育平面之显著的要求,因而"阶级淘汰"之原则,遂大被限制。但在另一方面,当权者仍多方努力,使中等及高等专门学校学生之社会的成分"无产阶级化"("Proletarisieren")。

A. 按现制高等教育机关,对于"工人高等补习科"之毕业生,可完全免除入学试验;工人及农人中之某类,可以一部分免除。资产阶级子弟投考者,则限制其所占之席次,依高等专门学校之类别,其数目限定为10%至25%。在七年制与九年制学校,对于无产阶级之儿童,亦予以优先权。但是此项政策在"五年计划"以前,从结果上观之,实觉成效未著,此由最近莫斯科教育部所发布之周年报告,可见其实况:

学校类别	年份	俄罗斯邦学生之社会的成分以百分计			
		工人	农人	公务人员	其他
(一)七年制学校	1924—1925	34.2	25.1	26.2	14.5
	1926—1927	34.4	27.3	26.8	11.5
(二)九年制学校	1924—1925	30.1	11.4	37.5	21.0
	1926—1927	28.9	11.0	42.5	17.6
(三)第二阶段学校	1924—1925	15.0	25.4	37.2	22.4
	1926—1927	17.1	29.4	34.5	19.0
(一)初级职业学校	1924—1925	30.1	34.7	20.4	14.8
	1926—1927	29.8	31.2	28.0	11.0
(二)中等职业学校	1924—1925	17.7	36.5	31.8	14.0
	1926—1927	22.7	30.9	36.1	10.3
(三)高等专门学校	1924—1925	15.3	22.5	34.4	27.8
	1926—1927	25.3	25.3	37.5	11.9

由前表可见：仅在七年制学校及初级职业学校，工人占第一位；在纯正中学校及中等职业学校，以及高等专门学校，均以雇员（公务员）居首位，尤其令人注目者，为来自中产阶级者之百分数，有继续的增高之势。至所谓农人，其中至少有半数，是属于被称为中产阶级的"古拉克"（Kulaken 即富农）。至其他一类，亦是代表中产份子。又担任公务之工人，仍依其阶级来源，列入"工人"组内。综观该表，在初级职业学校及七年制学校之一部分，工人虽然占有60%左右；但在高级学校内，即逐渐降低；最后在高等专门学校内，仅有40%而已。

B. 尚有一点大堪注意者，即：工人阶级之生徒，只有极少数继续升到高级，多数则提早离校。其故不仅在于金钱方面之负担，实乃因为一般工人对于高级教育之日渐失望。又按1926—1927年之统计，工人阶级的学生之百分数在九年制学校中之减低甚为显著：在第一年级占有37.3%；至最后一级，便减至7.9%；同时公务员子女，则在相应班级中，由31.8%，增到54.2%。

在高等专门学校中，情形尤劣。此中之"觉悟的无产者"（"Bewussten Proletarier"）之百分数甚低。按1926年之统计，在14所高等专门学校内，党员及青年团员在第一学期占60%；至第三学期，便减低至42.8%；至第五学期，更减低到20.2%；至第七学期又减为8.5%；至第九学期则仅余3.9%而已。

乙　由"阶级选择"到"阶级动员"

阶级淘汰理论之内部的矛盾，在师范教育方面最为显明。苏维埃当局竭力设法要训练"赤色教授"（Rote Professuer），但一般特权的党人阶级，则多不愿从事教学生涯。在第十四次全俄苏维埃大会（XIV Allrussisch Sowjetkongress），鲁纳查斯基对于大会斥责教育部在此方面之努力有所未至，答复如下："这是很难做到的，去寻觅已经修毕了高级学程的党人或工人，使其为80卢布之月薪，再去受3年之教师准备训练。"一般党化的青年，似乎对于学问的和教育的活动，不若苏维埃当局之重视。彼等常避去学术的和教育的职任，而偏嗜政治的或经济的范围内之活动，因为报酬较高，前程较大。

苏维埃政府对于高等教育政策自始即为受下列公式之支配：养成少数超越的组织者不如造就多数中材的专家。一切高等教育机关每拒纳非出于普罗阶级之根源者，其录取学生非根据其教育的造诣，而本于其政治的考虑。因为一般工农子弟甚少有完成中学教育机会者，于是乃有特种学校之设，即所谓"工人高等补习科"是。其学生由党部或工会介绍入学，入学资格仅需具三R之知识，于此修业4年，匆遽的完成中学各科之纲要。此等学生年龄较一般大学初年生为高，虽备具若干经验，但颇缺乏系统的知识。按1930年所有180 000学生中，有 54 000 之年龄在 25 岁至 29 岁,而 28 000 人在 30 岁至 40 岁,高等教育程度之降低一部分亦出于此项理由。

按 1926—1927 年度之统计,高等教育机关内工人之百分数如下:工业 32.4%,社会经济 27.0%;农业 20.9%;医学 20.8%;教育 18.1%。从此可以略见彼等所乐从事之各种专业。

在 1929—1930 年度,阶级淘汰之应用于高等专门入学试验,愈进于严厉,结果,则教育专门学校中,竟致约有半数名额虚悬。于是乃不得不延长入学时期,并重新规定各类高等专门学校中为工人及党人所保留之名额如后:

实业工艺	75%	社会经济	65%
医学	60%	美术	50%
教育	40%		

为了一般普罗列塔利亚①阶级的分子显然表示对奉献于彼等面前之研究科学之鸡肋式的特权,无才力或无意利用,因此在 1928 年秋季已开始一种尝试,即以"阶级动员"(Klassen Mobilization)方法来替代"阶级选择",以强迫征调方式使各种共产主义的组织之分子,入各种专科学校及高等专门学校肄业。

由此方法,学生内之普罗阶级的成分乃大为激增,在 1930—1931 年度,其数目之在专科学校及高等专门学校者已达 50% 以上(在新经济政策时期之末年,仅 25% 而已),在若干高等工科大学中,其数目甚至达到 75%。

按苏维埃新闻纸时常谈及教育之军队化,实际上若将 1929 年以来所采取之教育政策径称为"军化时期",并非夸张之词。依此,在高等专门学校内,往往以自由志愿来学之学生(Freien Studenten),今乃为新式之"强制学生"(Pflichtstudenten)所替代。为了要增加预定计划上所规定高等工业专门学校中工人成分之百分率,工会之中央干部受有如下之命令:"1930—1931 年度,该组织必须派送不得少于千名之工人及党人入高等工业学校,次年定额为 3 千;对于农业专门学校,在该两年度,应派送农工及党人首一年 1 千人,次年 2 千人。此外还须于 1929—1930 年使 3 千合格的工人,1930—1931 年使 5 千合格工人,准备受高等教育;又须使农业及森林工人 2 千人,准备入高等农业学校。对于此等学生,除了给予规常的津贴外,还须供给学费,由其雇主(国立工厂等等)负担之。"

---

① 普罗列塔利亚,是无产阶级之意,在中国现代文学作品中常使用该词的简称——"普罗",常见如"普罗文学"、"普罗大众"等。——编校者

青年团之大本营,亦受党部命令:"每年须准备选派 5 千人以上入高等专门学校及专科学校。"甚至军队之政治部,亦受相类之命令:"当使退伍之工人及农人,准备受高等教育及专科教育,每年不得少于 3 千人。"

显然地为利便此等新募集之义务学生,所有入学试验、学期试验,以及习常必经之文凭考试,均在免除之列(1934 年以来,入学考试趋于严格,此节所述情形已有改变)。生徒之入学许可,每学期之升级,毕业等等,乃由特别委员会决定,在其中占多数者非教授,而为党之各种组织之代表。

此等义务学生修业期满后,仍须受中央及地方经济机关之指令,从事所专攻科目之生产事业,其年限不得少于 3 年。

按 1933—1934 年度高等教育机关学生之社会的来源百分数如后:

工人 50.4%,农人 16.9%,公务人员 32.7%,依其专习科目分之,如后表:

	工业	农业	经济	教育	医药
工人	64.6	37.1	46.0	29.8①	40.9
农人	7.8	34.4	9.2	24.9	21.3
公务人员	24.1	27.0	45.3	34.8	38.3

---

① 原书编著者在此处百分数的计算恐有误,因不知其原有的计算方式,故在此不予修订。——编校者

一三　民族与教育

甲　民族教育之设施

俄国革命,在教育领域内之最有意义的成绩,无疑的是在于新创的"民族教育"(Nationale Schulwesen)设施。如认其初等教育领域之进步,不过为革命以前的演进之迟缓的继续与完功,但在此方面,则不可不归功于革命之加速的影响。

少数民族在革命的俄国所享有之民族的自治权(Nationale Autonomie),可由其教育行政组织见之。

少数民族之教育,所受政府之扶持,似较俄罗斯民族为优。此点由其教育经费之分配,可以略见一斑。苏俄境内各自治省关于民族教育之实施,受有俄罗斯邦及苏联财库之特别补助金。俄罗斯邦之农人,乃是此种教育政策费用之负担者。不论苏维埃当局之真正政治目的所在,此举无疑的是对于历史上一种不公正的政策之补偿。帝政时代之俄罗斯化政策(Russifizierungspolitik)早为一般所非难,现时殆欲矫正过去之失。

就大体言,学制及行政之结构,课程之内容,及教授要目,教育政策之一般的倾向,在全苏联之各邦,及各邦内之民族自治省均大体一致。

所谓教育上之民族的自治,在实际上,仅以民族语言为限,关于此方面,革命以后颇有新建设。1927年12月15日之学校统计,列举在初等教育上所用语言,有60种之多,惟其中约有半数,应用范围极狭,而且多数小民族学校皆是两重语言的,即以俄语为第二教学语言。

苏维埃政府对于少数民族之教育政策,乃视其文化平面而加以分别待遇。例如,莫斯科教育部于1927年4月27日公布之原则即将各民族分为四类:第一类,散居而人数甚少,且无文字无民族文化者,应一律以俄语为教学媒介;第二类,虽无文字无民族文化,但居住密集,日常所操为其本族语言者,则此等民族为之设置土语之小学校,但中等以上则须以俄语为介;第三组,较大之民族自具文字及本土"文化"者,其初、中两级教育用其本地方言,但高等教育应以俄语为介,并在高等教育机关中为其特殊语言设一讲座;最后一类即人数众多之民族,住于密集之区域,有其语文及历史的传袭者,其所有一切教育机关连大学在内,均用其本土语言。合于最后一类之标准者仅有五种民族,即:俄罗斯、乌克兰、白俄罗斯、格鲁吉亚、亚美尼亚。

乙　各民族语言在各级学校中之分配

下表指示1927年度苏联各类学校中所用语言之种类：

幼稚园	30
第一级学校	66
第二级学校	18
七年制学校	28
九年制学校	12
职业学校	23
专科学校	32*
大学	5

* 大多数系用两种语言的

各种民族中，仅有20种在初级班中有超过10 000名之生徒，兹列表如后：

民族语言类别	人数	民族语言类别	人数
俄罗斯语 Russisch	4 654 000	哈萨克语 Kazakisch	53 000
乌克兰语 Ukrainisch	1 313 000	意第绪语 Iddisch	37 000
白俄罗斯语 Weissrussisch	297 000	波兰语 Polnisch	24 000
鞑靼语 Tartarisch	191 000	巴斯克语 Baschkirsch	19 000
亚美尼亚语 Armenisch	110 000	吉尔吉斯语 Kirgizisch	17 000
格鲁吉亚语 Georgisch	107 000	土库曼斯坦语 Turkmenisch	12 000
土耳其语 Türkisch	103 000	塔吉克斯坦语 Tadzikisch	
乌兹别克语 Uzbekisch	82 000	摩尔多瓦语 Mordava	各 11 000
德意志语 Deutsch	76 000	芬兰语 Finnisch	
楚瓦什语 Tschwasch	56 000	马利语 Marisch	

此外，入两重语言小学校之生徒，仅举其人数在10 000以上者，如后：

语言别	学生人数
俄·乌语 Russisch-Ukrainisch	87 000
俄·白俄语 Russisch-Weissrussisch	33 000

续 表

语言别	学生人数
俄・鞑语 Russisch-Tartarisch	62 000
俄・摩语 Russisch-Mordva	34 000
俄・发甲克语 Russisch-Watjak	31 000
俄・楚语 Russisch-Tschuwasch	15 000
俄・马语 Russisch-Marisch	12 000
俄・乞尔克士语 Russisch-Tscherkes	11 000

在七年制学校中，所用语言种别减少至半数，共计 28 种；其中仅有 8 种在七年制学校中，各有生徒 10 000 以上：

语言别	学生人数
俄语 Russisch	956 000
乌语 Ukrainisch	517 000
俄・乌语 Russisch-Ukrainisch	123 000
白俄语 Weissrussisch	73 000
俄・白俄语 Russisch-Weissrussisch	11 000
格鲁吉亚语 Georgisch	67 000
意第绪语 Iddisch	62 000
亚美尼亚语 Armenisch	18 000
俄・鞑语 Russisch-Tartarisch	15 000
德语 Deutsch	各 10 000
鞑靼语 Tartarisch	
俄・意语 Russisch-Iddisch	

在九年制学校，第二阶段学校及中等职业学校中，益趋向用俄罗斯语（在乌克兰及白俄罗斯九年制学校及第二阶段学校业经取消），总计完全用俄语者计近 900 000 名；用其他各种语言者，合计仅有 87 000 名在单一语言学校，54 000 名在双重语言学校。其中只有以下数种语言在此类学校中，各有超过 10 000 名之学生：

语言别	学生人数
格鲁吉亚语 Georgisch	32 000
乌克兰语 Ukrainisch	11 000
俄·乌语 Russisch-Ukrainisch	13 000
亚美尼亚语 Armenisch	均约 10 000 不满
白俄语 Weissrussisch	
德语 Deutsch	
鞑靼语 Tartarisch	
意第绪语 Iddisch	
土耳其语 Türkisch	
乌兹别克语 Uzbekisch	

丙 各民族之人口总数与学生数

下表指示各种民族全体学龄学童中，所入学校系用其本族语言为教学媒介者之总数及其百分比。

民族	学龄儿童数	用本族语言教学者	百分比
俄罗斯人 Russians	6 422 000	5 064 000	79
乌克兰人 Ukrainians	2 871 000	2 223 000	79
白俄罗斯人 W. R.	458 000	463 000	101
乌兹别克人 Uzbecko	346 000	108 000	31
哈萨克人 Kazaks	323 000	92 000	29
鞑靼人 Tartar	277 000	254 000	92
土耳其人 Turks	201 000	132 000	65
格鲁吉亚人 Georgians	187 000	192 000	103
犹太人 Jews	174 000	94 000	54
亚美尼亚人 Armenians	142 000	132 000	93
慕多人 Mordorians	117 000	39 000	33
德意志人 Germans	110 000	99 000	90
楚瓦什人 Chuvashs	97 000	94 000	97
塔吉克人 Tadsjiks	93 000	23 000	24
土库曼人 Turkomans	79 000	16 000	20

续 表

民族	学龄儿童数	用本族语言教学者	百分比
波兰人 Polen	71 000	35 000	50
吉尔吉斯人 Kirghizis	68 000	23 000	34
巴斯克人 Bashkirs	57 000	21 000	37
伐地克人 Vatiaks	42 000	40 000	95
马利人 Mary	54 000	18 000	53
摩尔多瓦人 Moldavians	26 000	16 000	62
西利亚人 Zyrians	19 000	17 000	90
布里人 Buriats	18 000	3 000	14
加米科人 Kalmyko	10 000	4 000	40

上表中百分数高于一百者乃包括受该类语言教学之其他民族之儿童在内。

将各种语言之学生数与各该民族之全人口数相比较，颇有兴趣。依苏联中央统计局1927年之报告，(此处仅取其十种最重要的民族)如后：

	在全苏联人口，1 000人中(照1926调查)所操语言之种别	在普通教育之学校之1 000名生徒中，其学校所用语言为其本族语言者。(1927)	在初等班之1 000生徒中，其学校所用语言为其本族语言者。(1927)
1. 俄罗斯人 Russen	567.3	624.3	609.1
2. 乌克兰人 Ukrainer	188.8	186.2	192.6
3. 白俄人 Weissrussen	23.7	37.7	39.3
4. 哈萨克人 Kazaken	27.1	6.6	7.1
5. 乌兹别克人 Uzbeken	27.8	8.7	9.7
6. 鞑靼人 Tataren	24.4	27.4	29.8
7. 格鲁吉亚人 Georgier	12.5	19.3	17.8
8. 土耳其人 Türken	11.8	10.3	11.2
9. 亚美尼亚人 Armenier	10.0	14.3	14.3
10. 德意志人 Deutsche	8.2	10.2	10.7

由前表不可遽行推断俄语人口比较其他民族所受教育特为完备。在全苏联，属于某种语言之1 000人中，其已入专用各该民族语言之普通教育学校者，数目如下：

语言类别	在全苏联	在各该民族本土
全苏联各类语言	72.7	—
白俄语	115.4	118.2
格鲁吉亚语	112.6	113.9
亚美尼亚语	103.5	100.1
德意志语	90.6	89.7
鞑靼语	81.6	80.8
俄罗斯语	78.8	78.9
乌克兰语	71.7	85.0
楚瓦什语	68.9	75.3
土耳其语	63.4	67.8
巴斯克语	63.2	67.0

由前表可见现有五种民族，各以其本民族语言所设施之普通教育，均比俄罗斯民族较为完备。

高等教育机关学生之民族的成分，现仅关于重工业专校有统计可考，据1933年统计百分数如后：

(1) 俄罗斯人63%。

(2) 乌克兰人13.8%。

(3) 其他文化开展之民族19.4%。

(4) 文化落后之民族16.8%。

在各民族中，犹太人、格鲁吉亚人、亚美尼亚人、鞑靼人及德意志人，所享受高等教育之机会均优于俄、乌两种民族；仅土库曼斯坦、吉尔吉斯斯坦，及其他亚洲部落民族，仍较落后，苏维埃政府颇努力设法使达于平均数。

一四 成人教育

甲 政治规范学校苏维埃党校党员大学

苏俄之党校自成一完整体系,计分为三级:

A. 低级之党校称为政治规范学校 乃为党员、青年团团员及预备党员而设。此类学校之课程间,彼此之差别甚著,每周上课时间4小时至8小时,为期3个月至2年。一般入学者之普通教育程度最低,在1927年学生中之非党员者仅15%。

B. 第二类之党校称苏维埃党校 乃专为造就将来之政治宣传人员及教育工作人员而设,所有生徒均由党部选派,并享受公费待遇;课程较前一类学校为广,兼课军事训练。修业年限2年或3年。据1928—1929年度之统计,共有587校,生徒43 400人。

下表系哈尔科夫(Kharkov)第二级苏维埃党校之1929—1930年度课程表:

哈尔科夫(Kharkov)第二级苏维埃党校课程表

科目	第一年 时数	第二年 时数
俄语	84	—
乌克兰语	200	
数学	150	
自然科学	84	112
经济地理	120	
阶级斗争史	242	32
党史、共产国际及列宁主义之基础	46	280
历史的唯物论	—	100
政治经济	214	16
经济政策理论及实际	—	270
农业集体化	—	—
帝国的建设与苏维埃的建设		62
党的建设		60
宣传之组织与方法	—	60
政治教育工作	20	78

续表

科目	第一年 时数	第二年 时数
"乌克兰化"（Ukrainization）	—	130
军事训练及体育	94	70
保留时间	68	50

C. 高级之党校称党员大学 学生皆募自党员及青年团员具有中学程度且有党务经验者（但对东方民族学生为例外），其目的为造就高级党部人员及苏维埃党校之教员。修业期间4年，有时为3年。据1928—1929年度之统计，党员大学计20所，学生9 400人，均国家公费生。

后所附表系中部伏尔加区、萨马拉（Samara）党员大学之"苏维埃建设系"（Division of Soviet Construction）之学科时间表。该系设三年学程（苏俄学校每周五日，但下表系每十日周各科所占之时数）。此外该党员大学尚设有青年团员（Komsomols）训练班（一年科）普通党员班（三年科）及少数民族特别训练班（三年科）。

此类学校原对党员及青年团员为强迫的，但迄未能实行。至1924年方开始实行强制入学。在1 000 000党员中，通过政治规范学校者368 000人，毕业党校者65 000人，受党员大学之教育者3 000人。

在1927—1928年度，莫斯科人民教育委员部为党员大学及党学校，共支出12 600 000卢布；同时为消除文盲所筹经费仅为1 076 000卢布；小学校仅得6 662 000卢布。在同年度苏维埃党校每生之维持费为545.4卢布，其高等补习班484.9卢布，每一党员大学学生，每年平均之费用为1 101.5卢布；其他大学（高等学校）每生之平均费用，包括生活费，仅得664.8卢布。

乙　民众政治教育机关之类别及数量

所有存立于"政治宣化"（Politischen Aufklärung）名目下之"成人教育"机关，乃是由党学校所训练之宣传者及行动者用其所学之场所。

A. 为非党员所设之教育机关多数为所谓"文盲消除所"（Liquidationspunkte），其工作为"文盲消除"与"政治宣化①"相携并进，以期消除所谓政治的文盲。此外，又有"工人俱乐部"（Arbeiterklubs）、"民众公舍"及"农人

---

① 宣化为教化之义。——编校者

每十日周之时数

科目	第一年学程			第二年学程			第三年学程			总计
	第一学期	第二学期	合计	第一学期	第二学期	合计	第一学期	第二学期	合计	
俄语及外国语	12	12	300	6	6	150	4	4	100	550
数学	14	6	250	—	—	—	—	—	—	250
物理学	6	6	150	—	—	—	—	—	—	150
化学	2	8	125	—	—	—	—	—	—	125
生物学	10	2	150	—	—	—	—	—	—	150
经济地理	10	10	250	—	—	—	—	—	—	250
东方及西方历史	16	16	400	—	—	—	—	—	—	400
政治经济	—	—	—	16	16	400	—	—	—	400
党史及共产国际	—	—	—	12	16	350	—	—	—	350
U.S.S.R.人民史	—	—	—	16	—	200	—	—	—	200
辩证的唯物论	—	—	—	—	—	—	10	14	300	300
列宁主义	—	—	—	—	—	—	8	12	250	250
苏维埃经济理论	—	—	—	—	—	—	8	—	100	100
社会主义的农业改造	—	—	—	10	10	250	—	—	—	250
五年计划	—	—	—	—	—	—	14	14	350	350
农学	—	10	125	6	6	150	6	6	150	425

续　表

科目	每十日周之时数									总计
	第一年学程			第二年学程			第三年学程			
	第一学期	第二学期	合计	第一学期	第二学期	合计	第一学期	第二学期	合计	
农业之机械化	6	—	—	—	8	100	—	—	—	100
集合农场之组织	—	6	150	—	—	—	—	6	75	75
马克思主义苏维埃法律及宪法	—	—	—	—	—	—	4	—	50	150
苏维埃建设理论与实际	—	—	—	—	4	50	6	4	125	100
苏维埃立法经济农业劳工及用事法律	—	—	—	—	—	—	—	4	125	125
文化建设民众教育	4	4	100	—	—	—	6	6	75	75
军事学说及体育	—	—	—	4	4	100	6	6	150	350
苏维埃组织实习	—	—	—	8	8	200	8	8	200	400
保留	—	—	—	2	2	50	6	—	75	125

公舍"(Volks = u. Bauernhauser)、"图书馆"、"农人读书处"(Bauernlesehütten)。大多数之图书馆皆系新设,内容大半仅有党义的宣传品;农人读书处仅占公共会所或村苏维埃公所之一室或一隅。"列宁室"或"赤色室"(Lenins-oder、Rote-Ecke)设于一切公共场所,其中置有中央及地方苏维埃之新闻纸,该处同时并为共产主义乡村组织之办公处。以上总称为政治宣化之民众机关(Massenanstalten),其经费列入地方苏维埃之预算书内。在1927—1928年度,俄罗斯邦共支出38 500 000卢布,其中仅4 670 000乃用于消除文盲。此外戏园电影院亦均为民教重要机关。无线电之发达尤为迅速。1928—1929年之估计,各地广场所装置之无线电播音机,足以传达到民众124 500 000之多云。

兹将1929年所有政治教育机关之类别及数量列表如后:

政治教育机关之名称	机关数	英译名称 C. = Course;S. = School*
工人教育科	594	C. for the Education of Workmen
青年工人科	82	C. for Juvenile Workmens
农人科	816	C. for Peasants
高级(民众)学校	634	S. of Advanced type
高等教育机关预备科	67	Preparatory C. of higher type
工人大学	77	Workmen's universities
苏维埃党校	934	Soviet Party S.
第一阶段识字者之学校	8 272	S. for those who are in the Ist stage of literacy
文盲消除学校	42 097	S. for liquidation of illiteracy
各类政治教育机关等	24 770	all Kinds of Political-eductional Institution

在1929年初,苏联有以下各种非学校式之民众教育机关,列表如后:

英译名称*	机关数	机关名称
Libraries	29 006	图书馆
Clubs	5 585	俱乐部
Cottage Reading Rooms	21 941	读书室
Peoples Homes	1 219	民众公舍
Peasants Homes	1 062	农人公舍
Theatres	1 201	戏园

续表

英译名称*	机关数	机关名称
Concert Halls	37	音乐院
Circuses	38	马戏园
Cinemas	4 093	电影院
Music Halls	719	乐舞厅
Red Cosy Corners	44 774	赤色室

注 以上各表均录自"the statesmans yearbook, 1932"

丙 文盲消除工作之进展与效果

在帝俄时代,以消除文盲为目的之成人学校业已存在,惟多出于私人之努力;大规模之设施,乃十月革命胜利以后之事。苏维埃当局自始即认消除文盲为其最重要且最迫切之工作,惟在内战时期,侧重政治宣传之目的,于识字目的似未十分置意;至内战终了以后,成人教育始渐进于系统的组织。为此种目的而设置之文盲消除所(Likpunkte),每周授课6小时,修业期原为4个月,至1929年拟延长为6个月,或8个月至1年。在1920—1921年度,全苏联总计有40 967所,受教之成人1 158 000人,惟至1923—1924年度逐渐减少至535 000名。为阻止此项不幸现象起见,乃于1924年开始实行强制办法,凡党员、工会会员、国营事业之工人、受领失业津贴者等,都需入学。至1924—1925年度,受教者总数又增加1 396 000;1925—1926年达到最高限度,共1 639 000;但下一年度即降为1 554 000;1927—1928年度又减少为1 318 000(文盲消除所计42 177所)。

按1920年之全苏联人口统计(不完全),35岁以下之不识字者达15 000 000人;从1918至1928年,经通过文盲消除所者,约有8 000 000名,但文盲人数之减少殊微。

又按1926年之人口统计,12岁以上人口之不识字者约计有48 000 000,城市人口占24%,乡村人口占55%,其中男约34%,女约63%。(在1926年,160 000 000人口中,不识字者占66%;若仅计16至50岁者则为45%,即35 000 000人。)

按全人口中之能写读者所占百分数如后:

1897年 22.3%,
1920年 31.9%,
1926年 39.6%。

如专计算其中 16 至 50 岁的人则识字者百分数如下表：

		市区	乡区
1926	男	88.3	68.2
	女	71.0	32.3
1930	男	91.2	79.8
	女	76.7	46.0

10 岁以上人口，入校或参与文盲或半文盲的教育训练设施的数量，已经逐年剧增，过去三年的情形如下：

年度	人数
1927—1928	1 300 000
1928—1929	2 700 000
1929—1930	10 500 000

受教成人之数目：

1928—1929　　　1 648 591
1929—1930　　　6 277 453
1930—1931　　　207 671

其中有复成文盲者须重行入学。

又据 1933 年 2 月 6 日塔斯社莫斯科电：苏俄人民教育委员长波勃诺夫报告第一届"五年计划"中苏俄文化之发展，据云："第一届'五年计划'中消减之文盲达 17 700 000 人；在 1919 年，苏联人民 33％为文盲，现人口之 90％为受教育者。"云云。

丁　劳工大学

因为工人方面之有力的要求，1926—1927 年度，莫斯科之教育部开始于各个工人中心地点，设立若干民众高等学校（Volkshochschulen）。在 1918—1919 年，此类学校已一部分改为大学，一部分改为党校，另一部分则完全闭歇，至十月革命后之九年，方又复活，但另易新名目，称为劳工大学（Arbeiteruniversitäten，此与工人高等补习科，不可相混淆）。此等学校之入学资格为修毕初级学校，年龄 18 岁以上；每周上课 16 小时，修业期间 2 年（或作 3 年至 4 年）。其教学重心在于普通教育，尤其是科学教育及实用科目。1926—

1927年度，此类学校全苏联有21所，学生5 380名；1927—1928年，有62所，学生15 600名；1928—1929年度有69所，学生23 500人。然亦究竟不过为"政治宣化"之海洋中之小岛而已。

戊 "政治教育"之近年情况

此等政治教育机关在革命初期之力量，自不容否认，但到了稳定时期以来，一切根本改变，公家之定期刊物，每指陈此类"政治宣化中心"之甚少居民过问。地方苏维埃对于政治宣化之民众机关为负责者，屡经莫斯科教育部一再训令，用于政治宣化之经费在全部教育预算者，不得少于17％。事实上，则其比例在1925—1926年为12％；1926—1927年为11.5％；1927—1928年为11％。

据教育部视学员之报告云："常闻地方苏维埃议论，谓：设立读书处或消除文盲所，殊不值得，不如将此项经费用于设立新的学校为得计云。"

己 "工人高等补习科"

工人高等补习科(Rabfacs，德译诈Arbeiterfaekultaeten)是为一种专为成年失学者(限于青年团员)所设之高等学术研究之补习机关。学生年龄18岁至30岁。其入学资格为：(1)有若干年之农人或工人地位；(2)须了解简易算术；(3)须能读书并能用口语或文字发表意见；(4)须曾受一般的政治训练。

工人高等补习科有白日及夜间二类，修业期间通常为4年，亦有3年者。

下表是Uzbek workers faculty(在Samarkand)之课程表，修业期间3年，分6学期，每学期28星期。

科目	全时数	全学期时数	第一年		第二年		第三年	
			第一学期	第二学期	第三学期	第四学期	第五学期	第六学期
本土语言	728	26	8	6	4	4	2	2
俄语	896	32	8	8	6	4	4	2
苏维埃建设	112	8	4	4	—	—	—	—
阶级斗争史	448	16	—	4	4	4	4	—
政治经济	168	6	—	—	—	—	4	2
经济政策	56	2	—	—	—	—	—	2
地理	280	10	4	4	2	—	—	—
自然科学	392	14	2	4	4	2	2	—
物理学	504	18	—	—	4	4	4	6

续 表

科目	全时数	全学期时数	第一年		第二年		第三年	
			第一学期	第二学期	第三学期	第四学期	第五学期	第六学期
化学	224	8	—	—	2	2	2	2
数学	1 400	50	8	8	8	8	8	10
图表法（Graphs）	168	6	—	—	—	2	2	2
体育	168	6	2	2	2	—	—	—
军事训练	168	6	—	—	—	2	2	2
专攻科目	336	12	—	—	—	—	4	8
合计	6 048	220	36	40	36	36	36	36

工人高等补习班自 1920 年至 1931 年之发展情形可由下表见其梗概。

工人高等补习科之班数及学生数

年度	校数	学生数（单位千）
1920—1921	54	18
1921—1922	85	27
1922—1923	108	39
1923—1924	130	46
1924—1925	113	43
1925—1926	108	47
1926—1927	109	46
1927—1928	147	49
1928—1929	177	57
1929—1930	239	68
1930—1931	604	151

又据另一报告谓此类学校学生数在 1933 年度之始已增至 444 000 名，较两年前突增几 3 倍。

一五　文化五年计划

甲　原始的计划

所谓文化五年计划,是伴随实业五年计划而发生的,其目的为完成苏联之工业化。由苏联当局所拟订之计划书,可略见其全盘之教育政策及其对于谋教育进步之努力。此计划实际上将中学及小学之容量加增1倍,职业学校增加3倍,并训练新教师约10万人;在校舍方面多利用现有者,而实行分班轮流上课办法(二部或三部制),教师不足则令原有教员担任二部学生之教授,同时又以军事方式动员多数大学生及青年党员,使任小学教职。中学之高级皆变成专科学校,原有专科学校许多变成高等专门学校。因为侧重专精之故,普通中学及"大学"在统计表中遂失其存在。此在乌克兰政府原早于1922年废除,至是全苏联各邦亦起而仿行。

兹将其计划书中之重要项目,列表于后:

苏联教育五年计划简表

	项目	1927—1928年	1932—1933年	较1927—1928年增加百分数
(一)	幼稚园儿童数目	107 000	217 000	102.8
	就4岁至8岁儿童全数百分计	0.6%	1.2%	
(二)	义务教育学校之儿童数目(包括其他各类学校之前四学年)	9 942 000	14 186 000	42.7
	就全数学龄儿童(8岁至12岁)之百分计	70.2%	90%	
(三)	已销除之文盲数目*	1 315 000	2 570 000	171.5
(四)	读书处	21 876	38 283	75.0
	图书馆	22 892	34 338	50.0
	俱乐部及民众公舍	11 573	14 466	25.0
(五)	七年制学校学生数目(第五学级至第七学级)	1 250 000	1 561 000	25.0
	九年制学校学生数目(第八学级至第九学级)	149 000	316 000	12.0

续表

项目		1927—1928年	1932—1933年	较1927—1928年增加百分数
(六)	高等教育机关学生数目	185 000	209 000	13.0
(七)	专科学校及中级职业学校学生数目	222 000	327 000	47.3
(八)	中等资格劳动力之改造机关(即职业补习教育机关)	343 000	1 541 000	350.0
	其中在工厂学校者 Fabrik-Schulen	89 000	225 000	152.7
	在低级职业学校者	31 000	45 000	45.1
	在短期(3至6个月)夜班者	41 000	813 000	1 883.1
Ⅰ.	第一级学校之每生教育费	3.29卢布	4.20卢布	27.0
Ⅱ.	第一级学校建筑费按每名学生计算	6.15卢布	10.00卢布	62.0
Ⅲ.	小学教师之平均月薪	47.00卢布	80.60卢布	71.0
Ⅳ.	每名人口之平均教育费	6.84卢布	13.91卢布	103.0

* 按全数应待消除之文盲数在35岁以下者,计有18 000 000;
又按1926年统计,全苏联12岁以上之文盲共54 000 000左右云。

照此项计划拟订者之估计,实现该项计划共需9千兆卢布(Tscherwonetz-Rŭbel),其中2千兆供建筑校舍,1千兆供生徒之物质的补助。

乙　初步成绩

文化计划在事实上已实现到何程度,由后附之五年计划进度表即可了然。在第一年(1928—1929年)度靠了非常的宣传与所谓"文化战阵"(Kultŭrfeldzug)之努力,文盲消除所所收容之不识字者总数,较原为1928—1929年度所预定者,多出2兆半(超出40%)。但在他方面,则中央及地方当局,在该年度所支出学校建筑费仅及预定数52%。初等学校生徒之增加,在1928—1929年度,为4.9%,较前二年度(1926—1927年为4.5%;1927—1928年为3.6%)所增甚微;比较预定计划,应增至6.9%者,显然未足。

从1930年以来,高等及职业教育之太半,其经常费非取给于教育部,而乃仰给于苏联国民经济委员会及农业人民委员部、健康人民委员部以及苏联邦交通人民委员部等机关。其他学校亦同样日益倾向此种状况。

各邦之教育部及地方教育机关,仅担负此等机关维持费之一部分。其他日益增长之费用则出自一般集合农场、工厂,以及地方之工会、消费合作社等,而

丙 原始计划之修改及进展

在原始的"五年计划"中,编制者颇知就可能的限度以内着手。因此原始的"五年计划"并未计及学制之改造,不过增设各种短期职业科,补充现有学校之所不足,并不欲取而代之。就编制者之教育的观念形态(Pädagogisch Ideologie)观之,似乎与新经济政策时代末年之无主旨的"机会主义"几乎无从区别。其所最侧重者,乃是训练农村工业化所必需之"合格的劳动主力军",而对于所当依据之党义的教育学理并未深加措意。

因此1928年末所公布之《文化五年计划》,颇引致党内一部分人士之严刻的批评。其大意谓其数字上之所表现,至堪挪揄:按该项计划,到1933年只有1.2%的学龄前儿童可以在幼稚园受社会主义的教育;必须到"五年计划"之最后一年,始能令全体学龄儿童入学,而且只限于四年制学校;并且要待到1933年,此类学校之第一年级事实上才成为普遍的和强制的。又原始计划仅拟消除35岁以下之文盲,而遗弃在第一个社会主义的国家之2千万文盲于不问。

因为上述之不满意论调,于是对原计划有所修改,特别是关于量的方面,而不复顾虑一切经济上的可能性。其结果,将1929—1930年度之原定数字,加以修改,几于增多1倍;并决定四年制学校之普及,应在"五年计划"之第三年(1931年)完全贯彻;1931—1932年度,应有600 000儿童在幼稚园(在1927—1928年度,仅107 000);2千5百万成年人在不识字者学校(原始"五年计划"定为3百万);应700 000青年新被收容于工厂青年学校(较1928—1929年度增加10倍)。

于时,教育部被称为文化革命之参谋本部(Generalstab der Kulturrevolution),而各地方之教育官署,亦被指令参加所谓社会主义的竞争("Sozialistichen Wettbewerb")。

下表系五年计划在首三年之进展情况:

教育五年计划之进展

全苏联	五年计划开始前一年	第一年	第二年	第三年	增加百分率
	1927—1928	1928—1929	1929—1930	1930—1931	
幼稚园	2 132	2 449	3 093	5 690	167
儿童	104 386	128 392	170 380	331 623	218
第一阶段学校	108 658	114 224	121 306	136 026	25

续表

全苏联	五年计划开始前一年	第一年	第二年	第三年	增加百分率
学生	8 350 551	8 804 965	9 849 336	13 046 409	56
七年制学校	5 484	5 728	5 925	8 038	46
学生	1 958 579	2 068 614	2 222 854	3 562 440	82
青年农人学校	1 015	1 348	1 927	4 326	326
学生	87 942	131 464	207 402	600 026	582
九年制学校	892	959	1 067	382	-57
学生	566 876	644 753	777 879	289 043	-49
第二阶段学校	955	895	854	305	-68
学生	315 426	331 649	344 326	114 753	-64
青年学校	1 218	1 275	1 577	3 398	179
学生	76 823	93 361	101 915	157 564	105
工厂及职业学校	1 733	1 809	1 927	2 764	59
学生	174 407	193 998	229 766	516 834	196
专科学校	1 033	1 054	1 111	2 932	179
学生	188 542	207 828	235 563	593 710	214
夜间职业科	2 331	2 857	3 238	5 251	125
学生	193 709	232 068	307 048	505 872	166
工人高等补习班	147	177	239	694	372
学生	49 233	56 652	68 185	150 823	206
高等教育机关	129	129	151	537	316
学生	159 774	166 824	191 055	272 125	70

丁　第一"五年计划"结束时之情况

实业五年计划原定 1933 年(11 月)结束,旋提早于 4 年完成;所伴随之文化五年计划,自亦不得不随而提前于 1932 年 12 月 31 日作一结束。

俄之人民教育委员长波勃诺夫(A. S. Bubnov)于 1933 年报告,谓:苏联文化之成功已达 100%。惟考诸实际亦有未能认为满意之点。从 1931—1932 年冬季经济情况之锐利的衰落,使文化建设情况亦为之减色。试读此时期莫斯科《教育委员部公报》(旬刊),可见其当局者虽然仍在继续奋斗,实业已陷于筋疲力尽,仅图竭力防御其已获之地位,更无向前推进之余力。

关于实施七年义务教育一事，吾人虽有所闻，然从1931年11月之电令以迄1932—1933年度中，在教育当局方面始终缄默。反之，常于公报上见到四年制义务学校前线（Front der Vier jähri-gen Pffichtschule）崩溃之消息。教育当局者（于1931年公报）证实1931—1932年度，四年制义务学校计划未能满意实现，且有多数省区，生徒事实上入学者未能超过85%，而在中伏尔加与伊凡诺夫斯基工业区域（Mittelwolga u. Ivanovsky Industriegebiet）甚至减退到40%至50%。更有多数地方事实上新学年迄12月（1932年）才能开始。

教室之不敷，燃料、教学用品、教科书，以及教师之缺乏——一切普遍的贫乏皆为陷教育状况于艰难境地之理由，而征服此等贫乏，乃成为中央及地方教育当局之主要工作。

关于校舍建筑方面，因为建筑材料之缺乏，往往迁延年月不能完工。在伊凡诺夫斯基工业区，所有业已动工之33所校舍，迄于1932年1月尚无一所完工。甚至在列宁格勒区，其所建筑校舍至1932之新年亦仅克完成70%。即在莫斯科，曾以于1917年至1930年间完成新校舍23座，而引起世人之欣羡者，乃其教育当局于1931—1932年度竟不克完成单一新建筑。俄罗斯邦在1933年共建新校舍3 590所，多数在莫斯科及列宁格勒。然在全数160 000校中，所占数仍甚微少，多数学校仍需采行二部制，甚或需采行三部制。

此外，桌椅用具、工作器具，以及最简单之教学用品皆极形缺乏。在1931年之初，莫斯科之教育当局尝宣称一般学校之家具及教具仅够上最低限度常模10%至15%。教科书则因课程标准时加修改，在1931—1932年，所有前一年度编印之教本至下一年度之始，即被党部认为不适用。新课程于二、三两月公布，新教科书于四、五两月（即学年将终时）方才刊出，而此项新教本又均为各邦人民教育委员会议于其6月21日之决议指出其缺点，并认编者之科学的与方法的资格异常薄弱云。

除以上各方之贫乏以外，各级学校教师亦非常缺少。其结果乃不得不降低教师之资格。在1932年之公报上，揭载创设2周的及1个月的短期科，以训练幼稚园教师，所收学生每系前此不久方修完成人识字班之妇女，至于曾经毕业四年制学校之将来的幼稚园教师已经被目为不易达到之常模。即在一般初等学校中亦往往被此辈正式教育未能超过四年制学校之速成教师所充溢。1931—1932年度，在此等短期科受初等学校师资训练者在若干邦及区域，甚至达到80%，平均约占50%，都是仅具有初等教育程度者。在此时间，一般被认为理想标准之教师便是修毕青年农人学校或七年制青年工人学校，而年龄在17

岁以上者。此时一般年岁较长的及教育程度较高的教员,每被此辈少年的短期师范科出身者排挤于初等教育界以外。在1932年,统计莫斯科之小学教员中,仅具有初等教育者竟在1/3以上,其他各地可知。又按在1933—1934年度,俄罗斯邦所有初级学校教员330 000人中,有75 000仅受过4年初级教育,大多数未经专业训练。此固一方由于"劣货币驱逐良货币之原则"(Grahamgesetz)[①]之当然结局,然而一部亦系出于教育行政当局之一种有意的方略。盖行政当局者每将四年制学校中之较优秀的教员,大批地调充为七年制学校教师,因为在该类学校中亦同样极感师资之缺乏;另一部分之优良教师则被集中于所谓"模范学校"(Musterschulen,此类学校由党部之"九月决议"令各区各设置一所)。其结果,致七年制学校亦为短期训练生所充斥,此等前任初等学校教师,仅受2个月甚或仅1个月之师资训练。更推而上之,在较高级学校,情形正复相似。七年制学校之旧有优良教师,多被调充专科学校教职,而专科学校教师往往又被任用为高等专门学校之讲师及教授。

为图补救此种缺点,在1931—1932年度,乃提出提高少年教师资格(Hebung der Qualifikation der Junglehrer)之口号。所用方法为奖励教师由函授学科等等进修,惟一般教师因需参加党部,苏维埃行政部及有时亦有由教育部所发动之各种运动宣传,以致自习进修时间极少。至于教师之法律的和经济的状况在"五年计划"下亦未见改善。教师薪金发放往往后期数月。以此诸般原由,据云在1931—1932年度有教员18 000人离职,而另觅报酬较优、地位较稳之职位云。

在1931—1932年度,学生之缺乏亦为严重事态之一。幼稚园及初等学校之生徒常形过于拥挤,然高级职业学校则殊感不足。盖在1930—1931年度,第二阶段学校及九年制学校之高级班,既相率改为"专科学校",并有一部分改为高级工厂学校,以是在1年以后,高级教育机关即已感觉来学者之稀少。盖九年制学校及第二阶段学校既被取消,普通教育之学校惟余七年制学校一种。事实上此等学校远不足以供给一切新开专科学校所需之学生,因此乃不得不降低专科学校之入学程度。补救方法为创设一种短期预备班。此种速成科初创于1931—1932年度,名为Dozaŭč,可视为一种低级的"工人高等补习科",其目的

[①] 劣货币驱逐良货币之原则又称格雷欣法则,是指当一个国家同时流通两种实际价值不同而法定比价不变的货币时,实际价值高的货币(良币)被熔化、收藏而退出流通领域,而实际价值低的货币(劣币)反而充斥市场。——编校者

定为于6个月时间,学完通常七年制学校一学年之课程。

戊 第二"五年计划"之展望

第一次"五年计划"既完结,从1933年新岁起即开始实业第二"五年计划",而在教育上亦随同而有新的开展。其详情现尚未见记载,兹惟述其大略。在第一次"五年计划"中,各级学校因为竭力注重数量之增加,难免发生"粗制滥造"之弊端。此种情形在第一"五年计划"之末年已为当局所见及,于是有改订课程,编印教本,恢复考试,排除新教育方法,提高教职员之权能,重立学校纪律等等措施,目的不外谋学校教育之质的改进。

第二"五年计划"所悬之鹄的为:于该时限之内,使初等教育普及于落后的民族及游牧的部落,并消除50岁以下工人间之文盲。从1933年并拟推行七年之义务教育。同时为迅速提高中学生之普通陶冶与泛艺的训练之平面,以便供给高等专门学校以准备充分的学生,于是乃令苏联各教育行政部从速将七年制学校充实为十年制学校,并且在1932—1933年度实行增设第八学级。

苏俄第二"五年计划"(1933—1937年)据合众社莫斯科1932年12月30日电:据苏俄政府机关报《消息报》,苏俄政治局已批准发展苏俄工业之第二"五年计划",程序中规定,在此项计划期内,将训练熟练工人500万人,专门人才34万人。

其纲领之第三部为"工人与农民之物质的与文化的水平之改进计划",照录如后:

国家对于工人与雇员之文化与生活(如社会保险、教育、卫生保障等),支出将大大增加。1937年当为9 000 000 000卢布,而1932年则为4 000 000 000卢布。在第二"五年计划"期间,不仅文盲与半文盲全部消灭,且七年普通的义务教育,将在城市与乡村中一律完成。根据此项计划,学生数目将自1932年之24 000 000人,增至36 000 000人。学校以外之教育,如城市及乡村图书馆、俱乐部等将大事扩充。

第二"五年计划"内,为共营住所与文化建设两项之投资总额定为32 000 000 000卢布,占苏联整个国民经济中投资之1/4云。

关于第二"五年计划"开始以来,各类学校教育机关数字上之增加,教育方针之改变,已散见以前各章者均不再赘述。

本篇主要参考书目

1. Hessen, S. and N. Hans: *Fünfzehn Jahre Sowjetschulwesen*, 1933.
2. Pinkevitch, A. P.: *the New Education in the Soviet Republic*, 1929.
3. Nearing, S.: *Education in Soviet Russia*, 1926.
4. Wilson, L. L. W.: *The New Schools of New Russia*, 1928.
5. Woody, T.: *New Minds: New men?*, 1932.
6. Blonsky, P.: Russia (in Educational yearbook 1927).
7. 山下德治:《新兴俄国教育》,祝康译,上海:中华书局,1931年版。
8. Wilson, L. L. W.: *Newest Schools in Newest Russia* (School and Society, Jan. 28. 1933).
9. Kandel, I. L.: *Comparative Education*, 1933.
10. Hans, N. and S. Hessen: *Educational Policy in Soviet Russia*, 1930.

第四篇
日本教育制度

一 国势大概

日本本部包括本州（Honshu）、四国（Shikoku）、九州（Kyushu）、北海道（Hokkaido）及若干较小岛屿，合计面积 381 860 平方公里；若并入原属我国之台湾、朝鲜及库页岛（Saghalien，日语作 Karafuto，桦太岛）之一部分计之，则达 1 076 789 平方公里①。

人口依 1930 年（即昭和五年）10 月 1 日之统计，内地（即本部）计 64 447 724，较 1925 年增 4 710 902，即增加 7.9％；又如加入台湾、朝鲜及桦太岛之一部分，则有 90 395 041 人。

人民职业别，依 1920 年之统计如后：农林业 51.6％；水产业 2.0％，矿业 1.6％；工业 19.4％；交通业 3.8％；商业 11.6％；公务自由业 5.3％；家事使用人 0.1％；其他有业者 1.9％；无业者 2.9％。

日为君主国，各部行政事务分置外务、大藏、司法、拓务②、陆军、海军、文部、内务、农林、商工、递信、铁道各省，为中央最高行政官厅；各省大臣均为国务大臣，内阁总理为国务大臣之首席，合全体国务大臣，组织内阁。

地方行政之最高区划为府、县及北海道。府、县之行政长官为知事；北海道设北海道厅长，其地位权能与府县知事相同。

下级地方区划为市、町村，其行政首领为市长及町村长。市长原则上为有给官吏，町村长原则上为名誉职。

全国分设 1 道（北海道）3 府（东京 Tokyo、大阪 Osaka、京都 Kyoto），43 县，109 市，11 761 町村。

教育经费依 1927 年（即昭和二年）之统计，中央政府负担 26.5％，地方负担 73.5％。

---

① 此处日本的领土，包括台湾、朝鲜、库页岛，主要由于日本在 1895 年甲午战争与 1904 年日俄战争中取胜，从中国、朝鲜掠夺了领土。——编校者
② 拓务省是日本于 1929—1942 年所设置的省，主要掌管殖民地统治事务。——编校者

二 教育行政机关组织

壹 中央教育行政机关——文部省

文部省掌理全国教育、学艺及宗教各项事宜。该省置文部大臣及次官，内部除大臣官房外，分设六局一部，如后：

A. 专门学务局 分学务、学艺两课。

子 学务课：职掌关于大学、高等学校、专门学校、研究所、留学等事项。

丑 学艺课：职掌关于帝国学士院、帝国美术院、各种观测所、学术委员会、学术研究会等事项。

B. 普通学务局 分学务、庶务两课。

子 学务课：职掌关于师范教育、中学校、高等女学校、小学校幼稚园、盲聋哑学校等事项。

丑 庶务课：职掌关于国库负担市町村义务教育、小学教育、师范教育及盲哑教育诸经费等事项。

C. 实业学务局 分商工教育、农业教育两课。

子 商工教育课：职掌关于商业、工业、商船等学校，及职业教员养成所等事项。

丑 农业教育课：职掌关于农业、水产等学校及其教员之养成等事项。

D. 社会教育局 分青年教育、成人教育及庶务三课。

子 青年教育课：职掌关于青年团体、青年训练所、实业补习学校等事项。

丑 成人教育课：职掌成人教育、图书馆、博物馆及关于社会教育团体等事项。

寅 庶务课：职掌关于电影、民众娱乐、生活改善等事项。

E. 图书局 分编修、发行两课。

子 编修课：职掌关于各级学校教科用书之编辑，及国语调查等事项。

丑 发行课：职掌关于各级学校应用图书之发行、调查、检定、认可等事项。

F. 宗教局 分宗教、保存两课。

子 宗教课：职掌关于各教派宗派之寺院堂宇、僧侣及教师等事项。

丑 保存课：职掌关于国宝保存、史迹、名胜及天然纪念物保存等事项。

G. 学生部 分学生与调查两课。

子 学生课：职掌关于指导学生之思想及其思想运动之事项。

丑　调查课：职掌调查学生之思想，关于思想诸问题，以及国内外社会思想之趋势。

H. 文部大臣官房　设以下五课，分掌诸事项：

子　秘书课，

丑　文书课，

寅　会计课，

卯　建筑课，

辰　体育课。

关于全国学务视察，设督学官15人。

关于教育事项之最高咨询机关，为文政审议会，其任务为：审议振兴国民精神教育之方针及其他关于文化行政重要事项。惟该审议会之委员多非教育专家，且其贡议又限于政厅所咨询顾问范围以内事项，故不易充分发挥其职能。该机关直属于内阁。

贰　地方教育行政机关

A. 道府县　全国各府、县于知事官房外，设有专司教育事宜之"学务部"；北海道厅长官官房外，亦设"学务部"。各府县及北海道之学务部内部分为若干课。

道、府、县受国家之委任，设置中学校、师范学校、实业学校、专门学校、测候所、农事试验场等机关。以上各类学校所需教育经费，应由道府县负担。

全国各府县共设视学76人，北海道厅设视学13人，其职务为视察所属各级教育机关。

B. 市町村　各市町村，管辖各该区域内之小学校。大市每设市教育局（例见后）。依法令，设立寻常小学校，为市町村义务上必要之事务，市町村长管理小学教育之督促就学事宜。至于设立高等小学校、中学校、高等女学校、实业学校，则为随意执行之事务。市町村应负担小学教育费用。

叁　东京市学务局

东京市人口据最近（1930年）之调查，共有5 408 000人，故其教育设施，亦最繁多。其教育行政机关为市教育局，内部分设以下各课：

（1）学务课：包括庶务、管理、教务及学校卫生四挂。

（2）社会教育课：包括成人教育、教化施设两挂。

(3) 视学课：包括教化、职员两挂。

该局局长以下，设视学 7 人，视学兼务 7 人，主事 4 人，技师 3 人，讲师 3 人，此外有事务员，雇员若干人。

市学务委员会，为市长之咨询机关；又事务委员之人选，包括市会议员 6 人，市参事会议员 3 人，市公民中选举 4 人，市立小学男教员 2 人；该会之委员长由市长就市参事会议员中指定一人任之。

市学务委员会对于市立学校设备、基金、预算、决算、教授科目、修业年限及就学之督促，补习科之设置废止等事宜，得贡献意见，但无决议权。

市町村小学之管辖，由市町村长负责；同时设学务委员会，为关于学校行政之顾问机关。学务委员之名额，通常为 10 人以下，但较大都市，人数往往略有增加，如东京市有 15 人，大阪市有 12 人。充当学务委员者不限于教育界分子。

（附）日本教育行政组织系统图

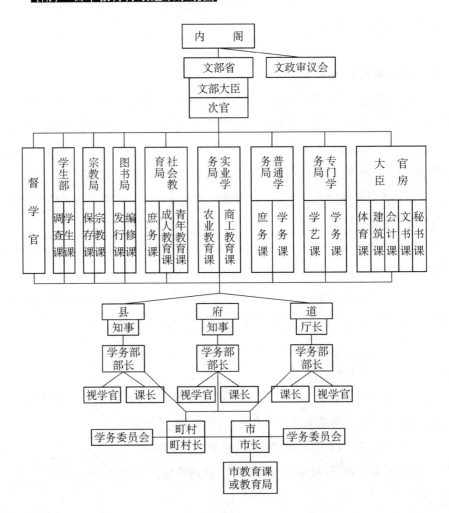

三　学校系统

壹　日本近代学制之演进

日本之现行学制，大体确定于1872年（即明治五年）。当时所采取之制度，乃仿自法国。全国分为八大学区，每一大学区设大学1所；每一大学区分为32中学区，每区设中学1所；每一中学区又分为210小学区，每区设小学1所。总计，全国拟设大学8，中学256，小学53 760。

但此项计划未免早熟，未能实现，至1879年（即明治十二年）即行废止。

各级学校之修业年限，当时规定为寻常小学校6年，中学校5年，高等学校3年，大学3年，是为正系；此外尚有高等小学、甲种及乙种实业学校、高等女学校（与中学校程度相当）、专门学校、高等师范学校、寻常师范学校等，可视为旁系。

此后数十年来，时有修改及补充，但重要之改革，则至欧洲大战以后，1918年（即大正七年）始渐见诸实际。是年政府指拨日金1千万元为扩充高等教育机关之用，并给予私立高等教育机关以与国立学校在法律上之同等地位。由小学至大学之总修业年限减短1年。凡修完中学校4年者，便可升入高等学校。《新大学令》及《高等学校令》即于翌年（大正八年）公布。

1929年（即昭和四年），东京与广岛两高等师范学校（专攻科）、东京与大阪两工业专门学校、神户商业专门学校，分别改称文理科大学、工业大学及商科大学。

经国会议决，从1925年（即大正十四年）4月起，军事训练列入中等学校之正式学程内；在大学及其同等学校中，则作为随意的。军事训练之时间，师范学校每周3小时，中学2小时，高等及专门学校亦2小时。

实行男女共通教育之机关仅有东北（Tohoku）、九州（Kyushu）两帝国大学，"东京音乐学校"及东洋大学（Toyo，1928年，即昭和三年成立）。女生入大学者至今为数甚鲜。

贰　现行学校系统

日本现行学制，幼稚园以上为六年制之寻常小学校，此一段阶，系单轨组织，惟高等学校之寻常科及中学校得附设预科（修业期间2年），则稍带双轨色彩。寻常小学以上，有高等学校寻常科、中学校、高等女学校及高等小学并峙，外此尚有实业学校及实业补习学校。凡拟入大学者，于修完高等学校寻常科或中学4年后，尚须经过高等学校（高等科）3年；惟专门学校及高等师范学校则收受中学毕业程度之学生、师范学校之学生，多数以高等小学为其准备教育之机关。兹将现行学制图附后：

(附)日本现行学校系统表

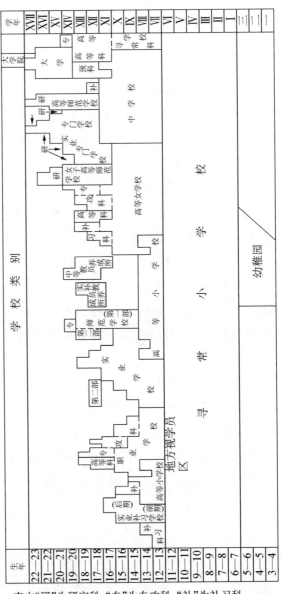

表中"研"为研究科；"专"为专攻科；"补"为补习科。

四 幼稚教育

甲 幼稚园

幼稚园之入学年龄为满3岁至6岁。

从前幼稚园多系由私人设立维持,近年教育行政当局亦从事设置。近年全国各地园数增加甚速,而以工商业繁盛之都市,尤为发达。据1922年(即大正十一年)之统计全国尚仅有747所,收容幼儿53 773名;至1931年(即昭和六年),已增至1 620所,收容幼儿数达126 564名,保姆5 012名。又据1926年(即昭和元年)之调查,大阪一市,幼儿之入幼稚园者,已超过2/3,其普及情况,可见一斑。

幼稚园所用教法,不拘泥于佛禄贝尔①两式或蒙台梭利式,在主持者方面享有广博之自由。

法令上规定:每一幼稚园之儿童数以120人为限度;例外情形,可增至200名;每一幼稚园保姆下之儿童不得超过40名。

乙 托儿所

托儿所乃是为应工商业发达之需要而产生之幼儿教养机关;其目的为代从事实业工作之母亲照料幼儿,使获得适当的教养。

托儿所所收容之幼儿,年龄由半岁到6岁,每一托儿所,有保姆负照料之责;设备方面有游戏室、运动场、寝床、摇篮等等。一般劳动母亲,于早晨赴工厂以前将幼儿送交该所,晚间工毕再往所领回。

---

① 佛禄贝尔即福禄贝尔(1782—1852),德国教育家,现代学前教育之鼻祖。——编校者

五　初等教育

甲　总说

小学校之宗旨,依《小学校令》之规定为:谋生徒身心之发展,培植道德教育及国民教育之基础,并使其取得生活上必需之普通知能。

小学校分寻常小学与高等小学两级。此两级有分设者,有合设者,合设者称寻常高等小学校。

依其设立主体之不同,小学校可别为以下各类:

（1）官立小学校:即高等师范学校之附属小学,其经费由国库负担。

（2）公立小学校:道府县立之师范学校附属小学、市町村、"市町村学校组合"或"町村学校组合"所设立之小学均属之。其经费大部分由设立者负担,而由国库予以补助。

（3）私立小学校:即私人或私人团体所设立之小学校,所需经费由设立者担负之。

寻常小学及高等小学得设补习科,供寻小或高小毕业或具备同等学力者之补习,修业年限定为2年以下;其课程由管理者或设立者,就寻小及高小各科中选定之。

乙　寻常小学校

A. 小学之编制　寻常小学校收容6岁至14岁生徒,修业期限共6年,是为全部学校系统之基础。寻常小学之生徒可升入高等小学校,或实业学校及实业补习学校。

东京高师之附属小学系实验性质之小学,其编制共分四部如后:

第一部:专收男生,课程注重国语、算术、理科;第五、第六年加授英语,系专为升学儿童而设。

第二部:男女兼收,课程上不设英语,理科时数减少;第五、第六年加授裁缝。毕业者,除优才生可以升学,余入职业界。

第三部:寻常小学阶段,与第二部略同;至高等小学阶段,男女分级教授:男生加授农业、工业、商业、实用英语;女生加授工业、商业、家事、裁缝。此部系专为拟从事职业者而设。

第四部:系专为低能儿设;应归入该部之生徒,由体格及智能检查测定之。

B. 寻常小学之课程　兹将现行寻常小学课程表,及各科所占时数之百分比列后:

学年＼科目每周时数	修身	国语	算术	日本史	地理	理科	图画	唱歌体操	裁缝	合计
寻常小学课程表										
Ⅰ	2	10	5	—	—	—	—	4		21
Ⅱ	2	12	5	—	—	—	—	4		23
Ⅲ	2	12	6	—	—	—	1	1	3	25
Ⅳ	2	12	6	—	—	2	1	1	3	(2) 27(29)
Ⅴ	2	9	4	2	2	2	2(1)	2	(3)	28(32)
Ⅵ	2	9	4	2	2	2	2(1)	2	(3)	28(32)
各科教学时间百分数	7.89%	42.10%	19.74%	2.63%	2.63%	3.95%	3.95%	17.11%		100.00%

(注)　括号内之时数系女生修习时数。

除前表所规定时数以外,第一、第二两学年,每周得增授图画 1 小时;又依地方情况,得增加手工科,前三年每周各 1 小时,后三年每周各 2 小时。

寻常小学每周授课总时数,不得超过 30 小时,或少于 18 小时。

丙　义务教育推行状况

寻常小学为实施义务教育之场所,儿童以满 6 岁后之第一日至满足 14 岁为学龄。小学学生注册期,为每年 4 月 1 日与 9 月 1 日,凡儿童于该日期之前一日,如已满足六岁,即应入学。

督促儿童入学事宜由市町村长任之。

按 1932 年(即昭和七年)之调查,全国学龄儿童计 10 754 962,其中已就学者占 99.57%;其余少数未就学者中,包括因残疾免除就学者,及犹豫就学者。

不识字人口在 1923 年(即大正十二年)为 0.94%;1927 年(即昭和二年)为 0.70%云。

义务教育经费,一部分由国库支给,1932 年(即昭和七年)共支出日币 8 千 5 百万元(1928 年,即昭和三年,义教补助费共 7 千 5 百万元)。

丁　高等小学校

A. 高等小学之修业年限与性质　高等小学建于寻常小学以上,修业期间 2 年或 3 年,凡寻常小学毕业生不升入中学者,可经由此类学校,延长其初等教育

高等小学课程表

科目 每周时数 学年		修身	国语	算术	日本史	地理	理科	图画	手工	唱歌	体操	裁缝	合计
二年制	Ⅰ	2	6	4	2	2	2	1	1	1	3	(4)	24(28)
二年制	Ⅱ	2	6	4	2	2	2	1	1	1	3	(4)	24(28)
三年制	Ⅰ	2	6	4	2	2	2	1	1	1	3	(4)	24(28)
三年制	Ⅱ	2	6	4	2	2	2	1	1	1	3	(4)	24(28)
三年制	Ⅲ	2	6	4	2	2	2	1	1	1	3	(5)	24(29)
各科教学时间百分数		6.90%	20.69%	13.79%	6.90%	6.90%	6.90%	3.45%	3.45%	3.45%	10.33%	(注二)	100.00%

（注一）括号内时数系女生修习之时数。
（注二）"实业"约占全时数17.24%,共合100.00%。

（原意为连同寻常小学合为八年之小学教育），以为升入师范学校或实业学校之准备，并略设实用性质科目，以为从事职业之准备。惟该类学校所实施之教育仍侧重普通陶冶方面，观具体之课程表自明。

B. 高等小学之课程 高等小学之课程，乃寻常小学训练之延续。高小为适应生徒之职业的需要，每设置实业科目，就农、工、商各业中，设置一种，或兼设数种，而由生徒选习其一。其教学时数，在二年制之高等小学，男生每周5小时，女生每周2小时；在三年制之高等小学前二年每周男生5小时，女生2小时；末一年，男生6小时，女生可增设家事科，每周4小时。

依地方情形，高等小学得加授外国语及其他必需学科作为选修科目。兹将其课程表，及各科所占时数之百分比列后：

合以上必修选修科目，每周总时数不得超过32小时，或少于24小时。

(附)小学校统计表

1932年（即昭和七年）度。

种别		官立	公立	私立	计
学校	寻常	0	7 022	75	7 097
	寻常高等	4	18 418	20	18 442
	高等	0	157	1	158
计		4	25 597	96	25 697
教员		95	237 602	818	238 515
儿童		2 335	10 685 648	26 213	10 714 196

六　中学校及高等女学校

壹　中学校

依日本学制,中等教育一阶段包括中学校(专为男生设)、高等女学校、实科高等女学校(以上两种与中学校程度相当)、高等学校及附设于大学之二年制或三年制之预科。以下分章说明。

甲　中学校之概况

A. 宗旨及设置　中学校之宗旨为于小学教育以上,施以较高级的道德教育、国民教育及生活上必备之普通知能,并实施体格陶冶。

中学校之设置为道府县之责任,法令上规定每府县至少需设立中学校 1 所;市町村于无妨碍初等教育时,亦得设立中学校。

B. 入学资格及修业年限　中学之入学资格为寻常小学修毕,但修毕小学 5 年之优才生,亦得参与中学之入学试验。

中学校修毕期间 5 年,但修毕 4 年者,即可投考高等学校。中学毕业生,依近年统计,升入高等学校及高等专门学校者,约占 1/3。

C. 中学预科　中学每附设二年制之预科:入预科第一年级者,应修完寻常小学 4 年,年满 10 岁或同等学力及年龄;入第二年级者应修完小学 5 年。

D. 最近之统计表　据 1932 年(昭和七年)度,中学之校数及其类别、教员数、生徒数,如后表:

种别	官立	公立	私立	计
学校	2	435	121	558
教员	57	10 754	2 738	13 549
生徒	992	273 351	55 116	329 459

接前表中,公立学校有女教员 15 名,私立学校有女教员 10 名;又生徒中之入补习科者公立学校 50 名,私立学校 54 名。

乙　中学校之课程　迄于最近,日本中学校之课程,尚系遵从 1901 年(即明治三十四年)所发布之《中学校令施行细则》,此后虽陆续有所改正,但对于学生及社会方面之需要,仍未能适当应付;1930 年(即昭和五年),文部省发布《中等教育改革案》,翌年(昭和六年)1 月 10 日,发布《改正中学校令施行细则》,中学改革始告一段落。

甲表

基本科目表

科目 周时 年级	修身	公民科	国语汉文	历史地理	外国语	数学	理科	图画	音乐	作业科	体操	共计
Ⅰ	1		7	3	5	3	2	1	1	2	5	30
Ⅱ	1		6	3	5	3	3	1	1	2	5	30
Ⅲ	1		6	3	6	5	3	1	1	1	5	32
Ⅳ	1	2	4	3			4				5	19
Ⅴ	1	2	4	3			4				5	19

增课科目表

科目 周时 年级	种别	国语汉文	外国语	数学	理科	图画	音乐	实业	共计	基本及增课科目合计
Ⅳ	第一种	1—3	2—5	2—4	1—4	1—2	1—2	3—5	11—25	31—35
	第二种	1—3	4—7	2—5	1—2	1—2	1—2		10—21	30—32
Ⅴ	第一种	1—3	2—5	2—4	1—4	1—2	1—2	3—6	11—26	31—35
	第二种	1—3	4—7	2—5	1—2	1—2	1—2		10—21	30—32

乙表

基本科目表

年级\周时\科目	修身	公民科	国语汉文	历史地理	外国语	数学	理科	图画	音乐	属于实业	共计	基本及增课科目合计
Ⅰ	1		7	3	5	3	2	1	1	2	5	30
Ⅱ	1		6	3	5	3	3	1	1	2	5	30
Ⅲ	1		4	3	5		3			1	5	20
Ⅳ	1	2	4	3	4		4			1	5	20
Ⅴ	1	2	4	3	4		4			1	5	20
Ⅲ 第一种			1—3		5—5	1—2	1—2	1—2	1—2	3—5	13—21	31—35
Ⅲ 第二种			1—3		4—6	1—2	1—4	1—2	1—2		9—17	30—32
Ⅳ 第一种			1—3		2—5	2—4	1—2	1—2	1—2	3—5	11—25	31—35
Ⅳ 第二种			1—3		4—4	2—5	1—4	1—2	1—2		10—18	30—32
Ⅴ 第一种			1—3		2—5	2—4	1—2	1—2	1—2	3—6	11—26	31—35
Ⅴ 第二种			1—3		4—7	2—5	1—2	1—2	1—2		10—21	30—32

中学之学科为修身、公民科、国语、汉文、历史、地理、外国语、数学、理科、实业、图画、作业科及体操。

从第四年以上,分化为第一、第二两种课程:第一种系对于不拟升学者,加授实用科目。两者之共同基本科目及分种增课科目如前所列之甲表。

中学校,亦可从第三学年开始分化为第一与第二两种编制(如乙表),惟对于共同科目分量之分配与前者略有差别,兹已列于前。

对于前列甲、乙两课程表,尚需附加说明:

(1)实业科之目的为授以关于实业之知识技能;作业科之目的为经由作业,以养成崇尚勤劳之习惯,并增益日常生活适用的知能。实业科目,如系工业或农业时,得免课作业科。

农工商各种实业科目可分授,亦可合授。

(2)实业、作业科、图画、音乐等之实习及体操,得于前表所规定之时间以外课之。

(3)外国语为英、德、法语及中国语;以中国语为正课,是为此次中学改革所确认。

(4)前引两表规定时间以外,得增课外指导,每周时间2小时以内。

贰 高等女学校及实科高等女学校

甲 高等女学校 高等女学校之程度与中学校相当,其宗旨,依高等女学校令之规定为:使女生获得高等普通教育,养成国民道德,并实践妇道。此类学校之设置与中学校同,属府县责任,市町村于无碍小学发展限度内亦得设立。

高等女学校修业期间为5年或4年,但因地方情形,亦得减为3年。入学资格为寻常小学卒业,并年龄相当者。修毕高等小学2年及有相当年龄与程度者,得升入高等女学第三年级。

高等女学校得附设以下各科:

(1)高等科:入学者须为曾经4年高等女学毕业,而年龄相当者,其目的为从事较高深科学之研究。修业年限2年或3年。

(2)专攻科:入学资格及修业年限与高等科同,其目的为就高等女学各学科中之一种或数种为专精的研究。

(3)补习科:入学者须为高等女学校毕业生,修业年限多为1年。

按文部省于1929年(即昭和四年)设女子中等教育调查会;翌年,(1930

高等女学校之课程表

科别	科目 周年时级	修身	国语	外国语	历史地理	数学	理科	图画	家事	裁缝	音乐	体操	合计
五年科	I	2	6	3	3	2	2	1	—	4	2	3	28
	II	2	6	3	3	2	2	1	—	4	2	3	28
	III	2	6	3	2	3	3	1	—	4	1	3	28
	IV	1	5	3	2	3	3	1	2	4	1	3	28
	V	1	5	3	2	3	3	—	4	4	—	3	28
四年科	I	2	6	3	3	2	2	1	—	4	2	3	28
	II	2	6	3	3	2	2	1	—	4	2	3	28
	III	1	5	3	2	3	3	1	2	4	1	3	28
	IV	1	5	3	2	3	3	—	4	4	—	3	28
三年科	I	2	5	3	2	2	3	2	—	4	2	3	28
	II	2	5	3	2	2	3	1	2	4	1	3	28
	III	1	5	3	2	2	3	—	4	4	1	3	28

四年制、三年制及二年制之实科高等女学校课程表

制别	年级 学科周时	修身	国语	历史地理	数学	理科家事	裁缝	图画	音乐	实业	体操	合计
四年制	Ⅰ	2	6	2	2	3	8	1	1	—	3	28
四年制	Ⅱ	2	6	2	2	3	8	1	1	—	3	28
四年制	Ⅲ	1	5	2	2	3	8	1	1	2	3	28
四年制	Ⅳ	1	5	—	3	4	8	—	—	4	3	28
三年制	Ⅰ	2	6	2	2	3	8	1	1	—	3	28
三年制	Ⅱ	1	6	2	2	4	8	1	—	2	3	30
三年制	Ⅲ	1	4	—	2	4	10	—	1	4	3	28
二年制	Ⅰ	1	4	—	2	4	10	1	—	2	3	28
二年制	Ⅱ	1	4	—	1	5	10	—	—	4	3	28

年)提出改善草案,兹摘录其要点如后:

① 由寻常小学毕业生升入者,修业年限 4 年或 5 年;由高小毕业升入者,2 年或 3 年。

② 高等女学得设高等科(修业年限 2 年或 3 年)及专攻科(修业年限 1 年)。

③ 三年制之高等科得单独设立,称女子高等学校。

文部省现方根据此项草案,作成文部省之女子中等教育改善案。

高等女学校之课程表如前。

表内外国语指英语及法语,但得因地方情形免习或作为选修科。又因地方需要,得加课教育学、经济、法制、手艺、实业等,作为必修科或选修科。又经文部省之认可,尚得增授其他必要科目。

乙 实科高等女学校 实科高等女学校程度与高等女学校相等,惟课程上比较侧重家事科目,以谋适合女子之实际要需。

实科高等女学校之修业年限,依入学者之程度而异:寻常小学卒业者,修业期 4 年;修完高等小学第一年级者,修业期 3 年;修完高小第二年级者,修业期 2 年。此种组织,使实科高等女学与高等小学两者间保持密切的联络关系,对于入学者颇为利便。

实科高等女学亦得设高等科与专攻科。

四年制、三年制及二年制之实科高等女学课程支配如前示第二张表。

表中图画,音乐等可酌量减免,而代以法制、经济、手艺等科。又得文部省之认可,得增其他必需科目(如手艺、教育等)作为必修科或选修科。

二年制学校省去理科,专课家事。

(附)高等女学校统计表

	高等女学校 1932 年(昭和七年)度			
种别	官立	公立	私立	计
学校 高等女学校	2	556	223	781
学校 实科高等女学校	1	161	20	182
学校 合计	3	717	243	963
教员 男	19	5 868	2 207	8 094
教员 女	37	4 616	2 342	6 995
教员 合计	56	10 484	4 549	15 089

续 表

高等女学校 1932年(昭和七年)度					
种别		官立	公立	私立	计
生徒	本科	925	247 360	82 285	330 570
	高等科	—	650	—	650
	专攻科	132	723	484	1 339
	实科	187	21 133	4 365	25 685
	选科生	—	259	17	276
	补习科	15	2 749	455	3 219
	合计	1 259	272 874	87 606	361 739

七 高等学校

甲 高等学校之宗旨年限入学资格及分科

高等学校之宗旨为完成男子之高等普通教育,并从事国民道德之充实及人格之陶冶。此类学校向为升入帝国大学所必经之预备机关。各私立大学所附设之二年制或三年制预科,性质上亦属此类。

高等学校共分为七学级:前四级为寻常科,后三级为高等科。此外,寻常科之下又得附设预科,惟目下已多不设置。高等科以上,可置一年之专修科。寻常科之入学资格为毕业预科或寻常小学卒业,或有相当年龄与学力。高等科之入学资格为修完其学校之寻常科,或修了中学校四学年,具有同等以上学力者。

日本现时官立高等学校,计25校,仅东京高校一所系七年制者,余均系三年制之高等科。此外公立者有2所,私立者有四所系七年制者。高等学校之高等科分文理两科:文科与大学之法、文、经济、商各学部相联络;理科与大学之医、工、理、农各学部相接续。

文理两科又各分为三类如下:

甲类:以英语为第一外国语;

乙类:以德语为第一外国语;

丙类:以法语为第一外国语。

乙 高等学校之课程

高等学校所设科目,寻常科除缺法制、经济及实业外,其余与中学校相同;兹将高等科课程表附后:

文科 科目\年级周时	Ⅰ	Ⅱ	Ⅲ	理科 科目\年级周时	Ⅰ	Ⅱ	Ⅲ
修身	1	1	1	修身	1	1	1
国语汉文	6	5	5	国语汉文	4	2	
第一外国语	9	8	8	第一外国语	8	6	6
第二外国语	(4)	(4)	(4)	第二外国语	(4)	(4)	(4)
历史	3	5	4	数学	4	4	4(2)

续表

文科 科目\年级周时	Ⅰ	Ⅱ	Ⅲ	理科 科目\年级周时	Ⅰ	Ⅱ	Ⅲ
地理	2		1	物理		3	5
哲学概论			3	化学		3	5
心理及论理		2	2	植物动物	2	2	2
法制经济		2	2	矿物地质	2		
数学	3			心理			2
自然科学	2	3		法制经济			2
体操	3	3	3	图画	2	2	(2)
				体操	3	3	3
合计	29(33)	29(33)	29(33)	合计	28(32)	28(32)	28(32)

对于前表,尚需加以说明:

(1) 表中,第二外国语为选修科目。

(2) 理科第三学年:物理每周讲义 3 时,实验 2 时,共 5 时;化学讲义 3 时,实验 2 时,共 5 时;植物及动物讲义 2 时,实验 2 时,共 4 时。

(3) 理科第三学年之数学(2),图画(2)与植物动物(4),由学生选修其一。

(4) 文理两科,第一外国语之种别,依学生在中学校或寻常科所习之外国语为转移,但得依学生之志愿而更改外国语之种类。

(5) 若不习外国语时,得配当该项时数,学习其他科目。

(附)高等学校统计表

学校	高等学校 1932 年(昭和七年)度			
	教员		生徒	
	高等科	寻常科	高等科	寻常科
官立	25　　1 048	(18)	15 718	(314)
公立	3　　　89	(52)	1 326	(942)
私立	4　　　129	(79)	1 106	(1 183)
计	32　　1 266	(149)	18 150	(2 429)

八　师范学校

甲　师范学校之组织及入学资格

现行师范学制，系依据1925年（即大正十四年）所修改之师范学校令；小学师资训练机关，皆由道府县立。此类学校通常均男女分校，但亦有少数兼收女生者。

师范学校设本科、专攻科及讲习科。本科又分为第一部与第二部，但依各地方情形，可以不设第二部本科。

本科第一部之入学资格需卒业高等小学（男生通常需3年，女生2年），或年满14岁以上，而有同等学力者；修业期间5年。

本科第二部之入学资格为中学（5年）或高等女学校（5年或4年）卒业，年满17岁（女生卒业四年科之高等女学者则为16岁）。修业期间，男生以1年为常，但得延长为2年；女生多为2年，但亦有为1年者。

专攻科收师范本科卒业生，或具有相当学力者；其修业期间为1年至2年。

此外师范学校又得为小学教员之补习及养成幼稚师资设1年至2年之讲习科。

小学师资训练机关，除前述专设之师范学校以外，东京美术学校之图画师范科及东京音乐学校师范科，分别供给小学（及中学）之图画及音乐专科教师。

乙　师范学校之课程

以下将第一部及第二部男女师范生所修习课程表列后：

A. 第一部

（一）男师范课程表

科目＼学年周时	I	II	III	IV	V
修身	1	1	2	2	2
教育			2	3	5
国语汉文	6	6	4	5	5
英语	5	3	3	3	3

续表

科目＼学年周时	I	II	III	IV	V
历史	2	2	3	3	3
地理	2	2			
数学	4	4	4	3	3
博物	2	2	2	1	—
物理化学	—	3	3	3	3
法制经济	—	—	—	2	2
农业或商业	—	—	2	2	2
习字	2	1	1	—	—
图画	3	3	2	2	2
手工					
音乐	2	2	1	1	1
体操	5	5	5	4	4
合计	34	34	34	34	34

技能之实习,在前表规定时间以外实施之。

第五学年,有教学实习,历时 8 星期至 10 星期。

(二) 女师范课程表

科目＼学年周时	I	II	III	IV	V
修身	1	1	2	2	2
教育	—	—	2	3	5
国语汉文	6	5	5	5	5
历史	2	2	3	3	3
地理	2	2			
数学	4	4	3	3	3
博物	2	2	2	1	—
物理化学	—	3	3	3	3
法制经济	—	—	—	2	2
家事	—	—	—	2	2

续 表

科目＼学年周时	I	II	III	IV	V
裁缝	4	4	3	2	2
习字	2	1	1	—	—
图书	3	2	2	2	2
手工					
音乐	2	2	2	1	1
体操	3	3	3	3	3
英语	(3)	(3)	(3)	(2)	(2)
农业商业	—	—	—	(2)	(2)
合计	31(34)	31(34)	31(34)	32(36)	33(37)

括号内之时数系随意科目。

技能的实习，在前表规定时间以外实施之。

第五学年，有教学实习，历时8星期至10星期。

B. 第二部 第二部修业期间：通常男生1年，但现亦间有2年者，女生1年或2年，兹将其课程表并列于后：

（一）第二部一年制师范课程表

科目＼学生别周时	男生 一学年	女生 一学年
修身	2	2
教育	8	7
国语汉文	3	3
历史	2	2
地理		
数学	2	3
博物	2	2
物理化学	2	2
法制经济	2	2
农业或商业	3	—
家政及裁缝	—	4

续 表

科 目	学生别 周时	男生 一学年	女生 一学年
图画		3	3
手工			
音乐		2	1
体操		3	3
合计		34	34

技能之实习,在前表规定时间以外实施之。

将近毕业时,有 8 星期之教学实习。

男生如不习农业或商业科目时,其原定时间,得代以其他科目。

(二) 第二部二年制女师范生课程表

科 目	学年 周时	二年制	
		Ⅰ	Ⅱ
修身		2	2
教育		4	4
国语汉文		5	5
历史		2	2
地理			
数学		4	3
博物		2	1
物理化学		2	3
法制经济		—	2
家事		4	4
裁缝			
图画		2	2
手工			
音乐		2	1
体操		3	3
英语		(2)	(2)
农业或商业		(2)	(2)
合计		32(36)	32(36)

技能之实习在前表规定时间以外实施之。

将近毕业时,有教学实习8星期。

英语、农业、商业系随意科目。

丙　师范生之服务

师范学校之待遇甚优,公费生除免纳学膳宿费以外,尚有制服杂用等费;但其中亦有自费学生。

师范学校卒业生自获得证书之日起,应服务公立小学。

服务分为两期:在第一期,须就府县当局所指定之学校服务;在第二期可自由择定其服务地点,兹将第一部及第二部学生应服务之期间列表如后:

	第一期	第二期
第一部 { 公费生 { 男 3年 / 女 2年 } 自费生 3年 }		4年 / 3年 / —
第二部 2年		—

如毕业本科后,续入专攻科肄业者,其服务时期减短1年。

师范卒业生在服务时期内,除有适当理由获得主管官厅之免除,或展缓之许可,而不肯服务(或不能尽职时),须追缴其在学校期内所用去之公费。又自费生,在上述情形下,则追缴学费。

(附)师范学校统计表

1932年(即昭和七年)度

学校数		学级数		教员数		生徒数	
男校	57	(本科) 第一部	806	男	2 190	本科 { 第一部 { 男 4 752 / 女 2 085 } 第二部 { 男 2 215 / 女 1 381 } }	男 8 811 / 女 3 800 / 计 12 611
女校	46	第二部	228	女	243	专攻科 { 男 1 744 / 女 277 }	
合计	103	计	1 034	计	2 433	教员讲习科 { 男 100 / 女 49 } 保姆讲习科——女 8	

九　高等师范教育

训练中等学校教师之机关，为高等师范学校、女子高等师范学校、临时教员养成所、东京美术学校图画师范科及东京音乐学校师范科。

甲　概况

高等师范学校共4所，男女各2。为男生设者，有东京、广岛（Haroshina）两高师；为女生设者有东京、奈良（Nara）两女高师。

高等师范学校收中学校、高等女学校及师范学校之毕业生。修业年限通常本科4年，此外有特设预科、专攻科、研究科、专修科、选科等，其修业年限不等；特设预科乃专为日文程度不及者而设。

研究科为本科毕业生或同等学力者继续研究之所，期限1年至2年；专修科及特科，修业年限较本科为短，约2年至3年。

1928年（即昭和三年），东京、广岛两高师之三年制专攻科升格改称文理科大学，收高等师范学校毕业生，但高等学校高等科毕业者亦得升入；又高师专修科毕业者，临时教员养成所、实业教员养成所3年以上毕业者，得有中学校教员免许状者，及专门学校本科毕业者，经认为资格相当，亦得入学。

各高等师范均设有供实习之附属学校；男高师设附属中学，女高师设附属高等女学校及实科高等女学校设附属小学校（女高师更附设幼稚园）。附属中学、小学及幼稚园，各设主事1人；附中之主事及教谕，附小之主事及训导，对于教生实习负指导及监督责任。

乙　男子高等师范学校及文理科大学

A. 东京高等师范学校　东京高等师范学校，设文科、理科（4年卒业），并特设体育（4年卒业）与图画手工专修科（3年卒业）。文理两科又依其主修科分为第一部、第二部、第三部；体育科分为甲、乙、丙三组，兹为醒目起见，将各科各部所修之主要科目列表于后：

科别	部组别	主要科目		
文科	第一部	甲组	修身	教育	历史
		乙组	修身	教育	法制经济
		丙组	修身	历史	法制经济

续　表

科别	部组别		主要科目			
文科	第一部	别组	历史	地理		
	第二部		国语	汉文		
	第三部		教育	英语		
理科	第一部		教育	数学		
	第二部		教育	物理	化学	
	第三部	甲组	教育	博物	地理	
		乙组	教育	博物	农学	
体育科	甲组		修身	教育	生理	体操
	乙组		修身	教育	生理	柔道
	丙组		修身	教育	生理	剑术

B. 广岛高等师范学校　广岛高等师范学校，设文、理两科及特设教育科（修业年限3年）。文、理两科每科又各分为第一部、第二部及第三部。

科别	部组别		主要科目			
文科	第一部		修身	教育	国语	汉文
	第二部		修身	教育	英语	
	第三部	甲组	修身	教育	历史	法制经济
		乙组	修身	教育	历史	地理
理科	第一部		修身	教育	数学	
	第二部		修身	教育	物理	化学
	第三部		修身	教育	地理	博物

教育科所设科目为修身、教育学、论理、生物学、心理学、哲学、社会学、法制、经济、体操。此外得于文科、理科所设各科目中，选修一科或数科。

C. 文理科大学　东京与广岛两文理科大学系就高师之专攻科升格改称。两校设科，除广岛缺地学科，及于史学科下设西洋史学科，其余大致相同。兹将东京文理科大学及其主要科目列后。

各科目下之数字系单位数：凡讲授之功课，1学年，每周2时至4时为1单位；演习或实验功课，1学年每周1次为1单位。

科别		专攻科目
教育学科	教育学科	教育学(6)社会学(1)心理学(4)论理学及认识论(1)哲学(2)法制经济,社会问题,或他科选习(5)
	心理学科	心理学(6)论理学及认识论(1)哲学(2)社会学(1)生理学(1)教育学(2)他科选习(6)
哲学科	哲学哲学史科	哲学,哲学史(6)东洋哲学史(3)论理学及认识论(1)伦理学(东洋及西洋)(2)社会学(1)教育学(2)他科选习(4)
	伦理学科	伦理学(东洋及西洋)(6)东洋哲学史(3)哲学(2)社会学(1)教育学(2)他科选习(5)
史学科	国史学科	国史学(6)东洋史学(3)西洋学史(3)史学研究法(1)考古学(1)地理学(1)中国哲学或中国文学(1)他科选习(3)
	东洋史学科	东洋史学(6)国史学(3)西洋史学(3)史学研究法(1)考古学(1)地理学(1)中国哲学或中国文学(1)他科选习(3)
文学科	国语学国文学科	国语学国文学(10)中国哲学中国文学(4)文学概论(1)国史学(1)他科选习(3)
	汉文学科	中国哲学中国文学(10)国语学国文学(4)文学概论(1)东洋史学(1)他科选习(3)
	英语学英文学科	英语学英文学(10)文学概论(1)中国哲学中国文学(2)言语学(1)法语或德语(2)他科选习(3)
数学科		数学(讲授10演习4)物理学(讲授2演习1)他科选习(2)
物理学科		物理学(讲授10实验4)数学(讲授2习演1)他科选习(2)
化学科		化学(讲授11实验4)普通物理学(讲授1实验1)他科选习(2)
生物学科	动物学科	动物学(讲授9实验4)植物学(讲授3实验1)他科选习(2)
	植物学科	植物学(讲授9实验4)动物学(讲授3实验1)他科选习(2)
地学科		地理学(讲授10演习3)地质学(讲授2实验1)天文学及气象学(讲授1)他科选习(2)
公共必修科目		哲学(1)伦理学(1)心理学(1)教育学(2)

丙 女子高等师范学校

A. 东京女子高等师范学校 女高师本部编制,分为本科、研究科及专修科。

(一)本科之目标为养成女师范、师范女子部及高等女学校校长及教员,并及普通教育及幼儿保育之方法。本科分文、理、家事三科,修业年限均系4年。

(二)研究科收女高师卒业生及与之有同等学力者,修业期1年以上,2年以下;就各学科中,择定一科目或数科目,加以专攻,于修业期终,提出研究报告,经审查合格,授予修了证书。

(三)专修科乃为中等女子学校教员缺乏时而设,其所专修之科目、程度及修业年限,皆于临时规定。现有之图画专修科,修业年限3年。

(四)选科乃为志愿充任女子中等学校所设学科中之某一科目或数科目之教员者而设;所习科目,除修身、教育系通习科目外,其余可以自由选择,各科标准与本科同。修业期限定为4年,但因特别情形,可以伸缩。入该科者须纳学费(每年55元)。读完所选科目,授予卒业证书。

(五)保育实习科为训练幼稚园保姆而设,课程注重保育法,并于附属幼稚园主事监督下受各组保姆之指导,实习保育事项。修业期间1年以上,2年以内。

东京女高师本科课程,以修身、教育、外国语、音乐、体操为通习科目;文科加课国语、汉文、历史、地理;理科加课数学、物理、化学、植物、动物、生理及卫生、矿物及地质;家事科加课裁缝、理科、图画、手工。

各科生徒认音乐为学习困难者,可以免除。每学期每周授课30时;第四年第三学期为教学实习期间,称为教生。

图画专修科于通习课目外,增授美术史及美学,每周2时,图画每周12时,手艺及手工每周5时。

B. 奈良女子高等师范学校　　奈良女子高等师范学校,设本科、选科、保姆养成科及特设预科。除特设预科系为有高等女学校卒业之同等学力,而日语程度较差者而设,其他各科之入学资格,皆定为女子师范学校、师范女子部或高等女学卒业,或合于专门学校入学资格之规定者。

本科分文、理、家事三科,修业年限均为4年。文科卒业者可担任以下各科目(授予免许状科目):修身、国语、日本史、外国史及地理、教育(限于成绩优良者)、体操(限于成绩优良,身体强健者)、习字(限于成绩优良者)。

理科卒业者可担任以下所列科目:修身、数学、理科、物理、化学及动物、植物、教育(限于成绩优良者)、体操(限于成绩优良,身体强健者)、园艺(限于成绩优良者)。

家事科卒业者可担任以下所列科目:修身、家事、裁缝、教育(限于成绩优良者)、体操(限于成绩优良,身体强健者)。

本科学生以全体寄宿为原则;但第二学年以上,得家庭或确实亲族等之证明,准许通学。

丁　高等师范生之待遇及服务

高等师范学生分官费与自费两种:官费生,除受免费待遇外,尚受领一定数额之月费。月费分两种:甲种每月7元至10元,乙种每月4元至6元;成绩优良者可增至15元以至25元(据另一报告,女高师官费生所得月费最高可到15元,男高师则有25元,又男高师之官费生名额亦较女高师为多云)。

高师毕业生毕业后,均须服务:第一期须就指定学校服务,第二期可以自择服务地点。兹将男高师毕业生应行服务年限列表如后:

科别	年限　　期别 　　生徒别	第一期	第二期
本科	甲种官费	3	4
	乙种官费	2	3
	自费	1	2
专修科	官费	5	—
	自费	2	—

女高师毕业生之服务年限较短。奈良女高师,本科修业年限4年,服务年限2年;其他选科、特设预科、保姆养成科须纳学费,故无关于服务年限之规定。

戊　临时教员养成所

临时教员养成所,依学科分设,其目的为养成中学某科之教员。依1927年(即昭和二年)之统计有以下各科:

国语汉文科,

英语科,

数学科,

历史地理科,

博物科,

物理化学科,

音乐科,

体操科,

理科家事科,

体操家事科,

家事裁缝科。

临时教员养成所,有单独设立者,有附设于他校者;例如东京女高师附设之临时教员养成所,设有以下各科:家事裁缝科、体操家事科、理科家事科、国语汉文科、理科、历史地理科。各科修业年限均为 3 年,惟理科 2 年。其生徒,多系受私立各学校之委托而入学者。又奈良女高师亦附设第三临时教员养成所,设数学科及历史地理科,修业年限 3 年。

(附)中等教员养成机关统计表

1932 年(即昭和七年)度

	校数	教员数	生徒数
官立高等师范学校	4	304	2 629(见后表)
临时教员养成所	4	110	154（男 88 / 女 66）
美术学校、音乐学校教员养成所	2	附设学校教员兼任	102

(附)高等师范学校及女子高等师范学校学生分科统计

1933 年(昭和八年)度

科目		生徒	
		男	女
本科	文科	779	239
	理科	554	206
	体育科	234	—
	教育科	49	—
	家事科	—	289
	计	1 616	734
特设预科		31	4
研究科		116	8
图画手工专修科		25	—
选科		2	93
保育实习科及保姆养成科		—	50

合计高师之男女学生总数为:男 1 790,女 889。

一〇　实业补习教育

甲　实业补习学校之宗旨组织及类别

A. 宗旨及名称　实业补习教育之实施机关为实业补习学校,其宗旨据文部省1920年(即大正九年,从下年度起实行)所公布之改正《实业补习学校规程》所规定为:"对于修完小学之教科,而从事职业者,授以关于职业之知识技能,并施以国民生活上必需之教育。"惟关于学校之名称,规程上并不限制必须附以"补习"字样。属于此类者,除标明某业补习学校者以外,有称某业实务学校者(例如东京市立四谷商业实务学校等),有称某业实修学校者(例如兵库商工实修学校等)。

训练实业补习学校师资之机关,称实业补习学校教员养成所。据1932年统计,共有46所,教员102人,生徒1 039名。

B. 内部组织　实业补习学校之课程分为前后两期。入前期者应具备寻常小学卒业或其同等程度,修业期限2年。入后期者,应修完前期之课程,卒业高等小学或具有同等程度;其修业年限,工业及商业类为2年,农业及水产类为2年至3年(前规程第2条、第3条)。

又对于修完后期之课程者或达到相当之年龄,而有相当之学力或技能者,得设高等实业补习学校,授以关于职业之专门事项(前规程第13条);其修业期间、教授时数、学科目等,依学科之种类、地方之情况,适宜规定之(其名称有高等专修科、研究科等;神户市立商业实修学校之高等科修业年限6个月至1年)。

此外实业补习学校,亦得为义务教育尚未受完者,设2年之补习课程(此2年称为第一级;前期称第二级,后期称第三级)。

又依现行实业学校规程(第14条),实业补习学校对于具有实际经验及现有职业者,得开设短期讲习或讲演会,授以特殊之事项,而增进其知能。

C. 授课时间　补习学校之上课时间,多在晚间,亦有少数在清晨。晚间多从下午6时至9时止。每日3小时或2小时。其中有分作上下两班者:上一班自下午4时半起至6时半止;下一班自6时40分起至9时止。外此更有逢季节或星期日开设者。

实业补习学校之教授时数依前规程第4条所规定如下:

学校类别	前期	后期
1. 工业或商业学校	280—420（小时）	210—420（小时）
2. 农业或水产学校	210—320（小时）	160—320（小时）

乙 实业补习学校之课程

文部省所发布之标准学科课程表，于1922年（即大正十一年）2月15日发布，此项课程表系男女区分者，兹将为男子所设科课程表列后：

A. 工业补习学校课程表（每一年之授课期间共35周）

第一表

前期：每周授课8小时				后期：每周授课6小时			
学科目	一学年	二学年	计	学科目	一学年	二学年	计
修身	35	35	70	修身	53	53	106
国语	105	105	210				
数学	70	70	140	数学	52	52	104
理科工业	70	70	140	工业	105	105	210
合计	280	280	560	合计	210	210	420

第二表

前期：每周授课10小时				后期：每周授课9小时			
学科目	一学年	二学年	计	学科目	一学年	二学年	计
修身	35	35	70	修身	53	53	106
国语	105	105	210				
数学	70	70	140	数学	87	87	174
英语	35	35	70				
理科工业	105	105	210	工业	175	175	350
合计	350	350	700	合计	315	315	630

第三表

前期：每周授课12小时				后期：每周授课12小时			
学科目	一学年	二学年	计	学科目	一学年	二学年	计
修身	35	35	70	修身	53	53	106
国语	140	140	280				

续表

前期:每周授课12小时				后期:每周授课12小时			
学科目	一学年	二学年	计	学科目	一学年	二学年	计
数学	70	70	140	数学	105	105	210
英语	35	35	70	英语	35	35	70
理科	70	70	140				
工业	70	70	140	工业	227	227	454
合计	420	420	840	合计	420	420	840

B. 商业补习学校课程表(每一年授课期间共35周)

第一表

前期:每周授课8小时				后期:每周授课6小时			
学科目	一学年	二学年	计	学科目	一学年	二学年	计
修身	35	35	70	修身	53	53	106
国语	105	105	210				
数学	70	70	140	数学	70	70	140
商业	70	70	140	商业簿记	87	87	174
合计	280	280	560	合计	210	210	420

第二表

前期:每周授课10小时				后期:每周授课9小时			
学科目	一学年	二学年	计	学科目	一学年	二学年	计
修身	35	35	70	修身	53	53	106
国语	105	105	210				
数学				数学	70	70	140
英语				英语	70	70	140
商业	105	105	210	商簿业记	122	122	244
合计	245	245	490	合计	315	315	630

第三表

前期:每周授课12小时				后期:每周授课12小时			
学科目	一学年	二学年	计	学科目	一学年	二学年	计
修身	35	35	70	修身	53	53	106

续 表

前期:每周授课12小时				后期:每周授课12小时			
学科目	一学年	二学年	计	学科目	一学年	二学年	计
国语	140	140	280	数学	70	70	140
数学	105	105	210	英语	70	70	140
英语	35	35	70	商业			
商业	105	105	210	簿记	87	87	174
合计	420	420	840	合计	280	280	560

C. 农业补习学校课程表(以下三表,每周授课时数均为10小时)

第一表

前期:一年教授时间20周				后期:一年教授时间16周				
学科目	一学年	二学年	计	学科目	一学年	二学年	三学年	计
修身	20	20	40	修身	32	32	32	96
国语	80	80	160	国语	32	32	32	96
数学	60	60	120	数学	24	24	24	72
理科农业	40	40	80	农业	72	72	72	216
合计	200	200	400	合计	160	160	160	480

第二表

前期:一年教授时间26周				后期:一年教授时间24周				
学科目	一学年	二学年	计	学科目	一学年	二学年	三学年	计
修身	26	26	52	修身	36	36	36	108
国语	104	104	208	国语	48	48	48	144
数学	78	78	156	数学	36	36	36	108
理科农业	52	52	104	农业	120	120	120	360
合计	260	260	520	合计	240	240	240	720

第三表

前期:一年教授时间32周				后期:一年教授时间32周				
学科目	一学年	二学年	计	学科目	一学年	二学年	三学年	计
修身	32	32	64	修身	48	48	48	144
国语	128	128	256	国语	64	64	64	192
数学	96	96	192	数学	48	48	48	144

续 表

前期:一年教授时间32周				后期:一年教授时间32周				
学科目	一学年	二学年	计	学科目	一学年	二学年	三学年	计
理科农业	64	64	128	理科农业	160	160	160	480
合计	320	320	640	合计	320	320	320	960

D. 水产业补习学校课程表(以下三表每周授课时数,均为10小时)

第一表

前期:一年教授时间20周				后期:一年教授时间16周				
学科目	一学年	二学年	计	学科目	一学年	二学年	三学年	计
修身	20	20	40	修身	32	32	32	96
国语	80	80	160	国语	32	32	32	96
数学	60	60	120	数学	24	24	24	72
理科水产	40	40	80	水产	72	72	72	216
合计	200	200	400	合计	160	160	160	480

第二表

前期:一年教授时间26周				后期:一年教授时间24周				
学科目	一学年	二学年	计	学科目	一学年	二学年	三学年	计
修身	26	26	52	修身	36	36	36	108
国语	104	104	208	国语	48	48	48	144
数学	78	78	156	数学	36	36	36	108
理科水产	52	52	104	水产	120	120	120	360
合计	260	260	520	合计	240	240	240	720

第三表

前期:一年教授时间32周				后期:一年教授时间32周				
学科目	一学年	二学年	计	学科目	一学年	二学年	三学年	计
修身	32	32	64	修身	48	48	48	144
国语	128	128	256	国语	64	64	64	192
数学	96	96	192	数学	48	48	48	144
理科水产	64	64	128	水产	160	160	160	480
合计	320	320	640	合计	320	320	320	960

E. 女子补习学校之课程 举例 关于女子补习教育之设施情形，兹举山口县大岁实业补习学校女子部之课程为例。该校分男子部与女子部，前者为农业的，后者则侧重裁缝、家政及农业。两部又各分为预科修业期2年，本科修业期亦2年，及研究科修业期1年。兹将其学科目及1年之教授时数列表如后：

学科目	豫科		本科		研究科	
	总时数	每周时数	总时数	每周时数	总时数	每周时数
修身	68	2	68	2	34	—
国语	102	3	102	3	34	—
数学	68	2	60	2	34	—
农业	102	3	102	3	102	3
家政	102	3	102	3	102	3
裁缝	794	23	794	23	930	27
合计	1 236		1 236		1 236	

(附)实业补习学校统计表

1932年(即昭和七年)度

种别	校数	教员	生徒
工业	101	391	13 093
农业	12 330	15 785	990 856
商业	544	987	54 866
商船	2	3	192
水产	250	187	18 578
裁缝	426	772	25 213
工业 农业	78	131	9 680
工业 商业	175	570	27 810
工业 水产	1	—	49
农业 商业	601	1 197	65 326
农业 水产	424	433	40 867

续 表

种别	校数	教员	生徒
商业 水产	31	50	2 767
商船 水产	2	6	181
工业农业商业	56	198	8 375
工业农业水产	2	22	1 356
工业商业水产	10	40	1 560
农业商业水产	52	139	9 034
工业农业 商业水产	6	21	1 071
总计	15 091	20 932	1 270 874

上表全数学校 15 091 所中,官立者 3 所,公立者 15 033 所,私立者 55 所。生徒总数 1 270 874 名中,有女生 407 822 名。

一一　实业学校

甲　实业学校与职业学校

在日本初等与中等程度之专业训练机关,有实业学校与职业学校两类。以上两类又各分为甲乙两种:与高等小学程度相当者为乙种实业学校与乙种职业学校;与中学程度相当者为甲种实业学校与甲种职业学校。所谓甲种职业学校通常乃指设于职业学校之专修科高等科,以及4年以上毕业之职业学校。

实业学校之宗旨为授予从事实业以必要的知识与技能,兼重德性的涵养(1920年,即大正九年十二月改正《实业学校令》第1条)。职业学校之目的为养成一般职工,乃是由徒弟制演进而来。在学制上,以实业学校为主体,职业学校仅居于附庸地位。

职业学校收受寻常小学毕业生,年龄在12岁以上者,或具有同等学力者;修业年限2年至4年;每周授课时间24时以上,每年200日以上。所授科目为修身、国语、数学、体操,及关于职业之课目与实习;得免授体操或增课理科、图画、外国语、家事、音乐(最后两科专为女生设)等。

实业学校收受寻常小学卒业学生者,修业年限2年至5年;收受高等小学卒业学生者,修业年限2年至3年。

按实业学校之编制,分为二部:一为收受初小与高小毕业者,一为收受中学校与高等女学校卒业者,后者修业期限仅1年,并且因特别情形,仍可伸缩。

简言之,实业学校与职业学校所不同之点为实业学校修业年限较长,入学资格规定较严,学年较长,每周授课时数较多,及甲种实业学校毕业后,得升入实业专门学校各点。综观两者之性质并无根本区别,在日本教育统计上,通常皆将职业学校附入实业学校项下。

实业学校师资之训练机关为实业教员养成所,附设于高等教育机关,计现时有关于工业者2所,关于农商者各1所。生徒计371名(1932年)。

乙　实业学校之类别

实业学校通常由道、府、县设立,市、町村、市町村学校组合及町村学校组合,依地方情况,于不妨碍其区域内小学教育设施之范围内,亦得设置实业学校。又依《实业学校令》(1922年,即大正九年十二月改正令,第5条):商会,农会及其他性质相同之公共团体,亦得设置私立实业学校。

关于实业教育设施上有一应注意之点,即其对于从事职业者,除授以所需之知识,技能以外,同时尚注意陶冶其品性,以期养成对国家有用的份子。

实业学校依其内容所实施之训练分为农业、工业、商业、水产、商船各类。

据1932年(即昭和七年)文部省之统计,全国各类实业学校及职业学校之分配如后:

种别		校数	教员数	生徒数
甲种	工业	93	2 265	33 553
	农业	236	2 766	47 583
	商业	284	6 120	138 241
甲别	商船	11	164	2 659
	水产	12	141	1 917
	职业	186	2 356	37 035
	总计	822	13 812	260 988
乙种	工业	29	313	5 262
	农业	98	795	16 812
	商业	41	370	10 412
	商船	1	11	61
	水产	1	1	34
	职业	32	308	5 324
	总计	202	1 798	37 905

丙 女子实业教育

据1932年(即昭和七年)之教育统计,女生在实业学校及职业学校肄业者数目如后:

甲种农校 2 382 { 本科 2 661 / 其他 333 }

甲种商校 3 218 { 本科 4 605 / 其他 1 }

乙种商校 1 474 { 本科 1 802 / 其他 47 }

乙种职校 5 595 { 本科 4 068 / 其他 1 111 }

至于专对女子实施职业训练之机关,除前述之实科高等女学校,注重家事科目,亦可列入此类外,尚有性质较专门之家政学校,例如:东京府立高等家政女学校，以教授关于高等普通教育及职业的知能，兼注意德性涵养为其目标。该校收寻常小学卒业生及与之有同等学力者，修业年限4年，分家政与经济两科。除普通学科外，家政科注重裁缝、家事、手艺、园艺；经济科注重英语、商业、簿记。

一二 专门学校

甲 专门学校之性质

日本之专门学校为与高等学校程度相当,而以教授高等学术技艺为目的之教育机关。此类学校除官立者以外,道、府、县亦得设置;私人经许可亦得设立之。修业年限,通常为3年至4年,此外并得设置专修科、选科、"研究科"、别科等。

专门学校本科之入学资格为中学校修毕(男子)或卒业于4年以上之高等女学校,或有同等学力,经检定认为合格者;但关于美术、音乐学校,其入学资格另有规定。

属于专门学校之范畴者,为各种实业专门学校、医药专门学校、外国语言、艺术、音乐专门学校、女子专门学校,以及高等师范学校。除最后一种已于前章详细叙述外,兹将其他各类简单说明于后:

乙 实业专门学校

实业专门学校大别为工业、农业、商业、商船四类。兹将属于官立者列后:

(附)实业专门学校统计表

1932年(即昭和七年)度

种别	学校	教员	生徒
工业	19 { 官立 18 / 私立 1	860	7 471
农业	12 { 官立 11 / 私立 1	467	3 759
商业	21 { 官立 11 / 公立 2 / 私立 8	674	9 644
商船	2——官立 2	122	1 672
总计	54	2 123	22 546

下表标明实业专门学校所设之科别:

校别	分科
工业	色染、纺织、窑业、应用化学、电气、化学、机械、电气、建筑、土木、酿造、纤维工、工艺图案、工艺雕刻、金属工艺、木材工艺、印刷工艺、采矿冶金、造船、舶用机关等。

续表

校别	分　科
农业	农学、林学、畜产、兽医、养蚕、栽桑、制丝、绢丝、纺绩、农艺化学、农政经济、农工土木等。
商业	商业、商工经营、海外贸易、中国贸易等。
商船	航海、机关两科。

丙　其他专门学校

官立药学专门学校有富山、熊本等校；此外尚有公私立医学、药学、牙科专门学校多所。

官立外国语专门学校2所如后：

校别	修业年限	分　部
东京外国语学校	3	英语部、法语部、德语部、俄语部、意语部、亚语部、葡语部、中国语部、蒙古语部、马来语部、印度斯坦语部。
大阪外国语学校	3	中国语科、蒙古语科、马来语科、英语科、德语科、法语科、俄语科、西班牙语科。

官立美术及音乐学校各一所：东京美术学校修业期限本科3年，图画师范科3年；另设预备科修业期间1学期。东京音乐学校，修业期限本科3年以上5年以内，甲种师范科3年，预科1年。

此外尚有公私立法政、经济、文学、宗教、美术、音乐、体育等专门学校及"女子专门学校"多所，兹附专门学校总表及学科生徒数目表于后：

(附)其他专门学校统计表

1932年(即昭和七年)度

立别	学校	学科	教员	生徒
官立	8	36	399	4 187
公立	9	15	206	2 450
私立	99	181	4 704	60 704
计	116	232	5 309	67 341

前表生徒总数中，男生计50 488名，女生计16 853名。

专门学校统计表

1932年（即昭和七年）度

学科	男生	女生
医学科	4 424	2 137
药学科	2 659	2 372
齿科医学科	3 977	578
法学科	12 034	104
经济学科	1 519	—
商业科	9 741	15
文学科	8 907	3 771
数学理化学科	1 385	59
家政学科	—	3 603
裁缝科	—	2 900
技艺科	—	62
宗教科	2 542	29
美术科	1 055	243
音乐科	295	786
体育科	470	133
农业科	618	—
拓殖科	118	—
看护科	—	59
测候技术科	27	—
工业科	717	—
总计	50 488	16 853

一三 大学校

甲 大学之宗旨学部及设置

A. 宗旨及学部　大学之宗旨为教授国家所需要之学术、理论及应用,并攻究其蕴奥,兼注意于人格之陶冶与国家思想之涵养(1918年即大正七年12月6日发布之《大学令》第1条)。大学可设置下列各学部:

法学部　医学部　工学部　文学部　理学部　农学部　经济学部　商学部

但遇特别情形,得分合前列各学部以设学部;例如合文理为一部,文法为一部,理工为一部等。又单设一学部者亦得称"某科"大学。

B. 设置　大学以国立(帝国大学及其他官立大学)为主体,但北海道及府县区于必要时亦得设立大学(依最近改正《大学令》,市町村亦得设立)。私立大学亦得设置,惟须有大学必要之设备或其所需之资金,并须有基本财产,其收入足以供维持之用。

C. 修业　大学本科之修业年限为3年以上(3年至6年);医科为4年以上(4至8年)。本科毕业称学士。各学部应设研究科,由卒业本科,经各科主任允许者升入;如一大学内有若干学部者,为谋各研究科互相联络起见,得综合设立大学院。此项学生研究2年以上,提出论文者,经学部教授会审查合格后,请求文部大臣授予博士学位。

大学遇特别情形得设预科,其程度与高等学校之高等科相当。预科修业年限3年或2年;入三年科者,须修完中学4学年,或具有同等学力;入二年科者须卒业中学(5年)或具有同等学力。

大学各学部之入学资格为各大学预科修业终了,或在高等学校高等科毕业,或依文部大臣规定,认为有同等以上学力者,由试验决定之。

乙 帝国大学

A. 帝国大学之行政组织　帝国大学共5所;其中东京、京都两帝大各设7个学部;东北、九州两帝大各设4个学部;北海道帝大仅设3个学部。以上各帝大均设有大学院。

帝国大学总长,承文部大臣之监督,统率所属职员,掌理帝大一切事务。各学部各置学部长1人,由教授中1人任之,掌理各该部事务。各学部设讲座若干,均由教授担任。

教员有教授、助教授、讲师之别;其下有助手,受教授及助教授之指挥,从事学术研究。医学部附属医院,设院长1人;附设药局,设局长1人。理学院附属实验所,设所长1人,植物园设园长1人;农学部附属演习林场及农场,各设场长1人;附属图书馆设馆长1人,均由教授或助教授兼任之。

大学之审议机关为评议会;各学部有教授会。

B. 各帝国大学所设学部及学科

大学名及创立年	学部	学科
东京帝国大学 (1886年即明治十九年创立在东京市)	法学部	法律学科　政治学科
	医学部	医学科　药学科
	工学部	木土工学科　机械工学科　船舶工学科　航空学科　造兵学科　电气工学科　建筑学科　应用化学科　火药学科　矿山学科　冶金学科
	文学部	国文学科　国史学科　中国哲学科　中国文学科　东洋史学科　西洋史学科　哲学科　印度哲学科　心理学科　伦理学科　宗教学宗教史科　社会学科　教育学科　美学美术史科　言语学科　梵文学科　英文学科　德文学科　法文学科
	理学部	数学科　天文学科　物理学科　化学科　动物学科　植物学科　地质学科　矿物学科　地理学科
	农学部	农学科　农艺化学科　林学科　兽医学科　水产学科
	经济学部	经济学科　商业学科
京都帝国大学 (1898年即明治三十一年创立在京都市)	法学部	法律学科　政治学科
	医学部	医学科
	工学部	土木工学科　机械工学科　电气工学科　采矿冶金学科　工业化学科　建筑学科
	文学部	哲学科　史学科　文学科
	理学部	
	经济学部	
东北帝国大学 (1910年即明治四十三年创立在仙台市)	理学部	数学科　物理学科　化学科　地质学科　生物学科
	医学部	医学科
	工学部	机械工学科　电气工学科　化学工学科
	法文学部	

续 表

大学名及创立年	学部	学科
九州帝国大学1903年（即明治卅六年创立在福冈县）	医学部	医学科
	工学部	土木工学科　采矿学科　机械工学科　电气工学科造船学科　应用化学科　冶金学科
	农学部	农学科　农艺化学科　林学科
北海道帝国大学1907年（即明治四十年创立在札幌市）	农学部	农学科　农业经济学科　农业生物学科　农艺化学科林学科　畜产科
	医学部	医学科
	工学部	桥梁学科　铁道学科　水工学科　电气机械学科矿山学科　机械工作学科

丙　其他官立大学

现有各官立大学多系依据1918年（即大正七年）之《新大学令》（认可单科大学之设立）就原有专门学校升格改设。例如东京商科大学系1920年（即大正九年）由东京高等商业学校升格改名；此后有医科大学多所，继续成立；又1919年（即大正八年）政府通过东京高师、广岛高师、东京高工、神户高商、大阪高工五校升格为大学办法，嗣以经费关系，延至1929年（即昭和四年）始见实现。

此等官立大学均系单科大学，各大学设大学长及教授会。本科以上并有研究科之设。兹将各官立大学之成立年及所在地列表于后：

科别	校别	学部	附属部门及分科	成立年	所在地
医科	新泻医科大学	医学部		1922年即大正十一年	新泻市
	冈山医科大学	医学部		1922年	冈山市
	千叶医科大学	医学部	附设药学专门部	1923年即大正十二年	千叶市
	金泽医科大学	医学部	附设药学专门部	1923年	金泽市
	长崎医科大学	医学部	附设药学专门部	1923年	长崎市
	熊本医科大学	医学部		1929年即昭和四年	熊本市
工科	东京工业大学	工学部	分科：机械、电气、应用化学、电气化学、窑业、染、纺织、建筑。	1929年	东京市
	大阪工业大学	工学部	分科：机械、舶用机关、电气、酿造、应用化学、造船、矿冶、窑业。	1919年	大阪市

续 表

科别	校别	学部	附属部门及分科	成立年	所在地
商科	东京商科大学	商学部	设预科、附属商学专门部及商业教员养成所。	1920年即大正九年	东京市
	神户商业大学	商学部		1929年	神户市
文理科	东京文理科大学	文理学部	参看高级师范教育章	1929年	东京市
	广岛文理科大学	文理学部	参看高级师范教育章	1929年	广岛市

丁　公立大学

公立大学设本科及研究科，计5所，其名称、所设学部及创立年，所在地如后表：

校名	学部	成立年	所在地
大阪医科大学	医学部	1919年（即大正八年）	大阪市
爱知医科大学	医学部	1920年（即大正九年）	名古屋市
京都府立医科大学	医学部	1921年（即大正十年）	京都市
熊本县立医科大学	医学部	1922年（即大正十一年）	熊本市
大阪商科大学	商学部	1928年（即昭和三年）	大阪市

戊　私立大学

私立大学计24所，规模较大，设有三学部以上者有：

大学名称	学部
庆应义塾大学	设文、经济、法、医四学部
早稻田大学	设法、文、商、政治经济、理工五学部
明治大学	设法、商、政治经济三学部
中央大学	设法、商、经济三学部
日本大学	设法文、商、工三学部

其他各私立大学，以设文学部者最多，法、经济、商各学部次之，专设医学部者2所，专设农学部者1所。

(附)大学统计表

1932年(即昭和七年)度

立别	学校	学部学科		教员	学生生徒	
官立	19	预科 专门部	41 3 6	3 034	学生 生徒 计	23 063 4 337 27 400
公立	3	预科	3 3	117	学生 生徒 计	811 691 1 502
私立	23	预科	40 23	3 044	学生 生徒 计	23 101 18 159 41 260
总计	45	专 预	84 6 29	6 195	学生 生徒 计	46 975 23 187 70 162

一四　社会教育

社会教育之范围，可由文部省社会教育局各课所管辖事项（参看文部省组织章）略见大概。兹将几种最重要之社会教育设施，略述如后。

甲　关于青年训练之机关

A. **青年团与女子青年团**　青年团之宗旨为实施德智的修养，身体的锻炼，群众生活的训练及服务习惯的养成。

青年团之组织，以通常町村区域为单位，凡已受毕义务教育，未满25岁之青年，皆为团员。其重要活动有举行讲演会、讲习会及实施补习教育；讲习体育常识，奖励各项运动，养成卫生习惯；举行音乐会，艺术展览；协助整理交通，保护道路，以及救灾消防等社会服务工作。

此项组织目前几已遍于全国。据文部省1931年（即昭和六年）之统计，团数共15 365，正式团员数2 518 173人。全国青年团之最高统属与联络之机关为日本联合青年团。

女子青年团之宗旨为增进智能，提倡体育，陶冶情操，以谋妇德之涵养。其组织与青年团相同。该团之事业比较重要者有培养从事家事及公共生活所必需之德智，奖励实业补习教育，举行讲演会及娱乐会，提倡体育竞技，养成卫生习惯等等。

此项团体，据1931年调查计有13 394；正团员数1 534 125人，全国总联络机关为日本女子联合青年团。

B. **青年训练所**　青年训练所创于1926年（即大正十五年至昭和元年），主要目的为实施军事训练，但同时仍辅以普通教育，专收已离学校之16岁至20岁之青年，施以四年之训练，其要项如下。

课目	小时
修身及公民科	100
体育及军事教练	400
普通学科　国语、数学　历史、地理	200
职业科	100

训练所设主事及指导员：主事由小学校长，或实业补习学校校长任之；指导员由小学校教员或在乡军人任之。

由训练所毕业者，征兵入伍，得减少兵役半年，并超越下等、中等兵的阶级，直接当上等兵。据1931年（即昭和六年）之统计，全国公立青年训练所，共15 351所，生徒783 621人，均由市町村组织。此外尚有私立者198所，生徒12 511人。私立者多系由大规模之工场、矿山、商店，经地方长官之认可设置。

乙　关于成人教育之设施

成人讲座，设立之主旨为讲习成人所必需之职业上与修养上之知识，此类讲座，可由其主办者不同，分为两类：

文部省主办者：由文部省主办之讲座，系与东京帝国大学、东京女子高等师范学校及协调会等合作开设。听讲者大多数年龄自21岁至50岁，程度为寻常小学或中学卒业。各讲座所设科目，以关于社会科学者最多，次为关于实业者，又次为关于理科者，复次为关于家庭问题者，最后最少为关于艺术者。每一讲题，大约在20小时以上。

道府县之成人讲座，听讲者大概为20岁以上之成年人。兹将其主办机关及讲座数（1929年）列后：

主办机关	所数
社会教育团体补习学校、青年团体、宗教团体及在乡军人团体	965
道德各府县市町村，或共同办理者	504
教育会、自治会、各种研究会	330
以学校为中心而办理者	150
个人主办者	22
图书馆主办者	19

此等讲座所设科目，以关于哲学者（包括心理、伦理、教育、哲学、思想、职业指导等）为最多；次为关于理科者（包括科学、医学、卫生、家政）；又次为关于社会科学者（包括法律政治、经济、社会）；复次为关于实业者（包括工、商、农各业），关于艺术及体育者，为数较少。

本篇主要参考书目

1. 陈钟凡:《日本教育视察记》,《学艺杂志》,1931年,第11卷。
2. 北京大学教育系参观团:《参观日本教育报告》,1930年版。
3. 阿部重孝:《日本教育现状及其历史背景》,容秉衡译述,1931年版。
4. 《日本教育研究专号》,《教育研究》,1931年,第32期。
5. 江恒源等:《考察日本职业教育报告专号》,《教育与职业》,1931年,第126期。
6. 任白涛:《最近各国的补习教育(下卷)》,上海:启智书局,1929年版。
7. 吴自强:《日本现代教育概论》,上海:商务印书馆,1935年版。
8. 下村寿一:《日本教育制度》,马宗荣译,上海:商务印书馆,1935年版。
9. 周瑞璋等:《最近之日本教育》,上海:商务印书馆,1934年版。
10. 文部省内"产业区教育"编辑部:《教育年鉴》,1935年版。

各国教育制度
（下卷）

第五篇
德国教育制度

一　国势大概

德意志国（Deutsches Reich①）为联邦共和国。全国土地面积，连萨尔区②（Saargebiet）计 470 624.84 平方公里；人口，连萨尔区域，依 1933 年 6 月 16 日统计，共 66 044 161。兹将其各邦之土地面积及人口数列为后表：

邦名（原文）	面积平方公里	人口	邦名（译音）
Preussen	294 241.92	39 934 011	普鲁士（英文作 Prussia）
Bayern	76 420.50	7 681 584	巴伐利亚（拜恩州）（英文作 Bavaria）
Sachsen	14 992.94	5 196 652	萨克森（英文作 Saxony）
Württemberg	19 508.63	2 696 324	符腾堡
Baden	15 070.87	2 412 951	巴登
Thüringen	11 724.39	1 659 510	图林根（英文作 Thuringia）
Hessen	7 692.94	1 429 048	汉森（英文作 Hesse）
Hamburg	415.26	1 218 447	汉堡
Mecklenburg	16 056.42	806 022	梅克伦堡
Oldenburg	6 423.98	573 853	奥尔登堡
Braunschweig	3 672.05	512 989	布朗施威格（英文作 Brunswick）
Anhalt	2 299.38	364 415	安哈尔特
Bremen	256.39	371 558	不来梅
Lippe	1 215.16	175 588	利珀
Lübeck	297.71	136 413	吕贝克
Schaumburg-Lippe	340.30	49 955	绍姆堡利珀
Saar	——	826 000	萨尔
合计（连萨尔区）	470 628.84	66 044 161	

按德国原有 18 邦，1929 年 4 月 1 日，瓦尔德克（Waldeck）并入普鲁士，1934 年 1 月 1 日，梅克伦堡-什未林（Meklenburg-Schwerin）与梅克伦堡-施特雷利茨

---

① Deutsches Reich 为第二次世界大战前德国的正式国名。——编校者
② 萨尔区在过去的 200 年间，曾八易其属，其中两次归属法国。一战（1914—1918）德国战败后，《凡尔赛和约》将萨尔区从德意志帝国分离出去，并在该地区成立自治政府。1935 年 1 月，在全民公决中，90%的公民赞成归属德意志帝国。——编校者

(Meklenburg-Strelitz)合并为一邦,故现为 16 邦及萨尔区。各邦原各保有一部分主权,至 1934 年 2 月 1 日,《全国行政制度改革令》实施以后,各邦主仅均移转于联邦内阁,各邦之总督(Reichsstatthalter)直辖于内政部,故实际上所谓"邦"之名称,虽仍存在,实不过行政区划而已。

由上表可见,普鲁士一邦所占土地面积及人口数目,均超越全联邦半数以上。依 1933 年之统计,全国人口,从事有报酬的职业者,计 32 296 000,其职业分配如次:

　　工业　40.4%

　　农林业　28.9%

　　商业及交通业　18.4%

　　公务自由职业　8.4%

　　家庭业务　3.9%

各邦以内之行政区域划分,举普鲁士为例:该邦分为 12 省(Provinz)及柏林市;省以下复分为 34 府(Regierungsbezirke);每府复分为若干区(Kreise 共 532 区)。

各级政府教育经费分担情形如次:联邦 1.4%,各邦政府 51.4%,地方政府 47.2%(据 1928 年经费总数计算)。

二　教育行政机关组织

壹　德国及普鲁士邦教育部

德国联邦政府,向不直接监督管理教育事宜,欧战以后之共和政府,虽然比较在前帝国下,其活动范围已颇见扩充,但教育行政权仍操于各邦政府。国社党①执政以后,厉行中央集权,教育行政自不能独为例外,遂于1934年5月1日创设统辖全国学术及教育行政之最高机关,同年5月11日将前此属于联邦内政部之教育职权移归新设之教育部。该部与普鲁士邦原有之教育部合组,正式名称为全国及普鲁士学术教育及民众训练部(Reichsund Preussisches Ministerium für Wissenschaft, Erziehung und Volksbildung),其内部组织如次:

(1) 总务厅(Zentralamt):掌理行政、规程及国外教育事宜;

(2) 部长室(Ministeramt);

(3) 学术司(Amt für Wissenschaft):分大学与学术研究机关两科;

(4) 教育司(Amt für Erziehung):分(a)总务,(b)国民学校及中间学校,(c)中学校,(d)工商农矿学校,(e)农人训练各科;

(5) 民众训练司(Amt für Volksbildung):掌理艺术学院、民众大学、民众图书馆、博物馆、宫殿、纪念建筑物、自然保护等,以及音乐、绘画、文学、剧院、电影、无线电广播等事宜。

(6) 体育司(Amt für Körpcrliche Erzichung);

(7) 乡训年事务处(Abteilung Landjahr);

(8) 宗教事务处(Geistliche Abteilung)。

(附)　全国教育会议

全国教育会议(Reichsschulkonferenz)在帝政时代亦曾经举行,惟1920年6月11日至19日在柏林所举行者,对于德国教育史上尤富意义。参加该会议之会员有600人以上,其中包括各邦、地方联会、教育行政当局及教育界之代表,以及其他关心教育事业之团体。该会议所议决原则最重要者为:关于教师训练,各类学校最低限度之课程标准,对于建立单一学制(Einheitsschule)之最低限度设施、学年长度、名称、文凭之相互承认及统计等,主张全联邦应归一律;同

---

① 国社党全名德意志国家社会主义工人党,即纳粹党。——编校者

时并主张管理上采取分权制,各邦各自依据联邦所规定原则,制定单行法规;并成立全国教育公断处(Reichskontrolle),解决关于联邦政府与各邦间及各地方间之争执问题。

该会议议定之结果,虽无拘束各邦行政当局之实力,但于影响全国教育政策之进展上,确有相当功效。

贰　其他各邦教育行政组织

德意志国包括17邦(萨尔区作为一邦),各有其最高教育行政机关,名称与组织各别,普鲁士邦教育行政机关已与全国教育行政机关合并,兹不复述,以下列叙其他数邦之教育行政机关。

甲　巴伐利亚　邦教育部(Staatsministerium für Unterricht und Kultus)直辖:(1)中学及师资训练机关,(2)中等专科学校,(3)大学、民众教育机关。国民学校、职业补习学校、中等女学校及女子中间学校则委诸府行政机关而受部之监督。

乙　萨克森　邦教育部(Ministerium für Volksbildung)管辖:(1)国民学校、职业补习学校,(2)中等学校,(3)大学、工科大学、民众大学。各类专科学校、商科大学及由商工团体举办之职业补习学校,则均隶属经济部;林科大学及矿冶学院则隶属财务部。

丙　汉堡　设三个平行的学务局,即:(1)普通学务局(Oberschulbehörde),管辖国民学校及中等学校;(2)职业学务局(Berufsschulbehörde),管辖职业补习学校及中等专科学校;(3)高等学务局(Hochschulbehörde),管辖大学及民众教育。

其他各邦之教育行政机关亦各异其组织,兹从略。

(附)　参加教育行政之其他各部(普鲁士邦)

A. 商工部　直辖商科大学校,矿冶学院;并经由府长,管辖职业补习学校及商、工、家事、航海、矿冶等职业学校。

B. 农林部　直辖农业、兽医、森林各科大学校,乡村民众高等学校;并经由府长,管辖乡村补习学校、农业、园艺、乡村家政等类学校。

C. 人民福利部　关于儿童幸福,幼童及未入学学童之照料,孤儿及身心残缺儿童教养机关之监督;并与教育部合作,处理学校之医术检查事宜。

叁 省教育理事部

普鲁士之中等教育主管机关，为省教育理事部（Provinzialschulkollegium）。全邦每省各设理事部一，即以所在地之市名为名称，兹将其所在地及其所辖省分列后：

董事部所在地市名	所辖省区
Königsberg（格尼斯堡）①	Ostproussen（东普鲁士）
Schneidemühl（施奈德米尔）	Grenzmark-Posen-Westpreussen（格林斯马克、波森、西普鲁士）
Berlin-Lichterfelde（柏林·里特希菲尔德）	Brandenburg u. Berlin（勃兰登堡及柏林市）
Stettin（什切青）②	Pommern（波莫拉尼亚）
Breslau（布雷斯劳）③	Niederschlesien（下西里西亚）
Oppeln（奥波莱）④	Obereshlesien（上西里西亚）⑤
Magdeburg（马格德堡）	Sachsen（萨克森）
Schleswig（石勒苏益格）⑥	Schlewig-Holstein（石勒苏益格-荷尔斯泰因）
Hannover（汉诺威）	Hannover（汉诺威）
Münster（明斯特）	Westfalen（威斯特法伦）
Kassel（卡塞尔）	Hessen-Nassau（汉森·拿骚）
Koblenz（科布伦茨）	Rhinprovinz（莱茵省）

理事部之主要职权为监督中等学校，并对于初等学校教员行使某项惩戒权。初等学校教员训练之监督，原亦属该部职权，现改归教育部。在柏林之理事部兼管辖国民学校及职业学校事宜。

省教育理事部以省长（Oberpräsident）为其当然主席，惟事实上每将其职权付托于副主席。理事通常共 7 人或 8 人，称省督学员（Oberschulrat 或

---

① 格尼斯堡，又译哥尼斯堡，今称加里宁格勒。1945 年格尼斯堡战役后，苏联红军占领该城。战后，根据《波茨坦协定》，格尼斯堡成为苏联领土。1946 年，为纪念哈伊尔·加里宁，格尼斯堡更名为加里宁格勒。——编校者
② 什切青现为波兰西波美拉尼亚省的首府，波兰第七大城市。——编校者
③ 布雷斯劳现为波兰第四大城市。——编校者
④ 奥波莱现位于波兰西南部的西里西亚。——编校者
⑤ 上西里西亚，在 1938 年至 1941 年间，与下西里西亚合为西里西亚。现时，西里西亚的大部分地区属于波兰的国土，仅有小部分属德国。——编校者
⑥ 石勒苏益格，包含现今丹麦南部 70 公里和德国北部 60 公里领土的地区，地处北海与波罗的海交界处。1920 年，一战德国战败后，经过公投，石勒苏益格的北部归丹麦，南部归德国。——编校者

Provinzialschulrat)。省督学员视察境内公私立中等学校，监督候补中学教员之训练，为中学毕业考试委员会之主席，对于校长及教员供给关于教学问题之意见。

肆　府教会及学务局

普鲁士之行政区域，省以下复分为府。府设教会及学务局（Abteilung für Kirchen-u. Schulwesen），以府长（Regierungspräsident）为主脑，或由府长将其职权付托于该局主任（Abteilungsdirigent）。该局之构成人员，有行政、教育、建筑、医术、法律各种专家，共7人或8人，均由府长任用。其中教育专家称府督学员（Regierungsschulrat），每年应巡视全府之学校一周，并作成报告。

府学务局之任务为初等学校教师之任用及辅导，公私立初等学校之督察，以及学校资产之管理等。

伍　教育视察制度

普鲁士之最低级行政单位为区；就教育视察而言，亦称学务视察区（Schulaufsichtsbezirke），每区各设区督学员（Bezirksschulrat，简称 Schulrat，旧称区视学员 Kreisschulinspektor），由教育部任用，乃邦之公务员，总数计有531名。各区内所有教师员额不一，41区不满百人，356区有100人至200人，134区超过200人（据1928年统计）。外此，在各大市，尚有市督学（Stadtschulrat），约计80名。

区督学员对于区内所有公私立初等学校及乡村补习学校，负监导责任，每一督学员约计管理200学级。彼等系初等教育上之领袖人员，其职权包括审核课程，主持教师及校长会议，并对于教师之职务上及职务外之行为有警告及弹劾权。彼又得出席地方教育公团之会议，但无表决权。

陆　市乡学务机关

以上各级教育行政组织均属国家机关。本节所述之市乡学务机关，向为合议制之组织，使地方公民得参与地方教育行政，在市区为市学务董事会（Schuldeputation），在乡区为乡学务董事会（Schulvorstand）。此等机关，依1935年1月30日发布，同年4月1日施行之《德意志地方规程》（Deutsche Gemeindeordnung），均予取消。普鲁士邦首先根据前项规程，改设学务顾问部

(Schulbeiräten)，其人选如下：(1) 由地方长官得督学员之同意指定本区公立学校教师 1 人至 3 人；(2) 由地方长官与国社党部委员协商后，指定公民若干人，人数视前项加倍；(3) 由督学员经本区希特拉少年团[①]（Hitler-Jugend）首领之同意，指定公民 1 人，(4) 新教或旧教牧师 1 人，或两者各 1 人，由督学员听取教会高级人员之意见后决定之。

　　此项顾问人员均为名誉职，任期 6 年，但全体并不构成一法团，如旧日之市乡学务董事会，而是由各个顾问以个人资格贡献其意见于行政当局；前此董事会所为之多数决议，地方行政长官应受其拘束，现制则否。由于会议制教育行政机关之取消，遂完成行政首领独任制。在市区一切职责皆集中于市长一身；在非市区情形稍异：乡长以外，设有学董（Ortsschulvorsteher），由督学员指任之，其职责为保持学校外部之秩序，并秉承督学员之指示，增进学校与家庭间之联系，乡长掌理关于学校资产及学务预算事宜。

（附）　德国现制教育行政组织系统略图

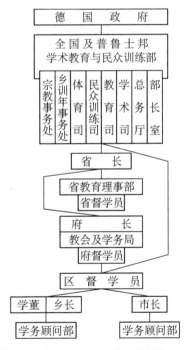

（注）　各邦教育行政组织各异，本图专依普鲁士邦现制制就。

[①] 希特拉少年团又称希特勒青年团，是 1922 年至 1945 年间纳粹党设立的一个青年组织。——编校者

三 学校系统

《联邦宪法》①（1919 年）第 146 条第 1 项规定："全部公共学校制度应为有机的构造，在一种全体共通的基本学校以上，建立中间学校及中等学校。"此项条文之用意，在破除前此旧制下之多轨组织。按普鲁士欧战前之学制：儿童满 6 岁时，或入国民学校（Volksschule，8 年），或入中间学校②（Mittelschule，9 年），或入中等学校（Höhere Schule，预科 Vorschule，3 年，本科 9 年），三类学校为平行的，彼此间界沟分明，实为三轨学制。

现时各邦皆本宪法精神，规划一种兼有单轨制与多轨制优点之弹性学制，使各类学校一方面得充分完成其特殊任务，同时仍保持其相互间之联络。普鲁士现制，以四年制之基本学校（Grundschule），即国民学校之首四年，为全部学制之共通基础，在其上设置六年制之中间学校与九年制之中等学校。此外又使修毕中间学校者，得转入某种中学校高级，并为修完国民学校 7 年或 8 年者设立一种所谓六年制之建立中学校（Aufbauschule）。

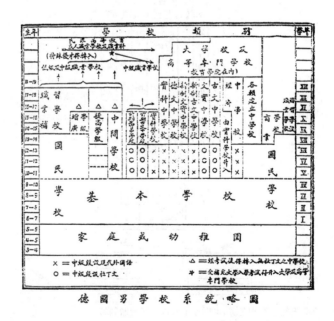

德国男学校系统略图

---

① 《联邦宪法》又称《魏玛宪法》，是德国魏玛共和国时期（1919—1933 年）的宪法，也是德国历史上第一部实现民主制度的宪法。——编校者
② 中间学校即介于初等学校与文科中学之间的六年制实科学校。——编校者

关于初等学校师资之教育，则依宪法 143 条之规定，以完全中等教育为基础，更益以两年大学程度之专业训练。

兹将德国各邦（以普鲁士为主）现行学制，以图表示如后：

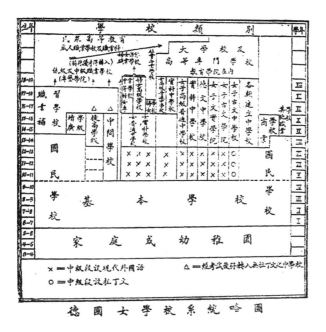

德国大学校系统略图

(附)德国各类学校名称对照表

原名	译名	原名	译名
Kindergarten	幼稚园	Aufbauschulen	建立中学校
Grundschule	基本学校	Wirtschaftsoberschule	经济中学校
Volksschule	国民学校	Gymnasium	古文中学校
Berufsschule(Pflichtfortbildungsschule)	职业学校即义务补习学校	Realgymnasium	文实中学校
Aufbauklassen	增广学级	Reformgymnasium	新制古文中学校
Gehobene Klassen	提高学级	Oberrealschule	实科中学校
Mittelschule	中间学校	Realschule	实科学校
Niedere Fachschule	低级职业学校	Progymnasium	前期古文中学校
Höhere Fachschule	中级职业学校	Realprogymnasium	前期文实中学校
Handelschule	商业学校	Universitäten u. andere Hochschulen	大学校及其他高等专门学校

续 表

原名	译名	原名	译名
Volkshochschulen	民众学院（或民众大学）	Frauenschule	妇女学校
前述名称见男子学校系统中		Reformrealgymnasium	新制文实中学校
Mädchengymnasium	女子古文中学校	Deutsche Oberschule	德文中学校
Gymnasiale Studienanstalten	女子古文学院	Fachschulen für Weibliche Lehrberufe	妇女保育职业学校
Realgymnasiale Studienanstalten	女子文实学院	Frauenoberschule	妇女高级学校
Oberlyzeum	女子高级普通中学校	Höhere Fachschule für Frauenberufe	中等妇女专业学校
Lyzeum	女子普通中学校	Fachschule für Soziale Berufe	社会专业学校
Mädchenrealschule	女子实科中学校		
以上名称专见女子学校系统中，其与男校同者不列。			

四　幼稚教育

幼稚园在德国比较上发达迟缓，其现有之幼稚教育机关，可大别为两类：

A. 学校式的　乃为已达学龄，而身心未臻成熟，不适于受正式之初等教育者而设。此类幼稚园之编制及教学，与一般初等学校相似。

B. 幼稚园式的　以游戏与作业，发展其身心；由团体生活，培养其群性。此类与通常所谓幼稚园相同。

为已达学龄之儿童所设之学校式的幼稚园，通常称为学校幼稚园(Schulkindergarten)，亦称预备学级(Vorklass oder Vorbereitungsklass)，乃创自各地方学务当局。所收儿童多已达学龄，但其身心发展程度尚不能受正式教育。每学期开始前或开始后之第一星期中，所有新入学之儿童，由校医检查结果，其中常有5%左右被认为身心未臻成熟。此等儿童之父母，每以经济的状况或因缺乏知识与时间，不能对自己儿童临以充分注意，助长其身心发展；于是乃有此类学校幼稚园之设立。在德国现时约有30市已设置公立之幼稚园。

据1926—1927年度之统计，在柏林市本部，计有185儿童，分别收容于7所学校幼稚园内，其中136人为体格欠发达者，25人为精神上落后者，22人为语言能力薄弱者，1人为听觉不敏者，1人为视官不健全者。所有此等儿童多属身心发达迟缓者；若系身心有重大缺陷者，则归入所谓辅助学校(Hilfsschule)。

为未达学龄之儿童所设之幼稚园，多数皆系私立，大半由教会设置而受有公款补助。1920年之全国教育会议，宣称慈幼团体既不能应一般对于幼稚园之需要，邦政府及地方应起而设立此项机关。一般德国人皆认家庭为幼儿之最适当的教育机关，除非家庭以道德的或经济的理由丧失其教育的任务时，始有强令此等儿童入幼稚园之必要云。

五　初等教育

德国之初等教育机关,总称为国民学校(Volksschule)。现前之改革结果,颇与欧战前一般教师所提出之根本要求相符合。一般之政治的进展,颇利于国民学校之革新。现时各邦国民学校之修业期,均以八年为常,其前四年通称基本学校(Grundschule)。

甲　基本学校

A. 基本学校在学制上之地位

所谓基本学校,乃国民学校之一构成部分,并非一种独立之学校。各邦国民学校革新所依据之出发点,为联邦政府内政部于1920年4月28日所发布之《基本学校法规》(Grundschulgesetz),其要点如后:

国民学校之前四学级,为对于全体儿童之共通的基本学校,所有中间及中等学校(Mittlere u. höhere Schulwesen),均建于其上。其任务一方面切实为初等学校之一构成部分,同时使儿童于升入中间学校及中等学校,获得充分准备。在特殊情形之下,各邦中央当局亦得将更上各学级组成基本学级(Grundschulklassen)。

此项法令,后经《基本学校课程法规》(Gesetz über den Lehrgang der Grundschule, 1925年4月18日)加以补充,确定基本学校之修业期间为4学年。但在例外事件,才能优异之学童,由基本学校教师之提出,经学务视察人员之许可,于完毕3年基本教育义务(Grundschul-pflicht)后,即得转入中间学校或中等学校。

私立预备学校及中学预备班原为联邦宪法所否定,近年残存甚少(多属天主教会设立),1936年4月4日又由全国教育部令各私立学校从该年度起不得再收新生。

B. 由基本学校升入中间或中等学校之办法

由修毕国民学校首四学级,转入中间及中等学校之办法,各邦均有详密规定。普鲁士邦于1924年3月12日所发布之规程如后:

(1) 中间或中等学校最低一学级所收录来自基本学校之男女学童,概凭通过入学试验。但如公立基本学校与中间或中等学校间,预先订有合作办法,对于某学童之收录意见一致时,得免除考试。凡学童于某项主要科目成绩低劣者,不得与试。

(2) 考试委员会,以基本学校教师及所拟转入之中间学校或中等学校教员合并组织之。此项考试于收录新生之各学校内举行之,但亦得联合一地方所有学校,组织联合考试委员会。委员会之主席由该地方之中学校长任之。

（3）考试之内容项目,由委员会决定。实验的测量法亦得应用,但不得因此增重生徒之负担,且仅能作为寻常考试之补充,不能为其替代。

（4）考试之结果,应与该学童在基本学校内最近之学科成绩相参照。

C. 基本学校之课程

1921年3月16日,普鲁士邦之基本学校课程,仅有概括的规定,盖因各省区情形不同,统一的邦定课程不能适尽各地之需要。兹举其要点数则于后:

（1）基本学校之课程,须与国民学校高级及中间或中等学校相衔接。

（2）基本学校之全体教学,不可为外铄的、现成的知识之灌注。凡儿童之学习,皆当本自内心经验及自我活动。

（3）基本学校之教科为:宗教、乡土科、德语、算术、图画、唱歌、体操;女子第三、四两年加授针工。

兹将其基本学校课程表（1923年1月18日发布）附后:

学科＼学年	I	II	III	IV
宗教	各科综合教学	4	4	4
乡土		9	10	10(10)
德语				
书法		2	2	2
算术		4	4	4
图画		1	2(1)	3
唱歌		2	2(1)	2
体操		2	2	3(2)
针工		—	—(2)	—(2)
合计	18	24	26	28(29)

（注）括号内之数字,系女生所习科目之时数。

乙　国民学校高级

国民学校之高级,各邦办法大致相同:共包括四学年,连同4年基本学校,完成8年之教育义务。

德国之完全小学校,多设七级或八级,教师7人或8人。但全德现有国民学校中,设七级或八级者,多数皆在市区内。其余多数乡村学校,皆少于七学级。在1934年,全数公立小学32 833所之中,单级者有13 202校,所有各年级之儿童,均由一教师教授之。设七级者1 087校,设八级者2 146校,设九级者2 202校。平均每级儿童约43人。

A. 特殊学级

(一) 在工业区及大都市中,每设有辅助班,使资质较弱,或因其他原因,以致学业落后之儿童,能以加速前进,追及原来同班生之程度。又有结束班,专为留级不能升迁之儿童而设。

(二) 为优秀儿童之培护,国民学校中每有"优才班"、"升高班"及"高等部"之设置,此等班级多数加授外国语。依其性质可分为三支:

(1) 在基本学校完竣以后,始入此等班级,成为特种学校,与中间学校相类。

(2) 在国民学校义务年限以内,与通常班级平行,为国民学校之一部分。

(3) 在修毕7年国民学校课程以后,加设3学年,目的为升入中级工业专门学校,或为某种中级官吏,或大规模工商业职务之准备。

(三) 由国民学校升入建立中学校,通例于修毕7年课程后,经收录试验决定之。于此须注意考察应试者之智识能力是否适宜。在难决的事件中,可暂令其试读。有时,由国民学校中优才辅导班之设立,转入中等学校之手续,可较节省。

B. 国民学校高级之课程

关于国民学校后四年之课程,普鲁士邦于1922年10月15日发布之纲要,有简约的说明,约举其要点:

(1) 须较基本学校更多注意于生活之需要。

(2) 教学须建于学童之精神的身体的、自我活动之上。

(3) 教科为宗教(或为人生科 Lebenskunde)、德语、历史及公民、地理、自然、算术、几何、图画、唱歌、体操,女子加针工。此外男子得加课手工,女子加课家政。

兹将国民学校高级课程表列后:

国民学校高级课程表

年级 学科	男生				女生			
	Ⅴ	Ⅵ	Ⅶ	Ⅷ	Ⅴ	Ⅵ	Ⅶ	Ⅷ
宗教	4	4	4	4	4	4	4	4
德语	8	7	6—7	6—7	7—8	7	6—7	6—7
历史公民	2	2	3	3	2	2	2	3

续表

学科\年级	男生 V	男生 Ⅵ	男生 Ⅶ	男生 Ⅷ	女生 V	女生 Ⅵ	女生 Ⅶ	女生 Ⅷ
地理	2	2	2	2	2	2	2	2
自然	2	3—4	3	3	2	2—3	3	3
数学	4—5	5—6	5—6	5—6	3—4	4	4	3
图画	2	2	2	2	2	2	2	2
唱歌	2	2	2	2	2	2	2	2
体操	2—3	3	3	3	2	3	3	3
手工	(2)	(2)	(2)	(2)				
针工					2	2—3	2—3	2—3
总计	28(30)—30(32)	30(32)—32(34)	28(30)—30(32)	30(32)—32(34)	28—30	30—32	30—32	30—32

(注)若女子加授家政科时,其总时间4小时中之2小时,应由减少其他科目两小时,移授该科。

丙 "国家少年日"与"乡训年"

A. "国家少年日"(Staatsjugeudtag) 1934年6月7日,以法令规定每周之星期六为"国家少年日",是日学校休业,所有10岁至14岁儿童均集中受希特拉少年团训练。训练日程冬季为上午8时至下午6时,夏季为上午7时至下午7时。此项组织以锻炼强健体魄与养成坚决品格为其主旨。

B. "乡训年"(Landjahr) 乡训年之主旨为破除少年教育上之不自然的限制,消释城市与乡村青年间之社会的龃龉,并由实地参加农人工作,以促进相互间之内心的协调。此项办法于1934年4月1日首由普鲁士邦试行,参与者皆为14岁左右方在城市修完国民学校之课程者,训练期间9个月,期内分布于远离城市之"乡舍",每一乡舍由一曾经特别训练之领袖,负领导责任。其活动内容可分为四类,即:(1)劳动服务,每日上午4小时,助农人及乡村工师实地工作;(2)运动竞技,每日午后3时起,共1时半;(3)政治教育,每日下午5时至6时;(4)晚间同乐,餐后至9时。

1934年受此项训练之学童计22 000名;1935年增为31 000名,分布于普鲁士境内之600所乡舍。

丁 义务教育

A. 联邦法规

联邦宪法上所规定之国民教育义务(Volksschulpflicht)通行于全国,适用于一切德国人,不分邦籍。原则上,此项义务,当由入公立国民学校而履行之,但儿童亦得由入公立中间学校或中等学校,或经认可之私立学校,而履行其入学义务。居住德国境内之外国儿童之入学义务,在各邦办法不一致。在巴伐利亚、巴登、汉森、布朗施威格及汉堡各邦,所有住居德境之外国人,亦视为有就学之义务;在普鲁士及其他各邦则否。惟奥地利联邦公民,则因德意志各邦与奥国间之特别协定,关于入学义务一节,与本国人民同等看待。

依据《基本学校规程》,在全德境内,所有德国儿童于其入学义务之首四学年(有时例外为3年),原则上必需入一公立(有时例外得入私立)国民学校,因为学庭教授之获得准许极为稀罕(《基本学校规程》第4条);又因残余之私立预备学校及预备班(Vorschulen u. Vorschulklassen)生徒数目之被限制(《基本学校规程》第2条);且因私立国民学校只有在全然特殊例外事件下容许存立(《联邦宪法》第147条,第2项),所以绝对大多数德国儿童所受义务教育之首四年,事实上均必需就学于一公立国民学校云。

除《基本学校规程》以外,联邦政府关于国民教育义务,未有较详密之规定。细则方面,由各邦各自制定。

B. 各邦法规

在德国各邦,均各有其关于教育义务之法规。各邦中,有一部分于大战后发布关于国民教育义务之新的或特定的法规,如:普鲁士、图林根、梅克伦堡-什未林、安哈尔特、梅克伦堡-施特雷利茨。另有若干邦,则将战前所已存立之义务教育法规,加以补充,俾与《联邦宪法》条文相合,如:萨克森、符腾堡、汉森各邦。另有若干邦,则依然保持(迄1931年)战前之法规未变,最多不过于实施上使不悖于新法制之精神,如巴伐利亚、巴登、布朗施威格、奥尔登堡、绍恩堡、利珀及诸自由市(Hansestädte)。

C. 义务教育之年限

教育义务年龄之开始,一般均从儿童达第七生年之始起。未达此年龄之儿童,如备具必要的身体的与精神的成熟,亦得准许入学。一般新生之年龄,大致在7岁4个月与5岁6个月之间。

入学义务之期间,依照《联邦宪法》所规定,各邦几于均为8年;例外事件,见于布朗施威格、奥尔登堡及普鲁士之石勒苏益格-荷尔斯泰因、巴伐利亚与符腾堡。在布朗施威格,教育义务之期限,得由教育部长,以部令分别令各地方,延长至9年,惟迄最近(1931年)仅实行于霍尔茨明登市(Stadt Holzminden),且仅以女子为限。在吕贝克,男子之教育义务期间为9年;石勒苏益格-荷尔斯泰因省亦为9年。在巴伐利亚通常国民教育期间仅有7年,但得由各地方将其延长至8年。符腾堡由7年展为8年。

通常,儿童于满14岁后离校,但依现行法令所有在都市修完国民学校课程者尚需经历"乡训年"9个月,故儿童在学年限不啻业已延长1年。

又依德意志宪法,所有德国人民,已完毕国民教育义务者,尚需履行所谓职业教育义务(Berufssc-hulpflicht),另详专章。

D. 统计摘要

全德及普鲁士国民学校之近年统计,略如后表:

统计年度		1931—1932		1932		1934 10月24日	
范围		全德		普鲁士		普鲁土	
立别		公立	私立	公立	私立	公立	私立
校数		52 961	679	33 204	287	32 833	289
教员		190 281		109 829	579	102 777	631
学生数	男生	3 842 611	20 903			2 540 944	
	女生	3 747 462	28 925			2 465 085	
	合计	7 590 073	49 828	4 943 720	19 971	5 006 029	17 532

自1918年以来,政府无关于不识字人口之统计,据1927年之估计,全国人口64 000 000中,6岁及6岁以上不识字者之百分数,约计为0.03云。

六　中间教育

甲　中间学校之概念及类别

A. 中间学校与中等学校及国民学校之关系

中间学校课程之内容与修业期间，均超越于国民学校，但在学制上之地位，既不列于中等学校之林，亦不归入专门或职业学校一类。从其本质上，为此类学校立一确切的界说，殆不可能。其界线乃流动于国民学校与中等学校之间。在中间学校内，每适用一种与中等学校低级相同之课程，并且亦如中等学校征收学费。在他方面，国民学校中，每增设提高学级，其性质与中间学校极为相似。

中间学校之监督事宜，通例均与国民学校隶属同一行政系统下。中间学校之教授人员，大多数均系曾任国民学校教师者；其中一部分是经过特种考试，而证明其学业上有充分进展者；此外有曾经通过中等学校之教职考试者。一般情形，中间学校自成一独立的学校，但有时与国民学校保持有机的联络。

B. 中间学校之外部的形态

中间教育之形态至为纷歧，普鲁士之中间学校可分为两类：第一组为纯正的，完备的，认可的中间学校，建于基本学校以上，共设六学级，有时并有更增设高级者。第二组为一种特殊中学校，通常为升入较高学校（中等学校高级段）之梯阶，大多数设五学级，程度达到中等学校上三学级（Obertertia）。此类学校以在西部普鲁士最为广被。因其目标在于使儿童于升入中等学校以前，得尽量延长其留受家庭教养之时期，故在教育的、社会的及经济的观点上，实具有重大的意义。

在梅克伦堡-什未林、布朗施威格、奥尔登堡、安哈尔特，其中间学校显示大体上与普鲁士同其形态。在图林根，亦有普鲁士式之中间学校；外此并有所谓实科初级学校（Realunterschulen），包括第五至第八学年；又单设之建立中学校之（独立的）中级段，包括第八学年至第十学年，亦视为属于中间教育云。

在巴伐利亚，无如普鲁士意义之纯正的中间学校，惟其六学级之中等女学校（Höheren Mädchenschulen）可视为中间学校之一类。迄于1924年4月3日，《女子教育改革令》（*Neuordnung des Weiblichen Bildungswesens*）实施以前，称为女子中间学校(Mädchenmittelschule)。目前,则此项名称专适用于以完毕国民教育义务为始基之三学级的建立学校而与补习学校(Fortbildungsschule)相平行者。该类学校授予女子以一种高于一般国民学校而又较正式女子中学程度为低之普通教育。

符腾堡之中间学校(大半为女子中间学校),与普鲁士及巴伐利亚之中间学校颇有差别。在法律上,被视作提高的国民学校(Gehobene Volksschule),其完备的形式,包含衔接于基本学校之五学级。

乙 中间学校之课程

A. 中间学校课程之原则

关于中间学校之内部办法,普鲁士邦经由1925年6月1日之部令,1925年12月1日及1927年1月22日之补充令,及1929年3月18日之课程,始大体确定。简单言之,中间学校乃是本质上与国民学校密相接近之一种实施普通教育之学校,惟以其教育目标之高度,别于国民学校,并以教育目标及学科之性质,别于中等学校。该类学校主要科目教学之担任者,必须为获有中间学校教员合格证书者,或为曾经通过中等教职之考试者。

在中间学校内,除习常的国民学校教科以外,必需教授一种外国语(法语或英语)。才力优异的男女生徒,可从第三学级后,加习第二种外国语。又以中等学校高级之准备为目标之中间学校,得以两种外国语,甚或以三种外国语,为必修学科。

数学一科,高级兼注重簿记。对于女生则一概为之设置家事科。对于男女生徒,均尽可能限度,授以工艺及园艺工作。非必修学科,有速写及打字等科。课程标准上,由仅规定语言、数学及图画各门学科之最少与最多教授时数,而赋予每个学校以活动余地,使各自依其特殊情况,确定各该科之适度的教学时数,俾对于与将来所拟从事业务特别有关之学科,得以加深研习。为适应两性生徒日益发展之生计的、职业的需要起见,特于中间学校之上三学级,容许最广博之选课活动自由(Bewegungsfreiheit);在下三学级,则各类中间学校间大体上均属一律。

B. 中间学校之模范课程表

普鲁士教育当局于所颁布的课程纲领中,规定五类模范的各科时间表,供各类学校之采用,即男女普通课程各一,侧重工商职业之男校课程一,侧重主妇训练及商业之女校课程一,并中学预备课程一,兹附载于后:

(一)男子普通课程

次第	学科 \ 每周时数 \ 年级	VI	V	IV	III	II	I	合计
1	宗教	2	2	2	2	2	2	12
2	德语	{6	5	5	5	5	5	31
3	历史		{2	{2	{2	{2	{3	11
4	地理	2	{2	{2	{2	{2	{3	12
5	第一外国语	6	4—5	{4—5	{3—5	{3—5	{3—5	23—31
6	第二外国语	—	—	{3—5	{3—5	{3—5	{3—5	12—20
7	算学(附簿记)及几何	4	4—5	4—5	5—6	5—6	5—6	27—32
8	自然科学	2	2—3	2—3	3—4	3—4	3—4	15—20
9	图画	2	2	2	2	2	2	12
10	手工	(2)	(2)	(2)	(2)	(2)	(2)	(12)
11	园艺	—	—	—	1—2	1—2	1—2	3—6
12	音乐	2	2	2	1	1	1	9
13	体操	3	3	3	3	3	3	18
14	速写	—	—	—	(1)	(1)	—	(2)
	每周最多时数(必修科目)	29	30	30	32	32	32	185

(注)凡以{连络之2科,其教学时间,得以另行支配,凡在括号内()之数目字,系非必修科目。

(二)侧重工商职业之男校课程

次第	学科 \ 每周时数 \ 年级	VI—IV 普通科目第一表	侧重商业及交通业者				侧重工业者			
			III	II	I	合计	III	II	I	合计
1	宗教	6	2	2	2	12	2	2	2	12
2	德语	16	5—6	5—6	5—6	31—34	5—6	5—6	5—6	31—34
3	历史	4	{2	{2	{2—3	10—11	2	2	2—3	1—11
4	地理	6	{2	{2	{2	12	2	2	2	12
5	第一外国语	14—16	{5—6	{5—6	{5—6	29—34	3—4	3—4	3—4	23—28
6	第二外国语	(3—5)	{(3—5)	{(3—5)	{(3—5)	(12—20)	(2—3)	(3—3)	(2—3)	(9—14)

续表

次第	学科 每周时数 科别年级	VI—IV 普通科目 第一表	侧重商业及交通业者				侧重工业者			
			III	II	I	合计	III	II	I	合计
7	算学（附簿记）及几何	12—14	5—6	5—6	5—6	27—32	6—7	6—7	6—7	30—35
8	自然科学	6—8	2—3	2—3	2—3	12—17	4—5	4—5	4—5	18—23
9	图画	6	2	2	2	12	3—4	3—4	3—4	15—18
10	手工	(6)	—	—	—	(6)	(3)	(3)	(3)	(15)
11	园艺	—	—	—	—	—	(1—2)	(1—2)	(1—2)	(3—6)
12	音乐	6	1	1	1	9	1	1	1	9
13	体操	9	3	3	3	18	3	3	3	13
14	速写及打字	—	(1)	(1)	(3)	(4)	—	—	—	—
每周最多时数（必修科目）		89	32	32	32	185	32	32	32	185

（注）高级之功课时间支配，依学生将来所拟从事之职业加以伸缩，参看前表之注解。

（三）女子普通课程

次第	学科 每周时数 年级	每周各科之时数						合计
		VI	V	IV	III	II	I	
1	宗教	2	2	2	2	2	2	12
2	德语	6	5	5	5	5	5	5
3	历史			2	2	2	2	10
4	地理	2		2	2	2	2	12
5	第一外国语	6	4—5	4—5	3—5	3—5	3—5	23—31
6	第二外国语	—		(3—5)	(3—5)	(3—5)	(3—5)	(12—20)
7	算术（附簿记）及几何	3	3—4	3—4	4—5	4—5	4—5	21—26
8	自然科学	2	2	2—3	2—3	2—3	2—3	12—16
9	图画	2	2	2	2	2	2	12
10	手工	—	—	—	(1)	(1)	(1)	(3)
11	园艺	—	—	—	(1—2)	(1—2)	(1—2)	(3—6)
12	针工	2	2	2	2	2	2	12

续表

次第	学科 \ 每周时数 \ 年级	VI	V	IV	III	II	I	合计
13	家政	—	—	—	—	(3—4)	(3—4)	(6—8)
14	音乐	2	2	2	2	2	2	12
15	体操	3	3	3	3	3	3	18
16	速写	—	—	—	(1)	(1)	—	(2)
	每周最多时数（必修科目）	30	30	31	31	31	31	184

（注）参看第一表之注解。

（四）侧重主妇训练及商业之女校课程

次第	学科 \ 每周时数 \ 年级科别	VI—IV 与第三表相同	侧重商业及交通业者				侧重家政及社会服务者	
			III	II	I	合计	III—II	I
1	宗教	6	2	2	2	12		2—3
2	德语	10	5—6	5—6	5—6	31—33		4—5
3	历史	4	{2	{2	{2	10		{2
4	地理	6	{2	{2	{2	12		{1
5	第一外国语	14—16	5—6	5—6	5—6	29—34		{3
6	第二外国语	(3—5)	(3—5)	(3—5)	(3—5)	12—20		(3)
7	算术（附簿记）及几何	9—11	4—5	4—5	4—5	21—26		2—3
8	自然科学	6—7	2—3	2—3	2—3	12—16		—
9	图画	6	2	2	2	12	与第三表相同	2
10	手工	—						1
11	园艺							1—2
12	针工	6	2	2	2	12		4
13	家政	—						4
14	卫生（疾病幼儿看护）							2
15	音乐	6	2	2	2	12		1
16	体育	9	3	3	3	18		2
17	速写及打字	—	(1)	(1)	(2)	(4)		—
	每周最多时数（必修科目）	91	32	32	32	187		32

（注）参看第一表之注释

（五）中学预备课程

次第	学科 \ 每周时数 \ 年级	Ⅵ—Ⅳ与第二表相同	每周各科之时数			合计
			Ⅲ	Ⅱ	Ⅰ	
1	宗教	6	2	2	2	12
2	德语	16	3—5	3—5	3—5	25—31
3	历史	4	2—3	2—3	2—3	10—13
4	地理	6	2	2	2	12
5	第一外国语	14—16	3—5	3—5	3—5	23—31
6	第二外国语	3—5	3—5	3—5	3—5	12—20
7	数学	12—14	4—6	4—6	4—6	24—32
8	自然科学	6—8	3—4	3—4	4—5	16—21
9	图画	6	2	2	2	12
10	音乐	6	1	1	1	9
11	体操	9	3	3	3	18
12	女子针工	6	2	2	2	12
	每周最多时数	89	34	36	36	195

（注）参看第一表之注解。

丙　中间学校之"中熟证书"

按一般解释，凡修毕普鲁士式之认可的中间学校，或普鲁士、萨克森、汉森、汉堡之提高的国民学校，如其课程及教授人员能够满足普鲁士中间学校所要求之标准者（或同等程度之符腾堡中间学校者），可以领受"中熟证书"（Zeugnis der mittler Reife）。此类凭证，当然亦可于修毕六学级之中等学校课程，或于升入一完全中等学校之第七学级（即上二级 Obersekunda）时而取得之。

关于"中熟"之价值及定义，各邦尚未趋于一致。各邦教育行政当局，关于"中熟"之法令，显示大可注意的差别，对于此项证书之相互承认协定，尚付阙如。

在普鲁士，凡持有普通教育之中熟证书者，于加入某项业务，有相当效用。例如持有此项证书者，可以升入妇女学校（Frauenschulen）、中等商业学校、机器制造学校、建筑学校、高级实用农业学校、乡村家政学校，以及进而受各种专业准备训练，如森林专家、警官、私家音乐教师、幼稚园保师、体操及运动技能教师等等。

（附）　全德中间学校发展状况表

项目 \ 年度 数目	1921—1922	1926—1927	1931—1932
学校数	1 743	1 550	1 472
学生数	329 300	259 300	229 671
其中男生	148 500	120 200	107 192
其中女生	180 800	139 100	122 479
教员数	12 900	12 200	11 517

又按 1932 年统计，普鲁士公立中间学校计 659 所，教员 6 581 人，学生 163 999 名；私立中间学校计 461 所，教员 2 121 人，学生 30 092 名。

据 1934 年 10 月 24 日统计，普鲁士公立及私立中间学校计 988 所（公立者 591 所，私立者 397 所），教员 8 112 人（公立学校 6 395，私立学校 1 817）。

七 中等教育

甲 中等教育总说

A. 中等学校之主要分类

中等学校通例均建于基本学校以上,与国民学校高级及中间学校相同,即从第五学年开始,是为正轨的中等学校(Grundständige Höhere Schulen)。外此尚有所谓建立中学校(Aufbauschulen),则延至国民学校之较高学级,始行分立。以上两类中学校均以大学成熟(Reife für das Hochschulstudium)之达到为其标的,且两者之总修业年限亦相同(13年),故后者亦可视为前者之缩短。建立中学乃为具有优越才能之儿童而设。由国民学校之其他各学级及中间学校转入中等学校,对于各个儿童亦属可能。

B. 入学之限制

按1935年3月22日教育部所发布关于中学生选择之令文中,谓:"中等学校之任务,在于教育一部分体格上、品性上及心理上特别适合的青年,俾将来善能在文化的、经济的及政治的生活上担当负责的任务,因此,中学校须从一般志愿入学者中,加以严密的挑选,而排除其不适宜者。"本此,将来中学生之入学甄别,将兼顾及其体格、品性以及心理的和种族的特性,智能已不复为唯一之去取标准。

C. 共同教育之限制

在国民学校中,及一部分在中间学校中(在乡村及小城市),因为实际上的理由,男女儿童常有合并教学之举;然在中等学校中,则此类事件极为罕见。通例男女中等学校均系分别设置。男子中等学校,至少其中之文科中学(Gymnasium)一种,已经一百年长期之演化,并且比较上早已成为邦或地方之公共教育机关。以公款为女生所设之中等教育机关,则至19世纪之后半,始发其端,其取得正式承认,则直延到20世纪。迄于现前,甚多女子中等教育机关,仍属私立学校,其数量比较男子中学相去甚远。

在各邦,女生亦得收录于中等男校中,如该地未设有中等女校,或该地之女校未设有该女生所欲修习之科目时。在巴伐利亚最近(1928年6月8日)发布《中等男校收录女生规程》,在未设有六年制或九年制女子中学之处所,该地男校得一体收录女生;在设有女子普通中学(Lyzeum通常设六学级)之地点,如未设有九年制之完全女子中学者,则男子完全文科中学之第一学级(第六班 Sexta)及高级实科中学(Oberrealschule)之第七学级(上二级 Obersekunda),均应录收女生。但在此项情形下,均当注意席次足敷,且不致因而增大班级。

在萨克森,关于男校收录女生办法,规定于《中学男女共同教育规程》中。依此,若某地方未有适当女子中学,或现有女子中学已无余额时,优才之女生得录入男子中学之各学级。又本邦之教育部,于无上述情事时,亦得为许可女生入男子中学之决定,惟在入学考试时,男女生徒学力相等时,男生有优先权。如女生数目充足时,应尽可能限度,设立专班,各门学科,亦得分班教授。

D. 中学校之形态

中等学校之形态,至为纷歧,据云有 40 种以上。因此,在目前要将各类中等学校之名称为正确而详备的表列,几为不可能之举。盖在课程纲要上,明文容许各个学校于规划教学上有甚广之自由,因此每个中等学校实际上乃各呈现其特殊的态样。其结局,使生徒因迁居之故,而需由此校转入彼校时,每感受困难。特别是各校关于外国语文科目之次第支配办法不同,最为烦难。为了此项困难,在联邦国会内,在日报及专门书报上,在大学内,在中学教员会议席上,以及在教育行政人员间,常不谋而合地要求中等教育之统一化(Vereinheitlichung des Höheren Schulwesens),特别是关于各形式中学内,外国语文之教育顺序支配,须令一致。德国教育部部长鲁斯特氏①(Rust)于 1933 年 9 月 30 日之演说中,提及改革中学教育之意向,拟将其形式归纳为两类:古文中学仍旧;另设一种常型(Normaltyp)中学,课程上注重数理学科及德意志文化研究。但迄今未见具体化。

乙　男中等学校之类别(一)——九年制中学校

A. 以基本学校为基础之中等学校

正轨的中学校,可依其所设学级之多少,而分为数组。有将其分为完全与非完全学校(Vollanatalten u. Nichtvollanstalten)者。完全学校乃是趋于大学成熟(Hochschulreife)之中等学校,建于基本学校以上,包括九学年之课程。非完全学校,所设学年较为短减;其中又分为"六学级的中等学校"以达到所谓上二成熟(Obersekundareife,即中熟 Mittleren Reife)为结束;及不完备中学校(Unvollstandige Höhere Schulen),仅设 4 年或 5 年之教程。

---

① 鲁斯特氏即伯恩哈德·卢斯特(1883—1945),1933 年 2 月,任普鲁士邦科学、艺术与教育部长,大力推行法西斯文化专制主义。——编校者

各个年级(Jahreskurse)，在各邦命名不同。在德国多半地方，尤以在北德意志，完全学校九学级之名称如后：第六学级 Sexta（Ⅵ），第五学级 Quinta（Ⅴ），第四学级 Quarta（Ⅳ），下三学级 Untertertia（UⅢ），上三学级 Obertertia（OⅢ），下二学级 Untersekunda（UⅡ），上二学级 Obersekunda（OⅡ），下一学级 Unterprima（UⅠ），上一学级 Oberprima（OⅠ），以上顺序，系由下而上。

在南德意志(巴伐利亚及符腾堡)则按次由第一班数至第九班，其计算法比较简单。

B. 九学级之完全中学校

完全中学校，一方面为所有各类高等教育机关之预备场所，他方面并给予生徒以彻底充分的中等教育，俾其无需再受高等教育，而能够在公共生活上或在工商职业界居于领袖地位。此类学校前此共有三大类，自从 1901 年以来，被认为完全地位相等，即：古文中学（Gymnasium）、文实中学（Realgymnasium）、实科中学（Oberrealschule）。最近新增第四类，称为德文中学（Deutsche Oberschule）。古文中学与文实中学，在所有各邦均趋于同样之发展，虽然在课程规划及教学目标上有些微差别：

（1）古文中学实施文史教育，侧重古典语文及古代文化。

（2）实科中学则倾向数理学科之深进的陶冶，兼重现代外国语之研习。

（3）文实中学之地位，介于两者之中间，于古典语文之中，仅治拉丁语一种。在各邦，此类学校之发展，趋向不一。在巴伐利亚，自从 1914 年来，成为侧重现代外国语之中学校；而在符腾堡、巴登及汉森，则向来即大为着重数理学科，而与实科中学相接近。在普鲁士，原拟力图于文史与数理两者同样兼顾并重；到 1924—1925 年之改革，始将其性质确定为今文中学（Neusprachliche Realgymnasium）。

（4）德文中学，为欧战后所创设。全国教育委员会对于该类中学之地位及其教育目标，曾有详尽之讨论，最后决定当以德意志学科（Deutschkunde）为其中心学程。所谓德意志学科，其中包括德语、历史、绘画、艺术及音乐等。关于此类学校应教授若干种及何种外国语之问题，最后决定为两种，其中之一种需于全修业期中彻底教学之。

C. 内部的构造

各邦之中等教育，经过改组以后，其以基本学校为基础的中学之构造，可简单叙述如后：

(1) 古文中学与文实中学：两者之首三学级为共通的初级段(Unterbau)，从最低一级(Sexta)即开始拉丁语教学。由此经历以上各级，更增加两种必修之外国语：在古文中学为希腊语及一种现代外国语；在文实中学，为两种现代外国语。从第四学级(Untertertia)起，两类中学便行分化。其中一支为古文中学，加授希腊语；另一支则为文实(今文)中学。

在两类学校中，现代外国语之选择及其开始教学之时期，各邦殊不一致。在普鲁士、萨克森、巴登、图林根、汉森、布朗施威格，汉堡及梅克伦堡-什未林各邦之古文中学，现代外国语从第三学年(Quarta)增授；而在巴伐利亚、符腾堡及奥尔登堡，则迟到第六年级(Untersekunda)方才开始。在普鲁士古文中学得自行选择以法语或以英语定为必修的现代外国语；萨克森、巴伐利亚、符腾堡、奥尔登堡、布朗施威格、梅克伦堡-什未林，则以英语为必修；其他各邦如巴登、图林根、汉森则规定法语为必修外国语(惟有时得以英语替代之)。

类似的差别，当然亦见于文实中学内。第一种现代外国语在普鲁士等邦从第三学年(Quarta)开始；而在巴伐利亚等邦则从第四学年(Unter-Tertra)开始。语言种别，在符腾堡规定为法语，巴伐利亚及奥尔登堡规定为英语。文实中学之第二外国语，在各邦或为英语或为法语；在汉堡并得为西班牙语，多数皆从第六年级(Unter-Sekunda)增授；在汉森及汉堡，则从第五年级(Ober-Tertia)增授；在巴登、图林根、布朗施威格及梅克伦堡-什未林，则从第四年级(Unter-Tertia)已开始。

在古文中学中，从第七年级(Ober-Sekunda)起，各邦均设一种第二现代外国语(有时可设希伯来语 Hebraisch)，作为自由选修科目。

在文实中学，每于高年级实行分支制：其一支加多数理学科，另一支则增多文史学科。例如在萨克森，从第七年级(Ober-Sekunda)，符腾堡从第六年级(Unter-Sekunda)，即实行此制。

在古文中学，有时从第四年级(Unter-Tertia)起，对于拟于达到"中熟"时离校之生徒，准其免习希腊语，而以一种现代外国语替代之。由此种措置，其课程乃颇类近文实中学云。

(2) 实科中学及德文中学：两者通例皆从最低一学级起，教授一种现代外国语。在以下各邦为法语：符腾堡、巴登、汉森、布朗施威格。另有若干邦为英语：如巴伐利亚、萨克森、梅克伦堡-什未林、奥尔登堡、安哈尔特、吕贝克。此外尚有数邦听任各学校选择：如普鲁士、汉堡及(在一定限度内)图林根。

第二种现代外国语，在所有实科中学内，几皆从第四年级(Unter-Tertia)

起。只有在巴伐利亚之实科中学延迟到第五年级后方开始。梅克伦堡-什未林从第三学年(Quarta)即开始。如第一种外国语为法语时,则第二种常为英语;如以英语为第一种外国语时,则第二种即为法语,或(如汉堡及不来梅)西班牙语,或(如吕贝克)瑞典语。拉丁语可作为选习学科。

德文中学之属于正轨式者(即以4年之基本学校为基础者),仅见于普鲁士、萨克森及诸自由市,其最下三学级之课程,大率与实科中学相同。在此类学校中,第二外国语通例于第六学年(Unter-Sekunda)开始,惟在萨克森,则从第四学年(Unter-Tertia)已开始。大多数得选习第二种外国语(英语或法语,有时为西班牙语),在普鲁士、萨克森及汉堡并得选修拉丁语。在汉堡有一所德文中学,从最下一级起,即开始修习拉丁语,至第三学年(Quarta)继以英语。

D. 新制中学校

自从旧有的三类中等学校被认为地位同等以后,于是乃发生一种要求,即:尽可能限度,延迟学校型别之选定时期,至少在低级段,当致力于各类中学校之统一化。是即所谓"改良制"(Reformsystem)目的之所在。按此制拟为所有各类中等学校设置共通的三学年的低级段,其中教授一种现代外国语。从此共通的低级段分为四支:即实科中学、德文中学、新制(改良)文科中学(Reformgymnasium,以文科中学之目的为目的)及新制文实中学(Reformrealgymnasium,以文实中学之目的为目的)。

在新制文科中学,拉丁文教学,从第四学级(Unter-Tertia)开始;希腊文通例第六学级(Unter-Sekunda)开始,惟在汉堡,从第五年级即开始。

新制文实中学,最近发展为两类形态:

(1) 第一种,为较旧式的:拉丁文从第四学级(Unter-Tertia)开始;第二现代外国语,从第六学级(Unter-Sekunda)开始。因此,新式文科中学与新式文实中学,迄至第五学年,两者之课程大体相同。在普鲁士,该邦对于新制文科中学,仅视为例外,其与新制文实中学之相同点,仅迄于第三学级(Quarta)为止境,因为从第四学级(Unter-Tertia)以后,关于拉丁文及现代外国语之时间,即相互差异。此种旧的新制文实中学,见于巴伐利亚、萨克森、符腾堡、巴登及布朗施威格。

(2) 第二种,即新式的新制文实中学:于第四学级(Unter-Tertia)开始第二现代外国语,而拉丁文则待到第六学级(Unter-Sekunda)始加入。在此项编制下,便与实科中学之课程,迄于第五年级(Ober-Tertia)全然同一。此为普鲁士、图林根及汉森之常型。

丙　男中等学校之类别(二)——六年制中学校及不完全中学校

A. 六年制中学校

六年制(立于基本学校以上)中等学校，亦呈多种形态。其名称有实科学校 (Realschule)、前期文科中学(Progymnasium)、前期文实中学(Realprogymnasium)、新制前期文实中学(Reformrealprogymnasium)各类。实质上，其课程与各该同类之完备中学校之前六学年相同。然因此等学校之生徒中，常有不拟继续学业到大学成熟，而欲提前从事一种高等实际的职业者，所以各邦每企图使此六年制之学校课程，较为接近实际方面，以便自为独立的结束。例如：

（1）在符腾堡，有一种六年制之实科学校，仅教授一种现代外国语，而以增多数理学科及自由画，工艺或速写等科目，为第二种外国语之替代。

（2）在巴伐利亚之实科学校（及实科中学），每设商业部 (Handelsabteilungen)，在该部内，从第四至第六年级(Unter-Tertia bis unter-Sekunda)设经济学科，每星期各 3 小时，其时间乃取自图画及增多教学总时数。又有一种中等农业学校(Höheren Landwirtschaftsschulen)建于基本学校以上，修业期间 6 年，在巴伐利亚亦视为中等学校。

（3）在萨克森尚有一种可注意之新设施。因为任某项中级公务人员者，每需下一成熟(Unter-Primareife)资格，故有若干六年制之实科学校，每更增设第七学级。其课程内容，比较侧重于实际生活之需要。凡修毕该第七学年成绩及格者，与中学下一成熟者取得同等资格，但不能取得升入中学第八学级之权利。

B. 不完全中学校

不完全的中学校，仅有四或五学级，以在符腾堡最为发达，其地在近百年来，已满布此类学校网。其功用不仅为升入较高学府之准备机关，而且具备特种任务，使小城市及乡区之人口，得以享受一种超出于国民学校之教育。同类的学校亦见于巴伐利亚、巴登及汉森。在普鲁士，类此之学校称为 Rektoratschulen，不视为中等学校。在图林根将此种类似实科学校者，归入中间学校一类。

丁　男中等学校之类别(三)——建于国民学校高级以上之中学校

A. 建立中学校之种类

建立中学校，为一种独立的新式的中等学校。自从 1922 年以来，数量日益增多，大半设于小城市中。该类学校通常从第七年级后，由国民学校分出(在巴登从第六年级后)，自为一种学校，于 6 年期间(在巴登为 7 年)达到"大学成熟"。

图林根及巴登尚有不完全建立中学校（Unvollstandige Aufbauschulen），其类有建立中学之中级段（Mittelstufen der Aufbauschule），建立实科学校（Aufbaurealschulen），建立前期文实中学（Aufbaurealprogymnasium）等。是即从国民学校第六学年后（巴登）或第七学年后（图林根）分出，而于4年（巴登）或5年（图林根）期间，达到"上二成熟"为止。惟图林根不视此类学校为中等学校，而目之为中间学校（1930年4月10日学制法规）。

属于建立学校类者，尚有某种侧重商业或农业学科之中等学校。其地位在普通陶冶学校与专门学校之间。

B. 建立中学之社会的与教育的根据

建立中学思想之产生，乃出于承认下述之事实：因现前的学校组织，对于乡村及小城市之优才儿童之升学，颇多妨碍，故根据社会的要求，设法使未设中学地方之儿童，于达到13岁或14岁时，仍有升学可能，庶使乡区及小市之居民，得与大市及中市之市民，享受同等之教育权利。该类学校教育之理论的根据以为：经国民学校之7年的训练，当能令生徒中之优异者，在精神上及身体上，获得充分的陶冶，再益以6年之中等教育，便可达于大学成熟。此类学校乃为优才生之集合学校（Sammelschule für Begabte），但仍与国民学校间保持密切的关系。该类学校之实现，对于一般所要求之"单一学制"（Einheitsschule）理想，为一重要贡献。

C. 建立中学之入学资格及内部构造

建立中学之收录生徒，以通过入学试验为条件。依普鲁士之规程，对于投考者须经仔细考察，决定其才力是否充足，如遇疑难情事，可暂行收录，许其试读。

建立中学之课程内容，可为古文中学，或文实中学，或实科中学，或德文中学。事实上属古文中学类者绝少，大多数皆为实科中学或德文中学之类。其第一种外国语，须于全体6年肄业期间始终修习，其种类或为一种现代外国语，或为拉丁语。第二种外国语，从第三学年开始，在第三年级以上之四学年，每星期至少应有3小时，其种类可为一种现代外国语或拉丁语。关于现代国语文选择，呈极繁复之现象，殆与一般建于基本学校以上之完全中学相类。

以实科中学或（大多数）德文中学为目标之建立中学，见于普鲁士、萨克森、巴登、图林根、汉森、奥尔登堡、梅克伦堡-什未林、布朗施威格、汉堡、安哈尔特、利珀及不来梅。巴伐利亚迟至1935年4月30日始发布德文科建立中学课程（此类学校，在前一年度始就旧时师范学校改设，计13所，目的为师范大学之准备）。

八　女子中等教育

甲　与男子中学相类形式之女子中学校

A. 总说

在 20 世纪之初，经过长时间之争执，与男中学相等之女子中等学校始克成立。现今为女子所设之中学校，其构造上，一切均与男校相同。因此，在女子中等教育方面，亦似男子中学组织，形态甚为纷歧。大体上，它的构造及形式，颇与男校相似。其间最显著的差别，为六年制的学校（建于基本学校以上者）之占大多数，及完全学校（九年制者）之多取改良式之编制。

B. 女子普通中学

多数受中等教育之女生，皆入一种六年制（在梅克伦堡为七年制）之中学校，称为 Lyzeum（译作"女子普通中学"），亦称女子实科学校（Mädchenrealschule，如在符腾堡、巴登及汉堡各邦），或称中等女学校（Höhere Mädchenschule，如萨克森邦）。

此类学校在某意义上，可视为中等女子教育之基型；一方自成一种独立的学校，同时并为完全学校之初级段及中级段。女子普通中学，与男子实科学校相似，内部可分为两支：其一比较侧重学理方面，设两种必修外国语；其他，比较侧重实用方面，每仅设一种必修的外国语，而对于女子业务范围内之功课，予以较多之注意。

C. 女子完全中学

趋于大学成熟之女子完全中学校（Mädchenvollanstalten），其数量在最近数年以来增加颇速，在普鲁士邦且已超过女子普通中学之数目，且其形态亦至为纷歧。

（一）通例，此类学校为建于女子普通中学以上之最高三学级，惟在巴登，其女子实科中学（Mädchenoberrealschule）从第五学年后即已与女子实科学校（Mädchenrealschule）分离。此三学级与六年制之女子普通中学（或称女子实科学校）合并，构成九学级之完全中学校，其名称有女子高级普通中学校（Oberlyzeum），女子实科中学校（Mädchenoberrealschule），及三年制之女子中学院（Dreistufige Studienanstalt），最后一种在萨克森称为新制实科中学校（Reformoberrealschule）。

女子高级中学之内容,或侧重现代外国语(常型 Regelform),或侧重数理学科(实科中学型 Oberrealschulrichtung)。萨克森之新制实科中学分设三科(均为三学级者):其一,着重拉丁文,而减削现代外国语;其二,着重现代外国语;其三,着重数学及自然科学。后两科与普鲁士之女子高级普通中学之两主科相符。

(二)此外尚有一种女子高级中学,组成新制文实中学(Reformrealgymnasium)之形式;从第五年级(Ober-tertia)后,即与女子普通中学相分离,而于最高之四学级中教授拉丁文。

(三)再有一类学校,从女子普通中学之第三学年后即分立,而组成六学级的女子中学院(Sechsstufige Studienanstalten),内容为文实中学或文科中学型(Realgymnasialer oder gymnasialer Richtung),称为女子文实中学,或女子文科中学(Mädchenrealgymnasium, Mädchengymnasium),直趋大学成熟,与新制男子中学颇为相似。

(四)末了,还有德文中学校,其第一至第三学年,与女子普通中学低级段为共通的,但其第二外国语,从第六学年(下二级)开始。

为女子所设之中等教育机关,类似男子文科中学及文实中学者(即以拉丁文为基本外国语之编制),实际上极为罕见(在柏林及德累斯顿 Dresden 各有 1 所,巴伐利亚有 4 所)。

(五)建立中学亦得专为女生设置,其办法及课程与同类之男校相同,兹不赘。

关于外国语之种别、选择及配置顺序,在女校中,亦如男校之情形,甚形纷歧。兹举一特例,由此可见一斑。在符腾堡,男子中学以法语,女子中学以英语为第一外国语,但因女子入男中学者为数增多之故,致引起许多困难云。

乙　特殊形式之女子中学

A. 妇女学校之目标及类别

中等女子教育上,有一特殊形式之组织,是为"妇女学校"(Frauenschule)。该类学校之目的,不在继续学理教育,而在对于修毕女子普通中学(女子实科学校)或认可之普鲁士式的中间学校者,或修毕完全中学校之第六年级(下二级)者,予以家庭主妇业务上所需要之特殊训练,并加授关于家政及社会保育之科目。

此类学校,有为一年制的,有为两年制的,有为三年制的(称妇女高级学校 Frauenoberschule)。1935 年春季普鲁士实行加以改组:(1)现存之两年制的妇女学校改组为一年制的或三年制的妇女学校;(2)妇女高级学校与妇女专业学校(Höhere Fachschule für Frauenberufe)合并于三年制的妇女学校。在改组令中有云:"新国家盼望德国妇女充分的完成其为妻的和为母的天职,故对于有关妇女工作各门科目之教学,特加以极大的重视云。"自是两年制之妇女学校已不复存在。

B. 课程与"成熟证书"之效用

一年制及三年制妇女学校之课程纲要于1935年5月23日发布,教学科目分为:(1)文化学科,包括宗教、历史、德语、音乐、图画。(2)家政学科,又分为:(a)理论的,包括生物学、化学、物理学、地理、算术;(b)实践的,包括烹饪、家庭及园艺工作、缝纫;(c)保育的,包括保育管理、育婴院、幼稚园及家庭服务。(3)体育,包括卫生及保健法、体操、竞技等。(4)英语。

1935年7月8日,德教育部规定三年制妇女学校成熟证书之效用如下:(1)升学小学师资训练机关;(2)准备艺术师资考试;(3)商科教师文凭之预备;(4)升学职业教员养成机关;(5)修习幼稚园师资训练短期科;(6)升入民族保育之妇女学校;(7)升学体育专科之一年科。此项规定从1937年春期起发生效力。

九　中学之课程考试及学生劳动服务

甲　关于中学课程之一般的理论

如上所述，各邦之中等学校，虽然呈现个别的差异，但其间亦有显著的共通点。在理论界，一般皆主张中学之教科（Lehrfächer），应以智识扩充，精神陶冶为其一般目的，不可自限于实际生活范围以内。

中学校所设各项科目，并非各自孤立，而乃依其性质，形成若干学科组，此若干组中间，复依其相互关联，构成单一整体。在各邦之新课程上，均一致表现此种精神。

宗教、历史与公民科（Staatsbürgerkunde），乡土科（Heimatkunde）与地理及德意志科（Deutschkunde），通例合为一组，称文化学科（Kulturkundliche Lehrfächer），有主张统称德意志学科（Deutschkundliche Lehrfächer）者。文化学科或德意志学科，是要将德意志民族之心的和灵的，道德的和宗教的共有资产，融和贯通成为一体。此等学科构成各类中学之共同中心，因以保持全部中等教育之统一性。

德意志学科、数理学科及艺术学科三者，皆于基本学校中植其根苗，而于中学校中继续培植；此三组科目，造成国民学校与中等学校间之桥梁，亦即为德国全部学制中之单一性之所根源。

外此尚有体育科目，乃为在发育中之青年所一律需要的；至于外国语学科一组，则性质迥异。该科之目的，为使生徒得以熟谙一般民众所隔膜之语言及文化。此为中学校中重要科目之一。各类中学间之差异，其最要成分之一，即在该学科之类别及分量之相异。

总之，中学校与国民学校相同，当依据民族之文化资产，从事陶铸"德意志人"。本此，在全体教化工作中，自应以德意志学科为其中心点。

最近课程上有若干变迁：1933年秋开始增加德语、历史及地理之时数；同年末又申述生物学对于社会及民族之理解上之重要。1935年1月15日教育部规定生物学之内容，应包括遗传研究、种族卫生、种族与民族之区别等等。此外并述及身体的操练对于强固的意志与健康的心灵之涵养上之重要，据以额外增加体操之时间。总之，新近的改革之最堪注意一点，即为对于从来中学教育上之主知主义加以矫正云。

乙　普鲁士邦之中学课程纲领

A. 总说

现行之中学校课程,以普鲁士邦所发布之《中学课程纲领》(Richtlinien für die Lehrpläne der höheren Schulen Preussens 计两册)最称完备,兹本之简单说明如后。

普鲁士《中学课程纲领》,于1924年经教育部制定,1925年5月经内阁批准。由此项课程,在普鲁士教育史上创始确立所有男女中学适用一律课程的原则。该纲领之第一部分,叙述原则及方法;第二部分则详述各科之教学目标。其中重要观念,略举之,有在纲领范围以内之选修科目、活动教学、各科联络等等,力反前此各门学科间之严密分界;又提倡利用环境的教学,实施民族的、公民的及艺术的训练等等。与此相连者,尚有所谓自由研究团(Arbeitsgemeinschaft)(特别着重哲学研论)之组织。课程编订者,原拟将哲学列入必修学科中,后由教育部决定采用自由组织之研究团方式。所谓研究团,乃为对于某种学科具有特殊兴趣之学生而设,研究方式为就某学科中之一自然的段落或标题,从事超出寻常教学范围以外之精深的探讨。

近年由莱因省(Rheinprovinz)创行一种新的实验,将中学最高二年级之学生移到乡村,受三星期之训练,称为"民族政治教程"(die Nationalpolitische Lehrgänge)。在1933年12月至1934年1月受此项训练者计有男生19 012名,女生9 039名;参加之教员计男1 415名,女824名。此项教程,依据乡村实况,对于农人工作、土地、人口、经济等问题特加侧重。彼划分组散居乡间之少年宿所,于亲切之共同生活中,涵养其合群、忠实、服从等德性。

依现行课程,各类中学主要科目所占时数,依百分计之如后:

学校类别＼科目百分数	德语史地	拉丁希腊	法语英语	数学理科
古文中学	29	41	7	23
文实中学	30	19	22	29
新制文实中学	23	8	31	28
实科中学	34	—	29	37
德文中学	41	—	28	31

B. 中学课程表

前述之普鲁士中学新课程,从1925年春期,即已开始于所有中学校内实行,兹将各类中学之课程表依次列后。

按 1936 年 4 月 20 日德国《教育部公报》中载有《中学教育统一办法》(Vereinheitlichung des höheren Schulwesen),拟从 1937 年度,各种中学一律以英语为第一外国语,据此则课程表应有相当改动。

(子)男中等学校课程表

（Ⅰ）以拉丁文为基本外国语之中等学校：

(1) 古文中学,

(2) 文实中学,

(3) 新制古文中学。

（Ⅱ）以一种现代语言为基本外国语之中等学校：

(1) 新制文实中学常型,

(2) 新制文实中学,从Ⅷ授拉丁文者,

(3) 实科中学,

(4) 德文中学。

(丑)女中等学校课程表

(1) 女子普通中学,

(2) 高级女子普通中学,

(3) 以实科中学为标的之高级女子中学,

(4) 女子文实学院,

(5) 女子古文学院,

(6) 女子德文中学。

(寅)建立中学课程表

(1) 以德文中学为标的之建立中学,

(2) 以实科中学为标的之建立中学。

(一)男中等学校课程表

(子)以拉丁文为基本外国语之中等学校

1. 古文中学(Gymnasium)

学科＼学级	Ⅵ	Ⅴ	Ⅳ	UⅢ	OⅢ	UⅡ	OⅡ	UⅠ	OⅠ	合计
宗教	2	2	2	2	2	2	2	2	2	18
德语	5	4	3	3	3	3	4	3	3	31

续表

学科＼学级	Ⅵ	Ⅴ	Ⅳ	UⅢ	OⅢ	UⅡ	OⅡ	UⅠ	OⅠ	合计
拉丁文	7	7	7	6	6	6	5	5	5	53
希腊文	—	—	—	6	6	6	6	6	6	36
现代外国语	—	—	3	2	2	2	2	2	2	15
历史(及公民)	—	1	2	2	2	3	3	3	3	19
地理	2	2	2	1	1	1	1	1	1	12
数学	4	4	4	3	3	4	3	4	4	33
自然科学	2	2	2	2	2	2	2	2	2	18
图画	2	2	2	2	2	1*	1*	1*	1*	14
音乐	2	2	—	—	—	—	—	—	—	4
合计	26	26	27	29	29	29	29	29	29	253

＊每间一星期2小时。

2. 文实中学(Realgymnasium)

学科＼学级	Ⅵ—Ⅳ同Gymnasium	UⅢ	OⅢ	UⅡ	OⅠ	UⅠ	OⅡ	合计
宗教	6	2	2	2	2	2	2	18
德语	12	3	3	3	4	3	3	31
拉丁文	21	4	4	3	3	3	3	1*
第一外国语	3	4	4	4(3)	4(3)	4(3)	4(3)	27(24)**
第二外国语	—	4	4	3	3(4)	3(4)	3(4)	20(23)**
历史(及公民)	3	2	3	3	3	3	3	20
地理	6	2	2	1	1	1	1	13
数学	12	4	4	4	4	4	4	36
自然科学	6	2	2	4	3	4	4	25
图画	6	2	2	2	2	2	2	18
音乐	4	—	—	—	—	—	—	4
合计	79	29	29	29	29	29	29	253

＊＊在不与古文中学相联络之文实中学,拉丁文在级Ⅳ为6小时,第一种外国语4小时;故拉丁文全时为40小时,第一种外国语为28(25)小时。若第一种外国语为英语时,依括号内之时数。

3. 新制古文中学(Reformgymnasium)

学科＼学级	Ⅵ—Ⅳ同新制文实及实科中学	UⅢ	OⅢ	UⅡ	OⅡ	UⅠ	OⅠ	合计
宗教	6	2	2	2	2	2	2	18
德语	16	4	4	3	4	3	3	37
拉丁文	—	8	8	7	6	6	5	40
希腊文	—	—	—	8	8	8	8	32
现代外国语	18	3	3	2	2	2	2	32
历史	4	2	2	2	2	2	3	17
地理	6	1	1	1	1	1	1	12
数学	13	4	4	3	3	3	3	33
自然科学	6	2	2	2	2	2	2	18
图画	6	2	2	—	—	—	—	10
音乐	4	—	—	—	—	—	—	4
合计	79	28	28	30	30	29	29	253

(丑) 以一种现代语言为基本外国语言之中等学校

1. 新制文实中学常型(Reformrealgymnasium)

学科＼学级	Ⅵ	Ⅴ	Ⅳ	UⅢ	OⅢ	UⅡ	OⅡ	UⅠ	OⅠ	合计
宗教	2	2	2	2	2	2	2	2	2	18
德语	6	5	5	3	3	3	4	3	3	35
拉丁文	—	—	—	—	—	4	4	4	4	16
第一外国语	6	6	6	5	5	4	4(3)	4(3)	4(3)	44(41)*
第二外国语	—	—	—	5	5	4	3(4)	3(4)	3(4)	23(26)
历史(及公民)	—	1	2	3	3	3	3	3	3	22
地理	2	2	2	2	1	1	1	1	1	13
数学	4	4	4	4	4	4	4	4	4	37
自然科学	2	2	2	2	3	3	3	3	3	23
图画	2	2	2	2	2	2	2	2	2	18
音乐	2	2	—	—	—	—	—	—	—	4
合计	26	26	27	28	28	30	30	29	29	253

＊若以英语为第一外国语时，依括号内之时数。

2. 新制文实中学(Reformrealgymnasium),从 UⅢ 授拉丁文者

学科\学级	VI—IV与前一类同	UⅢ	OⅢ	UⅡ	OⅡ	UⅠ	OⅠ	合计
宗教	6	2	2	2	2	2	2	18
德语	16	3	3	3	4	3	3	35
拉丁文	—	6	5	4	3	3	3	24
法语	18	4	5	4	4	4	4	43
英语	—	—	—	4	4	4	4	16
历史(及公民)	4	3	3	3	3	3	3	22
地理	6	2	1	1	1	1	1	13
数学	13	4	4	4	4	4	4	27
自然科学	6	2	2	3	3	3	3	23
图画	6	2	2	2	2	2	2	18
音乐	4	—	—	—	—	—	—	4
合计	79	28	28	30	30	29	29	253

3. 实科中学(Oberrealschule)

学科\学级	VI—OⅢ同新制文实中学	UⅡ**	OⅡ	UⅠ	OⅠ	合计
宗教	10	2	2	2	2	18
德语	22	3	4	4	4	37
第一外国语	28	3	3	3	3	40
第二外国语	10	3	3	3	3	22
历史(及公民)	10	3	3	3	3	22
地理	9	2	1	1	1	14
数学	21	5+(1)*	5+(1)*	5	5	43
自然科学	11	6	6	6	6	35
图画	10	2	2	2	2	18
音乐	4	—	—	—	—	4
合计	135	30	30	29	29	253

* 级 UⅡ 与级 OⅡ 两班,各以 1 小时专授几何学。
** 实科中学复加德语及一种外国语各 1 小时,并减少数学自然科学各 1 小时。

4. 德文中学(Deutsche Oberschule)

学级\学科	Ⅵ—Ⅳ同新制文实中学实科中学	UⅢ	OⅢ	UⅡ	OⅡ	UⅠ	OⅠ	合计
宗教	6	2	2	2	2	2	2	18
德语	16	5	5	5	5	4	4	44
历史(及公民)	4	3	3	2+(1)	4	3+(1)	3+(1)	25
地理	6	2	2	2	2	2	2	18
数学	13	4	4	4	4	4	4	37
自然科学	6	4	4	4	4	4	4	30
第一外国语	18	6	6	4	4(3)	4(3)	4(3)	46(43)
第二外国语	—	—	—	4	3(4)	3(4)	3(4)	13(16)
图画	6	2	2	2	2	2	2	18
音乐	4	—	—	—	—	—	—	4
合计	79	28	28	30	30	29	29	253

* 若以拉丁文或法语为第二种外国语时,依括号内之时数。

以上各课程表内,从级Ⅵ到级OⅠ,各有体育4小时(每星期)。其中2小时为体操(上午);另2小时为露天运动游戏(下午无课日举行)。

从级Ⅳ到级OⅠ,加音乐研究各4小时;又自由性质的"学术研究团"(Arbeitsgemeinschaft,详后)在高级段为6小时。

(二)女子中等学校课程表

1. 女子普通中学(Lyzeum)

学级\学科	Ⅵ	Ⅴ	Ⅳ	UⅢ	OⅢ	UⅡ	合计	UⅡb
宗教	2	2	2	2	2	2	12	3
德语	5	5	5	4	4	4	27	4
第一外国语	6	5	5	4	3	4	27	2
第二外国语	—	—	—	4	4	4	12	2
历史(及公民)	—	1	3	2	2	3	11	3
地理	2	2	2	2	2	2	12	2
数学	4	4	4	4	4	4	24	3
自然科学	2	2	2	2	3	3	14	3
图画	2	2	2	2	2	2	12	2**
音乐	2	2	1*	1	1	1	8	2**
合计	25	25	26	27	27	29	159	26

于上之课时外,从级Ⅵ到级OⅢ,各加授每班缝纫2小时,合计10时;级UⅡb4小时。

* 又从级Ⅵ到级UⅡ,各班加体育4小时,合计16小时。

* 从级Ⅳ以上,各班音乐得合班教授,但不得减少该科目之总时数。

** 分配于针工、图画及音乐之8小时,在级UⅡb得重行配置。

2. 高级女子普通中学(Oberlyzeum)

学科＼学级	Lyzeum Ⅵ到UⅡ	OⅡ	UⅠ	OⅠ	合计
宗教	12	2	3	3	20
德语	27	4	4	4	39
第一外国语	27	4	4	4	39
第二外国语	12	4	4	4	24
历史(及公民)	11	3	3	3	20
地理	12	2	2	2	18
数学	24	4	4	4	36
自然科学	14	3	3	3	13
图画	12	2	2	2	18
音乐	8		2		10
合计	159	28	29＋2	29	247

3. 以实科中学为标的之高级女子中学(Oberlyzeum der Oberrealschulrichtung)

学科＼学级	Lyzeum Ⅵ至UⅡ	OⅡ	UⅠ	OⅠ	合计
宗教	12	2	2	2	18
德语	27	4	4	4	39
第一外国语	27	3	3	3	36
第二外国语	12	3	3	3	21
历史(及公民)	11	3	3	3	20
地理	12	2	2	2	18
数学	24	5	5	5	39
自然科学	14	4	5	5	28
图画	12	2	2	2	18
音乐	8		2		10
合计	159	28	29＋2	29	247

4. 女子文实学院(Realgymnasiale Studienanstalt)

学科 \ 学级	Lyzeum Ⅵ到Ⅳ	UⅢ	OⅢ	UⅡ	OⅡ	UⅠ	OⅠ	合计
宗教	6	2	2	2	2	2	2	18
德语	15	4	4	3	4	3	3	36
拉丁文	—	6	6	4	4	4	4	28
第一外国语	16	4	4	3	3	3	3	36
第二外国语	—	—	—	4	4	4	4	16
历史(及公民)	4	2	2	3	3	3	3	20
地理	6	1	1	1	1	1	1	12
数学	12	4	4	4	4	4	4	36
自然科学	6	2	2	2	3	3	3	21
图画	6	2	2	2	2	2	2	18
音乐	5	1	1	1	2			10
合计	76	28	28	29	30+2	29	29	251

5. 女子古文学院(Gymnasiale Studienanstalt)

学科 \ 学级	Lyzeum Ⅵ到Ⅳ	UⅢ	OⅢ	UⅡ	OⅡ	UⅠ	OⅠ	合计
宗教	6	2	2	2	2	2	2	18
德语	15	4	4	3	3	3	3	35
拉丁文	—	7	7	6	6	6	6	38
希腊文	—	—	—	8	8	8	8	32
现代语言	16	3	3	2	2	2	2	30
历史(及公民)	4	2	2	2	2	2	3	17
地理	6	1	1	1	1	1	1	12
数学	12	4	4	3	3	3	3	32
自然科学	6	2	2	2	2	2	2	18
图画	6	2	2	—	—	—	—	10
音乐	5	1	1	+2				9
合计	76	28	28	29	29	29	30+2	251

(注) 前表2、3,从级Ⅵ到级OⅠ各加体育4小时,计24时;高级段,加研究团共6小时。从级Ⅵ到级OⅢ各加针工2小时,计10时。表4、5,从级Ⅵ到级OⅠ各加体育4小时,计24时,高级段研究团共6小时。从级Ⅵ到级Ⅳ,各加针工2小时,计6时。

6. 女子德文中学

学科＼学级	LyzeumⅥ到Ⅳ	UⅢ	OⅢ	UⅡ	OⅡ	UⅠ	OⅠ	合计
宗教	6	2	2	2	2	2	2	18
德语	15	5	5	5	5	4	4	43
第一外国语	16	5	5	3	4(2)	4(3)	4(3)	41(38)*
第二外国语	—	—	—	4	3(4)	3(4)	3(4)	13(16)*
历史(及公民)	4	3	3	2+1	4	3+1	3+1	25
地理	6	2	2	2	2	2	2	18
数学	12	4	4	3	4	4	4	35
自然科学	6	4	4	4	4	4	4	30
图画	6	4	2	2	2	2	2	18
音乐	5	1	1	1	2			10
合计	76	28	28	29	30	29+2	29	251

＊若第二外国语为拉丁文或法语时，则依括号内之时数。

(三)建立中学课程表

1. 以德文中学为标的之建立中学

学科＼学级	UⅢ	OⅢ	UⅡ	OⅡ	UⅠ	OⅠ	合计
宗教	2	2	2	2	2	2	12
德语	5	5	5	5	4	4	28
历史(及公民)	3	3	2+1	4	3+1	3+1	21
地理	2	2	2	2	2	2	12
数学	5	5	4	4	4	4	26
自然科学	4	4	4	5	5	5	27
第一外国语＊	7	7	5(4)	4(3)	4(3)	4(3)	31(27)
第二外国语＊	—	—	4(5)	3(4)	3(4)	3(4)	13(17)
图画	2	2	2	2	2	2	12
合计	30	30	31	31	30	30	182

＊若法语或拉丁文为第二外国语时，依括号内之时数。

2. 以实科中学为标的之建立中学

学科 \ 学级	UⅢ	OⅢ	UⅡ	OⅡ	UⅠ	OⅠ	合计
宗教	2	2	2	2	2	2	12
德语	4	4	4	4	4	4	24
历史(及公民)	3	3	2+1	3	3	3	18
地理	2	2	2	1	1	1	9
数学	6	6	5	5	5	5	32
自然科学	4	4	4	6	6	6	30
第一外国语*	7	7	4	4	4(3)	4(3)	30(28)
第二外国语*	—	—	5	4	3(4)	3(4)	15(17)
图画	2	2	2	2	2	2	12
合计	30	30	31	31	30	30	182

* 若法语为第二外国语时,则依括号之时数。此外从级UⅢ到级OⅠ,各加4小时体操。又从级UⅢ到级OⅠ,音乐8小时;高级段研究团6小时。

丙　中学之考试

A. 考试类别及各邦对于毕业凭证之相互承认协定

中等学校之最重要考试为:(1)毕业考试(Reifeprüfung,直译作成熟试验)于完全中学之全部学程修毕时举行之;及(2)结束考试(Schlussprüfung),有若干邦于修完立于基本学校以上之中学前六年学程时举行之。

完全中学之成熟试验,乃是升入高等教育机关之凭证。因为要使中学毕业生得以自由升入联邦内之任何高等教育机关,故由各邦之教育行政当局间,缔结中等学校毕业凭证(Reifezeugnis,直译作成熟凭证)相互承认之协定。

各邦依据此项协定所规定之原则,各自制定其毕业考试规程(Reifeprüfungsordnungen),惟关于细则方面则各邦办法颇不一致。

B. 普鲁士与巴伐利亚之考试规程

(一)1926年7月22日之普鲁士《考试规程》,对于生徒在校之作业及其个性,特别擅长的才能及卓异的学业能力,比较前此,大加重视。例如:依现行规程,受试之学生,得提出较详尽的论文(Jahresarbeit,经历一年长期之独立研究工作),借以证明其具有善能应用某项研究方法于其自择的资料之能力。至课题之选择,则听诸学生自由。此项论文在毕业考试成绩评定上,占有重要地位,有时并可为某项笔试科目之补充。此外,在"上一"级中,对于生徒之品性,精神的禀赋发展上之特点,从事独立研究工作之能力等,临以密切之注意,而加以判断。总之，凡此种种，无非以了解各个生徒之整个生活及其特性为其标的。又关于体育之试验，亦与毕业试验相密切联络举行。

笔试的课题，以考察受试者之精神的成熟为目的，并非专注意关于各科之知识，并且于某范围以内，容许生徒自由选择。此点大异于旧的规程上之刻板规定，例如：文实中学之学生，现时已不必做笔述的拉丁文课题。口试部分，得由学生选定一种最足以表现其能力之科目。全部口试务须容许充分之自由，使生徒得以尽量发挥其专长。

在成绩总评定时，所有平时课室成绩、口试成绩、笔试结果，以及有时并包括认为具有考试功用之论文等项，均须顾及。最后成绩评定，并非仅由就各项成绩加以计算而得之，尚需就个别事件，从各种不同观点而衡度之。

（二）巴伐利亚州，于1928年3月22日之《男子中学规程》及1928年4月30日关于《女子中学之通令》中，重新改订前此之考试规程，内容显然与普鲁士颇有不同。所有考试课题，乃由教育部从各个学校收集后择定，全邦一律适用。所有全邦同类之中学校，均应于同一时间，考试同一科目。该邦全部考试制度厉行严格的统一化，与普制之倾向个别化者正相反。在文实中学，每个生徒必需作拉丁论文一篇。口试专限定该生考试成绩低劣之科目。关于考试结果之最后评定上，平时成绩与考试成绩并合计算，计算之方式，在法规上有详密规定。关于毕业文凭之授予，应否参照各个生徒之操行及个性一节，法规上无明文规定。

C. 校外生特殊考试

在所有设有高等教育机关之各邦，均有关于准许才力优异青年，未经中学毕业考试者，可升入大学或高等专校之法令。所有此类法令，原则上大体一致。此类法令上，均规定受试者之年龄至少须达25岁；经通过笔试，其中包括课题二，其一取自普通教育之范围，其他取自该受试者之职业领域，或专门学科之范围。准许受试之条件及考试上所悬拟之标准，极为严格。通过考试者所领受之凭证，赋予受领者以升入高等教育机关之权；大体上，其性质与德文中学之毕业凭证相类。

D. 修毕中学六年之结束考试

在若干邦，每于非完全中学之6年学程修毕时，举行结束考试。此项考试之性质系一种升级考试（Versetzungsprüfung），其功用为证明该受试者已具备"中熟资格"，或达到升入完全中学上二级之程度。此项考试，大率以极简单之方式举行之。

丁　中学生之劳动服务

据联邦内政部（当时教育部尚未成立）之联邦志愿劳动服务委员(Reichskomissar für den Freiwilligen Arbeitsdienst)于1933年1月28日所发布之《志愿劳动服务期(Werkhalbjahr)办法》，一切中学毕业生"得参加志愿的劳动服务"，为期共半年左右。此期间内以4个月服务于工作营(Arbeitslager)，1个半月从事所谓"野外操练"(Geländesport)，内容为旷野各种地形上之运动及射击演习等等，乃是预备的军事训练。同年3月11日，此项办法并适用于中学女生，惟工作之种类侧重家庭工作，如烹饪、缝纫、园艺等；女生不加入野外操练，惟须以所有时间从事劳动服务。最近此项服务已成为义务的。

戊　中学教育统计概要

按最近统计（1934年5月1日），普鲁士邦公立及私立中等学校，计有男女生792 366名（此数中当系包括中间学校在内）。又据另一估计，中等学校学生数，近年因入学限制加严，有减少趋向：1934年度较上一年度，男生减少13.1%，女生减少18.8%云。

(附)全德中学校(不包括中间学校)最近十年之发展状况

(子)德国男中学校统计表

	1921—1922	1926—1927	1931—1932
学校数	1 591	1 734	1 699
学生数	475 000	551 600	530 578
其中女生	13 900	28 800	35 028
教员数	27 460	29 740	30 187

(丑)德国女中学校统计表

	1921—1922	1926—1927	1931—1932
学校数	824	866	777
学生数	248 000	269 600	247 862
其中男生	160	280	849
教员数	14 900	15 400	14 715

（注）据1931—1932年度统计，普鲁士男中学880所，教员15 999人，学生302 376名，女中学537所，教员10 013人，学生177 812名。

一〇 高等教育

甲 各类高等教育机关之入学资格

A. 正学生、额外生及旁听生

凡入德国高等教育机关为正学生(Ordentlicher Studierender)者,通例须执有一完全中学(九年制或建立中学)毕业凭证,并合于各邦教育行政当局间关于毕业证书相互承认协定上之条件。工、商、农各种专科学校之毕业生,经由补充及特殊成熟试验(Ergänzungs-und Sonderreifeprüfungen)所获得之凭证,以及通过所谓优才生试验(Begabtenprüfung)之证明书,与中学毕业证书有同等功用(限于专习某项科目)。

工科大学(Technische Hochschule)每要求入学者于开始修习以前提出曾经从事实际工作半年至一年期间之证明。商科大学及农科大学(Handelshochschule u. Landwirtschaftliche Hochschule)兼收修毕中等学校七年级(上二级)者为正学生。在其他高等教育机关,执有此项凭证者,得入学修业4学期至6学期,为额外生(Ausserordentliche Studierende)。此等学生与正学生同样受课,但通常不能参与国家及博士考试(Staats-und Doktorprüfungen)。凡以某种理由,不正式经入学之手续者,得为旁听生(Gasthörer),准许一例听讲。

B. 高等教育机关学生名额之限制

按1935年3月25日德国教育部规定:"于大学生之选择上,智力、品性、体格兼重;智力虽优异而体格上或品性上有缺陷者,以及非亚利安种(Nichtarier),概不许受高等教育。"

1933年12月28日,德国内政部规定1934年度修毕中学课程之全数学生中,予以大学成熟之资格者,以15 000名为限。此举乃根据1933年4月25日之"防止中学及大学人数过剩办法"而来。其中规定:"在一切学校,除却实施义务教育之学校以外,均须限制名额。"此15 000人,在中学全数毕业生4万人中,约占37.5%;各邦所占之名额,按照人口总数,并参酌人口密度决定之。其数额分配如后:普鲁士8 983、巴伐利亚1 670、萨克森1 339、符腾堡611、巴登574、图林根390、汉森398、梅克伦堡172、奥尔登堡122、布朗施威格122、安哈尔特87、不来梅105、利珀40、吕比克34、绍克堡-利珀12。女生名额未分别规定,惟在各邦所占数目不得超过10%。此外为矫正大学生群趋都市大学起见,德国教育部于1935年3月20日特规定设在各大都市之大学及工科大学收容学生数之最高限度。

乙 高等教育机关之类别及统计

A. 大学、专科大学及学院

在德国计有以下各类之高等教育机关（Hochschulen）：大学校（Universität）23 所（其中普鲁士 12 所，巴伐利亚 3 所，巴登 2 所，萨克森、符腾堡、图林根、汉森、汉堡及梅克伦堡-什未林各 1 所）；工科大学校（Technische Hochschule）10 所（其中普鲁士 4 所，巴伐利亚、萨克森、符腾堡、巴登、汉森及布朗施威格各 1 所）；商科大学（Handelshochschule）5 所（普鲁士 2 所，巴伐利亚、萨克森及巴登各 1 所）；农科大学（Landwirtschaftliche Hochschule）4 所（普鲁士 2 所，巴伐利亚、符腾堡各 1 所）；兽医科大学（Tierärztliche Hochschule）2 所（均属普鲁士）；森林科大学（Forsthochschule）2 所（均属普鲁士）；矿务学院（Bergakademie）2 所（萨克森，普鲁士各 1 所）。此外尚有神哲科大学（Philosophisch-theologische Hochschule）及学院（巴伐利亚 7 所，普鲁士 5 所）；以及医科学院（Medizinische Akademie）1 所（在杜塞尔多夫（Düsseldorf）。训练国民学校教师之机关，原称教育学院或讲习所（Pädagogische Akademie u. Institut），最近改称师范大学（详后专章），成立于普鲁士、汉森、及梅克伦堡及巴伐利亚各邦，显示其向着教育的职业大学（Pädagogische Berufshochschule）进展。

按 1936 年 4 月 15 日德国教育部宣布设立全国体育院（Reichsakademie für Leibesübungen），目的在统一全国之体育事业，校址定于柏林夏洛腾堡（Berlin-Charlottenburg）。

德国尚有若干绘画艺术及音乐大学（Hochschulen für Bildende Künste und für Musik）。后者非仅凭毕业证书为入学资格，且需学者证明其对于所拟专攻之科目具有相当的艺术的才能与准备训练。

B. 高等教育统计

各类高等教育机关之学生数，自 1933 年以后，年有减少，女生尤有锐减趋势，由下列各表可见其梗概。1934 年春期中学毕业生共 16 489 名，在 1934 年夏期与 1934—1935 年冬期，升学者仅 8 219 名。

(1) 高等教育机关统计总表

高等教育机关 \ 学校及学生	1931—1932 年度		1933 夏期	
	校数	学生数	校数	学生数
大学	23	95 271	同前	88 298
工科大学	10	22 540	同前	17 888
森林学院	2	142	同前	118
农科大学	3	1 091	同前	987
兽医大学	2	983	同前	1 036
矿冶学院	2	400	同前	325
商科大学	5	3 810	同前	3 023
教育学院	18	3 168	10	1 266
神学院	12	1 842	13*	2 406
实用医学院	未详	—	1	525
艺术学校	未详	—	11	1 490
音乐学院	未详	—	10	3 440

* 其中有一所 Augsburg（学生 93 名）仅设哲学科，其余均为神学及哲学院。

(2) 大学生统计表

等次	大学名称		1931—1932 冬期			1933 年夏期
	译名	原名	学生总数	女生数	外国学生数	学生总数
1	柏林	Berlin(1809)	13 927	3 139	1 248	10 017
2	慕尼黑	München(1472—1826)	8 523	1 588	568	8 335
3	莱比锡	Leipzig(1409)	7 126	1 041	418	6 425
4	科隆	Köln(1388—1918)	5 419	1 209	104	4 445
5	波恩	Bonn(1777—1818)	5 314	1 156	162	4 946
6	布雷斯劳	Breslau(1702—1811)	4 511	939	148	3 763
7	蒙斯特	Münster(1780)	4 402	912	45	3 982
8	法兰克福	Frankfurt(1914)	3 770	161	178	2 724
9	汉堡	Hamburg(1919)	3 746	957	163	3 199
10	弗莱堡	Freiburg(1457)	3 459	779	182	3 143
11	哥廷根	Göttingen(1737)	3 447	546	115	3 136
12	维尔茨堡	Würzburg(1582)	3 304	377	109	3 743
13	图宾根	Tübingen(1477)	3 254	441	74	3 508

续表

等次	大学名称		1931—1932冬期			1933年夏期
	译名	原名	学生总数	女生数	外国学生数	学生总数
14	哥尼斯堡	Königsberg(1544)	3 233	729	210	3 487
15	马尔堡	Marburg(1527)	3 101	628	80	3 180
16	海德尔堡	Heidelberg(1386)	3 609	644	143	3 489
17	耶拿	Jena(1557)	2 774	491	83	2 771
18	哈雷	Halle(1694)	2 461	309	65	2 228
19	基尔	Kiel(1665)	2 301	377	82	3 032
20	埃朗根	Erlangen(1743)	2 099	185	41	2 322
21	吉森	Giessen(1607)	2 009	175	47	1 937
22	罗斯托克	Rostock(1419)	1 792	249	55	2 686
23	格赖夫斯瓦尔德	Greifswald(1456)	1 721	241	70	1 801
合计			95 302	17 273	4 343	88 299

(注)(1)括号内之数字为该大学之成立年份。(2)1933年度夏期有女生16 132名,外国学生3 445名。(3)1933—1934年度,普鲁士邦有大学14所,学生45 473名。

(3) 工科大学统计

工科大学所在地		1931—1932冬期			1933夏期
译文	原文	学生总数	女生数	外国学生数	学生总数
柏林	Berlin	4 592	131	672	3 710
慕尼黑	München	4 049	96	393	3 274
德累斯顿	Dresden	3 814	405	260	2 794
达姆施塔特	Darmstadt	2 243	41	196	1 792
斯图加特	Stuttgart	2 002	73	102	1 514
汉诺威	Hanover	1 783	47	55	1 417
卡尔斯鲁厄	Karlsruhe	1 324	27	155	1 081
布朗施威格	Braunschweig	1 061	74	45	891
亚琛	Aachen	994	43	99	860
布雷斯劳	Breslau	678	11	42	555
合计		22 540	948	2 019	17 888

(注)1933年度数目之中,有女生796名,外国学生总数达1 620。

1933—1934年度普鲁士邦有工科大学4所，学生6 352名。

据1935年之正式统计，高等教育机关学生总数历年如后：

1933年夏期：	115 722	内女生 18 035
1933—1934年冬期：	106 764	内女生 15 501
1934年夏期：	95 830	内女生 13 132
1934—1935年冬期：	89 093	内女生 12 132

丙　大学及其他专科大学之分科

A. 大学之分科

大学分设各科（Fakultäten）：哲学、法学、医学各科（die Philosophische, Jurislische u. Mediziniscee Fakultäten）为各大学校所通设；新教神学科及旧教神学科（Evang-theologisch u. Kath-theologische Fakultäten）则有数校未设。隶属于哲学科者有哲学、语文及历史，有时并包括数学、自然科学各学系（Fächer）。但有若干大学有专设之理学科（Naturwissenschaftliche Fakultät），其中包括数学及自然科学。1935年11月决定在柏林大学改设法学及经济科（Rechts-und Wirtschafts-wissenschaftliche Fakultät）。前此法科系单设，经济学研究乃附属于哲学科。法学科有各种不同命名，通例包括政治学在内。慕尼黑（München）大学有特设之国家经济学科（Staatswirtschaftliche Fakultät）；法兰克福（Frankfurt a. M.）及科隆（Köln）两大学，各设一经济及社会科学科（Wirtschafts-u. Sozialwissenschaftliche Fakultät），从事商事学科（Handelswissenschaften）之研究。兽医学科（Tierärztliche Fakultäten）设于慕尼黑、莱比锡（Leipzig）及吉森（Giessen）诸大学。各大学中亦有设置农业及森林专门课目者。但一般情形，最后三类科目，皆于专科大学（Sonderhochschulen）教授之。

B. 工科大学及其他专科大学之任务

工科大学校内部分设各种专门科：如建筑工程、机器制造、电汽技术、船舶制造、化学、采矿及冶金各专科。此外每附设有普通部（Allgemeine Abteilung）教授数学、自然科学、经济科学，以及语文、历史、政治、艺术等科目。在慕尼黑之工科大学中，尚存有农业、酿酒及商事科学各特别部；在德累斯顿（Dresden）之工科大学，设有森林科；在布朗施威格之工科大学设有药物科。

其他专科大学（Fachhochschulen）之任务，可由其命名见之。商科大学从事经济的及社会的科学之专门研究，并供给商人、商事学校教员及社会公务人员所必备之专科教育。按在柏林之商科大学于1935年11月1日由全国教育部部长据普鲁士邦行政部之决定，改为经济科大学（Wirtschaftshochschule），课程较前扩充。在师范大学中，从事哲学、心理学、教育学及其辅助科学之研习；此外还设有关于科学的及艺术的学科，并及实用方法的陶冶，以为教职之准备（详另章）。

各邦所有同类之学校中，其学科及部门之命名，甚至在同邦以内之各个学校中，并不一致，此中显示重大之复杂性。

丁　大学之行政组织

以上所述之高等教育机关，除少数例外，皆系由国家所设置，由国家扶持，其教授经大学推举由国家任用。在国社党执政以前，各大学依据专设法规（Statuten）享有确定而广大的自治权，校长（Rektor）及各科学长（Dekane）均由教授选举，任期通常1年。大学最高议事机关——大学会议（Senat）——之构成人员亦由大学教授选举。

从1933年之末，各邦之教育行政机关已着手所谓"大学行政之简单化"，其倾向为增强政府之势力，并将独任制之思想应用于大学行政。全德教育部成立，旋即于1935年5月1日发布《大学行政统整大纲》（*Richtlinien zur Vereinheitlichung der Hochschulverwaltung*）。依该《大纲》之规定："大学之基本组织，为服务大学之教授及助教所构成之教授会（Dozentenschaft）与由大学全体属于德意志血统及国语之正式注册学生（不拘所属国籍）所构成之学生会（Studentenschaft）。"校长为全校之领袖，直接隶属于德国教育部，对部长负责。校长之辅佐人员，亦由部长任用，校长仅有推举权。大学会议为大学之咨议机关，其构成人员为教授会主席、学生会主席、教务长（Prorektor）、各科学长（以上各员均由最高教育行政机关任用），以及由校长所指定教授会会员2人，其中之一人须选自国社主义教授协会（N S Dozentenbund）会员。

大学之学术工作，分别由各科学长主持；科委员会（Fakultätsausschuss）为科主任之顾问机关，以本科之正教授、副教授，以及由教授会提名而尚未经正式任命的大学教员2人组织之。

德国教育部于1934年12月12日规定高等教育机关教授人员任用办法。由此项新令，前此之自由讲师制（die frei u. private Dozentur）遂归废止。按旧制，凡后进学人，如能表现研究高深学术之造诣，经获得某大学之许可，便得在该大学开讲，惟不认为大学教授部之人员，亦不受政府之俸给。今后大学教员之经历将分为两个阶段，即：

（1）资格检定：受检定之必备条件为取得博士或硕士学位（Doktor oder Lizentiatengrad）后，经过3年期间。请求者应交纳学术论文，并通过分科教授会之考谈会。最后,由校长呈报教育行政当局,始取得"Dr. Habil"之称号(即准许任教大学之博士),是为任教大学之初步资格。

(2) 试任及"教授讲习院":若欲取得任教某大学之资格,尚须向教育部申请,由教育部派往一大学某科为3周之试讲。试教之结果,尚须参照其在"教授讲习院"(Dozentenakademie)之成绩,由部长决定其确定教授资格。所谓"教授讲习院"乃是大学候任教员之训练机关,现尚在试办期中。

一　国民学校师资之训练

甲　国民学校师资教育之改造及其最近方针

A. 师范教育改造原则

国民学校师资之训练，适用一般应用于高等教育之原则，为《联邦宪法》第143条第2款所规定。旧制男女师范学院(Lehrerseminar od. Lehrerinseminar)专收毕业于国民学校之生徒，使于继续受3年之普通教育（其机关称Präparandenanstalt 即师范预科）以后，更益以3年之专业训练（师范本科）。在旧制下，国民学校师资教育，乃隶属于初等教育系统下。此与新宪法精神显有未合，故各邦在欧战后，多已先后着手国民学校师资教育之改造。

1923年2月14日，萨克森、图林根、安哈尔特、梅克伦堡-什未林与施特雷利茨、利珀、汉堡及不来梅各邦，共在柏林集会，议决以下各方针：

(1) 普通教育与专业训练分别实施。

(2) 普通教育应于一完全中等学校内实施之，或通过一同等之考试。

(3) 专业教育期限至少2年。

(4) 专业教育分为学理及实际教育两部分：学理的部分于大学或高专学习之；其实际的部分，则于与大学相联络之"教育学院"(Pädagogische Akademie)中实施之。

(5) 大学中之学理的教育，应包括关于教育学理之科目。

(6) 在同意本协定之各邦内所有教生(Lehrer-Student)得自由转学。

B. 1933年以来之新师范教育政策

国社主义的师范教育政策之一，为将此等机关移向乡区及边疆（die Hinwendung Zum Lande u. zur Grenze）。其所本据理由，大意谓：一般师范生将来多半将在乡校服务，自应于乡村环境中准备其将来的工作，即一般行将于都市从事教育活动者，亦惟有在乡间最能领略德意志的民族文化。至于将新设之师资训练机关散布于边疆，特别是东北国境一带，其中尤寓有深意。试翻看德国地图，检出各师范学校所在地点——哥尼斯堡（Königsberg）、埃尔宾（Elbing）、但泽①（Danzig）、劳恩堡（Lauenburg）、柯斯林（Köslin）、奥得河上之法

---

① 但泽，今为波兰波美拉尼亚省省会格但斯克。——编校者

兰克福(Frankfurt a. Oder)、科特布斯(Kottbus)、希施贝格(Hirschberg)、比托姆①(Beuthen)——即不难了然于此等教育机关实不啻为国防上之文化的堡垒！

此外尚有堪注意者，即在师范教育机关之课程上，除一般应有学科外，增加了所谓民族学（Volkskunde）、国防地理（Wehrgeographie）及边疆学（Grenzlandkunde）。

乙　各邦师资训练概观及统计

欧战后，各邦已确立之师范学制，可大别为两类：

A. 大学校及工科大学之"教育讲习所"（Pädagogische Institut）。萨克森、图林根、汉森、布朗施威格及汉堡等邦，其教师之教育，附于大学或工科大学内。共修业期限多为3年，亦有定为2年者。图林根与安哈尔特两邦于肄业大学3年以外，更益以1年之实习期。汉森与梅克伦堡-什未林之教育讲习所为期2年。

B. 单设之"教育学院"（Pädagogicshe Akademie）或"教育讲习所"。

普鲁士、巴登、奥尔登堡、瓦尔德克（现合并于普鲁士）专设有教育学院，其修业期限为2年；巴伐利亚与符腾堡至1934年始确定新制与普制略同。

1933年5月6日以部令改"教育学院"为"师范大学"（Hochschule für Lehrerbildung）。

以上两类师资训练机关之入学程度，皆为"大学成熟"，即修毕完全中学9年，或建立中学6年。

1933年度德国各师范大学学生之统计如下表：

比托姆	98	波恩	76	多特蒙德(Dortmand)	90
埃尔宾	132	莱茵河上之法兰克福	64	哈雷	74
基尔	96	劳恩堡	87	美因茨(Mainz)	423
罗斯托克	126				
共计	1 266 名。				

按1933年12月9日以部令重新于1934年春季开办奥得河上之法兰克福、汉诺威（女校）、科特布斯三校；同时停莱茵河上之法兰克福与哈雷两校，而另在赫希伯与威尔堡（Weilburg）各设一所。此项迁动盖为师校移乡移边政策之一部分云。1934年春季各校学额均增加。在1933—1934年度，普鲁士一邦有师范大学8所，教授120人，学生677名。截至1936年10月，普鲁士增为11所。

---

① 比托姆，今属波兰。——编校者

1936年冬期决定在新收复之萨尔区萨尔桥(Saarbrücken)又特里尔(Trier)、奥尔登堡(Oldenburg)各设一所。

丙 各邦现状举例

A. 图林根之教师训练规程及其课程

该邦之将来的小学教师于大学校中训练之,惟较着重心理学及教育学方面之科目。其《教师训练规程》(*Lehrerbildungsgesetz*)于1922年7月8日发布。前项规程第1条,明定所有将来之男女正教师,在受专业训练(Berufsausbildung)以前,须曾毕业一中等学校,或曾通过一同等之考试。同规程第2条,谓此等教师所需之专业训练,包括大学修业若干时期及实际教育的陶冶。

小学师资训练期间,于1924年7月经教育部、大学校及专业团体共同协议,定为4年:首三年大学研究,末一年为教学实际之训练;惟在大学肄业期内,亦当提出一部分时间,供实际训练之用。

所有将来之小学教师,均需在耶拿(Jena)大学至少肄业6学期。对此等教生由大学为之设以下各科目:

(1) 主要教育学科:普通教育学、教育史、学校行政(Schulkunde)、普通教授法、学校实习(在第二学期至第四学期)、成年教育(Erwachsenbildung)、学校卫生等等。

(2) 心理学:普通心理学、教育心理学、心灵病理学(Psychopathologie)、救治教育学(Heilpädagogik)、儿童心理学、青年心理学。

(3) 哲学:伦理学、论理学、知识论(Erkenntnistheorie)、哲学引论、哲学史。

(4) 专门学科:由学生自择;按1926年7月22日,《教职检定考试规程》(*Prüfungsordnung für das Lehramt*),所有教生在大学修业期中,当习一种在国民小学为必修之科目;此外又应熟谙工艺或技能学科,如体操、绘画、音乐、手工,或女子手工等。

关于实际教育训练部分,于1927年决定,由与大学相联络之"教育讲习所"任之。在修业期中所有设施如下:

(1) 在大学附设之学校,从事观察及各种教育的与心理的试验。

(2) 学校实习(Schulpraktikum)为期共3个学期,乃系必备的。每个学生至少须有64课时,在各类学校,依照周密计划之程序,从事实习工作。

(3) 学校助理期(Schulhelferzeit),即教生于大学休假期中,以全时在一由其自择之教师下,全日参加其工作,并从事试教(要经所属督学之允许)。

大学修业结束后,再继续一年之全时的专业训练(试任期)。

B. 萨克森州之小学师资训练机关

在1923年顷,萨克森州已经以法律规定,将来之国民学校教师,均于莱比锡大学及德累斯顿工科大学中训练之。德累斯顿工大之普通部(Allegmeine Abteilung)为应付教生之需要,设心理学、社会学、哲学、人类学各科讲演;一年以后(1924),前此独立之教育讲习所改设在该校以内。该所之附设小学(Institutsschule)原仅有二级,旋扩充为五级;至1925年春季,八级之学校组织始告完成。现时并筹及职业学校教师(Berufsschullehrer即职业补习学校教师)之训练。

在莱比锡亦成立教育讲习所(该所与大学相联络,但并非属大学一部分),并规定教育学程,由莱比锡大学之哲学科与教育讲习所分任之。医学科及法学科亦于一定范围内参与其事。关于宗教科教授事,神学科亦得参与。

一般的专业训练,在前述两校内,包括:

(1) 哲学及教育史(知识论、论理学、伦理学、美学、教育学史);

(2) 心理学,附青年学(Jugendkunde);

(3) 人类学及卫生学;

(4) 一种选习科目,须为与国民学校有关涉者。

实际的教育学(教育法及普通教授法 Bildungs-u. Allgemeine Unterrichtslehren、学校行政、教育法规 Schulgesetzeskunde),及特种职业训练,在以上两校,均由隶属于大学或工科大学之教育讲习所任之。讲习所附设学校,为教育研究之中心,供全体实际的及理论的专业陶冶上观察及体验之用。此辈教生最初为观察者,次为助理者,最后为协作者,因以获得其专业之陶冶。该所又为心理学及教育学范围以内各科之研究所。

所有教育学生,通例皆在大学哲学科注册。此两校所有教生数目如下:1926—1927冬季,德累斯顿教育学生250人,其中小学部130人,职业学校部120人。在莱比锡仅有小学教师训练部,约有学生150人。到1927年夏季,德累斯顿已有350人,莱比锡250人,被许可修习教育。

凡欲入学者必须持有中等学校之"成熟证"。师范训练之期间共3年。

C. 普鲁士之教师训练及其必修科目

普鲁士之国民学校教师教育之新办法,与图林根及萨克森不同。普鲁士教育部于改革令中,对于普通教育与专业训练之分离,以及普通教育部分应由九年制之中学校供给各节,均认为不容争执之原则;但于专业训练,则所取途径异于上述之二邦,其制为于中学毕业以上,随以两年的教育训练,其场所为截然不与任何大学相联络之教育学院。

在该邦之《师范教育改革规程》中,有如下之说明：

"教师教育之目的,必须由国民学校之需要,及国民小学教师从事国民教育工作之活动范围决定之。国民小学教师首先要成为胜任之国民陶冶者与国民教导者(Volksbildner u. Volkserzieher)。他须为能与一般国民相接近,而唤醒并形成其精神的生活之教育者。为教师者自当备具必要之知识；但尤其重要的,乃是精神方面,要为'民众教育者的责任情感'(Volkserzieherische Verantwortungsgefühl)所浸透云云。"

1927年1月,普鲁士教育部发布教育学院之必修学程表,供各个教育学院编制课程时之参考,兹附载于后：

教育学院必修科目时数表

科目＼学期	第一学期	第二学期	第三学期	第四学期
一、学术的讲演及练习	哲学通论……2 生理学及解剖学…………1 心理学………2 心理学练习…1	哲学通论……2 心理学………2 心理学练习…1	心理学………2 心理学练习…2	学校卫生……2
（甲）教育学科及其辅助科	系统教育学……3 普通教学法及教育学练习……1	教育学史……2 教育学史练习……2 语言教育……1	教育学史……2 教育学史练习……2	学校行政……1 学校行政练习…………1 实用社会教育学…………2 社会教育学练习…………1
（乙）国民学校各科教材	宗教学入门…2 乡土农业学…1 乡土动物及植物学…………1 乡土民族学…1 政治及社会科学通论……2	国民小学教育资料研究及其教学： 宗教………2 德语………1 历史及公民科…………2 数学及几何…2 自然………2 地理………1	国民小学教育资料研究及其教学： 宗教………2 德语及综合教学法…………2 音乐………1 图画………1 体育………1 针工……（女1）	

续　表

科目＼学期	第一学期	第二学期	第三学期	第四学期
二、美术及技能科目	黑板绘图 …… 1 音乐 …… 5(女4) 体操 …… 3 工作教学（或针工）… 1(女2)	绘图 …… 1 音乐 …… 5(女4) 体操 …… 3 工作教学（或针工）… 1(女2)	音乐 …… 5(女4) 体操 …… 3	音乐 …… 5(女4) 体操 …… 3 工作教学（或针工）… 1(女2)
三、实际专业工作	实际专业工作初步：教育程序研究 …… 3	教学参观：关于国民小学教育资料方面者 … 1	教学参观，教学实习，及讨论 …… 8	教学参观，教学实习，及讨论 …… 8
必修时数	30	31	30	24

D. 巴伐利亚州之师范教育新设施

巴伐利亚为最后改革其师范教育制度之一邦，兹将其最近公布之办法摘要叙述于后。该邦于 1934 年决定，国民学校师资之普通教育部分，以卒业德文中学为标准；专业学理的与实践的训练，则于师范大学中行之；修业期间包括 4 学期，即 2 学年。

1935 年 1 月之规程，确定此类学校之地域的分配与入学条件。设置地点已决定者如下：白辛格(Pasing)、拜罗伊特(Bayreuth)、维尔茨堡(Wurzburg)。为供给实习之需要起见，并附设实习班十六级。其中白辛格 1 校于 1935—1936 年度开办，收容学生 200 名，女生则因现有候任女教员充斥暂行停招，将来各校均于每年春季收录新生 200 名，男女兼收。其余 2 校，预定于 1936—1937 年度开办。

凡入学者须：(1)执有中学毕业证书；(2)年龄不得超过 23 岁；(3)须试音乐科目，内容包括唱歌、和音学、乐学，并自择一种乐器（钢琴、提琴等）演奏；(4)曾有国社主义各种组织之隶属关系；(5)必须备有曾经履行"工役义务"之证明书件，或曾参加国防训练者；(6)被选拔者并须由官医证明其除具有从事国民师资职务所需之健康体格外，并确有担任体操教学之能力。

修完 2 年学程后，经通过学科试验并履行其他应备条件，即取得公立国民学校教员候任资格(Anwartschaft für die Anstellung)。此后再经 2 年之继续训练(Lehrerfortbildung，相当于试任期)而以专业考试结束之，此次考试之主旨在于考核其实际教学工作之能力。

丁　国民小学教师之检定考试

在德国各邦，所有在训练中之教师，于修毕大学校或其他专设教育机关学程以后，尚须经过相当试教期间，复经一次考试，始取得正教员之资格。兹举数例如后：

A. 图林根

所有教生于修完大学3学年，受学术试验，及格者令试任1年，再受第二次考试。

B. 萨克森

《国民教师考试规程》(1925年7月17日)，颇着重专业学科(教育学科)，其笔试包括论文(Häusliche Aufgaben)两篇，其中一篇须取自实用教育范围内。每一个问题限时8星期。口试分为："中心学科"包括教育学、哲学、教育史、心理学；"附随学科"包括人类学、卫生及一种选择科目，所选择之科目，须为与国民小学教学有关者。

C. 普鲁士

普鲁士《国民学校教师第一试规程》，于1928年4月10日公布，考试内容包括有关教育之论文1篇，限期8星期完卷；及口试，其形式通常为令受试者讨论教育及教学范围内之某项问题。

《第二试规程》，于1928年6月25日公布，专适用于一般毕业于教育学院之学生。从1930年以后，凡愿受第二试者，均依新规程办理。第二试包括就小学三种学科为实际的教学表演，借以证实其教学能力；以及根据实地所观察之教学之讨论。凡应此项考试者，须曾以全时服务于普鲁士国民学校，至少2年，至多不得过4年。

《第二试规程》经1936年4月22日加以补充，即在应第二试时应有关于以下各种之活动之报告：与国社主义组织之关系，所参与之体格锻炼及宗教训导；并关于下列各科目之进修：遗传学、种族学、史前史(Vorgeschichte)、民族学、航空等。

一二　中学师资之训练

甲　中学教员之资格

中学校之教职人员，包括校长、常任教员及助理教员。校长之正式名称为 Studiendirektor；在大规模设置 2 科以上之学校，或九年制完全中学，称为中学总长（Oberstudiendirektor）。中学总长之下，设教务主任（Oberstudienrat），分担一部分之行政责任。

常任教员分为两组：其一，为具备大学训练之资格者，称正教员（Studienräte）；其二，未具备前述训练者，在普鲁士称专科教员（Oberschullehrer）。在其他各邦，有文科教员（Gymnasiallehrer）、图画教员（Zeichenlehrer）、音乐教员（Gesanglehrer）、体育教员（Turnlehrer）等等称号。在巴伐利亚，通称学科教员（Studienlehrer）。大学训练之教员约占 75％，其余占 25％。大学卒业生，未获永久之聘任者，为助理教员（Studienassesoren）。

通例，在男校教员均为男子；在兼收女生之男校，往往亦间有女教员；女校则通常男女教员约各占半数。

中学正教员为国家公务员，任期终身，并有领受养老金之权利；如死亡时，其寡妇及子女，尚得领取相当恤金。其任职，在邦立学校，系由教育行政当局任用；在市立学校，由市当局提名，最后仍由教育行政当局任用。

教务主任及校长，由中学正教员中选任之。省督学员（Oberschulräte）由校长中选任之。

专科教员亦为国家公务员，任期终身。彼通常原来所受训练，乃为准备担任初等学校教师，惟更由考试获得他项之资格，得被任为中间学校教师，或图画、音乐、体育及竞技，或针工及家事科目之教师。最近对于音乐及图画教师之资格，亦限定须具备完全之大学训练，计 8 学期；再继以 2 年之专业训练，然后更通过专业考试。

乙　中学教员之训练及录用

A. 修业年限及应习科目（附中学教员检定第一试）

中等学校教职之候任者，均就大学专攻所拟担任之学程，修业期间至少 8 学期（或 4 年），最后应国家考试。受试科目，须为中学之所需要者，除哲学与教育 2 门以外，必须包括 3 种学科，其中 2 种须为主科，用意在考验其在中学中担任两种科目之能力；另一种副科，则使及格者可取得担任中学低级与中级某种学科之资格。所有科目之配置由受试者自择，但实际上不外如下之分组：

（1）宗教科教员——宗教及另一种学科（希伯来文、拉丁文或德语）。

（2）德语科教员——德语及历史或地理。

（3）艺术科教员——音乐或美术，及一种随意科目。

（4）古文科教员——拉丁文及希腊文。

（5）现代语科教员——法语及英语。

（6）数学科教员——数学及物理学。

（7）自然科学科教员——植物学、动物学、化学或矿物学，由受试者择定之。

受试者得自提出中学所设之任何科目为应试科目，例如西班牙语、俄语、体育之类。规程上并未限定应试学科之数目，因此有时每一应试者可提出 3 种或 4 种主科，并 1 种或 2 种副科。

考试包括笔试与口试两部分，此外尚须作 1 篇或 2 篇较长的论文（文题须属于所研究学科之范围以内者）。在细节方面，各邦间颇有出入。最可注目者为在北德意志，受试者对于所试科目得自由配置；但在南德意志，尤其是在巴伐利亚、符腾堡及萨克森，则于各科之配置有固定的安排。又哲学一科，有属之学术的考试者（如普鲁士与萨克森）；有归诸教育的考试者（如符腾堡）。又如理论的教育学，亦有归于学术的考试者；在普鲁士以之为增选的学科，但在汉森及萨克森则以之为必备的学科。

B. 讲习与试教（附中学教员检定第二试）

凡通过"国家考试"（第一试）者，即成为见习教员（Studienreferendar），并被指派就一讲习所（Seminar），续受 2 年之实际训练。讲习所与一中学校相连，即受该中学校长之管辖。通例，分配于每一"讲习所"之人数，大率不过 6 人。在此 2 年中，候任者必须出席中学之班级教授，并逐渐被引领在一专门学科教师指导下，亲自从事教授实习。

实际的训练：第一年称"讲习期"（Seminarjahr），第二年称"试教期"（Probejahr）。其期限，在北部及中部德意志、普鲁士、图林根、汉森及其他小邦，大多数为 2 年；在南德意志、巴伐利亚、符腾堡及萨克森为 1 年或 1 年半。在大多数邦中，皆以教育的考试（Pädagogische Prüfung）结束之。此项考试包括笔试及口试两部分，通过者即由见习教员进为助理教员，而取得被任为中学正教员之资格。最近在普鲁士，有一种试验，拟将每一省内所有候补者集合于一机关训练之，以期全体所受教育归于一致（见后节）。

各邦间关于中学教员检定考试之相互承认,至今尚未能完全办到;仅普鲁士与图林根、梅克伦堡-什未林、奥尔登堡、汉堡间,已缔结对于此项考试相互认可之协定。

丙　中学师资训练之新方案

如前所述,欧战后中等学校教员之训练,多仍旧贯:多数皆须先就大学研究纯粹学问,然后再于一附于中等学校之师资讲习所受实际训练。所有训练事项,完全由该中学校之校长及教员等主持之。

此制对于专业训练上之不完备,早为一般教育者所非难。许久以前,一般中等学校教师,即已要求一种彻底的教育训练及较早的参与学校实际工作。但对于此种改革方式,一般意见颇为纷歧。一般对于大学应于普通学术科目以外,更设教育理论及青年心理等学科之主张,大体一致;惟关于各科教学方法之学程以及教学实习事项,应由大学设置,抑应仍如往时由中学校之讲习所主持,则意见不一。现时有一计划,拟将2年专业训练改组如后:第一年使见习教员在一富有经验的中学教员指导下,习练中等学校之教育的与教授的活动;第二年则建议将每一区域内所有候任者集中训练,设置教育理论、实际及历史之讲习,以及各类学校之参观及实际工作之讨论。在普鲁士邦已有若干区域依此项计划从事试验,直到最近,普邦对于完全改组,尚在踟蹰中。

1935年10月12日,由普鲁士教育行政机关所发布之《师范大学收录学生办法》,规定一切将来拟任职中等学校者均须肄业师范大学2学期。从1936年秋季即实行。所受训练包括学校参观、教学实习、方法讨论等等;1年完毕后,尚须就一国民学校实习若干星期。此项训练之用意乃使学者对于教学生涯有相当认识。此后便应入一大学,受课至少3年。

现时普鲁士之10所师范大学拟共收容学生400名,入学时,从始即须声明所拟担任之科目3种,将来中学教职考试即以此为根据。此3种科目之配置如后:(1)德语、历史、地理、生物学;(2)英语、法语、拉丁文、希腊文、德语、历史;(3)纯粹数学、应用数学、物理、化学、生物学、地理。至将来拟应美术及音乐教师考试者,可就各类美术及音乐学院肄业。

萨克森对于中等教师之训练,比较上有重要之改革。其改革之一般原理如下:凡候选者必须于学术考试中提出证明:曾经在大学中修习教育及儿童研究学程;并且曾在实际教育研究部(Praktisch-Pädagogisches Seminar,此为莱比锡大学教育及儿童研究所之一部分)修习实际学程至少2学期。在此项学程中,应对所专攻学科教学方法,为有系统之研究。所有学生更须由参观教授及实习教授，而获得教学实际之初步知识。此后便将所有候选者分成若干组，使就指定之中学校实习1年，但即在此期内，所有实际的训练方面之事，仍受大学之实际教育研究部主任之监导。1年实习终了，以专业考试结束之；其中包括属于教育及儿童研究范围之论文1篇，及口试（其中包括心理学、儿童研究、教育哲学各科）。此外候选者仍需提出实据，证明其对于所拟担任科目之教授技能及学力。在最后被永久任用以前，尚需经1年之试教。凡将受任者，须独立试教18星期；在此期中，由政府给予若干津贴。凡能证明擅长教授者，其试教期间，经行政当局之批准，得减为半年。在试教期中所作记录及报告，须呈交教育部，以为决定委派职务之根据。

一三　职业"补习"教育

甲　"职业学校"与"继续教育学校"

职业及专科学校(Berufs-u. Fachschulen 专科学校详后章)以适应经济的要需为其任务,其教育目标,直接针对实际生活及职业。就某种意义言,该类学校同时亦赓续普通教育,而扩充各种职业所需依据之学理教育。此类学校之名称,迄今仍极纷歧,其含义亦距统一尚远。

"继续教育学校"(Fortbildungsschule)旧译"补习学校"。此名称为《联邦宪法》145条所沿用,原指国民学校教育之继续增进;经1920年联邦教育会议之提议,改称"职业学校"(Berufsschule)。现时在德国大部分均已采用新名称,在普鲁士、巴伐利亚、萨克森、图林根、汉堡、布朗施威格、奥尔登堡及吕贝克各邦,均确立为法定名称,且业已为官方所正式采用。惟同时"继续教育学校"一词,目前仍被沿用,常见有工业、商业及家政继续教育学校之称。设在乡村之此类学校及为失学者所设之学校,其原始目的本在国民学校教育之继续,故旧的名称在现前仍未完全丧失其原始的意义。

本书此后于职业学校(狭义的)一词之下,专指为已经依照法令完毕国民学校之义务,而更须履行《联邦宪法》145条所规定之职业教育义务者所设之学校。该类学校之教学当与职业工作相伴进行,而对于所从事的职业,供给学理方面之基础。此类学校又称为"职业的义务学校"(Berufspflichtschulen)。职业学校一词,包括一切工业、农业及家政之学校,并包括所有一般仍沿旧称之继续教育学校。

总之,职业学校,大多是为从事实际职业活动之青年而设。彼等于修毕国民学校或脱离中间或中等学校后,须立即从事生产工作,故学校之任务,为对其实际方面的训练加以补充。

乙　职业教育义务及其推行

A. 职业教育义务之法律的根据

关于职业教育之义务(Berufsschulpflicht)乃出于社会政治的方策,以联邦法律规定,而适用于青年工人者。《联邦实业规程》(Gewerbeordnung)第120条规定:"继续教育(职业)学校之入学义务,如未经以邦法律确定者,可由各地方以地方章程,令所有实业规程下所包举年龄未满18岁之青年工人及学徒入学。

在一定情形之下,亦得由上级行政当局,以命令令某地方实施此项教育。"

《联邦宪法》第145条规定:"继续教育(职业)入学义务迄满18岁止,为一般教育义务之一部分。"至1920年,联邦政府更依据联邦教育会议之提议,制定《全国职业教育法规》(*Reichsberufsschulgesetz*)草案,其中规定:"在所有各邦,须为不拟继续受高级普通教育,或其他全时的学校教育之青年,设置义务职业学校(Pflichtberufsschule),修业期间至少2年,每年平均至少需包括320教时。"又规定:"职业学校之教学时间,应在寻常工作日(除去星期日之每周各日),时间应在上午7时至午后7时之间,雇主应确实给予学徒以入学所需之时间。"但是因为财政上的理由,此项规定尚未能推行全国。

B. 各邦推行概况

各邦关于职业教育之推行,一部分系根据《实业规程》之条文,一部分依从各自所制定之邦法令。例如:普鲁士有《职业教育义务推广法规》(1923年7月31日发布),及工商部所制定之实施办法(1923年12月29日发布),又农务部所制定之实施办法(1924年10月3日发布),巴伐利亚有教育义务及职业学校法令(于1913年12月22日及1930年8月26日先后发布)。

兹以普鲁士为例,说明德国职业教育义务实施之状况。该邦将推行职业教育之事委诸地方,所有男女少年,年龄在18岁以下,如已免除国民学校义务者,必须就学职业学校。关于职业教育义务之期限及围范,另有详密规定。

市区职业学校之入学义务,习常包括迄于17岁或18岁终止;通常教学时间每星期至少6小时,在商业学校一般多超出前举时间。在从事农事业务之青年,其教学时间,通例每集中于冬季。一般农业的、园艺的及家政的职业学校,通常每沿用"继续教育学校"这一名称。

现时在普鲁士邦,所有14岁至17岁之少年,已入职业学校者约占55%:其中男生已入学者86%,女生24%。男子之在城市者,几已完全入学;在乡区者,约占半数。女子之在城市者,约有2/5已入学;乡区仅约1/25。

巴伐利亚、萨克森、图林根、汉森、汉堡各邦之邦法令,较普鲁士为详尽彻底,均将(至少)3年之职业教育义务作为一般教育义务之一部分。

就全国各邦现状观之,关于职业教育义务之范围及内容,彼此间甚形参差。在若干邦内,原则上,每个男女青年,均须投入一种职业学校肄业:如巴伐利亚、萨克森、符腾堡、巴登、图林根、汉森、汉堡、布朗施威格、利珀、不来梅、吕贝克各邦是。在其他各区域,则职业教育义务,仅及于一部分之少年,例如:仅以从事工商业务之青年为限,或仅以男子为限等等。又其进展上,在各地域内,亦呈现多少差别。关于义务入学年龄，有以届学年终之时满17岁为止者，有以满18岁为止者。修业年限通常为修毕国民学校后，更益以3年职业教育；但有时对于某部分之青年，仅规定以2年为限。此外更有仅以一年为期者，惟每限定曾经肄业中级学校，或每星期至少受20小时之全时教学者，有少数甚至可能延长职业教育义务至4年。

通例职业学校之教学，皆在工作日期（即除去星期日）。青年工人之雇主，有督令所雇佣者按时入学，并给予所需时间之义务。

全国受义务的职业教育之青年，在近十年来颇见增加。最近统计，全德已入学者达67％；若就各邦分别计之，则入学者之百分数，最低者尚仅24％，最高者已达99％云。

一四　职业专门教育

甲　专科学校之意义及范围

专科学校,通常专指需生徒以全部时间受职业训练之学校(故有全时学校(Vollschule)之称)。其入学乃系自由志愿的(故又称职业选择学校(Berufswahlschule),以别于职业义务学校),且其训练,通例并不与某项实际职业活动相伴进行。

按联邦教育会议之议决,所谓"专科学校"包括一般以全部时间对于某项特定职业至少供给1年训练之学校。

专科学校中,有以曾经实际训练并兼肄业职业义务学校为基础者,是为"进修专科学校"(Weiter führende Fachschule);有与实施普通教育之学校直接联络,而为将来的职业训练之准备者,是为"预备专科学校"(Vorbereitende Fachschule)。有时学校教育与实际职业活动两者可以相互更迭。

专科学校之目的,为供给学者以广博的、切要的知识与技能,俾对于所选择之职业,得以备具优越的能力。因此,该类学校比较职业学校,乃为较少数的学生而设。依照专科学校所趋赴之目的,与对于入学者所要求之普通准备教育及职业经验之差别,可分别为低级及中级专科学校。

由前所引之解释,可见"职业学校"与"专科学校"间之关系,正与国民学校与中等学校之关系相似。但不幸在各邦用语上,对于职业与专科学校两词,每缺乏明晰的界线。专科学校,专门科(Fachkursen)职业学校及高等专门学校(Hochschulen),其间之界限,每为流动不定的。

专科学校通例均征收学费;职业学校则按照《联邦宪法》145条之规定应免收学费,但在多数邦,仍收取些微学费。

按1926年之职业统计,在德国有收益的职业,计有13 000种之多。当然,事实上尚有多种职业,并无特殊专科学校之设;即现有之各种专科学校,亦不克逐一解说。此后将专就最重要的各组,加以简要的说明。

乙　商业专科学校

商业专科学校(Kaufmännische Fachschule)在组织上,常与商业的职业学校合并设置,几于全属预备性质之专科学校。该类学校与中等教育间有相当关联。

A. 商业专科学校之第一类

与中等学校关联最为密切者，是为一种直接建于基本学校以上，习常称为商业实科学校（Handelsrealschulen）者。此类学校一部分为附设于通常实科学校之商业部（Handelsabteilungen），如在巴伐利亚所常见者；一部分为独立设置，而于商业科目特加着重者，如巴伐利亚之中等商业学校（Höhere Handelsschulen）与萨克森之中等商业学院（Höhere Handelslehranstalt）。后者建于中等学校之第三学级（Quarta），或国民学校之第七学级以上。

商业实科学校并非纯粹的专科学校，其任务并非养成实践的商人，而是实施准备的训练。通过该类学校之结束考试者，取得"上二成熟"之资格。对于此等学生加入其他职业之门路，仍然开放。

B. 商业专科学校之第二类

第二类之商业专科学校，表着建立中学校之质性，在普鲁士、汉堡、奥尔登堡，通称商业学校（Handelsschulen）；在图林根称为商业专攻学校或商业中间学校（Handelswahlschulen oder Handelsmittelschulen），以下简称商业学校（Handelschulen）。在普鲁士（其他北德意志诸邦略同），此类学校之修业期间有仅1年及1年半者，但其中多数，乃属2年科。

该类商校建于完结的国民学校教育上，但所收录生徒，仅限于具备良好之国民学校训练之男女青年，通例由入学试验甄别之。

二年制商校以外，尚有一种三年制商校，乃建于国民学校七年级以上者。三年制商校之最低一学级之生徒，亦可由中等学校之第四级（下三级）或普鲁士式中间学校之第四级转入；修毕建立中学最低学级，或被认为曾经受同等准备教育者，亦许入学；又具备完全的国民学校教育，并曾实际从事商事活动者，亦得享受同等特权。

在萨克森，中等商业学院之常型，亦系建于国民学校第七学年以上，包括四级；巴伐利亚亦有相类之学校。

所有此等学校之目的，不外于深浚普通学理教育以外，同时并授以对于将来的商人特别有价值之知识。

C. 商业专科学校之第三类

前一类学校许可国民学校学生转入；本节所述之第三类学校，在普鲁士所称为中等商业学校（Höhere Handelsschulen）者，则限定入学者必须备具"上二成熟"或"中熟"之资格。此类中等商校在普鲁士包括1年至2年之教程（汉堡及不来梅相同）；其趋向，则显然表著2年科将成为该类学校之常型组织。

该类学校于供给完善之普通教育以外,并教授关于商业之深浚的、科学的及实用的学术,以图完成经济科学的陶冶。

D. 商业专科学校之第四类

最后第四组之商校,现时方在发展中,是为经济科中学校(Wirtschaftsoberschulen)。该类学校,一部分是由引伸中等商业学校之教程到3个学年,合普通中等学校之6个学级,构成一完全(九年制)中学;一部分是建于基本学校以上,设九年级之教程者(或于第四级(Quarta)后,即与中等学校分离)。迄于目前,同类学校已成立于萨克森,称为经济科中学校;在巴登称高级商事学校(Oberhandelsschulen)。普鲁士之经济科中学,系依照巴登型创设的。

中等商校,特别是经济科中学之进展,显示一种在转变中之中学教育;其目的在企图融合古典的教化资料(Bildungsgüter)与新的教化资料(出于经济的社会及国家生活者)为一体。经济科中学不仅使学生得入商科大学之门,而且要直接造就经济界的领袖及助理人才。

丙 工业及工艺专科学校

A. 工业专科学校

凡称为工业专科学校(Technische Fachschulen)之教育机关,应设置至少1学年之教程,实施全时的训练,而供给一般工业界之备补者及隶属者以一种适合其目的之专门的与公民的陶冶。此类学校,种别繁多,不胜枚举,以下择述数种比较重要者。

(一) 在金属工业专科学校(Fachschulen für Metallindustrie)一名称之下,包括以造就专艺工人为目的之各类学校,其修业年限各有差别。

机器制造学校(Maschinenbauschulen)之修业期间为4学期。所需入学资格为曾受国民学校教育,且多需先经4年之工厂实习。其目的为造就工厂首领、小规模企业之所有主及图样部之专门助理人员。

高级机器制造学校(Höheren Maschinenbauschulen),通例以"上二成熟"及2年工厂实习为入学资格;凡未备具"上二成熟"之资格者,应经3年之实习,并受一次特设之考试。修业时期至少5年。该类学校之目的在于实施专门的训练,使能胜任图样部、机器铸造厂、及其他专门工作上之机器技师等职务。

(二) 建筑工程学校(Baugewerkschulen)有时称为(中等)建筑学校(Bauschulen),通常仅设有地上建筑部(Abteilung für Hochbau),但亦可兼设地下建筑部(Abteilung für Tiefbau)及其他专部。

建筑学校之学程包括5学期,但其中可间以实际工作活动。换言之,此5

学期不必为连续的。在初级科,凡年满 17 岁,具备相当之普通教育程度,与相当之实际训练者,得以入学。所要求之普通教育资格,为经历中等学校之第六年级(下二级),或曾经修业特设之预备班(Vorkurs),或经通过特种入学试验。预备班之修业期间为半年;入学资格为完毕国民学校义务,相当的实际经验,并通过规定之考试。

普鲁士要求在入学以前,需有 12 个月之实际活动;入学以后,受结束实验以前,更需继续从事 12 个月之实际活动。

(三)低级手艺专科学校(Niedere Handwerker fachschule)之实况,可由巴伐利亚之建筑工匠学校(Meisterschulen für Bauhandwerk)办法见其一斑。此等建筑手艺学校,对于泥水工、木工及石工,施以所需之准备训练,同时并补充之以普通教育。

该类学校修业期间包括 2 冬季科(Winterkurse),为期各 5 个月。在其他各邦,尚有为各种工业所设之各种类似的低级专科学校。

B. 美术工艺专科学校

(一)美术工艺专科学校(Kunstgewerblichen Fachschulen)之目标,为实施关于美术工艺之有计划的训练,造就美术的、工艺的、创作的技工。该类学校之课程及修业年限,是异常歧出而富于弹性的。凡来自国民学校之生徒,修业期间规定为至少 2 年半。入学者须达到国民学校成熟(Volksschulreife),且经历 2 年之工艺活动。最近普鲁士试行确定其教程为 6 学期。

(二)与普鲁士办法相异者,为南德之美术工艺学校(萨克森及图林根在内)。普鲁士之美术工艺学校及艺工学校(Handwerkerschulen),大体属中等专科学校性质,有时一部分与职业(补习)学校为有机的联络。后者则偏于向美术学校(Kunstschulen)演进,其中有一部分甚至被认为属专门学院(Akademie)性质。

C. 其他工艺学校

属于工艺专科学校(Gewerblichen Fachschulen)一类者,尚有散布各地之中等工艺学校(höheren Gewerbeschulen)。巴登之中等工艺学校,性质上为一种进修的专科学校。按该邦 1925 年 4 月 18 日之法令:"该类学校之目的,为对于某种实业之所属份子,实施一种超越于职业学校范围以外之专科教育,其修业期间至少 2 学期,其教学为全时的。"通例入学者,须修毕 3 年职业学校,成绩优良;此外并需曾经从事实际活动至少 2 年。

丁　农业专科学校

农业专科学校(Landwirtschaftliche Fachschule)之进展,在近年来,特别以在普鲁士与南德各邦,颇现急进之势。以下略述各种重要农业教育机关。

A. 农业专科学校第一类

（一）最重要之农业教育机关,就其数量言,首推农业学校(Landwirtschaftsschulen),亦称农业冬令学校(Landwirtschaftliche Winterschulen)。其任务为对于农家之青年,施以国民教育及补习教育。修业期间包括两冬令,每次各5个至6个月。于此期内,实施全时的通俗的家事训练,授以各种辅助学科(如数学、几何、测量、自然科、公民科、图画等等)及农业上所需之知识。

此类学校广布于普鲁士、巴伐利亚、符腾堡、梅克伦堡、奥尔登堡、不来梅、利珀各邦,内容各地互异。通常所实施之训练,以理论方面者为限。在夏令则于教师指导下,获得实际经验方面之补充。

（二）耕植学校(Ackerbauschulen)所悬拟之目标,较前述者为高；通常包括2年之全时教程,以国民学校毕业,及至少2年实际农业训练为入学资格。其任务为于增进其普通教育程度以外,同时并授以农人业务上所必需具备之关于自然科学的、国民经济的以及农业范围以内之理论的知识。学理方面之教学,由实际的练习加以补充(依普鲁士邦农务部1927年3月13日法令)。

B. 农业专科学校第二类

（一）属于本组者,为中等农业专科学校(höheren Landwirtschaftlichen Fachschulen)。其中最重要者,为中等农业学校(höheren Landwirtschaftsschulen)。其组织,一部分为建于基本学校以上之六年制的中等学校,于教授普通学科以外,并于最高之三学级,加重对于农业上切要之专门学科。此类学校,有时被列入中等学校一类(授一种必修外国语),如萨克森、布朗施威格及巴伐利亚各邦皆是。一部分为四学级之建立学校式,如普鲁士现制是。后一类关于普通教育部分,与中等学校之下三级至上二级相当,惟仅以一种外国语为必修。至较高年级,农业的教学分量逐渐增多。优才的国民学校生徒,得于修毕国民学校七年或八年,无需预具外国语言知识,而升入中等农业学校之最低学级。该类学校一方供给一种相当于中等学校之普通陶冶,同时实施一般中农及大农所需之学理的专科知识。

（二）中等实用农事学院(höheren Lehranstalten für praktische Landwirte),见于普鲁士、布朗施威格、梅克伦堡-什未林各邦,系为训练从事中等及大规模之农事者而设：一方研习基本的及专门的科学,同时并大为侧重关于农业之经济的及组织的问题之探讨。入该类学校之资格，除必需至少有4年之农业实际经验外，并须证明曾受充分之普通教育。此项普通教育程度为持有"中熟证书"，或在中等农业学校修业期满及格，或持有耕植学校及农业学校之优异离校证书（Abgangszeugnis）。其他入学者必须经过入学试验。修业期间为1年。学科有基本科学（化学、物理学、植物及动物学等）及专门科学（耕种、栽植、牧畜、管理等等）。

C. 农业专科学校第三类

最后，属于农业专科学校一类者，尚有各类特殊专科学校（Sonderfachschulen）。例如园艺学校、果艺学校、酿酒学校（Garten-, Obst-, u. Weinbauschulen），皆系建于国民学校以上者。以上均属预备专科学校性质。中等酿酒、果艺及园艺学校，原则上以"上二成熟"为基础；通常并需具有若干年之实际经验，始得入学，故属于进修专科学校一类。外此更有牧畜、乳业等类专科学校（Fachschulen für Tierzucht u. Molkerei）等。又有森林学校（Forstschulen），以造就中级森林人才为目的，入学者需有1年之实际经验。关于此类形态多方之学校制度，不能逐一列举。

戊 其他专科学校

除以上所述各类专科学校以外，尚有其他专科学校，亦以训练中等专门人才为其目标，兹择要列举于后。

A. 矿务学校

矿务学校（Bergschulen）以造就矿坑中级工作人员为其目标。凡入学者须曾受国民学校教育，并经历3年至4年之实际工作。修业期间为2年；理论的学科与实际采矿工作，以各种方法联络教授。有若干矿务学校，并于上更加设一年之高级科（Oberkurse），从事更进一步之陶冶。

B. 航海学校

航海学校（Seefahrtschulen）设各种修业期间长短不等之专科。凡入学者，需具备完全之国民学校教育及若干年数之实际训练。教科包括语言、数学、航海学及自然科学、船舶及船舶机械、地理、法制、卫生等。课程由各邦教育行政机关，商承联邦交通部（Reichsverkehrsministerium）制定之。

船舶工程师学校及航海机师学校（Schiffsingenieur-u. Seemaschinistenschulen）为属于机器专门学校（Maschinentechnische Schulc）中之一特殊部门。该类学校亦依其特殊目的，而设不同年限之理论的教程，其中间以船上实务以补充之。

C. 陆海军士职业学校

为对一般在 12 年服兵役期间以内之军士予以适合于其能力之职业训练起见，于是有陆军及水兵学校（Heeres-u. Marinefachschulen）之创设。其中分为工艺学校、农林学校、行政及经济学校等等。首二种属中等专科学校性质；后面一类，较倾向于普通陶冶性质。该类学校之教学，兼包括理论及实际，以适当的方法分配于各年度。

D. 有一种特殊学校，最近得工会（Gewerkschaften）之扶持而设立者，是为设在柏林及杜塞尔多夫（Düsseldorf）之经济及行政专科学校（Fachschulen für Wirtschaft u. Verwaltung）及法兰克福（Frankfurt a. M.）之劳工学院（Akademie der Arbeit）。此类学校为优才的工人及雇员设 1 年至 2 年之教程，授以关于经济、法律及社会政治之基础的知识。入学之资格为国民学校之教育，精神的成熟及充分的经验。学生之年龄在 20 岁至 40 岁之间。

一五　妇女专科教育

以前各节所述之专科学校，其中大部分，特别是商事及农事专科学校，女子亦得入学；但此外尚有特种专科学校，以妇女职业之陶冶为其专责。妇女学校及妇女家务班(Hausfrauenklassen)附设于中等学校及中间学校者，兹不列入妇女专科学校(Frauenfach schulen)以内。因为该类学校于实施家事的陶冶外，同时仍继续中等及中间学校之教学，侧重普通陶冶科目，而不斤斤于职业训练。

甲　家政专科学校

家政专科学校(Hauswirtschaftlichen Fachschulen)，供给一部分为家庭业务，一部分为有收益的业务之训练。

A. 家庭业务之训练　由专设之讲习班(专科班 Fachkurse)，或由半年至1年期间之专设学校(家事学校，Haushaltungsschulen)供给之。其目标为授予女青年以做主妇及母亲所需之准备训练，并使其成为工作愉快、品性坚定、精神焕发之份子，并能觉识其对于小群及大群之责任。对于入学者之准备教育，并无所规定。所授科目，包括生活及职业科(Lebens-u. Berufskunde)、公民科、家事科(Haushaltungskunde)、德语、烹饪、家庭工作、针工及图画。此外得修习卫生学、婴儿、儿童及病人看护，以及园艺、教育学、社会工作、体育等科。

因为乡村补习学校对于一般行将主持规模较大的农家之家政者，每不能供给充分之陶冶，故近年在多数较大之邦，对于乡村家政教育(Ländliche hauswirtschaftliche Fachschulwesen)之设施，颇为努力。供给上述之训练者，除设于农业学校内之女子专班(Mädchenklassen)外，最为重要者，有农业家事学校(Landwirtschaftlichen Haushaltungsschulen)及设于农村之经济科妇女学校(Wirtschaftlichen Frauenschulen)。农业家事学校通例肄业期间1年。依1930年3月8日普鲁士邦农务部之部令，其任务为教授已备国民学校教育之女子，使成为农家之干练的首领；于农事业务上为具备充分理解之合作者；为贤良的母亲，为国家的女公民，并为农村民族文化之维系者。

B. 有收益的职业之训练　实施此类训练者有经济科妇女学校，其主要任务为陶冶女子，使任乡村家事管理者及农业家政科之教师。凡欲修习乡村家事管理之1年科者，必须具备充分之普通教育(中间学校，或女子普通中学，或国民学校，而经入学考试者)，并需曾在乡村家政学校实习2年。该类学校之陶冶,兼包括实用的与理论的。内容包括公民及职业科、慈善事业管理、卫生、病人及婴儿看护、食料学、营养学、簿记、乳业、小动物饲养、园艺、果艺等等。

专为训练农业家政科女教师而设之专科,修业期间为 2 年。入学者需预经 2 年之实际见习。该类学校供给教授此类科目所需之广博的高深的训练。

为应城市生活之需要,尚有训练家庭助理人专科班之设。其入学资格多数须经过肄业期间半年之家事学校,修业期半年。家庭雇员之需较高深之学校教育者,于家事管理专科学校(Fachschulen für Hanshaltspflegerinen)训练之,修业期间 1 年,入学前需已有 3 年之经验并曾肄业家事学校 1 年。

乙　妇女工艺专科学校

妇女工艺专科学校(Gewerbliche Fachschulen für Frauen)亦可分为两类:其一为家庭业务之准备,其他以有收益的职业之训练为目的。

A. 家庭业务之训练　此项目的,由所谓妇工学校(Frauenarbeitsschulen)达到之,供给妇女以关于手工之专艺的与美术的训练。

B. 有收益的职业之训练　关于有收益的职业之训练,设有 1 年至 2 年期间之专班。此等专班除设实用技能科目,如缝纫、衣饰、刺绣等以外,亦授理论的科目。于此最为特色者,为中等妇女职业专科学校(Höhere Fachscchule für Frauenberufe),是为数年来由女子工艺师范学院(Technische Seminar für Gewerbelehrerinen)发展而来。该类学校于"女子普通中学成熟"(Lyzeum Reife),即于女子普通中学 6 年修毕以上,设 3 年之教程。

丙　关于社会教育之专科学校

属于社会教育的范围(Sozialpädagogischen Aufgabenkreis)者,有训练幼稚园教师、保姆及少年指导员之师范学院(Seminare zur Ausbildung von Kindergärtnerinnen, Hortnerinnen, u. Jngendleiterinnen)。幼稚专科师范之训练期间,通常为 1 年半,惟符腾堡定为 2 年。在普鲁士凡曾肄业一年制之妇女学校者,其专科师范修业期间可缩短为 1 年。此项专科师范每附设于妇女学校内。入学之资格,大半规定为修完女子普通中学,或认可之女子中间学校,或经过入学考试。其中包括关于学校科目之考试及关于家政及针工之知识技能。

关于保姆之职业,依其工作上之要求,亦设有相类之专科师范学院。最近每将幼稚园教师及保姆于一种合并的 2 年教程中训练之。少年指导员,在德国各邦亦每由一年制之特种师范学院训练之。入学者须曾通过幼稚园教师及保姆试验,且须具有在幼稚园、保育所等类机关之实际经历。

上述专科师范学院,授予学生以关于教育工作之理论的陶冶及专门技术之训练。

丁　社会福利事业学校

妇女专科学校中，尚有可注意之一组，是为社会福利事业学校（Wohlfahrtsschulen），或社会妇女学校（Sozialen Frauenschulen）。该类学校准备女生（有时亦兼有男生）从事社会公务员及福利事业管理员（Sozialbeamten u. Wohlfahrtspfleger）之职务。其入学程度，以女子普通中学教育为基础，并要求入学者曾经专科的职业训练。例如：曾为病人或婴儿之看护人，幼稚园教师或保姆，或曾经在妇女学校或妇女专科学校修习某项学程，以及相当年间之实际活动。于其2学期之教程中，将所有关于普通教育的、公民科的、社会科学的与社会伦理的科目，以及关于实用方面的工作与公立福利机关之实际并合教学。

关于该类学校之考试规程，将其学程分为三主要部门：卫生事业、青年福利事业、经济及职业辅导事业，但同时仍力图保持"社会的职业"之单一性。

戊　社会及教育的妇工学院

形成教育与社会的妇女专科学校之上层建筑者，为自从1925年以来，设于柏林之社会及教育的妇工学院（Akademie für soziale u. Pädagogische Frauenarbeit），其任务为对妇女所从事之业务，加深其学理的研究功夫，以期厚植其精神的基础。

一六　成人教育

甲　成人教育之范围及其主持机关

在德文所谓民众教育（Freie Volksbildungswesen），或成人教育（Erwachsenenbildung），包举立于国家教育系统以外，为增进成年者之灵的、心的与体的陶冶之可能与机会的所有一切努力与设施。民众教育之所努力者，非通常狭义之学校教育，它只是为人类之自身而实施之陶冶工作（Bildungsarbeit nur um des Menschen selbst Willen）。因此，此处所讲之成人教育，不包括以实施成人职业训练为目的之教育机关。

成人教育与一切普通陶冶的、职业的、专科的及高等的教育不同，它向来是完完全全不受国家之监督与管辖，而自由发展的。惟自1933年以来，业已经历一种深切的转变：它的本质、内容以及在全部德国教育制度中之地位，都根本改观。就是以"政治训练观念"（die Idee der Politische Schulung）替代了前此之超然的民众教育理想。成人教育机关，通常亦非由公家来主办，而是大部分由私人自由社团所扶持的；自然也从邦及地方政府得到不少的物质上的和精神上的帮助。此类社团，可依其为宗教的、职业的或政治的集体，分为若干类：例如有新教的、天主教的、国社主义的，以及所谓中立的民众教育会社（Voksbildungsvereinigungen）；此外还有工人教育联会及农人教育联会。以上各团体之活动范围，有包举民众教育之全部者，有仅限于某项特殊事业者，例如：民众大学（Volkshochschule）、民众图书馆及书籍流通（Büchereiwesen u. Buchverbreitung）、讲演会、戏院、音乐、电影及无线电播音。

此等机关，从其在组织系统上之地位言之，则有乡及市民众教育会社，其上更有府、省及邦联会，居于最高地位者为联邦最高联会。

实施民众教育之最重要机关，为民众图书馆及民众大学。民众图书馆，大多数是由地方公共设立及维持，与学术图书馆并峙，而保持其独立性。彼对于书籍之采集分类等，不是按照其学术的价值，而是侧重其对于社会、民族及道德品格之陶冶上之意义。民众图书馆同时对于读者为一种资讯及顾问机关。

乙　民众大学之类别及概况

A. 公寓民众大学

民众大学，乃是一种以类似大学校之方式，就是由讲演、演习及研究团等方式实施民众教育之机关,其最理想的组织形式为"公寓民众大学"(Heimvolkshochschnle)。在此种公寓内,所有入学者,共同生活若干时期,在此时期内,可由研究团之组织,从事讨论并解释生活及职业的问题,并谋精神上、心灵上及身体上之进益。在目前(1931年)全德国约有80所公寓民众大学,各个民众大学,在办法上,彼此颇多差别。此类学校,一部分是为男子设,一部分是为女子设;有时并因其所收容民众之来源,而有工人及农人大学(Arbeiter-u. Bauern Hochschnlen)之称。

B. 晚间民众大学

民众大学之最习见的形式,为晚间民众大学(Abendvolkshochschule)。在所有较大城市中,几已普遍设立,其中多系由地方设立,或者至少受有地方之大宗津贴,有时并由地方政府任用主持人员。该类学校所有教学及研究团皆在晚间举行,使参与者可无需脱离职业工作。它的构造,原则上与公寓式民众大学相似,惟同时并及专门科目之研究,以谋职业智能之长进。

C. 市区民众大学公寓与民众大学周

(一)民众大学之一特殊形式,由莱比锡市创始,推行于若干大都市中者,是为市区民众大学公寓(Städtischen Volkshochschulheime)。在其中,有若干青年工人聚居,白日各事其职业,而在晚间,从事有计划的学术的研习。

(二)外此还有就一处公寓举行为期数日或数星期之民众大学周(Volkshochschulwochen)及其他类似组织,使参与者在一定时期内,从事共同的生活。研究之中心,大半是出于现代文化上或经济上之真实的问题,于一位见解成熟者之领导下进行之。

丙 联邦及各邦对于民众教育所采取之政策

A. 联邦及普鲁士等邦

联邦及各邦对于民众教育之协力,所采取之方式及内容颇多差别。联邦及普鲁士、巴伐利亚、符腾堡、巴登、汉森,对于成人教育,所采行之政策,不似对于一般公立教育机关,处处依据国家观点及范型加以组织,而专限于对私人会社之有价值的工作,予以精神的和物质的扶助与奖励。例如联邦政府对于民众教育之最高会社(总会所)给以定期的津贴费。

普鲁士邦当欧战甫终时,就在大学及工科大学内,设置民众大学部(Volkshochschulstellen),其任务为民众教育与学术研究之联络,供给并介绍各方所需之合格教授人员,并对于一切民众教育问题,贡献意见。每一大学,由校长及校务会议,就其教授人员中,指定一位对于民众大学思想有相当了解及研究者对该部负责,其名称为某某大学(或工科大学)民众大学问题顾问员(Berater in Volkshochscdulfragen an der Universität "Technischen Hochschnlen" N.)。

B. 萨克森等邦

萨克森、图林根及若干小邦政府,在民众教育领域内之活动,与前述者略有不同:并不专限于对优良的民众教育工作给以辅助,而且由教育行政当局自身担负领导责任,并且以地方公费,设置民众大学。

因为大多数民众教育会社,皆受有联邦及各邦政府之经济的扶持。因此,教育行政当局,虽然原来并不拟积极参与民众教育之实际设施,每每自然地使民众教育会社及其事业上感受重要的影响。

丁 为成年人所设之中等学校

此类学校,与前述民众大学不同,有将其归入中等教育范围内者。

A. 成年者中学校

有若干邦特为曾经修毕国民学校者,设置一种学程,供给充足之中等教育。凡男女青年,年龄在18岁至25岁之间,除国民学校以外,并未受任何普通教育,但由其业务活动上,表现其具备优越的才能者,经严密的个别考察录取,使于短缩的修业期间(大约3年),得借专设的课程与特殊的方法,达到中学毕业之目标。为此开放的从事高深研究之门径的学校,即成年者中学校。

该类学校之课程,显与德文中学相同,组织上则为建立中学形式。第一所成年人中学,于1919年终迄1923年春季,设置于斯图加特(Stuttgart),1923年春季,汉堡亦成立一校。自从1923年6月1日,在柏林纽科林(Berlin-Neukölln)设有工人专班(Arbeiterkurse),其后逐渐凝为一种永久的学府。从1924年,同样的学级亦成立于阿尔托那(Altona)市。各地试验之结果,都认一般未曾受中等教育之优秀青年,可能经比较短促的时期,达到成熟试验之学力,只需对于就学者能予以适当之教育的辅助与最低限度之生活扶持。

B. 晚间中学校

尚有一种全然新颖形式之中等学校,最近方见成立者,是为晚间中学校(Abendgymnasium)。该类学校完全系专为成年男女青年而设,彼等在白日,均需为各自之职业及生活而劳动,故受课需在晚间。该类学校之第一所,于1927年9月1日,开办于柏林市。其他城市,如埃森(Essen)、汉诺威(Hannover)、科隆(Köln)、卡塞尔(Kassel)、盖尔森基兴(Gelsenkirchen)等继起仿设。

晚间中学之组织,包括通常中等学校之第五至第九学级,以国民学校教育为入学程度,以 18 岁为入学年龄。修业期间多数为 6 年,有时仅 5 年。其组织为建立中学式。其课程从德文中学。通常以英语(有时可以拉丁文或法语)为第一外国语;法语(有时为西班牙语或英语)为第二外国语(从第二或第三学年开始教学)。教学日期为每星期之前五日,时间为每晚 7 时至 10 时。据经验所示,一切颇称满意。实际上并因此而引起晚间大学(Abenduniversität)问题之讨论。但对此类学校为最终之批判,则为时尚嫌过早。

此类学校几全为免收学费的,使凡具相当能力者,不致以经济原因,而进步被阻碍;至于不适宜及能力薄弱之生徒则概不收容。在柏林首创此类学校时,报名者达 3 千人,但结果仅录取 124 名。该校由柏林夜间中学促进会(Verein zur Föderung des Berliner Abendgymnasiums)维持。

一七　私立教育

甲　联邦新宪法关于私立学校之规定

依德国《联邦宪法》上明文规定，幼年人之教育乃公立学校所有事。故私立学校之设，仅限于公立教育设施不足时，始为合法，是为补充教育（Ergänzungsunterricht）。若私立教育所为设施，阑入公立教育之范围以内时，则为替代教育（Ersatzunterricht），国家之容许此类学校，仅限于其不妨阻公立学校时。

1917年8月2日，德国联邦参议会（Bundesrat）曾发布一通告，谓："凡举办职业补习学校，职业专门学校，以及供应其他一切私设教育，均须得官厅准许云云。"

新宪法于公立的教育与私立的教育两者间之关系，亦有甚明晰的规定。

乙　普鲁士对于私立教育之办法

A. 对于私立学校（Privatschule）设置之许可，视其设置所需具备必要条件之考核，与请求许可办学者资格之证明而决定。必须所有必备要件经认可后，始许设立。关于资格之证明，包括学识与操行两方面，许可只对于一单独个人给予之。

B. "私人教师"（Privatlehrer）与"私立学校教师"不同："私人教师"乃是与一个或数个家庭，或与受教者间缔结合同者；而"私立学校教师"则为一教师与学校设立者间，订立契约者。

私人教师（家庭学校）之许可，不系于办学条件，而专决于资格之证明。至此类设置，应视为"家庭学校"或"私立学校"，由行政当局判定之。

政府方面关于私立教育之监督事权，委诸府区教育行政当局。

私立学校或私人教育如有不合，或发生恶果者，监督之官厅得封闭其学校，或禁止某私人从事教学。若私立学校所有设施，足为政府学校之替代时，可由邦政府予以津贴。

丙　私立中等教育之状况

近年各邦厉行学校教育由公家举办政策，对于私立学校多停止津贴，致著名学校有因而停办者。图林根教育行政当局于1935年12月之私立学校许可令中限制甚严。凡非经认可为公立中学替代之私立中学，将来不得再称学校

(Schule)，而须称为私立预备学塾(Private Vorbereitungsanstalten)，且不得使用公立学校所用之学级名称云。

私立男中学为数极少，殆不足道。其中少数有发给毕业文凭权，但多数皆就公立学校受毕业考试。私立学校中，有所谓乡村教育馆(Landerziehungsheime)者，享有特殊地位，系寄宿学校，课程为实科中学式(按：德国一般中等学校，多系白日学校，不设宿舍)。

女子中学教育，多数仍由私立学校供给，其中多数为天主教会所设立。即在普鲁士，私立学校之数目，亦为数颇多，计有175所。但目前已日趋衰歇，因为设置者每不能担负所需之浩大费用。其管辖权遂逐渐转移于邦或市之掌握中。目前对此等学校尚不能听其遽行停闭，因为邦或市均无必需之款项以为替代。现时之办法为予以若干补助金。

私立中学校之视导与公立中学校同，在各邦皆属教育部职权；惟普鲁士邦由教育部付托于省教育理事部。

本篇主要参考书目

1. Alexander, T. and B. H. Parker: *The New Education in German Republic*, 1929.

2. Kandel, I. L. and Alexander: *The Reorganization of Education in Prussia*, 1927.

3. Löffler, E.: *Das öffentliche Bildungswesen in Deutschland*, 1931.

4. Cabot, S. P.: *Secondary Education in Germany, France, England and Denmark*, 1930.

5. Eckardt, A.: *Der gegenwärtige Stand der neuen Lehrerbildung in den einzelnen Ländern Deutschlands und in ausserdeutschen Staaten*, 1927.

6. Kandel, I. L.: *Comparative Education*, 1933.

7. Roman F. W.: *The New Education in Europe*, 1929.

8. 常导之:《德国教育制度》,南京:钟山书店,1933年版。

9. Das Deutsche Schulwesen. Jahrbuch, herausgegeben vom Reichsministerium des Innern und vom Zentralinstitut für Erziehung und Unterricht. 1925–1931.

10. Kandel, I. L. (Editor): *Educational Yearbooks*, 1924–1935.

第六篇
美国教育制度

一 国势大概

美国（United States of America）本部，包括48州（States）及哥伦比亚区（District of Columbia）；土地总面积共计3 026 789平方哩（陆地占2 973 776方哩，约合7 997 000平方公里）；人口据1930年调查，共计122 775 046。

据1930年之统计，从事各种有收益的业务之人数如后表：

农业	10 471 998
林渔	250 469
采矿	984 323
制造及机械工业	14 110 652
运输及交通	3 843 147
商业	6 081 467
公务	856 205
专门业务	3 253 884
家事及人事服务	4 952 451
书记业务	4 025 324
合计	48 829 920
	（其中男38 077 804，女10 752 116）

1930年度，全美国人口在2 500以上之市镇计有2 850；其中人口不及1万者占2 075市，人口在1万至3万者519市；人口在3万至10万者188市；10万以上者68市。全人口中市居者约占56.2%，乡居者约占43.8%。

美为联邦制，中央政府之职权依联邦宪法所规定，其余均属各州权力范围，例如教育即系专属各州政府之事项。总统为联邦政府之行政首领，任期4年。联邦政府之内阁，不设教育部，惟于内政部置教育司。

各州之行政组织，于州长（Governor）下设各部行政人员。州长由全州人民直接票选，任期2年至4年；其他主要州行政人员，通常亦由民选，任期与州长同。

美国48州，根据其历史的因袭与行政及财务上的差别，可以大致分为四大区域，即：

(1) 新英格兰及中部大西洋诸州（The New England and Middle Atlantic States） Connecticut, Maine, Massachusetts, New Hampshire, Rhode Island, Vermont, New Jersey, New York, Pennsylvania共9州。在此区域内，新英格

兰式的乡镇(Town)为地方行政之基础。每一乡镇面积约 36 平方哩,兼包括市区及乡区,在教育行政上,形成一单位。州教育行政机关,对之仅行使一般督察权能,教育行政实权乃操于乡镇之教育董事会。县(County)仅为地理的区分,对于学务并不过问,所有学校皆以由乡镇地方税维持为原则。州仅供给全部费用的 20%,乡镇及学区(Districts)负担其 80%。

(2) 南部诸州(The Southern States) Delaware, Maryland, Virginia, N. Carolina, S. Carolina, Georgia, Mississippi, Arkansas, Louisiana, Oklahoma, Texas 共 15 州。在此区域内,地方分权趋势不如前者之甚,县被采用为地方行政之单位。州政府较其他区域内者拥有较广大的行政权,而且所分担的教育经费亦较多。在教育经费预算分担上,州占 25%,县占 31%,地方行政单位占 44%。

(3) 北中部诸州(The North Central States) Ohio, Indiana, Illinois, Michigan, Wisconsin, Minnesota, Iowa, Missouri, N. Dakota, S. Dakota, Nebraska, Kansas, W. Virginia 共 13 州。此区域内之各州与新英格兰各州颇多相似之点。其中有 7 州以乡集制(Township)占优势;有 2 州采行县制,另有 4 州仍沿用旧时之"学区"(District)制。"乡集"与乡镇之面积大小相类,惟系以人工划分,且不包括人口密集之市区在内。"学区"为面积仅 4 平方哩或 5 平方哩之地方单位。在教育经费支出上,州负担 8%,府 7%,乡集及学区 85%。

(4) 西部诸州(The Western States) Montana, Idaho, Wyoming, Colorado, New Mexico, Arizona, Utah, Nevada, Washington, Oregon, California 共 11 州。在以上各州内,南部各州之行政制度盛行。有 9 州以县为行政单位,有 2 州仍牢守行将没落之学区制。教育经费上,州负担 18%,县 24%,地方单位 58%。

二 教育行政机关组织

壹 联邦政府与教育
甲 内政部教育司

联邦政府内政部（Department of the Interior）内设教育司（The Office of Education），1930年改称今名，前此称 Bureau of Education，设司长、副司长（Commissioner and Assistant Comissioner）各1人。该司之主要职掌为收集各州教育统计及传布教育知识，除对于阿拉斯加（Alaska）之爱斯基摩人与印地安人之学校负有监督职责以外，并不具有行政权能。

教育司按期刊行《全国教育调查两年刊》（Biennial Survey of Education），并印行研究专册。

联邦职业教育董事部（Federal Board for Vocational Education）之职责，为由分配联邦补助费，以谋促进各邦职业教育之设置与扩充。原创立于1917年，与教育司无隶属关系，至1933年10月始合并于教育司。

乙 其他各部之教育活动

商务及劳工部下之儿童局（Children's Bureau）负有研究及报知一切有关儿童福利事项之责务；又农务部对于农学院及农业推广事业所负责任，亦为属于教育范围内之活动。

丙 联邦政府举办之教育事业

联邦政府直接办理陆海军军官学校，补助大学及学院后备军官之训练，维持国会图书馆（The Library of Congress）、斯密生研究所（Smithsonian Institution）及若干类似机关，并经由国会，对于哥伦比亚区之教育，行使一般的督察权。

贰 州教育行政机关
甲 州教育董事会

州之教育主管机关，通常称州教育董事会（The State Board of Education）。全国48州中，未设此项机关者仅6州。9州之董事会以各该州之官吏组织之，通常包括州长、财务员、州文书员、检查长、审计员及教育督察长（The Superintendent of Public Instruction）；24 州之董事会以兼任之州官员、学务人员及委任或选任之公民合组之；更有 9 州其中包括州议会所选出及州长所指派之人员。

此项机关最习用之名称为州教育董事会，此外尚有如下所列种种名称，如：纽约州称纽约州大学理事部（The Board of Regents of the University of the State of New York），马萨诸塞州称教育咨议会（The Advisory Board of Education），宾夕法尼亚州称州教育参议会（State Council of Education），达科他州（Dakota）称教育行政会（State Board of Administration）。

董事人数自 3 人至 13 人，而以 7 人为常；董事之任期自 2 年至 12 年，而以 7 年为常。董事会中之公民代表，通常大多数由州长派定之。

州董事会之权力与职责，彼此间颇有差别：有若干州，该会之主要职权为学务经费之控制；有若干州，此外更益以对州立教育机关之一般的督察；在较进步的各州，则对于一切教育事宜，行使一般的督察及控制权——如法令之实施，政策之厘定，预算之编造，行政部长官及其干部人员之任用等等，并对于行政官长应办事宜尽其审议的职能。一般的倾向为限制董事会之职权于立法的和控制的职能（Legislative or regulative functions），以及一般政策之规定，而将行政职务之行使，付托于行政首领及其干部。

乙　州教育督察长

州教育董事会之执行长官，通常称州教育督察长（The State Superintendent of Public Instruction），但亦有称州公立学校督察长（Superintendent of Public Schools）或教育事务长（Commissioner of Education）者。其任用方法，各州间殊不一致。由例常的政治选举选出者 33 州；由州长任用者 6 州；由州教育董事会选任者 9 州。

州教育督察长之任期自 1 年至 6 年，其中以 4 年者最为习见。

教育督察长之职责在各州亦不一致。有若干州，其职权每与州教育董事会并无明晰的界线。在较进步的各州，其职责包括对于全部教育之一般的督察及管辖，法规之实施，州教育政策之执行，财务之监督，教师之检定，课程、教学纲要及教科书目之编制，统计表格之收集，编制报告及发刊，特殊及职业教育之辅导，学校建筑标准，健康及儿童幸福之监察。

丙　州教育行政部

由于教育督察长所负职责之日趋重要，乃引致州教育行政部（State Department of Education）之发展。该部之组织在各州间颇有差别，有若干州，其干部人员仅有 5 名，而在宾夕法尼亚州，则多至 70 名以上。

纽约州州教育行政部之规模颇大,其构成人员为教育事务长(Commissioner)1人,副教育长(Deputy Commissioner)1人,襄理(Assistent Commissioner)3人;并分设以下各科局:总务(包括出版及统计)、文籍及记录、入学督率、考试及视察、专业(检定)考试、特殊学校、财政、法规、图书馆、学校建筑及场地、电影教育、职业教育,及扩充教育(包括"美国化"教育及职业再造(Americanization and Rehabilitation))、教育测验、乡村教育、医术检查、教师训练及检定、体育及州立师范学校。此外该州之教育事务长,又对州立图书馆、州立博物院、州立师范学校之理事会以及纽约州立高等学院(New York State College)之董事会负监察责任。

叁 地方教育行政单位

依美国《联邦宪法》,教育虽属各州之职权,但通常州政府颇少直接行使此项权能,而多听任较小之地方行政单位自行主持各该区域以内之教育事宜。惟自最近经济恐慌袭来,情势颇有变迁:北卡罗来纳州(N. Carolina)之州议会首于1931年,加利福尼亚(California)、印地安纳(Indiana)、南卡罗来纳(S. Carolina)、犹他(Utah)、华盛顿(Washington)及西弗吉尼亚(W. Virginia)等州继之,皆承诺对于公立教育之扶持,担负较多的责任。现时已有数州着手以立法条例,合并前此分立之多数狭小地方行政单位,例如西弗吉尼亚州,即已将区制取销而代以较大的单位,即县制,使县教育董事会对于县境以内之学务有完全统筹权能。惟现时各州中仍有竭力挣扎,企图维持现制者云。

以下将各种地方教育行政单位略述于后:

甲 学区

学区为最小之行政单位,发生于交通工具未臻完善时代。由区内居民选举校董(School Trustees),通常3名,主持本区教育上一切事宜。在较大之学区,有设置教育督察长者,类似市教育行政机关之组织。现在交通发展,运输利便,此制实已无存在必要。

乙 乡镇

乡镇原为狭小学区之集合体,马萨诸塞州之地方行政单位,可视为乡镇制之代表。乡镇以下不再分区,在教育事项上仅一部分受州政府节制。乡镇学务委员会(Town School Committee)之权限范围甚广,通常有由该会选任之教育专家1名任学务督察长。

丙　乡集

乡集在教育事项上，每受县之节制，故其权能不及乡镇之广。乡集设有民选之学务董事会（Board of Education For Township, Township Trustee）。印地安纳州之乡集又分为若干区，各区有民选之区教育员1名，为区与乡集董事会间之联络媒介。区教育员之职务为保管校舍并对学校行使有限的监察权。至乡集董事会，则对于所辖境之教育事宜，握有极重要权力。全县之乡集董事构成县教育董事会，并由该部推选县教育督察长。

丁　县

县之面积，广狭不齐，通常约自350平方哩至600平方哩不等。在实行县制之各州中，有由县全权主持一切教育进行事宜者；亦有县与较小之地方单位并存，后者仍力图保持若干之自主权者。通常县之管辖权，仅及于全境内之乡区，境内之市则直接隶属于州。

县教育之主管机关为县教育董事会（County Board of Education），其名称、组织及职权，在各州颇见参差。董事有由人民选举者，有由行政长官任用者，董事名额通常5人至7人。

县设县学务督察长（County School Superintendent），多数皆出于民选，故不必为教育行政专家。县督察长之职责为乡村教育之一般管理及监察，法律及规程之实施，并在所辖境内行使由州所付托之权能，以谋全县教育之发展及进步。

戊　市

美国地方教育行政之组织，以市为最完备。市在教育行政上直隶于州，不受县之管辖；惟在较小之市尚与县间保持若干关系。

A. 市教育董事会

市之教育主管机关为独立于市政府以外之市教育董事会，其职权为代表某一地域内之人民，并行使州政府所托付之教育权能。惟在财政方面，多数未能达到完全独立之地位。董事之名额在若干市竟有超出百人者。现前趋势为减少董事人数至5名、7名或9名。董事之任职，大多数由人民选举（就100大市计之，民选者占75%），亦有由市长、市参议会，且间有由法院委派者。董事之任期通常为4年。

市教育董事部之职权为议决教育督察长所提出之教育政策，选任专门人员，发布细则及规程，选定建筑地址，决定增加教育设施之需要，通过预算，规定薪俸等级表，批准教育督察长所提交之课程、教本及聘任人员，并对教育事项行使一般的监察。

B. 市教育督察长

关于市教育督察长一职,在各州教育法令上,大率并无必须设置之明文,其职权亦未见划分明白;除少数例外,其任职资格,除仅需执有教员凭证以外,并无其他规定。一般言之,市教育督察长,多为高等学院或师范学校之毕业生,而曾任中学教员或校长职务者。现时大学教育科虽有设置训练专系者,然此项专业训练,并非绝对必备。明尼苏达州有较严格规定,凡任此职者,须为高等学院毕业生,执有中学教员凭证,并曾作1年左右之专业研究,其中包括教育行政科目在内。

教育督察长之主要职务,为实施教育董事会所认可之政策,管理并辅导全体学校,并筹计进步的发展。

C. 市教育行政部

随同教育事业之扩充,教育督察长之职务乃日趋繁重,于是市教育行政干部亦为相应的增大。行政干部人数之多寡,决于各该市所设教育机关之种别及数量,以及在学人数之多少。干部人员通例由督察长选定,提出于教育董事会请其任用。此等人员分别司理课程、测验、各类学校、各种专门辅导,以及医务、建筑等等,而由督察专负其最后的责任。但亦间有少数市,其教育督察长乃专负关于教育及教授上之责任;另设事务经理(Business Manager)监理建筑、设备、用品及财务等项;更有少数,设置总工程员(Chief Engineer)处理关于学校建筑之一切事宜。教育督察长之下,每设一研究部(Bureau of Research),从事教育问题之研究。现时已置研究部者约计有70市。

肆 视导制度

美国之教育辅导员(Supervisor)可别为三类,即州辅导员、县辅导员与市辅导员。兹略述如后:

甲 州辅导员

州辅导员,在州教育督察长之下,对全州教育为一般的视察及指导,其人数之多寡与其视导事项之分担,因各该州教育行政部之权能而异。在密苏里州之教育行政部中,设有师资训练机关、中学、乡村学校各类视察员(Inspectors),及农务、家政、实业再造、商工及黑人学校之专门辅导员(Supervisors)。又马里兰州(Maryland)之州教育部,设有体育、音乐、乡村学校、初等教育、中学及黑人学校之专门辅导员。

乙　县辅导员

在实行县制之各州,率以县为乡村教育之主管机关,故县辅导员(亦有称为 Helping Teachers 或 Supervising Teachers 者,意为"辅助教师")之职务,通例皆限于乡区小学教员之辅导。惟各县之教育行政机关组织多从简,每多不设专任辅导人员,而由县督察长及其襄理人员兼任辅导职务。马里兰州之议会于 1916 年规定:"所有教师人数在百人或百人以上之县分,须任用小学初级辅导员 1 名。"1922 年之教育法案,更规定各县须为每 40 名教师设辅导员 1 人,是为比较进步之措施。

丙　市辅导员

美国较大都市教育行政部之组织规模较大者,其视导制度亦较完善,例如:人口约 25 万之丹佛(Denver)市,在市教育督察长之下,即设有如下之专门辅导员:图书馆、工艺、家政、美术、健康教育、入学督率、卫生事务、小学各级等。又如费城(Philadelphia)市之辅导事项,分为以下各股,即美术、音乐、体育、义务教育、考试、卫生、幼稚教育、推广事业及职业教育。

（附）　美国教育行政组织系统略图

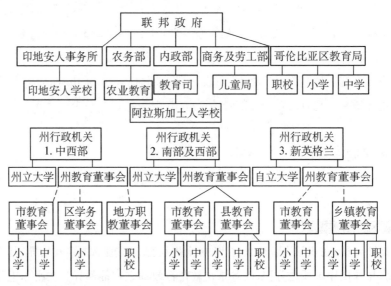

(注) 1. 图中虚线表示监导关系,实线表示隶属关系。

2. 从 1933 年 10 月联邦职业教育董事会与教育司合并,故对于各州受联邦补助之职业教育事业有相当监导权。

三　学校系统

美国教育设施，州自为政，各州以内，地方教育行政当局往往又拥有甚广之权能，其学制似应呈极端纷歧之观；然考其实际，则各州之学制，大致同一轮廓，无甚差别。美国人素认"机会均等"为实现社会正义之先决条件，其在教育方面之表现，即为单轨学制之创造，以期确保所谓"出发点之平等"。

现行学制，通常从 6 岁开始入小学(Elementary School)，循级前进以迄于大学，成一梯形。未满 6 岁者得入幼稚园(Kindergarten，4 岁至 6 岁)及育婴学校(Nursery School，约 2 岁至 4 岁)。全部学制构造有新旧两种形式并存：

(1) 旧制　小学通常皆为 8 年(惟在南部诸州多为 7 年)，继以四年制之中学(High school)，是即所谓八四制。中学为小学之继续，凡修毕小学者皆得入学，并无特殊限制；其不升中学者，得入部分时间之补习学校(Continuation School)。中学卒业可升入四年制之高等学院(College)。经高等学院 2 年或 3 年，得升入大学之农、商、教育或法、医、工各学院。其修完 4 年者得入研究科(Graduate School)，攻研纯粹理科，或文哲社会等学科。此外师范学校或学院以及高等专门学校之入学，亦多需有中学卒业资格。

(2) 新制　小学 6 年，原有之第七、第八两年与旧制中学第一年，合组为初级中学(Junior High School)，修业期间 3 年，此上为高级中学(Senior High School) 3 年；多数为多科制，兼设各种职业专科，是即所谓六三三制。四年制之高等学院，有分为初级与高级(前期与后期)高等学院(Junior and Senior College)各 2 年者。前期高等学院，有附设于中学者，亦有单独设置者。其与中学合设者，实即将高中更延长 2 年，而形成一种六三五制。另有初高中学各为 4 年，而构成六四四制者。

兹将现行学制，以图表示如后。

（附） 美国现行学校系统略图

生年	学　校　类　别			学年
		大学各科及研究科		XX
				XIX
				XVIII
				XVII
21—22	成人教育		后期高等学院	XVI
20—21		师范学院 / 高等学院		XV
19—20			前期高等学院	XIV
18—19		师范学校		XIII
17—18	补习学校	中学校	高级中学	XII
16—17		古文科 / 今文科 / 理科 / 文史科	文化科 / 农科 / 工艺科 / 工商科 / 家事科 / 职业科 / (其他)	XI
15—16				X
14—15				IX
13—14			初级中学	VIII
12—13				VII
11—12				VI
10—11	初等学校		初等学校	V
9—10				IV
8—9				III
7—8				II
6—7				I
5—6	幼稚园		幼稚园	
4—5		家庭		
3—4	育婴学校		育婴学校	
2—3				

四 幼稚教育

幼稚教育之机关为育婴学校与幼稚园,兹分述如后:

甲 育婴学校

育婴学校在美国发展甚缓,1928年有121所,多由私人与教育学术机关,及研究儿童发展之机关协力设置。业已列入正式学校系统,而由公款设置者,有洛杉矶市(Los Angeles)之 Normandie Nursery School 与芝加哥市(Chicago)之 Franklin Public School Nursery。

育婴学校尚在草创期,其办法尚未趋于标准化。通常婴儿以16生月入校,迄满4岁。其共通目的为促进简单而健康的生活,清洁有计划的食物,以及各种活动,如游戏、音乐、故事、韵语之类。此类教育机关每保持有关于幼儿之健康行为,及经验之详密记录。一般幼儿于晨8时30分到院,在院半日或全日,迄下午5时30分为止。关于建筑形式、开设期间、每一教师下之幼儿数目、纳费及工作等方面,迄今尚无一致办法。

乙 幼稚园

美国多数州皆有公立幼稚园之设,所收儿童年岁4岁至6岁。在加利福尼亚州,如有25名幼儿之父母请求,且居所距离初等小学在一英哩以外者,即必须设立。因此即住居乡区之幼儿,亦往往得享幼受稚教育(该州4岁与5岁幼儿之入幼稚园者,占42%强)。内华达州(Nevada)人民80%皆乡居,但幼儿入公立幼稚园者已占12%,是为一堪注意之点。公立幼稚园大多数皆设于公立初等学校内。基于教育的与心理学的理由,每将初等学校第一年级,有时兼将第二年级,与幼稚园合组为一单位,即称之为 Kindergarten-Primary Stage。

幼稚教育侧重良好习惯之培养,社会的行为之训练,品格之形成,及健全之体格及发展。

一般幼稚园皆有广大而多阳光之课堂,中有钢琴一具,室内排列小桌椅。幼稚教育重要目的之一,为由共同生活与共同游戏,而实施一种社会教育。幼儿从校园或课堂内之水族豢养柜、栽植盆等,学习自然科,并由图画表现其经验。外此尚有手工、历史、故事等,共构成幼稚园之课程。

据最近1928年估计,全国幼稚园儿童计有70万左右,其中80%皆入公立幼稚园,由人口1万以上之城市设置者;其余多属肆业私立幼稚园者。又据最近1932年统计:幼稚园儿童数,在公立机关者701 403,在私立机关者62 296。

五 初等教育

甲 概况

美之初等学校,乃全体美国人(除却少数入私立预备及教会学校者)所必经之一教育阶段。在学之男女儿童,据 1932 年统计,全国初等学校(包括幼稚园在内),计有学童 23 566 653 名。其中在公立学校者计有 21 182 472 名,在私立学校者计 2 384 181 名。内中有 60%强,其教育系以此为止境者。

此等学校之教员,大多数皆女子,男教师仅为例外。据 1932 年之统计,公立小学及幼稚园,计有女教师 573 332 人,男教师仅 67 132 人;私立小学及幼稚园,共有女教师 60 077,男教师仅 1 465;以故 Teacher 一词,在文法上几成为女性名词。

儿童通常于 6 岁入学,修业 8 年;惟在南部为例外,每仅 7 年;而在新英格兰区,有延长至 9 年者。

近由 1908 年以来,初级中学(Junior High School)之设,小学之第七、第八两年,有已脱离小学之范围,而并入中学阶段者。

据 1928 年之统计,每生入学平均日数,每年自 98.1 日至 171 日;平均出席学生之百分率自 67.1 至 92.3;每一生徒之经常教育费依其出席日数计算,自 34.35 元至 144.56 元。各州各地方单位人民教育机会之未能均等,由此可见一斑。

乙 小学之分类

小学之规模,大小悬殊:从 Little Red School House(其中仅一女教师),到大都市近郊之壮丽的"学宫"。每校之儿童数,从乡村学校有时不满 10 名,到大都市之小学,每超过千名。故美之小学校,可以分为以下各类:

(1) 乡村小学校(Rural School),

(2) 集合乡村学校(Consolidated Rural School),

(3) 小市及中市之小学校,

(4) 大都市之小学校。

以下分别略加说明:

(1) 乡村学校 美国乡村人口居处多散漫隔绝,非聚居村落。初等学校有过半数皆位于乡村。此等学校建筑多甚简陋,惟颇易辨识,因从远处便可见其高扬之美国国旗云。

在此等学校内,所有读书、拼音、习字、算术及少许历史、地理、自然、图画、唱歌诸科,皆由一女教师任之。全国小学生徒,在此类学校肄业者,约占20%。另有生徒约6%,其所入之学校,仅有教师2人,担任各级一切功课。

全国小学教师中,有1/4系服务于此等学校,其中多数皆训练欠充分,而且任期又甚短促。一般乡村学校之少年女教师任职期,通常仅2年,以故每年乡村教师之更迭者,占68%。

(2) 集合乡村学校　欧战以还,美国人对于乡村教育颇为重视。例如爱荷华州(Iowa)制定一法律,凡学童不满5名之学校,不得继续开设;而须将所有此类学校之儿童,集合于一校教之。此运动在现时颇为旺盛。至最近,此类学校在乡村学校中,已占23%。初等学校生徒之入此类学校者约占5%;有时其首四学年仍系肄业于一单一教师之学校,从第五年级起始转来。

集合乡校之建筑,多属新式,每附有教师住宅。学童往来学校,由公共汽车免费运送。

此类学校中之课程较为丰富,体操即为增授学科之一。此外音乐一科,往往由专科教师担任(兼任数校之音乐)。教师之薪俸亦较前者高。

(3) 人口在5万左右城市之小学校　此类学校教师之待遇,仍甚菲薄,故仍不足以令男女教师乐任此职。其课程与大都市无重大差别,其异点乃在其教学之品质上、实际上,由多数流动不居之女教员任教,以教读"教科书"为能事。

(4) 大都市之小学校　此类学校校舍,大率皆为新式,设备完全。教室之外有图书馆,男生手工教室,女生实习烹调制衣之专用教室、体育馆、附更衣室、喷水浴等。最新建筑者,往往尚有游泳池。此外尚有大会堂,每晨全体儿童聚齐,由校长教师报告关于学校之新闻等事。大都市教师所受训练较完备,待遇亦较高。

丙　初等学校之课程

小学之教学科目及各科时间分配,在全国各地纷歧百出,至于课程内容,则差别更巨。州订及市订课程纲要,多于各科教学目的、教学方法、教材组织、内容大要以及造诣标准、参考书目等有所规定,惟彼此详略不一。向来以一般小学教师训练之欠充分,故对教科书颇为重视,以期补充教师训练之所不足。在1927年度有28州以法律规定免费供给教科书,另有23州之法令上有得免费供给之规定,余5州未有明文。

后表为49市(人口在100 000以上者)小学各科教学每周平均分数。(据Fred C. Ayer: *Time Allotments in the Elementary School Subjects*, 1925.)

科目	年级								合计
	Ⅰ	Ⅱ	Ⅲ	Ⅳ	Ⅴ	Ⅵ	Ⅶ	Ⅷ	
国语	130	141	167	176	187	194	207	215	1 417
读书	421	404	332	245	182	141	142	136	2 003
拼音	39	82	87	85	82	78	72	73	598
习字	67	73	77	78	77	75	63	58	567
算术	64	143	193	206	211	211	212	211	1 451
历史	17	19	30	54	84	97	148	167	616
公民	9	12	11	12	14	15	23	27	123
地理	11	14	59	137	156	162	137	84	760
理科	22	23	23	23	21	21	22	26	181
卫生	16	16	18	22	27	27	25	22	173
体育	90	87	89	90	90	89	98	104	737
监导的游戏	22	19	18	14	16	16	16	15	136
休暇	105	106	106	96	91	90	84	74	752
工艺	22	22	25	30	50	65	90	106	410
图画	87	88	87	86	82	75	77	79	661
音乐	71	74	74	77	76	74	70	75	591
其他	97	93	99	97	99	98	88	87	758

兹再举一实例，即马里兰州，巴尔的摩（Baltimore）市初等小学各科时间之分配表：

科目	年级							
	Ⅰ	Ⅱ	Ⅲ	Ⅳ	Ⅴ	Ⅵ	Ⅶ	Ⅷ
朝会	50	50	50	50	50	50	50	50
休暇	75	125	125	125	125	125	125	125
算术或其他数学	150	150	225	200	200	200	200	200
图画	75	75	75	60	60	60	60	60
英语	100	200	200	175	185	185	200	200
地理,自然,初步科学	—	75	175	155	180	190	150	125
历史	—	—	—	90	100	110	125	150
手工	—	—	—	60	60	60	90	90

续 表

科目	年级							
	Ⅰ	Ⅱ	Ⅲ	Ⅳ	Ⅴ	Ⅵ	Ⅶ	Ⅷ
或家政	—	—	30	60	60	60	90	90
音乐	75	75	75	75	75	75	30	30
习字	50	50	50	75	75	75	30	30
体育	125	125	125	125	125	105	125	125
读书,文学	50	500	300	200	190	170	150	150
拼音	—	75	75	80	70	75	45	45

下表系1926年美国15州所拟定初等学校各门科目,每周所占平均分数及其百分比:

科目	年级						合计	Ⅰ—Ⅵ
	Ⅰ	Ⅱ	Ⅲ	Ⅳ	Ⅴ	Ⅵ		
三R各科							分数	百分数
读书	382	367	317	259	194	179	1 698	18.4
语音	18	15	13	8	7	7	68	0.7
文学	4	4	5	5	10	10	38	0.4
算术	67	105	199	186	198	198	953	10.3
国语及文法	126	127	149	158	166	174	900	9.7
习字	62	75	79	84	83	52	435	5.0
拼音	27	65	87	88	81	80	428	4.6
合计	686	758	849	788	739	700	4 520	49.2
内容科目								
地理	14	14	59	115	164	166	532	5.8
历史	24	24	45	80	140	132	445	4.9
公民	12	12	14	14	15	25	92	1.0
自然	39	43	35	30	30	30	207	2.3
合计	89	93	153	239	349	353	1 276	14.0
特殊科目								
美术图画	113	107	115	104	81	85	605	6.6
音乐	76	32	80	80	80	79	427	4.6
家事手工	35	36	35	36	53	54	249	2.7

续 表

科目	年级						合计	I—VI
	I	II	III	IV	V	VI		
康健教育	36	36	44	53	50	54	273	3.0
体育	77	73	69	68	63	57	407	4.4
休暇	121	120	124	120	119	117	721	7.8
朝会	48	48	48	48	46	46	284	3.1
未定	35	29	53	59	56	59	291	3.2
其他	39	23	24	12	12	15	125	1.4
合计	580	504	592	580	560	566	3 382	36.8
总计	1 355	1 355	1 594	1 607	1 648	1 619	9 178	100.0

丁　义务教育概况

关于义务教育事宜，向由各州自行主持，现时各州均有强制入学法规，但对于生徒之年龄及在学之年限，则尚无一致办法。最早之强制入学法规创于马萨诸塞州，1852 年发布，内容规定：8 岁至 14 岁儿童，每年应入学 12 星期。至 1889 年，继起仿效者，已有 25 州。惟实际上，除康涅狄格与马萨诸塞二州外，其他皆未能见诸实行。至 1914 年，除南部六州外，全国各州均已有关于强迫入学之法条，延至 1920 年，密西西比州强制入学法最后制定，于是强制入学办法，始推行全国。惟强迫入学原则之采取，并不含有标准划一之意味，此可由后表所列各邦强制入学年岁之参差，可见一斑：

州数	20	10	4	4	3	1	1	1	2	1	1	1	49（哥伦比亚区在内）
强制入学年岁	8—16	7—16	8—14	7—17	8—18	7—14	6—16	6—18	7—15	7—18	8—17	9—15	

通常迄于 14 岁须全时入学；从 14 岁至 16 岁及以上，则仅限定未修毕初等教育 8 年，或未受雇于实业界者，须按规定全时入学。有若干州将部分时间之职业教育迄于 18 岁，规定为强制的。

由于近年之厉行取缔未满 16 岁之童工，各州中有已延长其义务教育年限至 16 岁者，更有至 18 岁者。

据 1930 年不识字人口统计如下：土生白人 1.5%，外国生长白人 9.9%，黑人 16.3%，其他种族 25%。就全人口 10 岁以上者计之，占 4.3%。

六　中等教育

甲　概说

A. 单科与多科中学

美国中学之形式,可大别为单科与多科两类。单科中学如商科中学、工科中学(Commercial and Technical High Schools)之类。但其一般趋势,则倾向多科式,即所谓完备中学或统合中学("Comprehensive" or "Cosmopolitan" High School)。

B. 四年制与六年制中学

美国中学向以建于 8 年小学以上四年制者为常,惟近年来,以 6 年小学为基础之初级中学渐为各州所采用。初级中学肄业期间通常 3 年,其上为高级中学亦 3 年,构成所谓六三三制。俄亥俄州之哥伦布市(Columbus),首于 1908 年创办此制,其他各市继起仿行。按 1930 年,全国计有中学 22 237 所,其中单设之初级中学 1 842 所,初高级合设者 3 287 所,单设之高级中学 648 所,以上共计 5 777 所为新制中学。此外旧制中学计 16 460 所,其中设 4 年科者 13 876 所,其余为 3 年科。此项改制之结果,使一般学童之留校迄初中毕业达 15 岁者较前加多。

C. 中学设置之主体

从设置主体及经费之负担上,中学校可以别为以下各类:有市立者,有镇立者,有联区共立(Consolidated District,即为设置中学校起见而创设之联区)者,有联合乡集(Union Township)立者,更有若干小行政区,或大小行政区共同设立者。

D. 中学校之规模

中学之规模大小悬殊。1930 年全国 22 237 所公立中学中,有 1/4 强(26.7%)每校学生不满 50 名,但在中学生总数 5 212 179 名,此等小规模中学之生徒,仅占 3.4%。中学中有 54%,每校所有生徒不足 100 名,共收容学生 12%微强。中学内约有 5%,各有生徒 1 000 名以上,所收生徒几占 39%。全数学生中之在生徒 500 名以上之学校者占半数以上。此类学校在全数中占 11.3%。就各类学校合并计之,平均每校得生徒 234 名。

E. 美国中学教育之特质

美国之中学校，一方面要适应入学者之能力，同时又要迎合供给经费的大众之要求，故其所实施之教育，与欧洲中学教育专为优秀的少数而保留者，根本不同；又中学所设科目繁多，包括各种职业科目与欧洲中学之专重普通陶冶者性质大异。

乙　中学最近发展状况

A. 中学生之增加

近数十年公立中学数量之激增，其重大原因之一，为国家富力之骤然增涨。据估计，在 1900 年至 1922 年之短期内，中学教育费由 89 000 000 000，增至 321 000 000 000 美金元。

又美国在 1900 年至 1930 年期内，人口增加为 62%，而中学生徒数则增多 647%，即约为 10 倍于人口之增加率。各州中增加率尚有更大于此者：例如宾夕法尼亚在前举之 30 年间，人口增加 53%，而中学生徒则增至 981%，其速率大于人口增加 18 倍又半。

B. 公立中学之发达

公立中学发达之迅速，远过私立中学，此由下列 50 年来之数字可见：在 1890 年，公立中等学校学生在中学全数学生中所占百分数为 57；至 1900 年增为 75%；至 1910 年增为 82%；1920 年为 88%；至 1930 年，更增为 92%。

在最近半世纪，美国对于现代文明之一贡献，殆为公立中等学校对于一切来学者均免收学费。现时在美国各州，凡有志受中等教育者，均可获得相当机会。

关于公立中学学生数目增长之速度，可由下列数字见之：

1890	202 963
1900	519 251
1910	915 061
1920	2 200 289
1930	4 199 422
1932	5 140 021

（按此项数字不包括 1 102 145，在初中登记之生徒。）

总计中学年龄之学生总数 800 万中，已入中学者达 500 万以上。

C. 男女合教情形

公立中学，几全为男女合校制。据 1932 年统计，26 409 所中学中，有男子中学 70 所，女子中学 59 所；而男女合校中学则为 26 409 所。[①] 学生数女生较男

---

① 此处统计有误. 男女合校中学应为 26 280 所。——编校者

生略多，总数 5 140 021 中，男生占 2 530 790 名，女生 2 609 231 名。教授人员，亦女性远多于男性：计男教员 80 768，女教员 150 385，共计 231 153 员。

私立中学据同前年度之统计，共 3 500 所，男生 166 973；女生 190 571，共计 357 544 名。教员共 22 630 名，其中男教员 8 464，女教员 14 166 员。

丙　中学之分科及课程

A. 中学分科举例

美国有所谓完备中学者，即在此类学校中，每生各有其自己之学程表，学生之升迁，皆以学科，而不以班级为准据。每一教师（若可能时），只教授一种学科，学生就其专用教室（如历史科教室、言语科教室等等）而受课。

为避免陷于完全混乱之状态起见，多数中等学校每设置若干科别，学生可择定其一。每科所设科目，约有半数乃至 3/4，系规定为必修者，兹举数市之分科办法于后：

（一）底特律市（Detroit）之中学校，设 31 种不同之课程如下：

1. 建筑绘图
2. 美术
3. 自动机制造
4. 航空
5. 建筑
6. 食堂管理
7. 化学（工业的）
8. 高等学院预备
9. 商业
10. 商业艺术
11. 服装图样
12. 养护学
13. 电气
14. 工程（普通的）
15. 工程（预备的）
16. 旅舍工作
17. 医院工作
18. 家政
19. 首饰图样

20. 洗濯工作

21. 工艺

22. 货品销售

23. 冶金

24. 音乐（普通的）

25. 音乐（职业的）

26. 看护（预备的）

27. 作业治疗

28. 陶瓷

29. 印刷

30. 理科

31. 工作场（工业的）

（二）洛杉矶市（Los Angeles）

1. 农业科
2. 美术科
3. 绘图科
4. 工科大学预备科
5. 家政科
6. 文学科
7. 自然科学科
8. 社会科
9. 簿记科
10. 书记职务预备科
11. 售货科
12. 自动车业务科
13. 建筑业科
14. 电气工艺科
15. 机械科
16. 印刷科
17. 选科

（三）小规模中学之分科

在规模较小之中学，设科虽不能如前举二例之繁多，然亦常企图适应各类之兴趣与需要。下表系每校学生徒仅百人以下之小中学200所，所设科别及其次数：

科别	次数
高等学院预备	186
师范学校预备	92
商业	65
农业	53
职业工业及手工训练	44
家政家事技能	11
普通	8
理科	3
英语	2
文艺	1
古文	1
工程	1
拉丁 理科	1
人寿统计	1

B. 中学课程举例

美之中学课程各市间差别极大，几无共同标准可言，兹举数例于后：

（一）下表系美国若干市中学各种科目所占之"单位"（Unit），每一"unit"等于一年之学程，每周上课4小时或6小时者。

学科＼市别	Detroit	Kansas city	Los Angeles	New Orleans	Newton	Pueblo	Rochester	St. Louis
英语	5½	10	9	5½	6	6	5½	6
外国语	14½	12	12	11	13	10	13	15
数学	4½	6	6	5	5½	3½	4	5
自然科学	4	7	6½	5	7½	4½	5½	4

续 表

学科 \ 市别 \ 学分	Detroit	Kansas city	Los Angeles	New Orleans	Newton	Pueblo	Rochester	St. Louis
社会科学	6	6	6½	4	6	4	4	7½
商业学	8½	12	16	9	3	8	14½	12
工业学	6	10	30	2	27	10	4	11½
家政学	5½	6	7	6	11	3	2	4
音乐	2	6	12½	1½	2	—	4	3
美术（图画）	4	6	12	6	6	—	4	4
体操	6	6	4	1½	4	1	2½	2
其他	½	1	6	1½	4	1	—	—

（二）美国中学校所规定之常设（必修）科目（Constants），各市间差别之大，可由下列三市之比较见之：

市别	第九年	第十年	第十一年	第十二年
伯克利（Berkeley）	英语 （10） 体育 （10）	英语 （10） 口说英语 （4） 体育 （10）	英语 （10） 自然科学实验 （10） 体育 （10）	英国史及公民 （10） 体育 （10）
克立夫兰（Cleveland）	英语 （10） 数学 （10） 体育 （8） 音乐 （4）	英语 （10） 数学 （10） 体育 （10）	英语 （10） 体育 （8）	美国史 （5） 公民科 （10）
底特律（Detroit）	代数 （10） 家政科目 （女5） 体育 （10）			

就上表观之，各市间分量相等之科目，仅有体育一种。其他科目差别颇大。中学毕业，通常须满足170至200学分，其中平均约有75至80学分为必修科目：

第一年级必修科目约25至30学分。

第二年级必修科目约20学分。

第三年级必修科目约15至20学分。

第四年级必修科目约10至15学分。

丁 初级中学之课程

A. 一般状况

初级中学主要功能之一，为发现何种科目最适于各个生徒之能力与兴趣，故此三年乃被视为所谓"试探期"（Exploratory Period）。因此，初中之课程，不似高级中学或旧制（4年）中学之趋向分化。一般倾向，为组织一核心课程，附以选修科目。通常此等科目如英语、数学、社会学科、及理科为全体所必修；其余科目则随各个生徒之兴趣、能力或预期的需要而选习之。初级中学习常设置之科目如后表所列：

数学——代数、算术、普通数学、几何。
英语——文法、语言及作文、习字、读书、拼音。
理科——生物学、植物学、生理学、动物学、地文学、普通科学、理科。
社会学科——美国史、古代史、英国史、通史、中古史、近代史、公民学、地理。
外国语——拉丁文、法语、德语、西班牙语。
商业科目——簿记、商业算术、商业地理、速记术、打字术。
美术及实用艺术——图画、音乐、农业、烹饪、缝纫、普通工场实习、工艺、机械画、印刷、薄片金属工作、木工。
体育及健康——竞技、柔软操、健康、看护、体育、卫生、性卫生。

B. 兹再举新港市（New Haven）之初级中学学程表于后：

第七学年：

必修学科	学分
英语	5
社会历史学科	5
地理	—
美国史	—
公民科	—
普通数学	5
体育	4
生理学	—

卫生 —

艺术 2

音乐 $1\frac{1}{2}$

习字 4

第八学年：

必修学科 学分

英语 4

社会历史科学 4

地理 —

美国史 —

公民科 —

普通数学 4

普通自然科学 4

体育 2

艺术 2

音乐 $1\frac{1}{2}$

应用艺术 2

选习学科

应用艺术 4

外国语 4

商业学科 4

第九学年：

必修学科 学分

英语 4

社会历史科学 2

职业公民科 —

艺术	—
音乐	$1\frac{1}{2}$
体育	2
应用艺术	2
选习学科	
法语	4
拉丁文	4
应用艺术	4
商业学科	8
代数	4
自然科学	4
欧洲历史	4

七　高等学院与大学

甲　概说

A. 由中学升入高等学院之途径

由中学升入高等学院(College 音译卡列支)在少数东方各学院，须通过入学考试(由各大学自行举办)，或执有纽约州高等学院入学试验委员会(College Entrance Examination Board in New York)所发之证书，亦有凭某某学院，或大学或其他机关认可中学之证书者。有少数学院并参以智慧测验及学校成绩。惟一般趋势，乃极力将由中学升入学院之障碍一概除去，使两者间(特别是公立机关)之联络愈臻密切。

B. 高等学院在高等教育机关中之地位

高等学院为美国高等教育之基础部分，修业年限通常 4 年，亦有时为 5 年。一般较优良之大学，每以学士学位为升入法科及医科所必备，若干工学院及牙医科亦每以肄业高等学院 1 年或 2 年为基础。总计由中学继续升学之学生中，入高等学院者达 71.8% 云。

高等学院有自成一独立的教育机关者，如：Amherst, Williams, Dartmouth, Oberlin, Swarthmore, Carleton, Claremont, 又著名之女子学院如 Vassar, Wellesley, Smith, Bryn Mawr 各学院，亦均属此类；有为大学(University)之一构成部分者。大学与高等学院两者之区别，约言之，高等学院设置 4 学年之 Under-graduate Course，授予学士学位，其前两年通常为普通性质，至于分门专攻则不问其为学理的、专业的，或预备专业的皆从第三学年开始，并且得于大学中接续行之。至于大学之主要功能，则在于供应学士学位以上之研究学程(Post-graduate Work)。

按 1932 年统计：全美大学及高等学院共计 1 117 所；学生男 616 843 名，女生 372 914 名，共计 989 757 名。其中在公立大学及学院者 435 260 名，在私立教育机关者 564 497 名。①

全美高等学院及大学之学生既若此庞大，其入学标准，自不得为之降低；且为迎合各方面需要计，所设科目门类，往往甚为繁多，于是有"智识百货商店"(A

---

① 男女生总数与公私立校学生总数不符，恐编者计算有误。——编校者

Department Store of Study)之称。

乙 初级高等学院

A. 性质及目的

初级或前期高等学院(Junior College),创于1896年。一般修毕高级中学之青年,其中多有无需急于谋生,且亦无意修习通常4年之高等学院课程者,故初级高等学院,乃为适应此项需要而产生。一般每解释前期高等学院,乃是中等教育之延长,而伸入于前此专由大学所保留之领域以内。公立之前期高等学院,每与公立中学相联属,并受地方教育官厅之管辖,有时即附设于中学校内。

在西部有若干大学,即以初级高等学院为大学之预备部。

该类学校之目的,概言之,为:

(1) 供给高等学院或大学所承认之首两年的教程;

(2) 供应不能修毕4年之高等学院课程者之需要;

(3) 施行农、商、工之实用预备训练;

(4) 在南部,凡在此等学校选习教育学程若干者,可以取得教师之资格。

彼邦之同情此项新运动者,皆视之为中等教育之完成,使"大学"得以停止基本学识训练,而专致力于专门学科之攻究。

初级学院之教学科目与一般四年制高等学院首二年之普通科目相同,兼为医、法、教育、神学等专科之预备。惟现时此类学校,每以规模狭小,罕能设置完善之实验室,故不适于教授专门学科之用。

按美之高等学院初年级功课与中学校每不易区分,据顾斯(Koos)氏之研究,两者学科之重复,至为显明。英语一科,重复部分占36%,历史科占20%。就大体言,首二年之功课与中学校完全相同者占1/5,相近似者又1/5;自中学观之,则其一学年功课的2/3,将于高等学院中复习之。

根据此项情形,1915年,中北部高等学院及中学联合会(North Central Association of Colleges and Secondary Schools)提议更订学制:小学6年,初级中学4年,高级中学4年(包括初级高等学院在内),是即所谓六四四制。

B. 初级高等学院之进展

初级高等学院进展之迅速,由下表所列院数及学生数,可见其梗概:

1928年	408所	学生 50 529 名
1932年	469所	学生 97 631 名
1936年	519所	学生 122 514 名

前列519所内，公立者计214所(占全额41％)，私立者305所(占59％)；惟公立学院学生数则远较私立者为多，占全数67％。

初级高等学院，几已遍布于美国各州(仅4州缺)及哥伦比亚区。加利福尼亚最多，有55所；学院数达20以上者有8州。

初级高等学院，通常均为男女合校制，1936年全数中有374所(占72％)均属此制。公立学院中仅有3所专收男生，余均男女兼收；私立学院中，男校41所，女校101所，合教者163所。

专收黑人之初级高等学院计27所(占总数5.2％)，其中除5所公立外，余均系私立。

各校学生人数多寡悬殊，在503所学院内，学生人数不足50名者65所；50以上不足100名者124所；100以上，不及200名者148所；超过300名者16所；超过1 000名者16所。人数最众之公立者为洛杉矶初级学院(Los Angeles Junior College)，有学生4 988名。

同年度在503校，共有专任教员5 037人，兼任者3 312人。

| 丙　大学之分类 |

美国之大学，可大别为三类：(一)私立大学，(二)州立大学，(三)市立大学。兹分述如后：

A. 私立大学(The Endowed University)

私立大学乃由教会、政府及私人三方面之热诚的合作而产生及维持之高等教育机关。此类大学在今日既不隶属于首创者之教会，亦不受制于予以巨量补助金之州政府。属于此类之大学，其程度、教授人员、设备及资产均居前席者，为哈佛(Harvard)、哥伦比亚(Columbia)、耶鲁(Yale)、普林斯顿(Princeton)、芝加哥(Chicago)、西北(North-Western)、康奈尔(Cornell)、约翰霍普金斯(John Hopkins)、宾西法尼亚(Pennsylvania)、斯坦福(Stanford)诸大学。

以上各大学各为一独立自主之整体，不受外面权力之辖制。其经费大部分来自赠予基金，济以学生纳费，私人捐款(通常为毕业校友)以及基金会(Foundation，其资产最富者为Russell Sage, Carnegie, Rockefeller各基金会)之补助。

B. 州立大学(The State University)

各州中多数设有州立大学(惟纽约、宾西法尼亚、康涅狄格及马萨诸塞各州缺)，现时全国计有44所，多成立于19世纪之后半期。此类大学，可视为州公立学制之一构成部分。

州立大学除通常设置之高等学院及各专科系以外，并从事职业训练工作，特别是在本州占重要地位的职业。州立大学中,其教授资格、图书馆、实验室等等设备,均堪与前述各著名私立大学相媲美而最著名者,有密歇根(Michigan)、弗吉尼亚(Virginia)、伊利诺伊(Illinois)、北卡罗来纳(North Carolina)、威斯康星(Wisconsin)、明尼苏达(Minisota)、爱荷华(Iowa)及加利福尼亚(California)各大学。此等大学拥有赠予基金甚少,其经费大部分来自州财库、学费及私人捐款。惟现时州立大学中,亦有渐由受自私人之遗赠及捐款,而渐得累积其基金者。

C. 市立大学(Municipal university)

属于此类之大学计有9所,多数成立于20世纪,惟其中最著名之辛辛那提(Cincinnati)乃创自1870年。市立大学皆由市税收维持,其在市立学校系统中之地位,一如州立大学之在州公立学制中然。其范围及影响,多限于局部。

美国现有之大学,均可列入以上三大类之一,惟其中颇多资金、建筑、教授人员以及一般校风,均距理想甚远,殊为名不副实云。

丁　大学及高等学院之统计

美国大学及高等学院之学生数,据1935年11月1日调查,全时肄业学生,计700 730,若包括非全时的及夏令科注册数,则共达1 063 472名,分隶于577认可的高等教育机关。其中

　　大学(Universities)105所,
　　文理学院(Colleges of Arts and Sciences)354所,
　　专门学校(Technical Institutions)118所。

以上数字,不包括师范学校及初级学院(初级学院在1935年2月之统计,共526所,学生110 118名)。

(注)据 Statistics of Registration in American Universities and Colleges, 1935. School and Society, vol. 42, No. 1094 Dec. 14, 1935,尚有少数经认可的学院,因报告后期未列入此项数字中者尚有11所,共有全时学生705 989名。

大学及多科之专门学校中,属公立者55所,私立者50所;文理学院354所;专门学校中有47所属工专(Technological Schools),71所为师范学院(Teachers Colleges)。

各类高等教育机关之学生数及教员数,统计大要如后:

大学及多科组织之专门学校 Ⅰ．（Universities, and Large Institutions of Complex Organization）	全时学生	非全时学生	教授人员
（1）公立者	223 185	324 661	16 193
（2）私立者	1 170 824	293 224	24 071
文理学院 Ⅱ．（Colleges of Arts and Sciences）	183 811	250 624	17 312
单设之专门学校 Ⅲ．（Independent Technical Institutions）			
工业专门 （1）（Technological Institution）	69 323	89 574	6 341
师范学院 （2）（Teachers Colleges）	53 569	105 389	4 169

（注）表中不包括未经认可之学院及大学之学生。

全时学生在 7 000 以上之 12 所大学一览表

加利福尼亚	California	20 388
哥伦比亚	Columbia	14 116
明尼苏达	Minnesota	12 873
纽约大学	New York Univ.	12 705
伊利诺伊	Illinois	11 528
俄亥俄	Ohio State Univ.	11 215
密歇根	Michigan	9 850
威斯康星	Wisconsin	9 065
纽约市学院	C. C. of N. Y.	8 286
华盛顿	U. of Washington	8 118
哈佛	Havard	7 848
得克萨斯	Texas	7 534

戊　高等学院之课程

A. 小规模之高等学院

原为仿自英制，为美国高等学院毕业生 2/3 所从出。其中有许多名为 College，实际上最佳不过与中学校相等者。

高等学院在美国生活上占极重要地位，使多数青年男女得受高级教育。近年投考学生虽日见增多，但多数仍竭力保持其原有规模，以 500 人为最高界线。

小"卡列支"之目的，在于供给普通陶冶，并由教员与学生及学生相互间之密切的接触，而实施品格之训练。通常小"卡列支"之"逍遥学生"（Leisure Students）——以最少可能的努力，博得文凭者——为数较少。因其地位多在小市镇,少娱乐处所,学生因得比较勤读。

此等学校之课程,多限于古文、外国语、自然科学及哲学诸类。所有学科,在首二学年大半为必修科目,在后二年则选习科目较多。每星期上课15小时为最少限度。每星期上课1小时之功课,称为1学点①(Point);四学年共积为120学点。

西部之大学及高等学院率皆男女同教;但在东部,多仍坚持男女分教办法。

高等学院教员之薪俸,与中小学校教员同样太低,以致许多教授在暑假期中,每须从事他种副业:如在夏令营(Camp)或暑期学校任课,或从事工商业任广告编制等职务云。

B. 耶鲁大学耶鲁学院之课程举例

该学院之学科选配,介于规定必修与自由选习之间,兹表列其必修学程于后:

(1) 希腊文或拉丁文名著。

(2) 法语:(现代名家及译成法文)或德语(内容同法文)。

(3) 英语:莎士比亚之名著若干种,Carlyle②,Ruskin③及Tennyson④之著作。又英文作文练习。

(4) 欧洲史。

(5) 美国史。

(6) 经济学。

(7) 哲学史或心理学。

(8) 由以下科目选择二种:算学(代数、三角、解析几何),初级物理学或普通生物学。

(9) 化学。

以上各科,可任于4年内任何学年修习,惟拉丁文与希腊文必须于第一年

---

① 学点即学分。——编校者
② Carlyle,即托马斯·卡莱尔(Thomas Carlyle,1795-1881),苏格兰评论、讽刺作家与历史学家,其作品在英国维多利亚时代颇具影响力。——编校者
③ Ruskin 即约翰·拉斯金(John·Ruskin,1819-1900),英国著名作家、艺术家、艺术评论家。——编校者
④ Tennyson 即阿尔弗雷德·丁尼生(Alfred Lord Tennyson,1809-1892),英国维多利亚时代诗人,代表作品为《悼念》。——编校者

学习,数学与自然科学于第一、第二两年完结。

除一般限制外,对于每年所当习之科目,尚有限制。第一年之学生,须由以下各科内,选定 5 种:

(1) 拉丁文或希腊文;

(2) 法语,或德语,或西班牙语;

(3) 英语;

(4) 数学、物理学、化学或生物学;

(5) 历史。

成绩特优之学生,始得免除此项规定限制。每一学生除选习功课外,尚须规定时期从事体育运动。在第二学年,除规定之学科外,尚可选习以外之学科若干。至第三、第四两年之学科,则分为主科副科两类,每周至少需受课 12 小时。

己 大学中之军事训练

美国大学及高等学院中,多设有由联邦军政机关主管之后备军官训练团(Reserve Officers Training Corps,简称 R. O. T. C.)由学生志愿参加;据 1935 年 40 余所高等教育机关之调查,参加人数较上年增多。从 1935 年度起,所需制服由联邦政府供给。兹举其 1935 年度各大学受军训学生增加情形统计一斑。

大学别	军训团人数	较上年度增加
Illinois 大学	3 619	460
Purdue 大学	2 081	435
Michigan 州立学院	1 794	430
Nebraska 大学	2 351	429
Kansas 州立学院	1 526	401
Louisiana 大学	1 928	398

其他各大学亦均有增加,仅爱荷华大学,由 1 514 减为 1 306 名。

庚 研究科

美之研究科或"毕业院"(Graduate School)为与德法大学本科相当之高等教育机关。学生多达较成熟之年龄,曾肄业高等学院或曾任教员及其他职务者。大学之学位,M. A. 通常 1 年,亦有需 2 年者,Doctor 需 3 年。毕业院之历史比较甚短,学生人数与高等学院相较,为数甚少。

全国高等教育机关之高等学院等级学生数,在1930年度,较诸1890年度增加11倍。同时高等学院毕业以上程度之研究科,学生亦增加颇速。当1870年,全国研究科之学生为数甚少,据1870—1871年度之调查,哈佛大学有8名,耶鲁大学24名,普林斯顿大学3名,密歇根大学6名,拉斐特学院(Lefayette College)3名。

1871年以后始逐年增加,兹将研究生人数增加情形列后:

年度	研究生	得高级学位者
1871—1872	198	—
1880—1881	460	—
1890	2 382	1 135
1900	5 831	1 952
1910	9 370	2 541
1920	15 612	4 853
1930	47 255	16 832

辛　大学之行政

A. 董事会

美国大学之最高主持机关为董事会,亦称管事会、监理会或理事会(Board of Trustess, Governors, Rectors, or Regents)。董事会通常以少数董事构成,皆为无给职,多属工商界或专业界之闻人。有时彼等并非大学毕业生,并且除担任董事职外,对于教育工作并无关涉者。依各大学之章程,彼等掌握财政权,并对于规定课程、任免教授,具有最后之权力,大学政策上凡有任何重大变动,必须经其同意。

私立大学之董事,多属对学校有资助关系者。州立大学之董事,或由民选,或由州长委任,或由州议会依据州长之推荐选任之。近年间有许教授会代表列席并参加讨论者,但无表决投票权。为谋各方面之联络,近有由董事会、教授会及校友会组织联合委员会(A Joint Committee of the Board, Faculty and Alumni)以资联络者。

B. 大学校长

大学校长之地位,对外为大学之代表,对董事会为全体教授之代表,总揽大学一切教务、财务及事务,惟现时一般倾向为另置事务经理一员。在州立大学,彼自身亦为董事之一,且往往为董事会之主席。

关于教务方面之一切事宜,如入学、学位或荣誉授予、教学、毕业等等,均由教授会主持;惟教授会之决议,如含有重大改革在内,则需提请董事会认可。

州立或市立大学及高等学院之经费,列于州或市之预算内,故不成问题;但在恃捐款之私立学校,则筹款乃成为校长之最大最要任务。许多小"卡列支"(College)之校长,多出身教会职司,每具有异常的商业手腕。无论若何专门的教育行政专家,无论如何伟大的学者,苟缺乏此项技能,便须避位让贤。校长由各该校之董事会选任,任期终身。所谓董事会实为学校财产之经营者,握一校最高权力,俨有南面王之势!近来各校之同学会(Alumni),以其亦负担筹款事,渐起而与之争权,但就全国一般概况观之,其势力犹甚小云。

八　小学师资教育

甲　师范学校与师范学院

美国之第一所州立师范学校（Normal School），设于马萨诸塞州之莱克星顿（Lexington）市，时为 1839 年，其他各州继起仿效。惟迄 1910 年左右，多数师范学校，收初等学校毕业生，学科程度甚低，攻习范围每以小学各科为限，而对于专业学科或技术方面，则又往往过分侧重。

美之师范教育机关，程度甚形参差。有设于中学校内，仅于普通科目外，增置若干教育学科者，为救济乡区小学教师之缺乏起见，每在中学校内附设训练班（Training Classes），收毕业中学之生徒，专习教育科目 1 年。

从 1908 年，提高师范学校程度之运动始发轫，主张于中学毕业以上，实施 2 年之师范教育，为小学师资教育之最低限度。惟此项主张，从 1920 年以后，始渐实现。至 1930 年，有数州已将初等学校教师凭证所需训练，由 2 年延长至 3 年；更有少数，如加利福尼亚州、哥伦比亚区、纽约市，则需 4 年之训练。

凡修业期限延长至 4 年之师资训练机关，通称为师范学院（Teachers College）。

1930 年全美师范教育机关中，计州立师范学校 66 所，市立师范学校 26 所，县立师范学校 47 所，私立师范学校 58 所；公立师范学院 134 所，私立师范学院 6 所。

师范学校大多数专为训练小学教师而设，师范学院则有兼训练中学之教师者。现时倾向为减除师范学校之类别，而一律改变为师范学院，内中设 1 年到 4 年各种专科。少数师范学院，除授予 B. A. 学位外，尚有设置研究科，授予较高级之学位者。

乙　师资训练机关之课程

师范教育机关之课程，甚形纷歧：在一般四年科，每倾向于首二年专事普通教育之延长，而集中专业训练于后二年；在二年制之师范学校，则每过分侧重专业科目，而遗忽学科内容。通常师资训练课程，可分为三部分：(1)学术的或文化的科目，如英语、历史、社会科学、经济学、理科及体育；(2)专业的科目，如教育或教学原理、各科教法、教育心理学、教育史、教育方法；(3)观察及实习（Observation, Participation, and Independent Practice），通常每容许学生选习若干科目。除一般的规定以外，尚对于将来所拟任教学级之不同，如幼稚园、幼稚园及小学初级、小学初级、小学中级或高级，以及初中或高中，各有相当分化，俾切合实际需要。

课程及教学纲要，有由州教育行政机关规定者，有由各个师资训练机关自订者。

兹举二年科、三年科及四年科之课表各一例于后：

A. 为小学初级教师所设之二年科（弗吉尼亚州、弗雷德里克斯堡州立师范学院 State Teachers College，Fredericksburg，Virginia）。

第一学年

  秋季：普通美术、教育心理学、英语概要、音乐、体育、美国地理。
   下列科目之一：教育史、儿童文学、算术。
  冬季：初级之美术、教育心理学、英语概要、音乐、体育、美国历史。
   下列科目之一：教育史、儿童文学、算术。
  春季：读书与语言、英语概要、体育、美国史。
   下列科目之一：教育史、儿童文学、算术。

第二学年

  秋季：美术鉴赏、教育社会学、测验、监导教学、教学原理。
  冬季：儿童文学、朗读、音乐鉴赏、体操。
  春季：自然研究、公民、欧亚地理或南美地理。

第二学年之学生分为三组，分别在该学年之三季内从事实习。在监导教学（Supervised Teaching）期间，仅习教学原理一门。

B. 为幼稚园与小学初级、小学中级及高级教师所设之三年科（纽约州、科特兰州立师范学校 State Normal School，Cortland，New York.）

  第一学期：教学通论及观察、图书馆方法、理科、文化史、地理、文字发表（Written Expression）、美术、习字。
  第二学期：教育心理、文学、健康教育、口语发表（Oral Expression）、算术、音乐、教育生物学。

第三学期：幼稚教育理论、历史教学法、文学、地理教学法、读书教学法、健康教育、美术、幼稚园与初级方法。

第四学期：教育原理、教育方法、算术教学法、儿童文学、实习教学、音乐、选科。

第五学期：专科心理学（Specialized Psychology）、社会学、音乐、美术、教学术、教学实习、近代欧洲史。

第六学期：教育史、经济学、选科、教学实习、习字教学法。

该校需学生从事教学观察 100 时以上，及 10 周之实际教学。三类教员各从上列各科中就其所需要者选修之。

C. 四年科课程（科罗拉多州、格里利州立师范学院 State Teacher College，Greley，Colorade）

共同必修科目

第一学年

秋季：社会研究入门、教育概论、卫生、理科概论、体育。

冬季：美术鉴赏、文学大意、音乐大意、理科概论、体育。

春季：文学大意、试教前之观察、教育心理学入门、体育。

第二学年

秋季：教学实习、学习心理、体育。

冬季：古代及中古世界对于近代文明之贡献、体育。

春季：近代欧洲文明之扩张、体育。

第三学年

冬季：普通社会学。

第四学年

秋季：教学实习。

春季：教育哲学。

分组必修科目

(1) 以幼稚园及小学初级为主者：

第一学年

  冬季：小学初级之语言技艺。

  春季：教学前之观察、小学初级之社会技艺、历史与公民之教学。

第二学年

  秋季：教学实习。

  冬季：音乐、初步知识及方法、美术方法、幼稚园与初级方法、儿童发展。

  春季：生物科学初步、教育原理、乡村学校问题、乡土地理。

第三学年

  秋季：拼音与读书教导、课程编订、选科。

  冬季：内容学科之教导、美国教育史、工艺方法、选科。

  春季：习字、作文，及算术之教导、教师用课室测验、选科。

第四学年

  秋季：创作的教育、选科。

  冬季：发生学与优生学、选科。

  春季：人格与社会的行为、选科。

(2) 以乡村教育为主科者：

第一学年

  秋季：教师须知之农业。

春季：教学前之观察、中级之语言技艺、历史与公民之教学。

第二学年

秋季：教学实习。

冬季：乡村学校管理、教育原理、选科。

春季：生物科学初步、中级地理之方法与教材、算术之方法与教材、中级之美术方法、选科。

第三学年

秋季：拼音与读书教导、乡村生活之最近发展、美国之社会及实业史。

冬季：中级地理之方法与教材、选科。

春季：习字、作文及算术之教导、教师应用之课室内测验、近代欧洲文明之扩张。

第四学年

秋季：课程编订、选科。

冬季：内容科目之教导、选科。

春季：人格与社会的行为、选科。

同样，对于志愿担任中级、高级、初级中学以及中学专科教员各职务者，皆为其组织分组专攻之课程。

美国师范学校课程之纷歧情况，由后附之表，可以想见一斑。下表为13所师范学校所设各学科时数之百分比：

百分比\学科\校别	教育学科	教学实习	历史	地理	英语	自然科学	算学	方法论	美术及手工	音乐	体育	选习科目
1	10	16	6	5	10	11	6	9	16	7	4	—
2	14	27	4	5	14	5	5	—	1	5	5	—

续 表

百分比＼学科＼校别	教育学科	教学实习	历史	地理	英语	自然科学	算学	方法论	美术及手工	音乐	体育	选习科目
3	15	26	5	5	13	12	5	—	11	3	5	—
4	22	14	6	6	14	5	6	—	3	—	3	20
5	16	8	8	8	20	8	8	—	2	4	4	4
6	16	15	6	3	14	13	1	—	5	—	5	8
7	17	8	4	4	13	4	4	—	8	—	—	38
8	29	8	—	7	13	11	4	—	8	—	—	—
9	34	13	2	3	6	—	4	—	5	5	—	23
10	19	6	—	—	6	13	13	—	19	—	3	19
11	12	23	8	5	10	11	5	—	8	4	8	7
12	28	4	—	—	10	—	—	4	—	2	—	25
13	22	12	8	—	17	9	6	—	10	6	6	—

丙　师范生之待遇及统计

公立师范教育机关不收学费,惟住宿(设有宿舍者甚少)及膳食由学生自理,学生可由贷金或从事工作,而支付所需费用。师范学校,皆男女兼收,但女生占大多数。据1932年之统计,公立师范学校及师范学院,共有251校。学生男55 986名,女116 183名。私立师资训练机关共计38所,男生2 297名,女生6 046名。另一统计,公私立之师范学校,校数同前,学生数则公立学校计有学生167 374名,其中男48 775,女108 624。又私立学校计有学生7 452名,其中男1 764,女5 688。

(附)　美国教师待遇之情形

A. 教师薪俸太低　美国小学教师之薪俸,在人口1 250至5 000之小市,年俸仅1 129元;校长1 436元。较大市薪俸虽较为加高,在人口100 000以上之大市,教师年俸亦仅1 968元;校长2 399元。但一寻常工人每年之收入(在1926年前),有2 502元。相形之下,愈见教师待遇之菲薄。

B. 教师之养老金过少　通常养老金皆从65岁始,或经服务35年后。教师须以其薪俸6％储作养老金。纽约市所给予之教师养老金,仅为最后10年之1/4。

C. 教师任期之无保障　美国各市中,虽已有规定关于教师职任之保障法令者,但多数州,迄无何等保障。其教育之董事部及教育督察长,可以随时辞退教师,故美国人每戏称该机关为(Hiring and Firing Boards)云。

因为报酬之薄与保障之疏,故教师之流动不居,殆为当然结果。在华盛顿州,初等小学教师在职仅1年者,占40%;2年者20%;3年者10%;其留任3年以上者,仅30%。

在教师报酬较丰之市或州,教员在职期比较为长;但又往往牵涉政治,教师有时以党派之故致被解职云。

丁 教师之检定及教师凭证之类别

A. 美国小学教师之薪俸,较诸一般职业,显然过低,故常有现任教师缺乏之虞,而尤以小市及乡区为甚。依法,凡欲充当教师者,须取得州或地方教育当局之许可证书,但取得此项证书之手续,则颇不一致。在数州(如 Tennessee 及 Arizona),须经过州教育督察长之考试;而在他数州(如 Connecticut 及 Massachusetts),则各地方行政机关皆得规定其必要条件:

(1) 在"乡镇制"下,每由非教育官吏举行考试,并给予证书,初不问应试者之教育程度及曾否经过专业训练。但此制在今日已逐渐取消。

(2) 在"县制"下,此项权力,属县教育董事部,或县教育督察长。在南卡罗来纳(South Carolina)所给予之证书,其有效期为3年,但得无试验延长。在该制下,教师不得往他县从事教学,因其证书之效力乃以本县境内为限。

(3) 在所谓"改良县制"下,教师考试仍由各县主持,但考试之本身,系由州行政当局规定。州教育督察长规定考试要旨,县教育督察长即本之举行考试。其免许之有效期间,迄下届考试时为止。其有效区域以举行该项考试之本县为限。

前项办法盛行于科罗拉多、俄亥俄、得克萨斯、密歇根(Colorado, Ohio, Texas, Michigan)等州。

(4) 在"州制"之下,教师证书之给予,专属各州最高官厅之职权,各地教育机关不得任用与州所规定条件不合之教师。此制行于新泽西、纽约、华盛顿(New Jersey, New York, Washington)等州。

现前通行者为"县制"与"州制"之联合。实际上,多由县给予初级证书,而州则给予较高效用之证书,此项证书可由实际的教学成绩,或入假期学校而获得之。

现时有两种显著的倾向:第一,为集中检定权能于州教育行政机关;第二,为废除考试之检定,而趋于依据曾在认可教育机关肄业一定期间所获得之证明文件。

B. 为诱导教育经验短少之教师,使更求深造起见,每设有各等级之教师证书,例如华盛顿州之教师证书有以下各等级:

(1) 第三等证书:欲得此项证书者,须经试以下列各种科目:诵读、文法、书法、标点、美国历史、地理、算术、生理学、卫生、教育理论与方术,以及本州要志。该项证书之有效期间为2年。受有此项凭证者,如入经认可之大学一年者,得进受第二等证书。

(2) 第二等证书:须通过(1)项所列举之各科目考试,并须加试音乐。此证书之有效期亦为2年,期满须另行延长。受此项凭证者,可由入大学1学期,或认可之暑假学校6星期,或从事教学16个月,而获得延长许可。

(3) 初等学校一级证书:其资格为在小学校中从事教学45个月,通过前举(2)项证书所需之各科目,此外并须考试自然、图画、文学、地理诸学科。其有效期5年。若复继续在大学修业1年,或既得该项证书后,曾从事教学至少24个月者,得以延长。

(4) 第一等证书:欲得此项证书者,至少:(a)须从事教学9个月;(b)除通过第二等证书所规定各科考试外,并须考试物理学、地理、代数、英文各科,有效期5年,得由与前项同样方法延长之。

(5) 专业证书:欲得此项证书者,须满足第一等证书所需之条件,并须至少从事教学24个月,著有成绩,其中至少8个月须在本州以内。

外此并须通过以下各科考试:平面几何、地质学、植物学、动物学及政治学。该项证书亦可由与第一等证书同样方法延长之。

(6) 永久证书:欲得此项证书者,必须握有上列三种证书之一,并须至少曾从事教学72个月;其中至少有36个月,系在本州内,又其中18个月,须在获得前项文凭后。前项文凭经县教育督察长之推荐给予之。其有效期间无限制。

(7) 终身证书(Life Certificate):欲得此项证书者,至少须从事教学45个月,其中至少27个月系在本州以内,又必须通过专业证书所规定之考试。此外并须考试以下各种科目:心理学、教育史、簿记、伦理学、普通历史。有生之年皆为有效期间。

教师之薪俸,依所得之凭证而异。高级之证书,惟任职较久者能得之。

各州中往往虽以本州教师之缺乏,仍不肯承认他州所给予之证书,故教师之欲往他州任教职者,每须另经一番检定考试。

九　中学师资

甲　概说

一般中学教员之训练及资格,虽然以法律之规定及教育家之提倡,仍离"适任"甚远。多数中学只要能得初毕业于高等学院而并无教学经验之少年任教师,已经踌躇满志。即在教育较进步,薪俸较高之纽约市亦仍有代用教员(Substitutes)多名,其他可以想见,盖教员之薪金,若仍在生活维持费最低限度以下,则关于教员资格之限定,终于纸面文字而已!

美国中学之将来,系于教师问题。现时之企图,为经由师范学院(单设或隶属于大学)或大学之教育科,训练较良好之中等学校教师。现时各州立大学中,大多设有师范学院(Teacher College)。就各州情形考察之,其中有规定凡欲取得教师凭证,应专攻两种主科者;有限定预备教师须习中学通常所授之科目者;有对于应行修习之课目,或课程纲领,有或详或略之规定者;有就中学课程上所列之课目,将其配合为若干组者。此等设施,自 1900 年以来始渐见实现。惟至今由州立大学所供给之中学教员,尚不及所需全数之 1/2;其他多来自高等学院或单设之师范学院。

在美国中学教师专业界之多数意见,认高等学院毕业,加以专业学科 15 学分,为中学教师之标准的训练。

乙　中学教员之资格及检定

现今中学教员之教育,差别仍甚巨,不合格之女教师,为数依然甚众。教员凭证有须由考试获得者,有凭高等学院毕业授予者。往往师范学校及高等学院之肄业生,亦可能取得教师证书。

就各州关于教师检定之法规考察之(据 U. S. Bureau of Education, Bulletin, 1927, no. 19.),27 州除需高等学院毕业以外,别无规定;16 州规定在高等学院修业期间,须修习一定之主科及副科(Major and Minor Subjects);5 州依据学生所拟任教之课目,而分别规定其应习之必修学科。此外各州法规上每规定须修习专业学科 5 学分至 24 学分,如教育心理、中等教育原理、教学理论、特殊方法、教学之观察及实习。仅加利福尼亚 1 州,需要高等学院毕业更加 1 年之专业训练。

美国有一种特殊机关名"教员介绍所"(Teacher's Agency)由"教育专家"主

持。凡教师之欲转职他校者，可托其代为介绍，而于其中取手续费若干。一般教师之流动不居，此机关应负一部分责任。

丙　中学师资训练上之问题

关于中学师资之训练，目前尚无一定标准。就一般情形说，中学教员学业方面多数未臻成熟，且每无任职保障。据 E. P. Bachman 之调查，小规模中学之教员，系初任者占 20%，每年改就他校者占 40%，其中非高等学院毕业出身者占 50%，全数中未达选举年岁者占 1/3（见 Bachman, E. P.：*Training and Certification of High School Teachers*, 1930）。

因为各中学，不问规模大小若何，均须力求迎合来学生徒之需要，因此有多数教员，每不得不担任彼自己向未研习之科目，以致每因须兼任多种不相联属之科目，而感觉负担过重。据 1923—1924 及 1928—1929 两年度南部 5 州之调查：中学内有一位教员担任 22 门至 27 门科目；有两位教员担任 24 门至 36 门科目；有 4 位教员担任 24 门至 37 门科目；更有教员 6 位担任 28 门至 39 门科目。在此等情形下，每一教师每周须担任教学 30 课时至 35 课时，更无准备功课及履行其他职务之时间。

此外，每教师所任科目之配合，亦至奇特。虽技巧最精熟之教师，亦不易发见其间之联络关系，例如：(1)农业、英语、历史、拉丁及心理学；(2)运动竞技、历史、拉丁、算学、及理科；(3)簿记、公民学、英语、法语及历史；(4)公民学、科学通论、历史、拉丁及体育。惟在规模较大之中学，则各教员间于功课分担上，可能为比较完善之措置。

一〇　职业教育

甲　概说

美国之中学校是为一切青年之教育机关。所设课程，力谋适应一切来学者之需要，实兼具其他国家各类职业学校之功能。故在美国大多数受职业训练之学生，皆就学于多科之中学校。

职业教育之以公款设置者，在美国之历史颇短，近年之发展，当以1917年之《司密斯·休士条例》[①]（*The Smith-Hughes Act.*）为嚆矢。该条例规定以联邦款项协助各州，推行高等以下程度之农、工、商、家事各类之职业教育。

此项补助费最近已达每年700万美金元；益以州及地方款项，职业教育经费总数共计达 25 715 760 元。

乙　"部分时间"之职业训练

A. 类别及办法

职业训练之机关，有全时的学校，以中学校为主；并有部分时间之日间及夜间学校。日间学校收容14岁以上之少年，夜间学校则以16岁以上为入学年龄。特殊单科职工学校（如印刷业、自动车业）则每见于较大之都市。

部分时间之职业训练，可别为两大类：其一，为对于业已从事某项业务而欲充实自身训练者；另一种乃为一般补习性质之学程，企图借助于职业指导，俾入学者能以胜任一种比较更为满意之业务。

部分时间补习学校（Continuation School）之实施强制入学，乃受《司密斯·休士条例》之鼓励。1928年，已见于31州之教育法令。惟各州实际办法不一致：有若干州规定14岁至16岁间须入学；另有数州则规定入学迄于18岁。通常需每星期受课4小时，至多8小时。

初级中学之兴起，以及青年就业机会之日益困难，表着为一种倾向，即：一般男女青年多尽其所能，延长在全时学校之居留期间。

美国有少数职业的工业学校，实施比较一般中学为专精的训练。但一般言之，不入中学之生徒，利用部分时间的学校所供给之机会者，实占多数。

[①]《司密斯·休士条例》即《史密斯-休斯法》（Smith-Hughes Act），该法案于1917年通过，其内容规定由美国联邦政府拨款，在中学内设立职业教育课程，标志着美国职业教育体系开始形成。——编校者

B. 夜间学校与部分时间日间班

(一) 农业

1. 夜间学校:乃为现已从事农业之成年人而设之短期科,课程力谋适应一般农人之能力与需要。

2. 部分时间班:乃为年达 14 岁或 14 岁以上而未就学全日学校者而设。

(二) 商业

1. 夜间学校:依据地方之需要,设置商业专科,以期改进青年之职业地位,除簿记与文书两科系 2 年卒业外,尚设有各种短时的单元学程,如计算机用法、商事法规、广告术、商业艺术等等。

2. 补习学校:系为年龄 14 岁至 16 岁,已服务商界之青年而设,其宗旨在使来学者有升任较高位置之适当准备,或使其更适于担任现所从事之业务。课程与学生现所从事之业务保持相当的联络。

(三) 工业

1. 普通补习学校(General Continuation School):乃为 14 岁以上,初离学校加入工界之青年而设,所有受工业训练之青年,全数中约有半数(据 1928 年之估计)均在此类学校内。每周受课 4 小时,并须继续留校 2 年。

2. 夜间学校:乃为增进一般现时服务工业界者之技艺而设,此类学校学生,约占全数受工业训练者 1/4。

(四) 家事

1. 部分时间班:对于受雇从事某项业务及操作于自己之家庭者,分别予以适当的训练。

2. 夜间学校:为 16 岁以上之女子而设,依来学者系(a)准备做新妇,(b)预备初做母亲,或(c)改进家事管理之主妇,而异其训练之内容。

丙　全时的职业教育

A. 农业

凡农业学校每年至少有 6 个月之农场实习:在学校开课时期,通常以半日受课,半日在农场实习;暑假期内,则全日在田间工作。课程内容力求适合于 14 岁以上青年之现时从事或准备参与农场工作者之需要。据 1928 年之统计,全数受农业教育之学生中,在此类学校者,约占 2/3。

B. 商业

中学内设商科者为数甚多,学生人数之增加亦较他科为速。据统计所示,1913—1914 年度至 1923—1924 年度 10 年之间,中学学生总数增加 108.3%,而商科学生,增加167.2%。其中女生人数增加尤多,内中以记录书记职务占重要成分。兹附述费城之商业教育设施情形,用见一斑:

(1) 初级中学,设商业课目,其目的有二:(a)对于修毕初中不再升学者,给以彼所能胜任之商业位置所需之训练;(b)对于将继续升学者,奠定其进修高等商业学科所需之基础。

(2) 高级中学:第一年级之课程,较初中稍涉高深,但仍属普通性质;第二、第三两级,则属专业性质,分为如下三组:

(a) 普通商业及会计:主要课目有商业簿记、价格会计、会计问题、商事法规、商业组织及管理。

(b) 书记职务:主要课目有速记、打字、簿记、商业组织及管理、商业经济、商事法规等。

(c) 售货业务:主要课目有商店业务及管理、商业组织、商业经济、贸易学、商品学等。

C. 工业

据1928年统计,受工艺及工业教育(Trade and Industrial Education)者,在全部受职业教育中占最重要地位,但全时的工业教育机关,则比较上不易迅速发展,因为设备费及经常费比较浩大之故。1928年度受职工及工业训练者,约54万人中,隶属全日学校者,尚不及6万人。工业学校中有转变为工业中学,而偏重高等工业教育机关之预备,丧失其职业训练之主旨者。

D. 家事

家政教育(Home Economics Education)之机关,以夜间学校为主体。全日学校比较不甚发达。此类学校供给关于食物选择及料理,服装选择及制作,子女教养,家庭生活改善等等方面之训练。

一一　成人教育

甲　概说

19世纪顷，供给成人教育之机关，有各种学术讲演组织（称为黎西安[①] Lyceum，沙多挂[②] Chautauquas）及大学扩张部（University extension department）。因外来移民之大量的增加，于是颇感对外国人施行所谓美化教育（Americanization）之重要，尤以上次世界大战发生以来为甚，对于此辈移民至少须教以英语及美国公民大意。最近以一般共认专恃正式学校教育，不足以适应现代社会复杂的生活之需要，从而成人教育之意义与范围，乃大为扩充。惟由工人自动发起之工人阶级的教育，则不若欧洲各国之盛。

除了大学所主持之扩张教育，及依联邦政府1914年《司密斯·勒孚条例》(Smith-Lever Act)[③]"传布关于农业与家政之实用知识于民间"之设施，尚有多数由私人集合以推行成人教育为职志之会社，其中可述者，如全国亲师协会（National Congress of Parents and Teachers）、美国图书馆协会（The American Library Association）、全国家庭教育委员会（The National Committee on Home Education）。

美国成人教育协会（American Association for Adult Education）成立于1926年（按该会于1936年5月18日至21日在纽约举行第十次年会），其工作为收集有关成人教育之材料，并主持成人教育实验及研究的工作。该组织成立2年后，与之相联络之成人教育团体，已达400余。从1929年2月起刊有《成人教育季刊》(The Journal of Adult Education)，又美国之全国成人教育会议，亦由该会主持召集。

乙　成人教育机关举要

本节就美国现有较重要之成人教育机关略举数例于后：

A. 美国化及成人识字教育

欧洲大战期间，发现美国人口中，不少外来移民，思想感情不与美国人同

---

① 黎西安为音译，Lyceum 本义为学园（古希腊哲学家讲的园林），泛指学术讲演的会堂。——编校者

② 沙多挂亦为音译，Chautauquas 其大意为夏季教育类户外集会。——编校者

③ 《司密斯·勒孚条例》又译《史密斯-利弗法案》，颁布于1914年，该法案由联邦政府资助，旨在使农业部和赠地学院合作，在各州农工学院建立农业推广站，负责组织、管理和实施基层的农业技术推广工作。——编校者

化,且仍忠于其所从来之祖国。又查第一次募集入伍之兵士,年龄在21岁至31岁之间者,其中不能读报且不能作家书者,竟达25％。此等事实之发现,使一般益愈感觉教育外国移民及16岁以上之失学土著之重要。1918年提出于国会之《司密斯童纳议案》(The Smith-Towner Bill)提议由联邦政府每年提出美金100 000 000元,补助各州办理移民美国化教育及扫除文盲等事业。此案虽未获通过成为法律,但在全国各州地,多已散布有夜间学校,每周授课4小时至18小时,教学科以英语与公民为主。

B. 大学扩张事业

美大学及高专每设有扩张部,其目的为供给有业成人以享受高等教育之机会。其活动可以分为两类,即:讲授与函授。该部举办之专班,所设科目,几包括大学所有各种部门;授课时间多在下午4时以后或晚间;通常每周授课1次,每次约2小时,每学期授课17周或18周。教法每采取讨论式。函授则以辅导学者自修为主旨,所设科目亦甚繁多。间有少数大学曾试行当面指导函授学生。由修习扩张部学程所获得之学分,亦得计入每种学位所需学分以内,但有相当的限制而已。

由于工作时间之减少,闲暇时间较前增多,于是成人教育课程之内容,亦发生重要变动。在宾夕法尼亚一州,截止1934年5月31日,有成人112 967,分在1 751讲师之下,研习以下各科之一种或数种:卫生、家政、商事、音乐、戏剧、社会科学、职业改造。以上乃是多数所乐习之科目,在他州亦有同样情形。

C. 图书馆

美国各州均有公立图书馆之设,其中多数皆力谋增进一般读者之便利,于乡村杂货店或小学校中设立图书支部;更有兼办巡回文库,俾偏僻处所之居民,亦得享有借阅公共图书之权利。一般成人教育机关,都与图书馆保持合作关系,以谋增进教育之效率。规模较大之图书馆,每设有成人教育专部,由一专家主持之。

美国图书馆协会印行一种《读书指南》(Reading With Purpose Courses),内容为对于有志研读各科专籍者予以必要的指导。迄1935年,已出过67种,每种有该科专家所撰说明一篇,并列举应读之书目,对于有志进修之成人,裨益非鲜。

D. 函授学校

函授学校(Correspondence School)是美国一种特殊产物。当其全盛时期,学生人数达200万(据1924年调查),每年所收学费达7 000万美金;但自经济恐慌①袭来以后，人数业已大减，闻最近减至百万以下。函授学校所设的科目，乃以商业或工业为主体。入学者之目的，不外欲由一些新知能之获得，而增进其职业之地位。最近十年以来，一般目的专在营利，收费过巨而办理不善之私立函授学校，先后停办者甚多，但继续开办者仍不在少数。1926年，有37个函授学校，受成人教育运动之影响，合组全国自修协会，企图研究函授学校所包含之教育问题，并提高一般函授学校之标准。

E. 农业推广

为提倡促进农业及乡村生活改善，于是有1914年《司密斯·勒孚条例》之制定。该条例规定以大宗联邦款项补助各州，"广布关于农业及家政之实用知识于全美人民，并鼓励其应用之于实际"("Diffusing among the people of the United States useful and practical information on subjects relating to agriculture and home economics, and to encourage the application of the same")。该条例之用意，乃在经由通常所谓"大学扩张"（各州之农学学院）以推进农事试验场于全国各地。最近每年经费预算为25 000 000元，其中由联邦政府补助者达2/5，工作人员计6 000人。一般从事农业推广事业者，不仅从事农事知能之传布，至于改善农村生活，以期防止农村青年离弃乡村，群趋都市之倾向，亦为其重要任务之一方面。

---

① 此处经济恐慌是指1929—1933年的经济危机。——编校者

一二　最近经济危机与教育上之非常的设施

甲　1933—1934年度之非常时期教育计划

1929年以来,一般经济的衰颓,对于教育发生极严重之影响,1933—1934年度,公立教育经费数,较诸1930年约计减少20％至25％之间,但同时期需费较多之较高学级学生数,则至少增多百万名之谱。

此种情况使州及地方当局大感困难。结果公立初等及中等学校教员之平均年俸,从1 500元减至1 000元左右。在南部及西部乡区中,月薪低至30元至40元者亦非罕见;事实上且不得不解雇教员6万人之多。一方面学生人数增加,而教师人数反减少,其结果为每级人数之增多。然而即在此种紧缩政策下,仍有不少教育当局,依然感觉无法尽其财政上之责务。

美国教育经费负担,几于全然加于较低级之政府——即地方与州。在经济恐慌潮流中,州及地方政府当局者,大多数均陷于困难境况;在此期内,唯有联邦政府尚能以税收及借款,维持其支付能力。

联邦政府对于各州最初拒绝援手,至1933—1934年度,才不得不注视此项现实情况,于是始提出款项,供直接的及间接的补助非常时期各级教育(Emergency Aid for Education)之经费,总数为159 000 000元。

A. 前项救济费约有17 000 000元,分配于33州,多者至200万,最少者万元以下,专用于补助教师薪金。

B. 联邦政府又鼓励各州及地方政府从事教育上新领域的开发。此项新的开创,使46 000以上之失业教员,获得工作,而且预料将于教育上发生重大影响。联邦政府非常补助费,分配于成人教育及育婴学校者,达8 000 000元。成人之修习普通陶冶科目者达600 000人以上。不识字民众入学,习读写者109 000人。成人之入职业教育班者达203 000人。一般为父母亲且加入父母教育班者20 000人。

C. 育婴学校运动由前项内973 740元之补助,学前教育班之增设,已足容纳幼童61 000名。

D. 在全国各高等教育机关中,有清寒生75 000人,恃由联邦供给之5 000 000元,得以部分时间的工作维持其学业。

E. 此外,尚有817 000元用于人民训练团(Civilian Conservation Corps,简作C. C. C.),全国分为第一至第九各团区(Corps Area),以下再分为若干分区

(District)，每分区通常即包括一州，每分区统辖若干训练营(Camps)。此项训练营，在全国已设有 1 500 起(1933 年 3 月 31 日创设，原定期 2 年，至 1935 年复延期 2 年)。此等训练营设于森林地带及乡村，约收容一般无业可就之青年 300 000 人，供给其生活需用及一种名目上的工资(Nominal Wages)，使从事各种工作，如造林、筑路及防止土地浸蚀之工程等等。人民训练团从 1934 年 2 月分派教育顾问(Educational Adviser)于各营。其组织为于 C. C. C. 教育总干事(Director)之下，设团区顾问；团区顾问以下设分区顾问。关于营内之教育的程序，亦有适当的规定。所设科目，由简单之读、写、算，迄于下述各种高深专门的工作，如航空术、堤防及桥梁建筑、摩托机械、考古学、航海、讲演、幻灯、电影、无线电播音、辩论及讨论，都被采用为训练营之实用的非正式的教育工作。

此种训练营之目的，为"发展各个人之自发、自适及自修之能力(To develop each man's powers of self-expression, self-entertainment and selfculture)，并给予各个人对现前之社会的与经济的情况以一种理解，庶使可能以明敏的合作而改进之"。所有 C. C. C. 训练营之教育指导员，不可以寻常意义之教师自处，而当自视为顾问，热烈地对于每个学生予以最多量之指导，而使之在文化、职业、身体各方面得以自行改进。

一般人预料此等训练营，将不仅为非常时期之临时措施，而且有成为一种新的国家教育政策之造端。

该训练营为由联邦政府之四主管部合力举办。营员之选择由劳工部之就业介绍所任之；运送、给养及分配教练员，由军政部任之；工作之辅导，则由农务部(林务局与内政部、公园事务部)之雇员任之。此外合作之机关，尚有退伍军人管理处及印地安人事务局。联邦教育司则管辖约计 2 000 名(一作 1 905 名)之专任教育顾问。

按：第一届入团受训练者，多数年龄在 17 岁至 28 岁，其教育背景颇不一致：综计 183 000 名内，未超过旧制小学高级程度者约占 50%(其中约有半数未曾修完小学)；曾经肄业中学者约占 46%(其中已修毕中学者约占 1/3)，曾入高等学院者约占百分三又五分之一(其中修毕高等学院者占 1/5)，仅 5‰未受学校教育。全国训练营共设科目 31 012 起，平均每营有 12 种。其中属初等学程者 5 399，中等学程者 7 840，高等学程者 2 324，职业学程者 11 430，普通学程者 4 019。就教材内容观之，可分为 500 种。试将学程教目按字母"B"字之顺序排列则有 Baking, Band, Barbering, Baseball, Basketball, Bible, Biology, Blacksmithing, Blasting, Blueprint Reading, Bookkeeping, Botany, Boxing, Bridge, Business methods' and Butchering. 各科目皆讲演与实习相联贯。

乙　1934—1935 年度之继续推进的新设施

1935 年 6 月，以行政命令，创设全国少年管理处(National Youth Administration)，为联邦政府主持青年训练与救济之机关。

1934—1935 年度联邦政府之计划，仍依各州及地方财政上之需要，予以直接的补助费，以补足其预算，俾得维持其正轨的学校。

A. 关于成人教育方面，预计将雇用清寒教师 40 000 人，从事成人教育计划之推行；其对象包括成人 2 000 000 名，分为识字职业训练、职业再造及普通教育等专班。

C. C. C. 之营员增至 450 000 人。据 1935 年 9 月之统计，约有 230 889 人，自由参加教育的节目。

非常育婴院将继续办理。有 40 州从失业教师中选任所需之合格教员。此类学校须由各地方教育长官创办，但教师及辅导人员之薪俸所需款项，则由联邦财政部拨给。

B. 全国少年管理处之经费 50 000 000 元中，约有半数皆用于学生之资助。依所订计划，中学生之受益者，将为 200 000 名。

C. 高等学院正式学生之受补助费者，将自 75 000 名增为 100 000 名；又研究生数千名。凡受补助者所从事之工作，当设法使其对于所受教育有利，而且对于本学校或居境为有社会价值者。

按：现时对于个别学生之补助数额如下：中学生每月不得超过 6 元，高等学院生最多每月可达 20 元，研究生每月通常为 30 元，但在特殊情形下仍得增加。（据 1935 年 10 月之报告，高等学院学生 106 000 人，研究生 4 500 人，分布于 1 602 所学院及大学。）

D. 1934 年 7 月 15 日，美国大总统签署一行政命令，规定关于中学毕业生（年龄 16 岁至 25 岁间）之艺徒训练程序（The Development of An Emergency Apprenticeship Programme），是为一种推行全国之工艺训练计划之开端。凡金属及机器业、木工及图样制作、电气及建筑、印刷等（约有 200 种）需要专技的职业，可由此获得所需之训练。此项教育计划，乃是为适应工业文明下之青年的需要而产生。

按：联邦艺徒训练委员会（Federal Committee on Apprentice Training），以 1934 年 6 月之行政命令设立，现与全国少年管理处合作。各州设立州艺徒训练委员会者，已有 41 州。该委员会之目的，为使少年得以受雇为艺徒，以为进于该业之门径，雇主须使至少连续从事 2 000 小时之职业工作，并予以学习该特种技艺程序之机会。习艺期间不得过 5 年，此期中并应在受州职业教育当局所监视之公立学校中，受工艺的及文化的教育 144 时。

E. 所谓非常时期初级学院（Emergency Junior College）或初年学院（Freshman College），乃是使中学毕业生获得在本地修习高等学院科目之设施。由于取得某某高等教育机关之合作，此等生徒，将来如升入相与合作之学院或大学时，每可以算作学分。在 1934—1935 年度，在新泽西、密歇根、俄亥俄及康涅狄格各州，已设有此类非常时期学院。密歇根一州设有 99 所，每所各有学生 20 至 200 名，共有教师 475 名。该州分为 7 区，每区受一先已存立之高等教育机关之监导。该计划现方逐渐推行到其他各州。

本篇主要参考书目

1. Kandel, I. L.: *Comparative Education*, 1933.
2. Cubberley, E. P.: *Public Education in the U. S. A.*, 1919.
3. Cubberley, E. P.: *State School Administration*, 1929.
4. Kartzke G.: *Das Amerikanische Schulwesen*, 1928.
5. Charters, W. W. and D. Waples: *The Commonwealth Teacher Training*, 1927.
6. Koos, L. V.: *The American Secondary School*, 1927.
7. U. S. Office of Education: *Biennial Survey of Education*. (Washington D. C.)①
8. 汪懋祖:《美国教育彻览》,上海:中华书局,1922年版。
9. Kandel, I. L. (Editor): *Educational Yearbooks*.②
10. Percy, E. (Editor): *The Year-book of Education*.③

---

①②③ 这三条参考书目,因编著者没有写明出版年份,而它们作为年鉴,不是具体书名,故无法查实其出版年份。——编校者

第七篇
意大利教育制度

一　国势大概

意大利王国(Regno d'Italia)本部土地面积计 310 150 平方公里,人口据 1935 年 3 月统计,共 42 707 000。

国王之行政权能,由国务总理行使之,内阁以总理及下列各部构成之:内政部、外交部、殖民部、陆军部、海军部、航空部、职业组合部(按 1935 年 1 月 24 日组织之内阁,墨索里尼氏(Benito Mussolini)一人兼以上七部部长)、公共工程部、教育部、农林部、财政部、司法部、交通部。

全国分 92 省(Provincia),省以下复共分为 7 311 里区(Commune)。在各省省会及人口 20 000 以上之里区(市)设 10 名至 40 名议员所构成之参议会(Consulta),由认可的业团联合提名,经省长选任之,该会对于重要地方事件,如预算认可及征税事件等贡献意见。

人民职业大略如次:

农业:(1930 年)男 6 088 088;女 2 704 349。

矿业:(1933 年)48 546。

工业:(1927 年 10 月)有工人 4 005 790(其中女工人 1 009 890)。

商业:(1927 年 10 月)1 640 290。

(注)据 1911 年统计,农渔业 55.4;矿业 0.7;工业 25.9;商业 5.6;运输业 3.3;海陆军 1.5;公职员 1.3;自由业 2.7;其他 3.6。

各级政府机关所负担之教育经费成数,据统计 1928—1929 年:中央负担 1 394 000 000 利拉;1928 年度地方负担教育费共 605 842 000 利拉。(中央负担约占 70%,地方负担 30%)。

又据 1934—1935 年度之预算,国家总支出计 20 636(单位百万利拉 lires,后同),其中属教育部经管者 1 721 百万利拉。其支出项别如后:

初等教育　　　　　　　　1 139(单位百万利拉)

中等及职业教育　　　　　335

高等教育　　　　　　　　101

师范教育	13
学会及图书馆	15
古物及美术	47
其他	71（包括少年训练事业经费9百万，特殊教育3百万在内）

二 教育行政机关组织

壹 中央教育行政机关

甲 国民教育部之内部组织

依 1923 年 7 月 16 日敕令，最高教育行政机关称公共教育部（Ministero della Publica Istruzione）至 1929 年 9 月 12 日改称国民教育部（Ministero dell'Educazione Nationale）。该部权能，原以普通教育为主，至 1928 年 6 月法令，始将前此隶属于国民经济部之职业教育机关，移归教育部管辖。

国民教育部部长（Ministro Segretario di Stato per l'Eduçazione Nazionale）以下有次长（Sotto Segretario di Stato）2 员，一称国民教育次长，一称体育及少年训练次长。教育部之内部组织，包括总务及人事处（Ufficio Centrale degli Affari Generali e del Personale）及各司（Direzion Generale），分别掌理初等教育、中等教育、职业教育、高等教育、古物及美术、学会及图书馆、体育等事项。每司复分为若干科（Divisione）及组（Sezione），各具有特殊职能。

每司设视学员（Ispettore Addetto alla Direzione Generale）若干人，例如初等教育司有高级视学 3 人，中级视学 6 人；中等教育司有总视学 1 人，高级视学 2 人，中级视学 6 人；职业教育司有视学 5 人；又为国立教育机关及认可的私立中等学校设总视学及高级视学各 1 人。

关于中等学校之分区的辅导，由教育部部长指定大学教授及中学校长任之，期间 3 年；此外部长又得临时指令视学员从事特殊的考察。

乙 国民教育最高参议会

国民教育最高参议会（Consiglio Superiore dell' Educazione Nazionale）原称公共教育最高参议会（Consiglio Superiore della Publica Istruzione）成立于 1909 年，1928 年 9 月 29 日改组，包括议员 56 名（一作 46 名，或作 51 名），内分六组，即：高等教育、文科及理科中学及师资训练、中等职业教育、初等教育、美术教育及体育。以上各组分别讨论及议决，其建议有拘束部长之力量。至 1935 年 6 月 20 日之 1070 号法令（Decreto Legge）又将前项组织完全改组。改组后之最高教育参议会，包括议员 35 名，由部长任命之；除该会议员外，以下各员得出席该会议：全国少年训练所（Opera Nazionale Balilla）首领，法西斯主义联会（Conferazione Nazionale del Fascismo）干事；又教育部各司司长，海外意大利人总事务处主任(Direttore General degl' Italiani all' Estero)亦有贡献意见之发言权。

前项法令宣布:"所有关于拘束教育部部长使遵从最高教育会议建议之条文,一概废止;从此该会将仅为一单纯之供咨询的机关。"此外又规定:"高等会议此后不再分组举行会议,而采取全体会议方式。"

丙　其他隶属于国民教育部之参议机关

此外重要之议事机关略举如后:

(1) 最高古物及美术参议会(Consiglio Superiore della Antichita e le Belle Arti)其职能为于美术及古物方面对于部长贡献意见。

(2) 全国研究事业参议会(Consiglio Nazionale delle ricerche)为收集及报知关于国内外学术发展及进步情况之中枢。

(3) 卫生及学童福利咨议委员会(Commissione consultiva per l'igiene e l'assistenza Scolastica e per l'igiene pedagogica)其职务为促进教育及公共健康事业之联络。

(4) 中央图书馆委员会(Commissione centrale per le bibllioteche)对教育部为关于图书馆事业之顾问机关。

(5) 人事行政参议会(Consiglio di Amministrazione)以各司司长,人事处主任构成,以国民教育次长为主席。该会之职务为掌管一切有关涉国家公务人员之事件。该会设第一、第二两委员会,分别处理初等及中等学校教员之训诫问题。两委员会之构成人员皆由部长任用,任期4年。第一委员会包括法律及教育专家3人,自治的里区之教育辅导员1人,服务达10年之初等学校教师2人。第二委员会包括法律及教育专家3人,高级中学校长及教员各1人,认可的或私立中等学校之校长,或合格的教员1人。

贰　行政区域

甲　行政区域之划分及区域教育长官

地方教育行政之单位,自1911年以来定为省;至1922年12月31日之法令,改设较大之单位,分全国为19个行政区域(Regione)。各区域之人口、地域及所包含之省数不一致,兹将其19个行政区之名称及其首都所在市(括号内者),列举如后:

(1) Lombardy（Milan）

(2) Piedmont（Turin）

(3) Veneto（Venice）

(4) Scicily（Polermo）

(5) Emilia（Bologna）

(6) Campania（Naples）

(7) Tuscany（Florence）

(8) Puglia（Bari）

(9) Calabria（Cosenza）

(10) Marche（Zara）

(11) Venezia Guilia（Trieste）

(12) Venezia Tridentino（Trento）

(13) Lazio（Rome）

(14) Umbria（Perugia）

(15) Sardinia（Cagliari）

(16) Liguria（Genoa）

(17) Busilirata（Potenza）

(18) Molise（Campobasso）

(19) Abruzzi（Aquila）

省、是以普通行政之利便为基础之区划；至区域乃由历史形成，而具有单一性之自然的单位，且为与居民方言及文化需要相吻合之区分。区域内之较大的里区被赋予自行管理其学务之特权，但各市区中利用此项特权者，尚不及总数的3％(1928年，自行管理学务之里区共205个)。

每一区域设教育长官(Provveditore agli Studi)，对本区域内之初等及中等教育负组织上及行政上之职责，而将教育事宜之直接的督率，委诸本区之视学员、教学指导员及各学校校长。

区教育长官由教育部部长任用，其职权包括：对于本区内一切公立私立教育一般地监督，裁可教科用书之选择，听取对于视学员决定之抗诉，为卫生理由命令学校停闭，批准教师考试之标准，参酌教育委员会之意见令教师转职、解职、或退休，对于教师行使惩诫权，并指定委员会调查各里区玩忽教育法令之事件。

乙　区域教育长官之辅佐机关

区域教育长官之辅佐机关有：

A. 初等教育委员会（Consiglio Scolastico per gli affari della istruzione elementare）。

该委员会之构成人员为由部长所任用之委员 6 名，其中包括中等学校校长 1 名，公共卫生人员 1 名，熟谙初等教育问题之人员 4 名，以区域教育长官为主席，各委员之任期为 4 年，满职后 2 年得再被委任。该会每月开常会 2 次，其职务为对区域长官贡献关于款项之管理，学校规程之裁可，教师训练之方略等等建议。

B. 初等学校教师训诫委员会（Consiglio di disciplina per i maestri elementari）。

训诫委员会，以立于区域长官以下之委员 4 名构成之，任命方式与任期，与前者相同。4 名中有 2 名系教育委员会之委员，中学教员 1 名，初等学校教师或校长 1 名，视关系事件之当事人系教师或系校长而定。

C. 中等学校委员会（Ginuta per le Scuole media）。

中等学校委员会，以区域长官为主席，以下有委员 4 名，其中大学教授或著名学者 1 名，高级中学之校长 2 名，教员 1 名。该会之职责为贡议关于认可及改组中等学校，或开办私立中等学校之意见。每间 2 年，由该会编制合于升任校长资格之教员名册。

叁　视察区及辅导区

每一行政区域分为若干视察区（Circondario，环区），各设视学员（Regio ispettore scolastico）1 名；以下再分为辅导区，各设教学指导员（Direttore didattico）1 名。

环区视学员原有 650 名，近减为 260 名，其任务为督察教学指导员之工作。教学指导员总计约有 2 000 名，每名直接辅导 30 学级至 40 学级。

视学员及指导员之任用，皆依竞争考试成绩定之，凡肄业国立高等师范学校若干时期，取得相当资格者，均得与试（详后）。

视学员督察本区内之公立及私立学校，准许私立学校之开办；指导员缺席时委任代理人员，发给教师服务状，许可请假，分配班级，报告视察经过，裁决对于指导员行动之抗诉。

指导员应时时赴各校视察，每年分派教师于各班级，报告各教师之工作，接受关于请假及代理之请求，委任初等学校考试委员会，并提出关于学校改组之建议。

肆 市区

在各行政区域以内,有少数市区(较大之里区),多为省及某区之首市,每得享有对于教育事务之自治权能,特别是关于初等教育方面。在此等市区,教育之管辖属市区长(Podestà)及市区参议会之职掌。关于专门事项之管理,则付托于市区教学指导员(Direttori Didattici Communali),其资格须与政府之指导员相等,且至少须予以相等的俸给,如本市区有200教师以上,须设置分区指导员,每名从事30学级之辅导。

区域教育长官对于享有自治权能之市区,亦应行使一般的督率权,如遇有市区怠于尽职时,得建议撤销其自治特权。

(附) 意大利教育行政组织系统略图

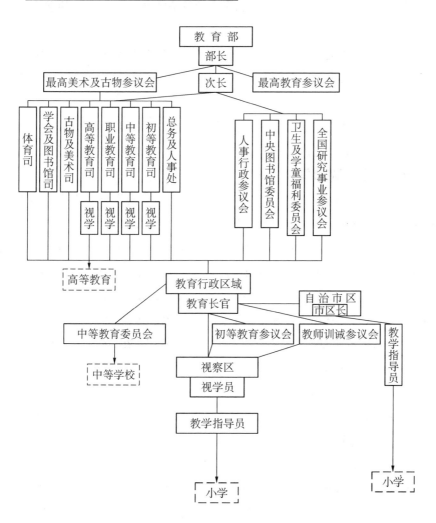

三　学校系统

甲　香第耳氏之教育改革

意大利之教育制度,迄于法西斯谛党于1922年10月取得政权以前,大体皆依据1859年之《客赛陀(Casato)条例》①。自香第耳氏(G. Gentile)②任教育部部长,始着手从事全盘改造,旋于1923年5月完成所谓"香第耳改革"(Riforma Gentile):从教学人员到教学纲领,从教法到考试,皆经一番革新。

香第耳氏之教育改革,有特色三点,分述如后:

其一:反对本于陈旧的、自由的、民主的教条之中立的,非宗教的学校,而于学校内实施宗教教学。

其二:古典语文学校,被认为中等教育之主要机关;对于古典语文之研习,特别是拉丁文,被予以首要地位,几为一切学校(包括专门的和职业性质的在内)之必修学科。

其三:大学依学术的与行政的自治体之基础,加以改组,使之重新尽其真实的功能;不仅为科学之传播者,而且为知识之创造者,成为新国家文化之中心。

乙　现行学制概要

现行学制始于幼儿学校(La Scuola Materna)或附设于小学之预备科(Il grado preparatorio),收受3岁至6岁之幼儿。

小学预备科(3岁至6岁)以上,为低级科(Corso Inferiore)3年,与高级科(Corso Superiore)2年。低级高级两阶段合称初等学校(Scuola Elementare)。高级科以上尚得设置职业准备科(Corsi Integrativi di Avviamento Professionale)。1930年10月6日敕令,创设一种新学校,称为"中等工作准备学校"(Scuola Secondaria di avviamento al lavoro),用意在为职业准备科之替代,惟职业准备科,现仍存在于各地方。

由初等学校升入下列各类中等教育机关,均须通过入学考试:

(1)补充学校(Scuola Complementare),修业年限3年,属普通陶冶性质。自从1930年以来,该类学校得以中等工作准备学校(年限亦为3年)替代之。

---

① 《客赛陀(Casato)条例》,又称《卡萨蒂教育法》,1859年由首相加富尔制定。——编校者
② 香第耳今译乔瓦尼·秦梯利(Giovanni Gentile,1875—1944),意大利新黑格尔唯心主义哲学家。——编校者

(2) 师范学校(Istituto Magistrale)之低级部,修业期间 4 年。

(3) 初级文科中学(Ginnasio),修业期间 5 年。

由师范学校之低级部,经通过入学考试,得升入高级女子中学(Liceo Femminile),或师范学校之高级科。高级女子中学及师范学校修毕,均得升入高等师范学校(Istituti Superiori di Magistero)。

修完专科中学低级部者得升入高级科(修业期间 4 年)或高级理科中学(Liceo Scientifico);初级文科中学毕业,可升入高级文科中学(Liceo Classico)继续修业 3 年。

毕业高级文科或理科中学者,得升入大学及与大学同等程度之高等专门学校。

综观意大利之现行学制,盖折衷于单轨与多轨间,即于 10 岁以前为单轨制,以上便有比肩而立之多种中等学校。

(附) 意大利现行学校系统略图

生年	学 校 种 别							
20—21			高等师范学校			大学及高等专门学校		XV
19—20				X_2		X_4		XIV
18—19		成人教育		师范学校(高级科)	专科中学(高级科)	等商业、测量科	高级科中学文科中学	XIII
17—18	部分补习学校		X_1	幼稚师范学校				XII
16—17			高级段	中学女子				XI
15—16		职业学校		师范学校(低级部)		X_3	初级文科中学(上级)(下级)	X
14—15		X_1					X_3	IX
13—14	职业准备段	中等职业预备学校	补充学校		专科中学(低级部)			VIII
12—13								VII
11—12	X_1							VI
10—11	(高级段)	初			等			V
9—10		X_1						IV
8—9								III
7—8	(低级段)	学			校			II
6—7								I
5—6								
4—5	(预备段)	小学预备段		幼儿学校				
3—4								

(附注) X_1 为转学及毕业考试;X_2 为职业考试;X_3 为许可升级考试;X_4 为大学入门考试。

四　少年训练制度

甲　少年训练之目标及组织

意大利之少年训练组织，与整个学校系统相平行。

在各级学校内，完成教育与法西斯主义间之综合者，乃为所谓"全国少年训练所"（Opera Nazionale Balilla），其影响之大，远过于教室内之直接的教学。少年训练之组织，发源于米兰（Milano）市，最初以法西斯前卫队（Avanguardia Fascista）这一名称出现，1922年专以8岁至14岁男孩所组织之巴立拉团（Gruppo Balilla）①继起成立；至1926年，始以法律确定为一种志愿的组合，由法西斯党及私人资助维持，并受内政部之补助（按：1934—1935年度之教育预算中，有全国少年团经费900万利拉）。由于中央、省及市区各级训练机关之成立，少年训练团体，已遍设于全国各地。依1927年1月9日之法令，训练之目的为："遵循意大利生活之新理想，促进少年之身体的与道德的发展。"该组织之活动，包括增进精神的与文化的价值；激励宗教训导，培养纪律、秩序、责任、利他、荣誉等心性；训练个人成为良好的父亲、公民及军人；又由体操与竞技供给较为直接的军事训练之预备；最后不外准备将来法西斯党员与法西斯主义之赞助者。

现今意大利之法西斯主义的训练组织，与整个学校系统间，已形成密切的联络。儿童从6岁起，即可加入所谓狼子团（Figli della Lupa）；男孩达8岁时，得加入巴立拉团（Gruppo Balilla）迄于14岁；再进可加入法西斯前卫队（Avanguardia Fascista），从17岁开始受预备军训。凡曾受前卫队之训练年达18岁者，得为青年法西斯党员（Giovane Fascista）。至21岁，曾按级历受完全之训练者，始得为法西斯党员（Fascista）。

据1930年统计，巴立拉团员（8岁至14岁）计981 947名；前卫队员（14岁至18岁）计371 529名。

巴立拉之组织，从始即采取军队方式，以11人为一排（Squadre），二排为一小队（Manipoli），三小队为一中队（Centurie），三中队为一大队（Corti），三大队为一团（Legioni）。所供给之训练，不仅包括军事的，而且有飞行、海军、驶车、滑雪

---

① 巴立拉团，即国家巴立拉组织，意大利"国家法西斯党"的青年组织。——编校者

等等。所有职员多来自中学及小学之教师,以及法西斯党军。

对于女子,亦有类似的组织,依加入者之年龄,分为两组,即:意大利幼女团(Piccole Italiane),团员年龄8岁至14岁,与意大利女青年团(Giovani Italiane),团员年龄14至18岁。其训练内容除体育、休乐活动及爱国教育外,尚有各种适于女子需要之特殊活动。

据1930年统计,幼女团员(6至12岁)计670 183名,女青年团员计98 000名。

(注)据另一统计,1934年度,各种男女少年训练机关团员,共达4 327 321,女团员约占1/3云。

乙 体育行政及组织

身体训练及游戏,在学校课程上,被予以特殊地位,体育之促进为法西斯当局所极端重视;最初将其督导权能委诸全国体育协会(Ente Nazionale di Educazione Fisica),1927年改归全国少年训练所统辖;至1929年乃并入国民教育部为其一构成部分。依全国少年训练所所发布之规程,小学第三、第四、第五各年级,体操时间为每周4节,每节半小时;第六、第七、第八各年级及中等学校,每周2节,每节1小时。

五　幼稚教育

甲　三类幼稚教育机关

意大利之学前教育机关（Educazione Prescolastico），首创于爱波地（Ferrante Aporti, 1771—1858），时为 1827 年；其名称为 Asilo per l'infanzia（幼儿院）收 3 岁至 7 岁之幼儿；1844 年爱波地受都灵（Turin）大学之聘，主办幼儿师资训练学校。其后，此种幼儿院遂逐渐推行各地。至 1894 年，经爱格济姊妹（Rosa e Carolina Agazzi）加以改组后，愈臻发达。从 1871 年，第一所佛禄贝尔式幼稚园（Giardino d'infanzia）设立于威尼斯（Venice），与爱氏之幼儿院有互争雄长之势。至 1907 年蒙台梭利氏（Maria Montessori）之第一所儿童院（Casa dei bambini）设于罗马，于是又出现第三种幼稚教育之机关。

以上三派之幼稚教育机关，在 1928 年之《初等教育法典》中，被统一于幼儿学校或初等学校预备班单一名称之下，一律收受 3 岁至 6 岁之儿童，惟事实上仍多有沿用旧称者。此类学校有公立、私立及慈善或宗教团体设立各种，但办法均属一致。

乙　最近发展情形

幼儿教育近年发展颇速，据 1921—1922 年度统计，全国计有 5 902 所，儿童 397 610 名；至 1932—1933 年度，增为 9 288 所，儿童 705 728 名（其中男童 346 041，女童 359 687）。

（注）按 Annuaire international de l'Education et de l'Enseiguement, 1935 将前列 1932—1933 年之数字均列入 Ecoles privées（私立学校）项下，而"公立学校"项下缺，疑有误。

又据一统计：1929—1930 年度，计有 9 546 校，儿童 749 876 名，约占全体 3 岁至 6 岁儿童 1/4；免费供给全体膳食者 1 043 所，仅免费供给贫寒儿童者 2 431 所；一概需纳费者 912 所。就所采用方法分别计之，则属蒙台梭利式者 422 所；属爱波地式者 1 283 所；属佛禄贝尔式者 1 458 所；属混合式者 6 383 所。1929—1930 年度，计有女校长 5 903 人，教师 10 851 人，助理 4 061 人。

丙　课程

幼稚教育机关之课程，每周共分为 35 节，其时间分配如后表：

唱歌、自由画、书法、背诵 …………………………………… 4
社会基本常识及休乐的、知能的作业 ………………………… 6
园艺、手工活动、家事活动、体育活动及游戏，膳食及卫生照料 …… 24
共计 …………………………………………………………… 35

幼稚教育机关之师资于幼儿学校师资学校（Scuole di Metodo per l'educazione materna）养成之，修业期间3年，全国公立者计有6所。

六　初等教育

甲　初等教育之分段及学校之分类

香第耳之教育改革,于 1923—1924 年度实施。其第一步为小学组织之新区分,依 1923 年 10 月 1 日之法规,意大利之小学校分为四个阶段:

(1) 预备段或幼儿学校(Il grado preparatorio 或 la scuola materna)　修业期 3 年,迄满 6 岁止(见幼稚教育专章)。

(2) 低级段(Il grado inferiore)　修业期亦 3 年,从 6 岁至 9 岁;其课目为宗教要旨、读法、书法、方言译文练习、缀法、农业及工业范围内之实习、美术、乡土、历史、地理。

(3) 高级段(Il grado superiore)　修业期 2 年,9 岁至 11 岁;其教科有关于指导家庭及社会生活之书籍研读,地域的及国家的历史、地理、公民及经济学科,算术及几何初步,卫生及自然科学初步,应用图画、体操等。

以上两段合称"初等科",共计 5 年(6 岁至 11 岁)。

(4) 职业准备班(Classi integrative di avviamento professionale)　修业期亦 3 年,从 11 岁至满 14 岁,即第六至第八学年。该班除对以前各级功课之加深研究外,更增设三种自由选择的连续两学年的实用科。

按:1930 年拟以中等工作预备学校(Scuola Secondaria di avviamento al lavoro)替代此项准备班(详后)。

因为每校之完全举办以上各级,在最近之将来,为不可能之举,故于另一法规中,依地方经济能力,将学校分为两种,即"分级"的(Scuole classificate)与不分级的(Scuole non classificate),其中又分为"临时的"(Provisorische)和"津贴的"(Subsidierte):

(1) 分级学校　设立于省之首市及较大之里区,通常设置低级及高级段,学生人数达 40。如可能时,并设立职业班。此类学校,由里区(自治区)设立,或由国家直接维持及管理。

(2) 临时的学校　仅设低级段,学生数从 15 人至不满 40 人,设在乡村。其设立者为各自治区,或区域教育官厅,其行政与维持,往往委诸文化社团及基金团。此类学校如每年有学生 10 人以上通过升级考试,得从国家取得维持费若干,其教师并得享有分级学校教师所有一切权利。

(3) 津贴的学校　有学生5人至15人,位于小村落,皆由文化社团或私人设立,而经区域教育长官认可。服务此类学校之教师,每为未经检定者。此类学校亦得受领国家津贴,其数目由区域教育长官随时决定之。

经由新的分类,不但可能激励私人及地方对于小学教育创办之努力,并且规划了一种弹性之学校组织,使学校能够与地方的要需及地方的可能性保持密切的接触。

本节所谓"初等教育",乃以低级科(Corso Inferiore)3年与高级科(Corso Superiore)2年为主,合称初等学校。

乙　初等学校之课程

小学各科时间之支配,依初等教育规程所提示者大略如后:

科　　目	I	II	III	IV	V	职业准备
宗教	$1\frac{1}{2}$	$1\frac{1}{2}$	2	2	2	2
唱歌、自由画、书法、背诵	$2\frac{1}{2}$	$2\frac{1}{2}$	4	5	5	3
读书、写字、语言	7	6	5	5	4	3
拼音	×	2	2	×	×	×
算术、几何图案、簿记	4	4	4	3	3	2
社会常识及休乐活动	4	4	4	1	1	1
园艺、手工、家事技艺、体操及游戏、餐膳及卫生照料	6	5	4	4	4	×
历史及地理	×	×	×	3	3	2
政府及经济学大意	×	×	×	×	1	1
职业工作	×	×	×	×	×	8
合计	25	25	25	23	23	22

在法西斯党执政以前,学校教师于选择教科用书有极广泛之自由;改革后,初由教育部令各地方成立地方委员会,附于各行政区域,从事编选业经教育部审定之书目供各校采用,是为一种暂行办法。迨1929年1月7日之法令,始确定初等学校教科书由国家编辑,并强制各校(包括私立学校)一律采用。本此,乃成立一编纂委员会。该委员会于一年许之时间,完成其艰巨之工作;在1930—1931年度之始,所谓国定教科书(Libro di Stato)即已散布于全国各学校。

体育在课程表上,另予以特殊地方,从1927年,将体育之行政及组织,委诸全国少年训练所(见前)。

在教学纲要中,明定小学中实行强制的宗教教学,对于图画特加重视,作为学习之手段,且为儿童观察的本能之自发的表现;此外对于唱歌,初步乐学及休乐的作业亦甚重视。但教学纲要,并非强制教师遵从而不容更动的标准,不过指示国家所望于教师,在某一学级所当达到之结果而已。换言之,教学纲要仅提示教师所应达到之积极的目标,至于达到此项结果所当用之手段,则予教师以相当的采择自由。

丙　最近初等学校之发展

在1928—1929年,由于归并人数过少之班级,并于入学人数增多地点,添设新的学级,共计增加600新学级,而经费并未多增;同时因为国家补助费之加多,又新设500学级,合计加增1 100新学级。此项增加乃为必要的,因为入学生徒在1927—1928年度为3 600 000,至1928—1929年度,已增为3 870 000;至1929—1930年度,更增为4 000 000。学校人口之增加,约计每年为200 000人。

前此在偏僻地区,小学往往以第三学级为止境,此后将加设第四学级,甚或第五学级,完成小学之初级与高级科。

在1927—1928年度,计有141 800级,教师93 000人;次一年度教师数为94 000,学级数143 100;1929—1930年度,学级数增为144 000,教师95 000名;1930—1931年度,又增2 000学级,教师总计约97 000名。

据1932—1933年度之统计,初等学校校数,教师数,学生数如后:

立别	校数	教师数	生徒数
公立	97 316	101 229	5 137 192
私立	2 357	7 628	155 370

小学之内部的革新,依1923年10月1日及12月31日之法令。前此,各小学每级之生徒,少者仅数名,而多者有至60人甚或至80人之众。至是将每级生徒限定为60名。

丁　小学之考试

新意大利之教育制度中,考试占极重要地位。由初等学校之低级段升入高级段,均须经过考试。该项考试委员会包括教学指导员或由彼所指定之代表,本级教师及另外专为考试选任之教师1人。在家庭或在私立学校受教育之生徒,必须受政府考试,由特殊委员会主持。在设有职业准备班之学校,修完高级段而欲升入者,亦须通过考试。

据1929—1930年统计,该年度受试学生共计3 633 115名(其中男1 915 329,女1 717 786)。其通过考试者计2 678 740名,在全数内约占74%。

戊 义务教育推行概况

意大利之有强制入学(Obbligo Scolastico)法令,自1877年始,惟以各自治里区之无力担负教育费用,推行殊为迟缓;至1911年,改行省区制,凡贫乏或教育被漠视之地方,由国家直接担负设学所需费用,始渐见起色。

据意之现行法规及政府之报告,义务教育期间始于6岁(但迄今在乡村仍有迟延至11岁始入学者)继续至14岁;惟实际上各地因学校缺乏及经济原因,仅以6岁至11岁一阶段为强制期间者,较为通行。

每学年之长度,规定为10个月,从9月1日起,至翌年6月30日止;每星期四日休课,每年上课日数约180日至216日。

依法,督令学龄儿童入学之责任,加于父母、监护人及童工之雇主。凡达入学年龄之儿童,由各地方之里区长,按年调制名单,呈交政府视察员;每年届开学日,如有应入学而未来注册者,则将其姓名公告之。如负有督令儿童入学之责者不能提出满意的解释,则处以罚锾。

据1929—1930年度之统计,学龄儿童总计4 748 862名,已入学者为4 153 784名。

又依 *The Year-book of Education*, 1934,根据1930—1931年度之数字,算出3岁至7岁儿童之入学者,占57%,至14岁之在学者,占62%。

近年来,一方因小学教育之逐渐普及,同时因成人识字教育之推行,不识字人口据称已减少至9%或10%云。

七　中等教育

甲　概说

严格的领袖选择,为意大利教育革新之根本主旨,故颇富于贵族主义之色彩。惟吾人并不能用贵族主义,或平民主义一词,判断意大利之新学制。确然,在改革以前之学制,就其全体学校皆建立于初等学校以上,使小学生有升入中等学校,并更前进至大学之可能,固可称为平民主义的。然而此种平民的学制,其精神上实为趋向最小抵抗之道途,形成简单折中的课程与广泛一律的内容。其弱点在缺乏有计划的淘汰与分化。新改革之重要主旨,为解决知识分子之过剩生产问题,亦即为黑衣党对于多议论而少成功的平民主义的政府及舆论所取之纠正方略云。

香第耳氏在黑衣党革命以前,即已对于旧制深感不满;自主持教育部后,其改革方针,一方为创造一种有力的考试制,因以实行严格的生徒选择,并同时为考核教员成绩之具;他方则为每种学校,设界划明晰的,合于其专有任务之教育目标。

意大利之所谓中学校(Scuola Media)包括介乎初等小学与大学间之一切学校。其中有为高等教育机关之预备者,亦有为专门业务之预备者。1923年之新规程分别三种建立于初等学校以上之中等学校：

(1) 三年制之补充学校(Scuola Complementare)　其目的为初等教育之补充,为国家、地方及私家职务之准备训练。

(2) 职业学校　其中包括八年制之中等专科学校(Istituto Tecnico)及师范学校(Istituto Magistrale),其修业期为7年(详专节)。

(3) 纯正意义之文化中学　其任务为大学研究之预备,其中包括八年制之文科中学(Liceo-ginnasio),课程着重古典语文;及建立于中等专科学校4年以上,或文科中学4年以上之理科中学(Liceoscientifico),设置4年之数理课程。属此类者,尚有七年制之女子中学(Liceo Femminille),专为不再续入大学之女子而设。

以下再对各类中学分析说明。

现制中等教育组织,将一切中等学校分为两大类,即：第一等级与第二等级学校。

A. 中学校 属第一等级者为补充学校；京奈梭（Ginnasio，即初级文科中学，文科中学之前段），中等专科学校之低级段，师范学校之低级段；属第二等级者为尼梭（Liceo，即文科中学之后段），师范学校高级段，（高级）理科中学及（高级）女子中学。

B. 初等学校 前此从第四年级以后分为通俗科（Corso Popolare）与高级科，后者亦称补充学校，其教学科目包括意大利语、历史、地理、数学、自然科学、簿记、图画、一种外国语、习字、速记。补充学校为入师范学校之门径（按旧制补充学校仅有女校，专为"师范学校"（Scuola Normali）之预备）。

C. 专科中学 为中等之职业学校，修业期分为两段，各4年。前四年为普通教育，学科有意大利语、拉丁文、历史及地理、数学、图画、一种现代外国语及速记（无自然科学）。高级科分为两部：其一部为商业及行政事务之预备，其教科有意大利文学及历史、地理、数学及自然科学，两种现代外国语及商业学科；其他一部则加授农业簿记、农业技艺、土地测量、地形学及地形绘图、建造绘图、化学、农业法令。

D. 文科中学 以准备学生升入大学为目的，其编制分两段：前段5年，称Ginnasio（前三年为下级，后二年称上级）；后段3年，称Liceo。在前段内，从第三年后，又分二部。其教科为意大利语、拉丁文、历史及地理、数学。从第二年起，加现代外国语；从第四年起，开始希腊文教授。自然科学到后段才开始，外国语至后段即停教。意大利教育上不认自然科学之普通的教育价值，仅认其特殊的教育价值，是其特点。自然科学，在理科中学及专门学院中，颇占重要地位，乃在于职业目的。

文科中学（前段）之入学年龄，约在11岁，转入后段时约在16岁，须经国家考试。

在高级（后段）中学，除三种语文（即意语、拉丁文、希腊文）外，有历史、哲学、数学、物理、化学、自然史、经济学、地理、美术史各科。

E. 理科中学 亦为高等教育之准备，但修毕是科者，仅得入大学理科或医科。理科中学经入学试验，收容曾在低级段肄业4年之学生。其课程，如其名称，着重数理学科，包括意大利语、拉丁文、历史、哲学、经济、数学与物理、自然科学、化学与地理及一种外国语等。

F. 女子高级中学 乃为一般既不拟升学，亦不欲受任何职业训练之女子而设，收录曾在中学低级修业4年之生徒，其修业期间为3年。其学科有意大利语、拉丁文、希腊文、地理、哲学、法制、经济、一种必修外国语、一种选习外国语、美术史、图画、女子手工、家政、音乐及唱歌（须学习乐器之使用）、舞蹈。于此当知凡从文科中学前段而来之女生，在其全部所受教育中，曾无自然科学一门。

乙　与中等教育相关之各种考试

查意大利之考试种别甚多，分述如后：

（1）补充学校以及中学初年级之入学资格，均为通过一入学试验（Esami di Ammission），考试委员会由所投考之学校教员组织之。所试科目为初等学校高级之教学材料，包括笔试及口试两部分。依法律规定，满生年10岁为许可入学之条件，即需在小学中修业5年。因意大利之公立中学无设预备班者，故小学成为一切中学之基础。文科中学、师范学校及专科中学之入学试验办法一致；惟补充学校条件较宽。从中学低级段（其内容以人文学科为基础，拉丁文为必试科目，故大致具统一性）转入高级段，亦须经过考试（文科有二次考试，参看学校系统图），考试委员会之组织同前。

（2）所谓"学力考试"（Esami di Ideonità）乃是一般肄业于未经认可的学校或私立学校之生徒，欲转入公立学校者所必经之试验。

（3）所谓升级考试（Esami di Promozione）乃在前一学年中，学行分数在中等或中等以下（以10分为满分，凡仅得6分或不及6分者）所须通过之考试。

（4）离学考试（Esami di Licenza）乃补充学校、职业准备科及女中之结束试验，由关涉学校之教师举行之。

（5）更上，尚有所谓"专业考试"（Esami di Ablitazione），凡专科中学及师范学校之学生，修毕全部学程者，须经此种考试，而得职业训练之证明。大学及专门学校及门考试（Esami di Maturita）专为升入大学者所需经过之考试，只有高中之毕业生得应试。

一切考试，皆由委员会举行，对于来自私立学校学生与来自公立学校者无分轩轾。其组织，原则上由各校教员构成之；惟所有教员，乃系该受试生此后所将受教者，而非前此曾亲受教者。"专业考试"及"大学及门考试"，皆由特殊的部派之考试委员会举行，以替代各校之内部考试，而奖励校际之竞争。大学及门考试之委员，大学教授不得过1/3，高级中学教员至少占2/3，外此有私立学校教员1人，或与教育工作无关涉者1人。

新教学程序上要求：只要可能时，应以原始典籍之探索，替代教科书之读诵（尤其是在文学、历史、哲学、教育学诸科中）。在考试方面，亦取同样方针。考试之重心置于判断力成熟及精神的开展，而不在于各科内容知识。香第耳氏自以为由此种新考试计划,他发现了一种比较美国之测验法稳妥得多之领袖选择方法云。

丙　中学之行政

一切中等学校,均隶属于国民教育部之中等教育司,并受教育部专任视学及为从事特殊视察或研究所指派之专家之视察。对于中等教育之一般的督察,乃委诸各行政区域之教育长官及为其辅佐之中等教育委员会,该委员会以区域长官为主席,包括大学教授或于学术上有卓著声誉者1人,中学校长2人,中学(第二段)专任教员1人,均由国王任命之。

每一中学设校长(Precide)1人,辅以教员所构成之校务委员会(Collegio dei Professori)。该会会议一切关于教学及训育问题,设备,学校图书馆书籍及教本之购置,依据教育部所审定之教本之选择,以及对于各个教师所提出关于生徒学行报告之最后的审核。

外此,尚有一学校行政委员会(Consiglio di Presidenza),以校长、副校长及由教员选出之代表1人组织之,专解决需要敏速处理之问题。

凡经认可之团体,得设置各类中等学校,惟师范学校除外。各类中学之教师,须具有与公立学校教员同等之资格,并受同一规程之管辖。私立学校得由年龄达30岁以上之具备公立学校教员资格之公民,经区域长官之批准设置之。凡私立学校之教师之资格,课程与教学要旨及建筑等均需符合中学法规之规定,并设置适宜之体育训练,且需随时受区域长官及教育部所派遣人员之视察。

丁　中学之课程

中学课程内容之决定因素,一方为最高教育行政当局所公布之各科时数分配表,他方为各项考试所规定之各科应试之项目。兹将各类中学之教育科目之时数表分列于后,惟专科中学及师范学校之课表,则另行分别列于各章。

A. 补充学校　性质介于中学与小学之间,其3学年各科时数分配如后:

学科 \ 年级	第一年	第二年	第三年	合计
意大利语	4	4	3	11
历史及地理	4	4	3	11
现代外国语	4	4	4	12
数学	4	3	3	10
自然科学	—	2	2	4

续 表

学科 \ 年级	第一年	第二年	第三年	合计
簿记	—	3	3	6
图画	4	3	3	10
书法	2	—	—	2
速记	—	1	2	3
合计	22	24	23	69

B. 文科中学　乃为高等研究之准备，修业期间共计 8 年，其各科时数分配如后：

学科 \ 年级	低级段					高级段		
	Ⅰ	Ⅱ	Ⅲ	Ⅳ	Ⅴ	Ⅰ	Ⅱ	Ⅲ
意大利语	7	7	7	5	5	4	4	3
拉丁文	8	7	7	6	6	4	4	3
希腊文	—	—	—	4	4	4	4	3
现代外国语	—	3	4	4	4	—	—	—
历史及地理	5	5	4	3	3			
历史						3	3	3
地理								3
哲学及经济学						3	3	3
数学	1	2	2	2	2	4	2	2
物理						—	2	3
自然科学及化学						3	3	1
美术史						1	1	2
合计	21	24	24	24	24	26	26	26

C. 理科中学　为大学理科、医科及工程、建筑、药学各科之预备，学生由文科中学低级段或专科中学（课表另见职业教育章）升入，修业期间 4 年，各科教学时数分配如后：

学科＼年级	I	II	III	IV
意大利语	4	4	3	3
拉丁文	5	4	4	3
现代外国语	4	4	3	3
历史	2	2	3	3
地理	—	—	—	3
哲学及经济学	—	2	3	3
数学	5	3	3	3
物理	—	2	3	3
自然科学及化学	2	3	2	—
图画	3	2	2	2
合计	25	26	26	26

D. 高级女子中学 乃为一般不拟升学之女生而设，学生曾肄业文科中学低级、师范学校低级，或专科中学低级4年。此类学校殊不发达，兹将其课目时间表列后：

学科＼年级	I	II	III
意大利语及拉丁文	6	6	6
历史及地理	3	3	3
哲学、法制及经济	3	3	3
美术史（选习）	(2)	(2)	(2)
法语（选习）	(4)	(4)	(4)
德语或英语	4	4	4
图画	3	3	3
乐歌及舞蹈	2	2	2
器乐（选习）	(2)	(2)	(2)
家事科	3	3	3
合计	24(32)	24(32)	24(32)

戊 中等学校之最近统计

兹将1932—1933年度各类中学之校数、教员数及学生数统计表列后：

A. 公立中等学校

学科		教员		学生		学生合计
		男	女	男	女	
1. 文科中学（高初两级合设）(Licei-ginnasi)	226	3 819	1 215	63 612	20 449	84 061
2. 文科中学（高级段）(Licei)	19	—	—	—	—	—
3. 文科中学（低级段）(Ginnasi)	176	1 017	542	16 638	5 338	21 976
4. 理科中学	58	552	87	6 494	800	7 294
5. 专科中学	154	2 598	1 381	41 403	8 141	49 544
6. 师范学校	164	1 198	1 946	15 511	38 659	54 170

B. 私立中等学校

学校		教员		学生		学生合计
		男	女	男	女	
1. 文科中学	84	未		2 782	844	3 626
2. 文科中学（低级段）	187			2 219	2 602	4 821
3. 理科中学	29			586	56	642
4. 专科中学	—			—	—	—
5. 师范学校	160	详		1 201	7 136	8 337
6. 其他中等学校	76			3 228	1 196	4 424
7. 特殊中等学校	1 891	10 600	6 218	142 234	63 371	205 605

八　职业教育

甲　中等职业预备学校

香第耳氏之改革，多属关于普通教育方面者；至于职业或专科教育之改造，则决定于1928年6月之法令。该令将前此隶属于国民经济部之职业教育机关移转于教育部。随着行政统整之完成，1929年1月7日有《中等职业、预备学校条例》(*Scuola Secondaria di avviamento al lavoro*)之发布。该类学校之建立，乃企图统合前此分别于职业学校、补充学校及补习科所供给之初等学校以上之教育，而使之具有实用的倾向。

职业预备学校由国家扶持，入学资格为修毕初等学校5年，或年达10岁，而通过入学考试。修业期间3年。前二年之功课即为初等学校各科之继续，惟每加授一种外国语，以法语为常。课程中手工一门，系依据本区域特种实业之情况而定。

该类学校之目的为训练生徒使专精农业、工业与工艺或商业领域以内之工作。第三学年之课程分为三部，每一生徒应专攻一部，就中工业复分为四组：(1)机械学及木工(2)建筑工(3)纺织工及(4)矿工。

修毕职业预备学校之工业或商业科者，再经一年之预备，得升入师范学校及新制专科中学(1931年6月15日法令创设)之第四年级。

此类学校目前在意大利学制上已渐占重要地位，最近统计已有1394所；男生98 241名，女生55 327名，共计153 568名。

中等职业预备学校之共同科目及专攻科目分别表如后：

(1) 共同科目

学科 \ 年级	Ⅰ	Ⅱ	Ⅲ
意大利语	4	4	3
历史地理及法西斯文化	3	3	4
外国语	3	3	3
数学	4	3	2
物理及自然科学	2	2	—
卫生	—	1	1

续 表

学科＼年级	Ⅰ	Ⅱ	Ⅲ
图画	4	2	—
习字	1	1	—
体操	2	2	2
宗教	1	1	1
唱歌	1	1	1
合计	25	23	17

（2）专攻科目

学科＼年级	农业			工业						商业			女子		
	Ⅰ	Ⅱ	Ⅲ	Ⅰ	Ⅱ	A Ⅲ	B Ⅲ	C Ⅲ	D Ⅲ	Ⅰ	Ⅱ	Ⅲ	Ⅰ	Ⅱ	Ⅲ
职业图画	—	—	2	2	4	4	6	3	4	—	—	—	—	2	4
应用科学	—	—	2	—	—	3	2	2	3	—	—	—	—	—	—
农业及农业的工业	—	3	3	—	—	—	—	—	—	—	—	—	—	—	—
动物驯养	—	—	1	—	—	—	—	—	—	—	—	—	—	—	—
农场会计	—	—	2	—	—	—	—	—	—	—	—	—	—	—	—
工学	—	—	—	—	—	4	2	3	—	—	—	—	—	—	—
建筑	—	—	—	—	—	—	3	—	—	—	—	—	—	—	—
纺织	—	—	—	—	—	—	—	5	—	—	—	—	—	—	—
矿物及相关的工业	—	—	—	—	—	—	—	—	4	—	—	—	—	—	—
矿物工业之会计	—	—	—	—	—	—	—	—	2	—	—	—	—	—	—
家政	—	—	—	—	—	—	—	—	—	—	—	—	3	3	3
家庭会计	—	—	—	—	—	—	—	—	—	—	—	—	—	—	2
会计及簿记	—	—	—	—	—	—	—	—	—	—	2	4	—	—	—
商品	—	—	—	—	—	—	—	—	—	—	—	2	—	—	2
速写	—	—	—	—	—	—	—	—	—	—	2	2	—	—	—
打字	—	—	—	—	—	—	—	—	—	—	2	2	—	—	—
外国语言及通信	—	—	—	—	—	—	—	—	—	—	—	2	—	—	—
实际工作	12	11	10	10	10	10	8	8	8	—	2*	4*	9	9	10

（注）Ⅲ．A 机械与木工；B 建筑；C 纺织；D 矿工。
* 系"商业实际"与其他各科之实际工作有别。

乙 专科中学

关于此类学校之组织,已略述于中等教育章。其低级段为普通科,高级段包括以下各科之一种或数种:农业、工业、航务、商业及地形测量。各个学校之命名,依其所设科别定之。毕业于专科中学者,经通过特别考试,得升入高级段各科继续肄业。兹将专科中学之各科时数表列后:

学科＼年级	低级段				高级段							
					商业及会计				测量			
	I	II	III	IV	I	II	III	IV	I	II	III	IV
意大利语	7	6	6	5	5	5	—	—	5	5	—	—
拉丁文	7	7	6	6	—	—	—	—	—	—	—	—
历史及地理	4	4	2	2	—	—	—	—	—	—	—	—
数学	—	—	—	—	5	5	—	—	5	5	—	—
历史	2	2	4	4	—	—	—	—	—	—	—	—
数学及物理	—	—	—	—	6	5	—	—	6	5	—	—
第一外国语	—	4	4	4	2	2	—	—	—	—	—	—
第二外国语	—	—	—	—	—	6	5	4	—	—	—	—
图画	4	2	2	2	—	—	—	—	4	—	—	—
速记	—	—	1	2	—	—	—	—	—	—	—	—
自然科学及地理	—	—	—	—	3	3	2	2	3	3	2	—
测量	—	—	—	—	—	—	—	—	—	—	4	2
农村簿记	—	—	—	—	—	—	—	—	—	—	—	2
经济学	—	—	—	—	—	—	2	4	—	—	—	4
化学	—	—	—	—	—	—	—	—	—	3	3	3
农村工艺学	—	—	—	—	—	—	—	—	—	—	—	2
建筑及图样	—	—	—	—	—	—	—	—	—	2	7	6
地形学及图画	—	—	—	—	—	—	—	—	—	—	8	8
农村立法	—	—	—	—	—	—	—	—	—	—	2	—
簿记及会计	—	—	—	—	—	—	8	8	—	—	—	—
法律	—	—	—	—	—	—	7	5	—	—	—	—
财政及统计学	—	—	—	—	—	—	—	4	—	—	—	—
书法	—	—	—	—	2	—	—	—	—	—	—	—
工业化学	—	—	—	—	—	—	3	—	—	—	—	—
合计	24	25	25	25	23	26	27	27	23	23	26	27

丙 1931年法规下之职业教育机关

1931年6月15日之法规,将职业教育加以改组,现时属于职业教育系统之教育机关,除专科中学以外,尚有:

A. 新制之"职业学校" 修业期间2年或3年,分农业、工业及商业各科;以修完中等工作预备学校为入学条件。其功能为完成中等职业预备学校之实用的训练方面。

B. 女子职工学校 修业期间3年,供给女子以属于其本分内之职业及家事管理之训练。入学资格为(1)执有中等职业预备学校证书,(2)获得升入任何中学第一年级之资格,及(3)年达13岁,经通过入学考试。

C. 女子职工学校师资训练学校 修业期间2年,其目的为供给关于教学女子职工及家政科目之理论与实际之训练。由前述女子职工学校毕业,经通过入学考试者得升入。凡执有中学第二段之毕业证书,并通过特殊试验者,得入第二年级。

D. 工人训练班(Corsi per Maestranza) 为夜间或假期专班,目的在于由普通教育及教授工艺学科以发展工人之专艺的与生产的技能。凡设有此类教育机关之地点,所有18岁以下之工人,未执有职业学校文凭者,均须强制入学。在学时数之最低限度为每周8小时,每集中于一周内之两日,每年上课200小时。凡雇主必须给予雇工以入学所需之必要时间。

丁 艺术教育

1923年12月31日之敕令,将一切以促进"艺术及艺术教育"为目的之机关及其他团体加以改组,一洗前此散漫凌乱之艺术教育设施。现制艺术教育之实施场所为:

(1) 低级艺术学校(Istituto Inferiore d'arte)及高级实业艺术学校;

(2) 艺术中学、美术学校及高级建筑学校;

(3) 音乐院及歌咏学校。

前此隶属于国民经济部下所有艺术学校专科学校之艺术科,经1924年5月21日之敕令,已完全改隶于教育部。

九 小学师资教育

甲 革新后之师范学校及其课程

旧制师范学校入学资格为修毕补充学校（专为女生设）或曾肄业专科中学校或文科中学相当年级。师范学校修业期共3年。在未设师范学校之地方，得在文科中学内设2年之师范专修科。

改制后之师范学校，已于中等教育段中述及。入学资格为修毕初等学校5年，年龄至少10岁，并通过入学考试。修业期共7年：低级段4年，高级段3年；由低级段升入高级段，须通过入学考试。低级段之教学科目为意大利语、拉丁文（从第二年起）、历史及地理、数学、一种外国语、图画、乐学、歌唱及乐器演奏。在高级段，教学科目为意大利语及文学、拉丁文及文学、历史、哲学、教育学、数学及物理学、自然科学及地理、卫生、图画、乐学、歌唱及乐器演奏。每校皆附设幼稚园及日间育儿所，供学生观摩之用。

师范学校之课程，着重各科之哲理基础及原始典籍之探究，以为教科书习学之替代。

香第耳氏师范教育改革之中心思想，以为成功的教学之要件在于学科内容之熟谙与哲理的深究，而视教学实习及技术为次要。

兹将现行师范学校课程表列后：

学科 \ 年级	低级段				高级段		
	第一年	第二年	第三年	第四年	第一年	第二年	第三年
意大利语	8	4	4	4	5	4	4
拉丁文	—	6	6	6	5	4	4
历史	—	—	—	—	3	3	4
地理	4	2	2	2	—	—	—
现代外国语	—	4	4	4	—	—	—
哲学与教育学	—	—	—	—	4	5	6
数学	3	2	2	2	—	—	—
数学及物理学	—	—	—	—	3	4	4
自然科学及卫生	—	—	—	—	2	4	—

续　表

学科＼年级	低级段				高级段		
	第一年	第二年	第三年	第四年	第一年	第二年	第三年
图画	3	2	2	2	2	1	1
乐学要旨及合唱	2	2	2	2	2	1	1
乐器演奏（选习）	(2)	(2)	(2)	(2)	(2)	(2)	(2)
合计	20(22)	22(24)	22(24)	22(24)	26(28)	26(28)	24(26)

师范学校全部学程修完，须通过高级段所有全体科目之考试，包括笔试口试，其中关于哲学及教育学之考试内容侧重哲学及教育名著之探讨。

乙　小学教师之检定考试任用及升迁

通过前项考试，得受初等学校教师资格证书（Abilitazione all'insegnamento Elementare 或 Abilitazione Magistrale）。持有此项证书，始得参与一种公开竞争考试（Concorso Pubblico），每年由各区域长官或自治市区参议会公开招考。考试内容包括关于教育上问题之论文一篇，口试则大体系依据师范学校之学程命题。就考试结果，按成绩次第排列，名列前茅者尽先任用。

经获得初期任用后，须经历3年之试任期为副教师（Maertri Straordinari），满期后，得视学员之推许，始得任为正教师（Maertri Ordinari）。凡被任为正教师者，得享受任职终身之保障。教师之薪金，自香第耳氏改革以后，几增加一倍。

通常小学教师之升迁，限于初等教育领域以内之职务。初等学校教师得升任为初等学校指导员及学务视学员。欲获任此等职务者须就高等师范学校（Istituti Superiori di Magistero）继续研究若干时期（见高师范教育章）。

一〇 高等师范教育

甲 高级师范学校

A. 设置目标及入学资格

意大利有高等师范学校6所，国立及私立各占半数。国立高等师范学校设二年科，训练初等教育指导员；又设四年科，造就中学文学教员、师范学校哲学与教育学教员及学务视察员。

两年科及四年科之入学，均须受同样之考试，包括笔试与口试；笔试包括哲学及教育，或历史，或意大利文学之论文一篇，及拉丁文翻译一篇；口试范围包括哲学及教育，意大利及拉丁语文与文学，历史及地理。

B. 两年科

政府每年凭竞争考试选取小学教师40名，使升入两年科；于修业期间保持其原薪及位置。

两年科之教学科目为：意大利及拉丁语言与文学、教育、德语及文学（为2年学程）及历史、地理、哲学、法律大要及教育法规、学校卫生、外国文学（为1年学程）。修毕两年课程，经考试及格者，授予"初等教学指导证书"（Diploma di direzione didattica）。持有此项证书者，始得参与每年举行一次之初等教学指导员考试。受任此职者之最低年龄为30岁，并须具有至少3年之教学经验。

C. 四年科

修毕造就哲学与教育学教员，又学务视学员之四年科者，授予"教育及哲学教员证书"或"学务视察员资格证书"（Diploma di pedagogia e filosofia 或 abilitazione all' ispettorato scolastico）。两种文凭之效用，均仅使持有者得以参加任职竞争考试。凡视察员职务之候补者，须曾任初等教育指导职务，有2年之经验，或曾任教师而有15年之经验。以上两种人员在任命时平均分配。视学职务专为女子保留1/5名额。

D. 四年科课目表举例

下表系佛罗伦萨国立高等师范学校之课目表。

（一）文学文凭专科

前二年：

意大利语及文学、拉丁语及文学、德语及文学、历史、地理、哲学及哲学史（1

年或2年)、教育学(1年或2年)、英语及文学(1年或2年)。

后二年：

意大利语及文学(1年)、拉丁语及文学、历史(1年)、地理(1年)，至少两种其他学科，选自意大利语、历史、地理、哲学及哲学史、教育、一种外国语及文学。首二年之教育与哲学两门，其一得修习1年，其他修习2年。英语得任于前二年或后二年修习之。

(二)教育与哲学文凭及视察员文凭专科。

前二年：

意大利语及文学、拉丁语及文学、哲学与哲学史、教育学、德语及文学、英语及文学(1年)、历史(1年)、地理(1年)、法律及教育法规(1年)、学校卫生(1年)。

后二年：

意大利语及文学(2年)、哲学及哲学史(1年)、教育(1年)。此外，至少二种学科，如前类所列。英语、公法与教育法规及学校卫生，得于前二年或后二年修习之。

乙　中学教师之分类考试及任用

意大利之中学师资训练，在香第耳氏改革以前，极呈混乱状态：因一般教师在大学所研习者太涉专门，以致每一教师往往须在数校兼任功课，始足维持其生计。至1923年之终，乃将中学教师任用资格加以修改：从此大学学位及文凭，不复被认为从事中学教学之资格证明书，而须另行通过国家考试。至于学位及证书，仅为必备之应试资格而已。

A. 分类

现时中学教师分为三类：即永久教员(Professori di ruolo)、助理教员(Supplenti)及临时教员(Incaricati)。

永久教员又分为三组：

(1) 任教职于高级文科中学、理科中学、女子高级中学、初级文科中学以及专科中学与师范学校之高级段者；

(2) 在初级文科中学、专科中学与师范学校之低级段，及补充学校担任文学科目者，又在各学校担任图画科者；

(3) 师范学校之音乐唱歌教员，及附属于师范学校之幼稚园之教师。

B. 考试

所有永久教员，皆由考试选拔；对于拟任职于国立的或认可的学校者，其考试为竞争的;每年按所需补充之员额取录。其他,凡通过考试获得资格证书（Abilitazione）者,得任私立学校教职。前此仅专习一门课目之专家已归淘汰;现时之考试,应考科目均将若干科目配置为一组。

此项考试由3人构成之委员会主持,其中大学教授2人,中学校长或教员1人,任期2年,由最高教育会议选任（最近该会议改组后,此项任命权当已改归教育部部长）,应试者年龄应在18岁与40岁之间,须为意大利公民,体格品行俱属优良。关于投考者学业上应具备之资格,视应试者所拟担任之科目及学校之类别而异。男女均得报考,惟加以若干限制。

自然科学、化学、会计及农业各科专用口试,其他各科兼用口试与笔试。

C. 任用

凡经竞争考试录取之教员,须先在政府或认可学校任试任教员（Professori Straordinari）,期间3年;期内如经所属学校校长认为其服务成绩不满意,得以辞退。试任终了,始得为永久正教员（Professori Ordinari di Ruolo）。

一一　高等教育

甲　大学之分类

依 1923 年 9 月 30 日之法令，意大利公立大学分为两类：属于 A 类者，其经费由国家直接负担，共计 10 所：Bologna, Cagliari, Genova（即 Genoa）, Napoli（即 Naples）, Palermo, Padua, Pavia, Roma（即 Rome）, Turin, Pisa；属于 B 类者，受国家及省市之补助，共计 11 所：Parma, Perugia, Catania, Messina, Siena, Sassari, Modena, Macerata, Bari, Firenze（即 Florence）, Milano（即 Milan）。此外尚有 C 类，系由私人或团体创立之大学，不受国家扶助，计有 5 所：Camerino, Ferrara, Milano. S. C., Urbino, Florena（Alfieri）。国家对于此等大学唯一承认条件，为需合于国家大学之根本规程。

香第耳氏之改革，给与每个大学以最多之教育的及行政的自由。依该项改革方针，不仅容许私人创立大学，给以与公立大学同等之特权，并且承认各大学之行政上及学术上之自治。大学行政会议得自管理其财政及捐赠款项。在学术自治方面，各大学依其组织法，得决定所设学科之数目，并择任各科之教授及助理人员。

国家一方给予大学以广博之自由，同时仍留意其无悖于国家之文化的目的。大学校长由国家委任（Rettore Magnifico），并根据校长之推举而委任各科学长，国民教育部及财政部得随时要求视察大学，考核其教务及财务上之实况。

高等教育上尚有一重要革新，即于大学学位外，另行规定国家考试制度。在改革前，大学学位同时为学术称号，兼为专业资格凭证。例如毕业医科者，无需任何准备便可做医士；毕业文科者即径可任教员。现时则学位仅为学术称号，凡任某项专业者，均须受国家考试。受此项考试者须于获得大学学位后，更经过若干时限。此项改革之用意，为使大学成为纯然研究学问之所，而不必以专业准备自限，同时并为慎选服务社会之高等专门人才云。

乙　大学之分科

凡毕业文科中学者，得入大学之任何科或专门部；毕业理科中学者，仅限于升入医科、数学、物理、自然科学及政治学，或药学及建筑专门部。文科或理科中学毕业者，均得升入工程部二年制预科，修完后再升入应用工程专门部，修业 3 年。

凡完全大学皆设法、医、文、理四科。并得附设药学、工程、建筑及其他专门部。但亦有仅设其中数科，甚或仅有一科者。各科系及专门部修业年限不等：文学学位4年，法学学位4年，医学学位6年，数学学位4年，物理学学位4年，化学学位4年，自然科学学位4年，化学及药学学位5年，东方语言5年，现代（欧洲）语言5年。工学专门部预科2年，应用工程专门部之土木工程学位及实业工程学位各3年，建筑专门部学位4年。药学专门部文凭4年。

大学之开讲期间为11月至翌年6月。

丙 大学之统计

意大利各大学之设立年，及1932—1933年度各大学学生数及教员数之统计如后。

公立大学	设立年	学生	教员
Bari	1924	1 111	73
Bologna	1200	2 833	329
Cagliari	1626	511	81
Catania	1434	1 320	164
Firenze	1924	1 254	201
Genova	1243	1 462	303
Macerata	1290	133	16
Messina	1549	931	93
Milano	1924	1 904	346
Modena	1678	565	69
Napoli	1224	5 237	325
Padova	1222	2 382	231
Palermo	1805	1 582	256
Parma	1502	530	107
Pavia	1300	1 278	140
Perngia	1276	390	60
Pisa	1338	1 109	210
Roma	1303	5 817	790
Sassari	1677	253	50
Siena	1300	246	84

续　表

公立大学	设立年	学生	教员
Torino	1404	1 969	248
私立大学			
Camerino	1727	121	20
Ferrara	1391	270	39
Milano. S. C.	1924	530	69
Urbino	1564	112	17
Florence (Alfieri)	—	154	8
总计		34 004	4 329

丁　其他高等教育机关统计

除大学所包括之专门部外，尚有大学同等程度之各种高等专门学校；其与大学不同之点，为教科内容侧重专业的实用方面。兹将其最近统计表列后：

校名	校数	学生数
商业专门学校	12	9 182（1933—1934 年度）
农业专门学校	6	910（同上）
工程学院 建筑学校 工业化学专校	9 5 1	3 757（同上）
海军工程学校	1	293（1932—1933 年度）
东方语言学校	1	537（同上）
兽医学校	10	657（同上）
高等师范学校	6	2 471（同上）

一二 成人教育

甲 全国闲暇活动总所

意大利最重要之成人教育中枢为"全国闲暇活动总所"(Opera Nazionale Dopolavoro),其组织确定于1925年之法律。主要权能为统合全国所有俱乐部、会社及其他团体关于竞技的、教育的及艺术的活动。至1929年,该组织成为法西斯党及政府的机关,隶属全国法西斯党部下。所有各种活动均统辖于中央总所,以下省及地方各设支部。

全国闲暇活动总所之事业,分为四大部,即:

(1) **教导** 包括普通教育及职业技艺传授;通常由小学及中学教师担任。凡参加此项工作者由教育当局予以奖励。教育影片及图书馆于此占重要位置。

(2) **艺术教育** 主持剧社、音乐及歌唱、电影、无线电等活动,并常举行艺术展览、演剧等。

(3) **体育** 意大利所有关体育之组织,如意大利体育协会、中央运动委员会等皆统属该部下。该部之工作,不仅为促进各类运动及竞技,并提倡旅行全国各地。

(4) **社会福利及卫生** 举行关于住所及家具改善之展览,发起卫生运动,及为各类劳工筹计闲时作业等等。

在1930年度,隶属于全国闲暇活动总所之下者,约有俱乐部、会社及其他团体12 000所,会员1 622 140人。

乙 成人识字教育

1904年之《奥兰多(Orlando)法》①,规定为成年不识字者设置夜间及星期学校,并开始予以国家补助金。对于修毕此等学程者,给予若干特权,如投票、携带武器、服役公共事业等。

欧洲大战后,教育部益努力于消除文盲之工作;于1921年设置消除文盲事务所(Opera contro Analfabetismo),其后改为消除文盲委员会(Comitato contro Analfabetismo)。

据1922—1923年教育部所举行之调查,全国各地不识字人口最少者为皮

---

① 《奥兰多法》,颁布于1904年,该法案将义务教育年龄延长至12岁。——编校者

埃蒙特（Piedmont），计有 11％，中部各省较多，达 59％，南部各省最多，达 65％—70％。

　　1924 年教育部采行付托民间各种以促进社会及教育事业为宗旨之法团，以设置儿童及成人学校任务之政策。在富力不足以维持适度教育机关之地方，由国家补助教师之薪金及奖品，而各法团则从事激发鼓励民众对于教育之兴趣。此等法团之工作程序，颇富柔韧性，每陆续兴办各项教育事业。例如初从举办成年识字学校着手，随后再进而办理职业科或发展图书馆，并兼事促进成人各种休乐活动——演剧、运动、电影——供应民众以廉价书籍等。

本篇主要参考书目

1. Kandel, I. L.: *Comparative Education*, 1933.
2. Bureau International d' Education: *Annuaire International de l' Education et de l' Enseignement 1935* (Genéve) P. P. 237 – 245.
3. Percy, L. E. (edr.): *The Year-book of Education*, 1932, Education in Italy P. P. 858 – 877.
4. Roman, F. W.: *The new Education in Europe*, Part Six, Italy, 1929.
5. Kandel, I. L. (edr): *Educational Year-book*, 1924, Italy. P. P. 229 ff.
6. Marraro, H. R.: *Nationalism in Italian Education*, 1927.

第八篇
丹麦教育制度

一 国势大概

丹麦王国(Kongeriget Danmark)位于北欧，据1930年11月调查，面积共计42 931.37平方公里，人口计3 550 656。

国务院(Statsrodet)以国王为主席，包括以下各部：国防部、农渔部、外交部、内政部、社会部、司法部、教育部、宗教事务部、公共工程部、财政部、商工及航务部。

全国在行政上除首都哥本哈根(Kjöbenhavn)外，分为21府(Amter)，各设府长(Amtmand)1人。府又为地方自治区域，设府参议会，督理各里区事宜(约有里区1 300)。

丹麦人民乡居者约占3/7。首都哥本哈根约有人口80万，其余人口2千以上之87市镇，有居民2万以上者8，1万至2万者17，5千以下者39。近代科学所产生之新器物，在他国每仅流行于都市，而在丹麦则已普及于乡区。电影、电话、电灯等之使用，皆远较他国为普及云。

市区各设有市长及市参议会，参议会议员均由人民按比例选举制选举之。

丹麦天然富源缺乏，壤地偏狭，赖其人民之努力，卒成为农业生产最盛之国家。全国土地之已耕种者占76％，全人口中依农业为生者达35％；农人中92％所耕种土地皆属自有。渔业亦极盛，1931年统计，共有渔艇15 740艘。

全国工厂据1925年统计，计89 175所，雇员392 000人，其中实际操作者约270 000人。该国虽邻接欧洲两大(英、德)工业国家，其工业之出品，于世界市场上仍能保持相当地位。

据1935—1936年预算表，该年度中央经常支出总计390 430 161克仑(Kroner)，教育费占66 149 491克仑；除社会部以外，为国务费中最巨之一项。教育费内初等教育占30 480 180克仑，中等教育占11 485 881克仑，高等教育占6 530 112克仑，其余为师范教育等费。

二 教育行政机关组织

壹 中央教育行政机关

中央之最高教育行政机关为教育部,部长为内阁之一员。

教育部长之任务,为发布命令、规程等等,并为关于重要教育事件之最高裁决者。教育部分两司:其一掌理初等学校、师范学校、民众高等学校(Folkehöjskole)、家政学校、学校图书馆、国外研究津贴、教育博物馆、孤儿院、残疾儿童学校;其二掌理中等学校、大学校、工业学院、药剂及牙科学校、国家藏书室、国家图书馆、国家戏院、国家美术学院、科学及美术品储藏、科学美术之奖励、大学及留学生之津贴。

贰 地方教育行政机关

地方教育行政机关在教育部以下,有府学务参议会,由府议会及市所选出若干员组织之,对区内学校为主要行政机关,对地方教育财政,有独立管辖权。府学务参议会常将其权能付托于地方学务董事部,该部由府长、地方教长,及府学务参议员所举出 1 人组织之(全国分 73 教区,每区各 1)。

对于各学校及教师之直接监察,属于地方学校委员会之事,该委员会以本地牧师,及地方参议会所选出 2 人构成之。在乡区,以牧师为主席;在市区,其主席由选举定之。

教育部对于全国教育监督权之行使,一部分由各学校所呈缴之定期报告,一部分由所派出之视学员前往各校实地视察。

叁 学校视察

丹麦学校之视察事宜,在初级学校,原归地方教长视察;教长乃构成地方学务董事部三员之一;该部乃是形成地方当局与中央政府之联络机关。

近年因为小学教师协会坚决主张,学校视察应由具有教学经验者担任,至 1933 年始以法律规定,各乡区及市区(除首都)之宗教科之视导,归牧师担任,其他学科由地方议会、学校委员会及家长参议会(见后)任之。在较大之区域(府区),其学务机关以 5 人构成之(其中之一为教长),该机关中应有专门咨议 1 员,任此职者须至少有 10 年以上之小学教学经验,并为在本府区以内任教职者。该员之任务为备教师及学务部之咨询。

政府之中等学校视学员仅有1名,外有专家4名,分别辅导全国一切学校之体操、唱歌、针工及家事各科。

对于中学校各学科之视察,乃由教员自行以一种非正式的方法行之,即在某一校担任某门科目之专家,于一周中之某一日免除其教学职务,使之临时担任视察职务,访问在他校教授同一学科之教员。

(附) 丹麦教育行政组织系统略图

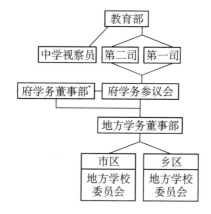

*（注）府学务董事部,系由本府内各地方学务董事部共同组织,其任务为与学务参议会协同管理学款,并编制预算。

肆 家长参议会

丹麦政府于1933年5月20日公布《关于市区学校之行政与督察之规程》。为实施此项规程,有设置家长参议会于哥本哈根及其他市区之决议(1934年1月29日及2月1日)。

A. 在哥本哈根市,家长参议会为整个学校组织之一部分,每一学校各设家长参议会,以参议员5人构成之,其中2人由市议会推出,3名由有子女在该校肄业之父母选出。该会对于学校行政具有辅佐功能,例如关于督促生徒规常入学事宜即为其一。该会又得陈述对于教师之意见,惟此事意见应呈送哥本哈根之教育行政机关,而不得径行面达于关系教师。

B. 在哥本哈根以外各地之家长参议会,非为学校组织之一构成部分。须有定数家长之请求,始得设置:在生徒不满百名之学校须有半数家长;在生徒100名至400名之学校须有1/3家长;在400名生徒以上之学校,须有1/6家长的请求。此项请求一经接受,即进行选任参议人员,其任职期间为4年。

参议会无监察学校之权能,但可对于教学上尽其扶助,并得提出建议于学务委员会。该会又得与学务委员会合作,提出缺额教师之人选。

三 学校系统

丹麦之各类学校，一如欧洲其他国家，乃由各自独立发展而来。至1903年4月24日，始将全部公立及私立学校，加以改组，并增设一种中间学校（Mellemskole），完成初等学校与中等学校（高级）间之联络。

现制儿童于7岁入学（亦有从6岁即入学者），至14岁完毕国民义务教育；至11岁，即修完初等学校四年时，经选拔的儿童，得开始入四年制之中间学校；凡入学者除有特殊情形外，必须继续留校迄15岁。既达所规定的标准，学生得就下述两途择定其一：或入一年制之实科学校（Real Skole），或入三年制之高级中学（Gymnasieskole），而达于升入大学或其他高等专门教育机关所需之程度。

国家由规定中间学校之入学考试标准与中间学校、实科学校及高级中学毕业考试之纲要，而完成全国学制之统一。

大战后，世界各国对于教育事项之普遍的热情，最先即表现于丹麦。1919年提出关于改进全部教育制度之详细的报告，但关于补习学校之强制入学，初等学校教员训练期间之延长，以及其他类似之需费颇巨，各种建议，均以经济的原因，致不得不暂时放弃云。

1933年秋，教育部提出市区学校改革案于国会，其要点为于4年之共通的初等教育阶段以上，分化为三种学校：(1)文理中学4年，(2)实用中学4年，(3)初等教育（高级班）3年，惟未能通过。

（附） 丹麦现行学校系统略图

生年	学校种别								学年
21—22	民众高等学校	农业高等学校				大学	高等专门学校		XV
20—21									XIV
19—20					师范学校				XIII
18—19				补习学校及低级职业学校					XII
17—18			学校职业中级			中学	高级		XI
16—17									X
15—16					实科班				IX
14—15	第八年级				中间学校	（初级中学）			VIII
13—14									VII
12—13									VI
11—12									V
10—11	初等学校							预备科	IV
9—10									III
8—9									II
7—8									I
6—7	幼 稚 教 育								

四 初等教育

甲 总说

丹麦之儿童入学时期较迟。对 7 岁以前之儿童教育,皆听诸私人经营,故多数儿童均在家庭。入幼稚园者为数甚鲜。据 1930—1931 年度之统计,3 岁至 7 岁儿童之入学者仅有 2%。

关于初等教育之办法,大体仍依据 1814 年 7 月 29 日之法规。此后虽然经过重大之变迁,但根本原则,则仍保持未变。政府认定使一切儿童在 7 岁至 14 岁之间,均得受由地方当局所建筑并管理之学校所供给之完善的教育,乃属国家之责任。儿童如受私家之教育时,至少须够上公立小学之标准。

丹麦一般为父母者,对于儿童教育兴趣极为浓厚,且富于责任心;国内住宿学校极少,父母协会对于学校生活为一重要因素,父母每出席学校考试。许多学校之能有图书馆,各项器具设备,甚至额外的建筑,每出于有子女在学者之父母所捐助。

近年出版一种专为帮助父母在家庭教导子女之读本,在刊出一个月内,竟销行 15 000 册之多。故有谓在丹麦,一般父母不啻即为幼稚园之教师者。以是,儿童于 7 岁入学时,对于三 R,已有相当熟谙。

现时有一种使首都每个儿童均得享受一次乡间假日之企图:由农人及其他家庭,接纳较贫寒之儿童为宾客。又每一丹麦儿童每年皆得请领铁道免费来回券一次,并不限制地点。

乙 学校之形式

A. 乡村初等学校,设最狭隘的所谓"乡村"课程;每星期授课时数亦比较最低。在全数 4 000 此类学校中,50 校中仅有 1 校齐备 7 个学级;约有 130 校,仅各有一个学级;1 700 校各设有 2 个学级;1 200 校各设有 4 个学级。

B. 设有较丰富的所谓"市镇"课程,并且各年级齐备之初等学校。

C. 于此须大略述及丹麦自立学校联合会(Danish "Fri" School Union)。该组织有会员 4 000 余名,其所不满于公立学校之主因,为其减轻家庭之影响,且宗教训导分量过少。于是由若干为父母者合力购置并建筑校舍,聘任与其理想相契合之教师任教。此类教师,特别是助理教师,多为未经检定者,且薪俸颇低,每系曾肄业民众高等学校或未经承认的训练机关者。

此等私立学校,最初完全靠自力扶持,但在现时多已(自愿)接受大宗国家补助费,而且同意令其生徒每年受试验一次。该类学校对于课程、教本、授课时数、休假等各事件,均享有完全自由。全体自立学校会议,每年于全国各地点集会二次或三次。在西部值秋收期间每停课一周。

自立学校为一种极不稳定之教育机关,每年皆有停闭,亦时有新设置。该类学校自1852年存立以来,仍继续维持其生存,且自有其特殊精神。现今全国计有250所,学生约10 000名。占全学校人口2%。

丙　初等学校之课程

A. 关于课程最低限度之规定

由于显而易见的理由,政府方面关于小学课程之最低限度规定,乃成为大多数乡村学校之常轨及课程之全部基础。此等学校,在一年内至少须开课41周,每周6日,每周每级至少有平均18时之教学,设置7种必设的学科,如次:

丹麦语	7
宗教	3
算术	3
习字	2
历史	1
地理	1
唱歌	1

此外唱歌对于男生为必修,若聘有女教师时,则为女生加设针工课。

B. 初等学校之模范的课程表

下表为初等学校之模范的课程表:

学科＼学校类别	二级 I	二级 II	三级 I	三级 II	三级 III	七级之市校 I	II	III	IV	V	VI	VII
宗教	2	3	3	4	4	2	3	3	3	3	3	2
丹麦语	7	7	7	8	8	8	9	8	8	8	8	8
习字	2	2	3	1	1	3	5	2	2	2	2	2
算术	3	3	4	4	4	3	3	4	4	4	3	3
历史	1	1	1	2	2	—	1	2	2	2	2	2
地理	1	1	1	2	2	—	1	2	2	2	2	2
自然研究或实物科	1	—	1	1	1	—	1	1	2	2	2	2

续表

学科 \ 学校类别	二级 I	二级 II	三级 I	三级 II	三级 III	七级之市校 I	II	III	IV	V	VI	VII
物理	—	—	—	—	—	—	—	—	—	—	2	2
工艺(Slöjd)	—	—	—	—	—	—	—	1	2	2	3	3
图画	—	—	—	—	—	—	—	—	—	—	2	2
体操	2	2	2	2	2	1	2	2	3	3	3	3
唱歌	1	1	2	2	2	—	1	2	2	2	1	1

(注) 在夏令及冬令，以及女子所习科目，时间略有变动。

丁 市区初等学校

在市镇小学，政府同样规定每年至少须开课41周，但于通常所设7种课目之教学时间，额外增加3时，并于必设课目中加入图画、体操及女子针工。

许多市区初等学校，除了为14岁至15岁少年增设第八年级外（非义务性质的），并加设中间学校及实科学校；其教学内容与单设之中等学校各同等班级相等。

由于初等与中等学校间之联络之完成，初等学校之课程为之大见扩充。例如在奥胡斯市(Aarhus)初等学校高年级与中等学校低年级（即中间学校）之课程，彼此间之差别甚微，故儿童在11岁以上再行转入中学，亦并非不可能之举。

该市之初等学校，对于年达13岁之儿童，授以自然史、初等物理与化学、代数与几何，及一种外国语。

如此广博之课程，已为在其他国家所罕见，尤其难得者为其学童之多能按级前进，绝少留级落后。对于此问题可以下列事实答复之：

（1）对于儿童健康之极端注意：必要时供给儿童膳食，每一学校均有完善之健身房，多数并备有濯足及渍水浴室。每强制学生按时使用。

通常每一课时延时50分，随以10分钟之休息间断；至11点进午点，有较长之休暇时间。教室异常清洁，室内温度适宜。一般咸以为勉强教导一个寒栗、饥饿、不洁的儿童，是为时间与金钱之浪费。

（2）每班学生人数较一般为少。在京外各市区，每级平均生徒31名；而在哥本哈根则在29名以下。在若干市区并设有辅助学级(Hjoelpe Classes)，每级学生15名至20名，专为对于学业落后者予以一年之特殊辅助。此项实验之结果，令人极为满意。

（3）丹麦之市区学校，平均每五间级用教室，常有特别教室一间；而新建者其百分比尤高；此对于教学效能之提高颇有裨益。奥胡斯市之来苏格得（Laessoegade）学校，即有级用教室 25 间，专科用教室 8 间。

（4）一般儿童之体质良好，优美的家庭环境，愉快的学校生活，以及一般国民对于教育之兴趣，皆于使大多数儿童成为勤敏的生徒有相当贡献。

戊　义务教育概况

丹麦远自 1814 年，已有义务教育之法规，惟并无强迫入学办法；1856 年之新法规公布后，学校与人民间之关系愈臻密切。

丹麦人民在学校中已受了四个世代之强制的体格训练，并继之以陆军或海军兵役，其结果为一般健康之增进。

义务教育期间为 7 岁至 14 岁共 7 年，据 1930—1931 年度之统计，7 岁至 14 岁儿童之在学籍者为 92%。

1930—1931 年义务教育年龄儿童统计表

义教年龄之儿童(7岁至14岁)	哥本哈根	各市镇	乡区	合计
在地方政府学校者	66 846	86 629	266 745	420 220
在其他学校者	11 455	13 260	18 643	43 358
在家庭受教者	157	100	780	1 037
尚未登记者	167	15	94	276
未受教者(因神衰弱及其他)	262	118	421	801
合计	78 887	100 122	286 683	465 692

据 1932 年统计，公立初等学校计 3 710 所，生徒 415 087 名；私立初等学校计 451 所，生徒 31 182 名。

五　中等教育

甲　总说

在本世纪之初，几于所有设置初等以上普通教育之机关，皆属私人所有之实科学校与高级中学。迄于1910年，全国45所高级中学，属于国立者仅有13所，属于市立者6所。

经1903年全部学制之一般的改组，始将中等学校编入全部学校系统下。在欧洲大战期内，由于一般财政情况，多数实科学校移归市政府管辖，而多数私立高级中学亦一变而成为国立或市立，同时并对私立者予以津贴。

据1932年统计中学之立别及数目如后：

市立中学　　　　　　176所，学生27 262名（其中女生13 132）
国立中学　　　　　　34所，学生10 561名（其中女生4 060）
私立中学　　　　　　134所，学生15 642名（其中女生8 079）

丹麦全体学童中，约有1/9，于11岁左右，经通过一次笔试及口试后，便可升入四年制之中间学校（Mellemskolen）。丹麦首都之市政当局，曾宣称为一切通过入学考试者，供给免费的中间教育，在多数市区均已实行免费。

中学通常均为男女同学，惟在欧登塞（Odense）有例外情事。

其设置有加于初等学校以上者，有形成高级中学之初级阶段者。其教员有曾任职初等学校者，有属大学毕业出身者。

凡家长之每年收入在4千克仑以下者，免其子女之学费。对于收入较高者，每月学费自3克仑至16克仑不等。

下表系在各类中学学生之总数：

中等学校之学生数统计表

校别＼年度	1920	1924	1930—1931
中间学校	29 430	38 531	40 032
实科学校	3 595	5 226	5 022
高级中学	3 125	4 056	5 064
合计	36 150	41 813	50 118

以上之数目依性别分配如下：

年度 \ 性别	男	女	合计
1920	19 866	16 284	36 150
1924	26 002	21 811	47 813
1930—1931	26 708	23 410	50 118

乙 中间学校

凡欲继续升入高级中学或取得担任低级公务员及实业界职员之资格者，均须修完中间学校课程，并通过一部分由教育行政当局所主持之毕业考试。

中间学校之教学科目为宗教、丹麦语（带少许瑞典语）、历史、英语、德语、物理及化学、代数、几何、地理、博物、图画、缝纫（女生）、工艺（男生）、习字、体育及唱歌。

中间学校得附设二年之预备科，惟1903年以来，因单一学制（Enhetsskole）理想之得势，已渐趋废止。

附中间学校预备科及本科四年之课表：

学科 \ 年级	预备科		I		II		III		IV	
	1	2	3	4	5	6	7	8	9	10
宗教	—	—	—	—	2	2	2	2	2	2
丹麦语	4	4	5	5	4	4	4	4	5	5
英语	4	4	3	3	3	3	3	3	5	5
德语	3	3	4	4	4	4	4	4	—	—
法语（随意）	5	5	—	—	—	—	—	—	—	—
历史	2	2	2	2	3	2	2	2	2	2
地理	2	2	2	2	2	2	2	2	2	2
自然史	2	2	2	2	2	2	2	2	2	2
物理学	2	2	2	2	2	2	2	2	2	2
数学	6(7)	6(7)	7	7	5	5	5	5	4	4
习字	—	—	1(0)	1(0)	1	1	1	1	2(1)	2(1)
图画	—	—	1(0)	1(0)	1	1	2(1)	2(1)	2	2
手工（女）	—	—	(2)	(2)	(1)	(1)	(2)	(2)	(3)	(3)

续 表

学科 \ 年级	预备科		I		II		III		IV	
	1	2	3	4	5	6	7	8	9	10
唱歌	—	—	0(1)	0(1)	1	1	2	2	2	2
体操	4(3)	4(3)	4(3)	4(3)	4(3)	4(3)	4(3)	4(3)	4(3)	4(3)
合计	36	38	39	41	44	46	49	51	52(53)	54(55)

（注）括号内之数目系为女子所设科目之时数。

丙　实科学校

实科学校，系一年科，乃中间学校课程之扩充，但并非专科性质。实科考试之必试科目为丹麦语（笔试及口试）、历史、地理、两种口说外国语（英、法、德语）、算术及数学（笔试及口试），生物学及物质科学。通过此项考试者得为政府低级职务之候补者，并可升入各种设置职业科目（农、工、商各科）之学校。全学校人口中在此类班级者约占1%。

丁　高级中学

凡有志修习高等专门学科者，应由中间学校升入三年制之高级中学。其入学程度远较"实科学校"为高。

高级中学3/5均为男女共学制，男女生除手工体操以外，课程上并无分别。

一般国立学校，每将初中（中间学校）与高中合并设置。

高级中学之课程分化为3方面：古典语文（古文科）、现代语言（今文科）及数理（数理科），三者均以大学及门试验（Studenter-eksamen）结束之，受试时约18岁或19岁。以上3科应试人之数目之比例为1∶10∶7。

下列各种考试科目，为以上3科所共通：丹麦语、两种现代语言、数学及古代文化史。此外分科加试下列科目：

(1) 古文科：拉丁文、希腊文与历史以及三种副科，地理、生物学及物质科学。

(2) 今文科：现代语言（即英、法、德三种语言）及拉丁文。

(3) 数理科：历史、地理、生物学，物理包括天文及化学。此外古文科之学生，将来拟习神学者，尚应加习瑞典语及希伯来语。

高级中学各科之共通科目为：宗教、丹麦语（附瑞典语）、法语、历史、自然史、体操及唱歌。在各中学所设科类各别。下表为中间学校与高级中学之合并的课程表：表中K为古文科，N为今文科，M为数理科。

合并的中间学校与高级中学之课程表

学科＼类别	中间学校				高级中学								
	Ⅰ	Ⅱ	Ⅲ	Ⅳ	ⅠM	ⅠN	ⅠK	ⅡM	ⅡN	ⅡK	ⅢM	ⅢN	ⅢK
宗教	2	2	2	1	1	1	1	1	1	1	1	1	1
丹麦语	5	4	4	4	3	4	3	3	4	4	3	4	4
英语	5	3	3	3	1	5	1	1	5	—	1	5	—
德语	—	5	4	4	2	4	2	2	4	2	2	4	2
法语	—	—	—	—	4	4	4	4	4	4	4	4	4
拉丁文	—	—	—	4	—	4	6	—	4	4	—	3	5
希腊文	—	—	—	—	—	—	6	—	—	5	—	—	6
古物学	—	—	—	—	1	1	—	1	1	1	1	1	—
历史	3	2	3	2	3	3	3	3	3	3	4	4	4
地理	2	2	2	2									
自然研究	2	2	2	2									
生物学生理学等	—	—	—	—	3	2	2	3	2	2	2	2	2
数学	5	5	6	6	6	2	2	6	2	2	6	2	2
物理学	2	2	2	2	4	—	—	2	—	—	4	—	—
化学	—	—	—	—	2	—	—	2	—	—	2	—	—
习字	2	1	1	—									
图画	2	2	1	—									
唱歌	2	1	1	—	1	1	1	1	1	1	1	1	1
体操	3	3	3	3	3	3	3	3	3	3	3	3	3
合计	35	34	34	33	34	34	34	34	33	33	34	34	34

课程中外国语之分量甚重，关于教学上之困难，用以下之方法解决之：现代外国语言（德语、英语、法语）大部分于初中段（即中间学校）教学，而古文之教学（或数理科学之高深研究，在理科中），则集中于后段各学年。

古文科（拉丁文、希腊文）往日为中等学校之最重要科目，现今则渐失其独占地位，而现代语言，尤其是英语、德语，日渐得势。现时各校每以译文教授古典艺术及文学，代替原文教学。

戊 中学之考试

中等学校之三种离校试验——中间学校、实科学校及高级中学之毕业考试——举行时，例请家长出席。一切试验均以口试为主，即数学亦然。所包括必试科目颇多。各科之最后成绩,为原来任课教员平日所给分数与考试分数之平均,主要考试员即为受试者之教师。列席之评判人,通常即为本校或本市区之教员。惟在实科学校与"大学及门"考试,须有经教育部批准之监察人二名出席。在高级试验,须用笔答之问题,各校均属一律。

丹麦学校考试,尚有一种极可注意的情形,即其通过者之非常高的百分率,100%并非罕见。

在1930年,总计通过中间学校考试者6 608名;通过实科考试者4 826名,通过大学及门考试者1 693名。最后一类包括在家自修者207人。又与试者中,女子约占1/3。

六　初等学校师资教育

甲　师范学校之课程及学生

在1789年，丹麦学校委员会之决议中有云："若欲强制教育推行顺利，第一步须训练适任的教授人员，并于其初开始时，予以专业的社会地位，俾足以引起公众对彼等之尊重。"两年以后（1791年）布路加得（Blaagard）师范学校（Seminarie）成立；该校设3年之课程，以考试结束之。学生须自负一切费用，延至今日仍未实行全体公费办法。

据1932年统计，丹麦共有公立师范学校7所，学生共计545名（内有女生181名），私立师范学校12所，学生共计1012名（内有女生470名），所有师范学校均设在市区，并不为学生设备宿舍。

师范学校修业期间3年，学生在入学前须曾在一认可的干练教师之下，有1年之实际教学经验。平均入学年龄为18岁至20岁，但不必修毕高级中学课程。师范生中多有曾经从事某种业务，借以获得求学期间所需之费用。在肄业期中每有需贷款以维持其学业者。政府并不要求私立师范学校提出详备之经济报告。而按照学生人数予以补助，约略相当于公立师范学校中训练每一教师所需要费用之半数。此外并对于经济状况艰难之学生给予补助金，由校长视学生情形分配之。

师范学校之首二年，每周上课36时，其教科内容为初等与中学课程之并合，惟无外国语一科。在最后一年，数学及理科停授，而代之以教育学及实际教学。其余科目为国语、历史、体操、音乐及宗教。师范生应就公立初等学校、私立学校（通常属师范学校所有者），或师范学校所维持而受有市政机关补助之学校，从事教学实习。

师范学校之考试纲要，由教育部定之。但主要成绩分数，乃依据平时之课业给予之。新进教师，经服务4年后得被永久任用。

乙　最近之改革

丹麦小学教师协会（Danemarks Laereforening）久已主张师范学校应提高入学程度，收高级中学卒业生，惟以种种原因，未能实现。至1930年政府始决定改订师范学校之修业期间为4年，学生年龄17岁至21岁，入学程度仍旧。惟由高级中学毕业者，得于2年时间完毕师范训练。

丙　教师之待遇

实际上,现时之教师全体均曾经受过3年之师范训练。一般教师在校内及校外之生活,皆较其他国家之同业为优。小学及中学教师,除法定之薪俸外,尚得受领住屋租金津贴(Stedtillaeg)、生活费增高津贴(Dyrtidstillaeg)、物价增涨津贴(Konjukturtillaeg)。

依1919年9月12日之法规,所有教员均有受领养老金之权利,其金额依服务年限定之。服务满30年而退职者,可得原薪2/3。

七　中等学校之师资

甲　中等学校教师应备之资格

中间学校之教员，有曾受大学教育者，有曾受专门学校教育，而更由修习高深学程加以补充者。

高级中学之教员，多未经专业训练，通常至少在大学修业5年（另一说需6年），专攻一种或二种学科。毕业后，再续入大学习教育学科1学期，然后再从事教学实习1学期，即可取得教师凭证。

乙　中等学校教员之检定考试

中等学校教员之检定考试（Skole-embedseksamen）及学位考试，得就下列三组中选定其一：

（1）**哲学科**　下列各科目中之二种，其一为副科，丹麦语、英语、德语、法语、拉丁文、希腊文、历史及宗教；音乐及体操仅可作为副科。希腊文为选拉丁文者之必试的副科。

（2）**数理组**　四种科目：数学、物理、天文及化学。如受试者专精一种科目，则其获得学校位置之机会将为之减少。因此，凡志向担任化学教师者所修习科目，当较广博，而不必如将来之化学师所习者之专门。

（3）**自然科学及地理组**　此组所包括科目为动物学与植物学、地质学与地理及生理。以体育（于一国立专门学校内习之）为主科者，得用以替代上列两门科目之一。

大学并不以使学生应此项考试为己任，惟设法使所习学程，适于担任教员位置；并且能担任音乐、宗教及体操各科。此外可注意者，为其专为教员设置工艺科（Slöjd）。

八 高等教育

甲 大学教育之性质及分科

哥本哈根大学创始于 1479 年,属于国家所有;大体上为自治的、自给的。其最高机关为大学教员会议,包括全体教授及讲师,其职权为选任校长(校长任期 1 年)及其他行政人员。

1933 年度,该大学计有教员 130 人,学生 5 500 人。

1875 年始许可女子入学,除神学(至 1904 年亦已开放)外,得一体修习其他一切学科。

另一所大学,创始于 1928 年,设在日德兰(Jutland)之奥胡斯市,至 1933 年 9 月 11 日正式开办,约有学生 120 人。现有医学及哲学科,不久并将加设语言教师之考试。

(按)据 1932 年统计,哥本哈根、奥胡斯两大学及工科大学,共有学生 6 320 名,内中有女生 964 名。又其他高等教育机关 3 所,学生 565 名,内有女生 158 名。

大学之工作以学术方面为主,而非专门(技术)性质,哥本哈根大学之设科,集中于神、法、医各科,数理科从 1850 年始成立。

多数属于专门技术,而较少纯粹学理性质之科目,例如美术、工程、牙医、农业等,各于专门机关教授之。

乙 大学之修业年限及考试

大学入学年龄为 18 岁或 19 岁;各项学位考试之标准甚高,报考不得逾 3 次。

多数学科之出席听讲并非强制的,而学位所需年限,亦未确切规定;近年之平均所需岁月,在医科为 8 年,文科或理科(学士)6 年,法学科及神学科亦 6 年。大学生之修毕全学程者仅约 1/3。奖学金不甚普遍;虽然不需缴纳学费,但多数经济状况欠佳者,仍须以一部分时间从事有报酬的工作,以维持其学业。

自从 1871 年大学各科毕业得有学位者之增加情形如后表:

哥本哈根大学 1871—1930 年之统计

年份	神科	法科	医科	文理	政治经济	农业科学	合计
1871—1875(平均)	42	33	46	14	6		141
1916—1920(平均)	43	104	70	38	13		268

续　表

年份	神科	法科	医科	文理	政治经济	农业科学	合计
1922	55	88	74	40	15	3	275
1930	50	101	121	126	22	2	422

按：1933年统计，该年度许可入大学之学生计1 724名，其中女生占633名。

丙　高等专门教育

A. 多科工业学院

专业的工程师于哥本哈根多科工业学院训练之。该院创办于1829年，系国立，与大学程度相当。凡欲入学者，须通过大学及门考试（数理科）或入学考试。修业期间为4年半至5年半；但其学生中每有费7年岁月始取得工业文凭者。该院有教员110人，学生900人（1933年）。

B. 兽医及农业学院

研究农业之高等教育机关，为国家兽医及农业学院，创立于1858年。凡欲修习五年科之兽医、测量或森林各门者，必须通过大学及门考试（Studentereksamen）或一同等的入学试验。另设农艺、乳业或园艺专科，修业期间2年半，凡先有实际经验者皆得入学。教员约70人，学生约计700名（1933年）。

C. 高等商业学校

哥本哈根之高等商业学校，供给学生以高级之商业教育，分一年科及二年科，学生约600名（一作400名）（1933年）。

D. 其他专门学校

1. 国家音乐学院：在哥本哈根有男生63名，女生185名；又在日德兰有学生男44名，女67名（1930—1931年度）。

2. 药学院：约有学生100名（1933年）。

3. 牙科学校约有学生300名（1933年）。

九　职业教育

甲　低级职业教育机关

A. 初级工业学校

关于初级工艺教育,在丹麦仍残存着艺徒制。

工作场内之实际工作,由分布于全国之287所初级工业学校所供给之理论的与专门实用的教学而加以补充。此类学校大率为夜间学校,多数皆由地方工师协会设置及管理,而受有中央及市之补助,并受政府之视察。

现行法律规定:雇主须督令学徒入初级工业学校,并代付一切费用,其一切教学不得于下午9点以后举行,修业期间4年或5年。

在1930年度,此类学校共有生徒26 446名,其中3 313名为日间学生。

(注)据1933年统计,工业学校计303所,生徒约30 000名。

B. 工业传习社

该社由中央政府、若干市政当局、私人及实业组织协力维持(从1908年起在哥本哈根开设)。该社除了供给1 000名以上日间班生徒与4 000名以上夜间班生徒以一般的工业训练外,并设置多种高等科;又派遣教师分赴各地,从事特种实用的教导。以此方法,虽僻远乡区之农民,亦得借以研习使用最新农业机器之方法。

C. 初级商业学校

丹麦约有商业学徒14 000人(1933年),与工业学徒情形相同,肄业于95所商科日校及夜校。此类学校虽属商人协会所有,但受有公款之补助。

乙　住宿制的补习学校

现时丹麦约有公立及私立之住宿的补习学校40所,每年约收容方离初等学校之学生(以男子为主)2 000名(1930—1931年度),年龄多在14岁至18岁间。

此类学校之创始,有时乃出于为父母者欲令其儿童于获得职业以前,暂离家庭,留居于近迩处所,因而自愿合力设置适当校舍者。通常为男童设冬令科,并为女童设夏令科。如某校有生徒满10人,即有受领政府补助费之资格,其数额按每50生徒每年补助200镑为准。

生徒每月约纳费英金2镑10先令,并得受领政府津贴费,全部修业期间可达7镑。该类学校概无考试。

近年有主张实行强迫补习教育者，但人民方面多不赞同，最近期内尚无实现可能。

补习学校之课程，包括丹麦语、历史、习字、算术、图画、地理、宗教、自然科学，外国语、簿记、卫生、数学、社会学、农艺、园艺、家政、针工、木工、金工、体操、民歌及音乐等。

丙　农业高等学校

短期之农业科，由农业高等学校设置之。此类学校与供给工商业训练之学校性质不同，乃是一种被民众高等学校精神所浸透之教育机关。

农业学校，享受完全之经济的与教育的自由，并受有政府津贴。此类学校，乃专为青年农人而设，入学不需考试。农业及其关系科学在课程上占重要成分，但学生仍继续其普通教育。学生用费约每周1英镑。多数学生皆属自耕农，故需受政府补助者不过25%。

有少数农业学校为妇女设夏令科。

农业高等学校所教授之职业科目，注重广博的基础学识，观于下面5个月期间之家政科之课程，可以了然。

  烹饪——实用烹饪，烘烤面包，腌渍食物，宰杀小兽及鸟类。
  食物之营养价值
  化学——食料及烹调之普通化学，每日食单。
  物理——日用物理
  卫生——人体之解剖、看护、儿童照料、卫生规律。
  实用园艺——厨房园地，果树及灌木，及有益野生植物，室内种花。
  缝纫——度量与剪裁，刺绣。
  经济——原理大要。
  算术——家用簿计。
  丹麦语——读书及作文。
  历史——丹麦社会史、古代及近代文化。
  唱歌——包括四部合唱。

关于农业高等学校之统计、课程等，参看"民众高等学校"章。

一〇 民众高等教育

甲 民众高等学校之理想及其进展

民众高等学校,为丹麦教育制度上一大特色,于其农村人口之精神的觉醒上所关极巨。其理想之首创者为主教格龙维氏(Nikolai Frederik Severin Grundvig 1783—1872)[①];光大并实践此理想而"赋予格龙维的高等学校以内部精神的素质与简朴的外形"者为苛尔得(Christen Kold 1816—1870)[②]。

A. 进展情形

1851年,苛尔得氏创始第一所住宿的民众高等学校,予贫寒成年者以继续教育之机会,一时推行极速。

1864年与普鲁士之战,结果使一般人对于格龙维氏名言"Humiliation is the Mother of Education"之真义更得进一步的认识。格龙维氏盖怀想由教导成人以新生活理想而实现民族之精神的发扬。自是以往,民众高等学校之发展愈速,由后附关于校数及学生数之历年增加情形,可见一斑。欧战以来,校数虽见减少,但学生总数仍年见增加。

按1927年丹麦政府发表的统计,民众高等学校之历年发展情形如后:

1850—1851年	2所
1870—1871年	50所
1890—1891年	67所
1910—1911年	82所
1915—1916年	71所
1925—1926年	59所
1930—1931年	59所

民众高等学校和农业学校学生人数历年增加情形如后:

---

① 格龙维氏即科隆威,丹麦诗人、历史学家、民众教育家,现代社区教育运动创始人。——编校者
② 苛尔得今译科尔德,丹麦民众教育家。——编校者

1844—1845 年	46 人
1862—1863 年	505 人
1882—1883 年	3 801 人
1902—1903 年	7 361 人
1912—1913 年	8 043 人
1922—1923 年	8 365 人
1930—1931 年	9 508 人

B. 理想一斑

民众高等学校之正式入学年龄规定为 18 岁，但于 19 岁入学者（因需候补公费额）较为习见，亦有少数达 30 岁者。在其他国家多认青年期教育最为重要，而格龙维氏则相信 18 岁以后，方为"大觉悟"时期，学校教育最能适应其将来之生活。直到现今，一般丹麦民众学校，仍以为初离小学（14 岁）以迄 18 岁一时期，学校教育并非切要。因为 14 岁之青年，其活动乃倾向身体方面，而非精神方面；故宜于实际作业，而学习知识非所切要。彼以为实际生活乃是高级教育之准备。

此种学校以男女分教为原则，亦有少数男女合教者。全国乡村人口约有 30％，皆曾一度入此类学校肄业。

民众高等学校，非为任何职业之准备，无入学考试，修完亦不发给文凭。

民众学校之理想，反对书本教育，同时亦坚持民众教育非"面包与牛油之教育"。

民众学校，现时亦有设立于城市者，其教学程序注意政治的和经济的方面之适应，对于实业及工艺方面，亦兼顾及之。

在埃尔西诺（Elsinore）有一所国际民众高等学校（1921 年成立），目的在谋各国间之联络，并传布丹麦民众教育思想于世界。

C. 学生来源

民众高等学校及农业高等学校所收容学生之来源，由其家长之职业可以表见。

家长职业	民众高等学校	农业高等学校
农人	2 904	1 440
小地产所有者	877	368

续表

家长职业	民众高等学校	农业高等学校
劳动者	329	62
工匠	696	176
未详	1 601	1 055

乙 民众高等学校之管理及政府之补助

A. 管理

民众学校之管理方式各别,有由校长独自一人管理者,有由全体教职员共同负责者,亦有由某种团体主持者。欧登塞(Odense)之民众学校,即系由6千自耕农合力设置,每人捐助5克仑(Kronen)为开办费。彼等每年聚会一次,选举一董事会,再由董事会选任校长;校长有处理校务之全权,其所受唯一限制,即为不得借债。

学生中每有愿继续修习二期或三期者;为应付此种需要,于是有若干民众学校,乃企图将民众学校与农业学校合成一体(见职业及补习教育章)。

典型的民众高等学校是为私立的,校长同时即为校主。通常夏令班专为妇女开设,为期3个月(5月至8月),冬令班乃为男子开设,历时5个月(11月至4月)。每生一切费用,总计约需每周1英镑。学生中约有40%,受有政府津贴,平均约3镑左右。

B. 政府之补助

政府对于民众高等学校,并不施以经济的或教育的控制,但对于每所高等学校,每年按照下列标准,予以津贴:

(1) 基本补助费80镑。

(2) 教师薪俸50%,按初等学校教师所得薪额计算,不得加高。

(3) 建筑物价值0.6%。

(4) 教学上所使用之材料及器械价格35%。

(5) 校长薪俸20%,按前列标准计算之。

凡欲获得受领前项津贴之高等学校,必须已经开办2年,至少有12名"周年生"(Year Students)即学生总数乘在学月数之得数。例如4名学生,均修习三月科,即作为一"周年生"。此外又限制18岁以下之学生不得超过1/4。

(注) 总计 每校每年约可得政府津贴400镑至500镑。又据1933年报告,政府对民众高等学校及农业高等学校之补助费共达1 400 000克仑。

丙　民众高等学校之课程

A. 教学目标

民众高等学校之课程，内容以历史及文学为主，理科分量甚少，或全付缺如。教学之目标，不在授予知识，而在唤醒理知，并开展其新的理想（To awaken intelligence and to open up new vistas）。

每日有二次或三次之讲演，于大会堂举行之；又有课室讨论学程，但无实习工作。

各高等学校皆享有完全自由，故各得自然地发展其特具个性。最近其课程中有少数趋向某种职业之专精，或其他训练。惟此类特殊训练，常与一种普通陶冶相并合。

民众高等学校，并不造就技术专长的农人，但确实造就了一般能够领会专家之价值之农人。丹麦之迅速采用科学的和合作的农事方法，结果造成国民经济的繁荣，其功绩不得不间接归诸格龙维氏当日原为促进精神的再生而创造之民众高等学校。

B. 课表举例

下表系丹麦某男女合教之民众高等学校每日工作程序表：

时间	参加学生	星期一	星期二	星期三	星期四	星期五	星期六
8:00—9:00	全体	地理		历史的数学		社会学	
9:00—10:00	男生	丹麦语		英语 德语	丹麦语		英语 德语
	女生	体操					
10:10—10:25	全体	咖啡					
10:30—11:30	全体	历史的物理		历史		地质学	
11:30—12:30	男生	算术	历史	算术	历史	算术	历史
	女生	历史	算术	历史	算术	历史	算术
12:30—14:00	男生	体操					
	女生	手工及图画					
14:00	全体	午餐					
16:00—17:00	男生	圣经		唱歌		图画 卫生	唱歌
	女生						

续 表

时间	参加学生	星期一	星期二	星期三	星期四	星期五	星期六
17:00—18:00	男生	卫生		卫生			
	女生	丹麦语	英语 德语	丹麦语	丹麦语	英语 德语	丹麦语
18:00—19:00	全体	教会史		文学史		世界史	

(附) 民众高等学校及农业高等学校之统计

下表系1930—1931年度之民众高等学校与农业高等学校数、学生数及其年岁、所习科目、受政府津贴者等各项之较详尽的统计。

	民众高等学校			农业高等学校		
	男	女	合计	男	女	合计
学校数			59			22
学生数	3 194	3 213	6 407 (均住校)	2 476	625	3 101 (均住校)
学生年岁: 16岁以下	5	9	14	—	—	—
16岁至18岁	99	198	297	7	51	58
18至25岁	2 548	2 584	5 132	1 478	528	2 006
25岁以上	386	241	627	439	46	485
未详	156	181	337	552	—	552
学生修习科目: 普通教育	2 283	2 514	4 797			
普通教育(高级)	289	343	632			
工艺	168	—	168	7		7
商业	—	—	—			
体操	186	237	423			
农业	268	—	268	1 771		1 771
农业(高级)	—	—	—	221		221
乳业				316		316
家政	—	119	119	—	620	620
食料控制				61		61
园艺				75	5	80

续 表

	民众高等学校			农业高等学校		
	男	女	合计	男	女	合计
森林	—	—	—	25	—	25
受政府津贴者	1 144	1 353	2 497	570	1	571
曾入一高等学校者	377	253	630	633	80	713

本篇主要参考书目

1. Sandiford, P. (Editor): *Comparative Education*, Chapter Ⅵ. Denmark, 1918.

2. Kandel, I. L. (Editor): *Educational Year-book 1927*. Denmark, P. P. 49 – 64. and 1935. P. P. 135 – 153.

3. Percy, L. E. (Editor): *The Year-book of Education* 1933: *Education in Denmark* P. P. 801 – 821.

4. Begtrup, H., H. Lund and P. Manniche: *The Folk High Schools of Denmark and the Development a Farming Community*, 1926.

5. Davies, N.: *Education for Life, a Danish Pioneer*, 1931.

6. Romans, F. W.: *The New Education in Europe*, Part Four, Chapter Ⅱ, 1929.

书　后

　　本书的编著,前后历时将及五年,到今日才暂时告一段落。各国教育制度常在改进中,我们的研究工作也应该与时俱进;这部书的目的,便是供给读者以继续前进研究的基础。

　　要想了解各国教育制度,我们对其所依附之社会、经济、政治的背景,自应有充分的认识。本书于每一国家教育制度以前,冠以各该国家之"国势大概",即本此旨;但为体例所限,语焉不详,甚盼由此可能引起读者作深进一步的考察之兴趣。

　　比较教育为教育之科学的研究工作之一方面,其他教育学科,皆与有相当关系;内中最为密切的,要算教育史和近代教育思潮两门。比较教育可以看作教育史之继续研究,只有从其史的发展入手,才能使我们真正理解现制。教育制度与教育思潮之关系,仿佛表之与里;制度为一种理想之表著于外部者,要探究其理论的根基,则不得不返而求诸现代教育思潮。深盼研究比较教育者对于以上二门学科,多多留意。

　　全书共包括英、法、俄、日、德、美、意、丹八国。此八国之教育制度各有其特色。就中英、美两国倾向地方分权,其学校制度上容许较多之回旋余地。其余各国均倾向中央集权,全部学制,皆出于最高行政机关之一贯的规划。

　　从多数国家之行政及学校制度中,皆可发现其所受德、法两国之影响,即美与苏俄,亦非例外。苏俄在其建国初期中,颇有一举而摆脱彼所谓资本主义国家之成法,而另起炉灶之势;惟自实行新经济政策以来,其学制上显然受了外来的影响。英国在世界经济及政治上之势力远较德、法两国为雄厚,但其教育制度,则在所属领地以外,似乎影响他国之处不多。至于美国制度似乎仅能在我国博得最多之赞美者。

　　万一这部著作能够辅助读者对于我国现行教育制度之渊源及其改进之途径,达到较明晰而正确的见解,那么本书的刊行,就不为徒劳了。

民国二十五[1936]年十二月二十五日夜编著者识

常道直主要著、编、译、校专著、论文目录

序号	篇名/书名	刊名卷(期)/出版社	发表时间	备注
1	广义的教育	教育丛刊1(3)	1920-06	
2	公民教育	教育丛刊1(4)	1920-06	Bllwood. C. A(著)
3	教育问题之社会学的解决方法	教育丛刊2(1)	1921-03	
4	教育目的之研究	教育丛刊2(3)	1921-05	
5	美国最近试验学校之状况	教育丛刊2(4)	1921-06	
6	孟罗氏论中等教育及我国中等教育上之问题	教育丛刊2(4)	1921-06	
7	全国各高等专门以上学校应设法扩充学额之意见	教育丛刊2(5)	1921-10	
8	英美德法四国小学教育制度之比较	教育丛刊2(5)	1921-10	
9	对于主张废除师范学制者之质疑	教育丛刊2(5)	1921-10	
10	职业教育之目的与范围	教育丛刊2(7)	1922-01	
11	两性教育	教育杂志14(2)	1922-02-20	
12	学校中几个实际的问题	教育杂志14(2)	1922-02-20	
13	中国社会纷乱原因之分析	社会学杂志1(1)	1922-02	
14	推广小学之捷径	教育杂志14(5)	1922-05-20	
15	学校财政公开问题	教育杂志14(5)	1922-05-20	
16	在职教员之教育与暑期学校	教育杂志14(5)	1922-05-20	
17	学术界生活独立问题的讨论	教育杂志14(5)	1922-05-20	提出者:顾颉刚;参与讨论者:郑振铎、沈雁冰、胡愈之、严既澄、常道直
18	学校调查之方法与标准	教育杂志14(5)	1922-05-20	
19	德国之补习教育	教育杂志14(5)	1922-05-20	
20	英国盲聋教育之危机	教育杂志14(5)	1922-05-20	

续 表

序号	篇名/书名	刊名卷(期)/出版社	发表时间	备注
21	最近美国试验教育之状况	教育杂志 14(6)	1922-06-20	
22	德国中等教育之改组	教育杂志 14(6)	1922-06-20	
23	美国全国教育联合会之议事日程	教育杂志 14(6)	1922-06-20	
24	我所望于暑期学校者	教育杂志 14(6)	1922-06-20	
25	现代教师	教育杂志 14(6)	1922-06-20	
26	图画馆与教育	教育杂志 14(6)	1922-06-20	
27	剑桥大学成人教育论文集	教育杂志 14(7)	1922-07-20	
28	美国纽约省之大学校与工人教育	教育杂志 14(7)	1922-07-20	
29	组织亲师协会之提议	教育杂志 14(7)	1922-07-20	
30	学生生活之意义及其特点	学生杂志 9(7)	1922-07	
31	学校效率	教育杂志 14(8)	1922-08-20	
32	美国中学校性欲教育大纲	教育杂志 14(8)	1922-08-20	
33	成人教育论	教育杂志 14(8)	1922-08-20	
34	评最近教育经费独立运动	教育杂志 14(8)	1922-08-20	
35	社会的教育概论	教育杂志 14(9)	1922-09-20	
36	平民主义与教育	商务印书馆	1922-02	常道直(译)杜威在北高师讲授教育哲学笔记
37	译竟"美国全国教育联合会纪事"之余谈	教育杂志 14(10)	1922-10-20	
38	教育标的之社会学的裁决	教育杂志 14(10)	1922-10-20	
39	达尔文主义与社会学	民铎杂志 3(5)	1922-12-01	[Bongle, C.(著)]进化论号
40	中学教法概论	教育杂志 14(12)	1922-12-20	
41	美国全国教育联合会纪事	教育杂志 14(12)	1922-12-20	
42	为行将成立之北京师范大学进一言	教育杂志 14(12)	1922-12-20	本篇另刊于北京师范大学主办的《教育丛刊》1923年2月第三卷第七八合集

续 表

序号	篇名/书名	刊名卷(期)/出版社	发表时间	备注
43	小学课程之研究	教育杂志号外	1922	学制研究专号
44	巴特维个别教授制	教育杂志 15(1)	1923-01-20	
45	我之学校性质观	教育杂志 15(1)	1923-01-20	
46	蒙斯德堡的"心理学与教师"	教育杂志 15(2)	1923-02-20	
47	德国现时之教育运动	教育杂志 15(2)	1923-02-20	
48	中学校中供给学生午膳之提议	教育杂志 15(2)	1923-02-20	
49	四年俄国教育状况	教育杂志 15(3)	1923-03-20	Epstein, A. 著
50	对于小学教员要求加薪评议	教育杂志 15(3)	1923-03-20	
51	小学教员要求加薪问题	教育杂志 15(3)	1923-03-20	
52	社会学上之犯罪观	民铎杂志 4(2)	1923-04-01	
53	柏希满的初等教育原理	教育杂志 15(4)	1923-04-20	
54	民国十一年度学校风潮之具体的研究	教育杂志 15(4)	1923-04-20	
55	教育事业之职业化	教育杂志 15(4)	1923-04-20	
56	救济小学中课程拥挤法之一例	教育杂志 15(4)	1923-04-20	
57	比格罗的性教育	教育杂志 15(5)	1923-05-20	
58	学校风潮表作者之最后的声明	教育杂志 15(5)	1923-05-20	
59	教育社会学	民铎杂志 4(5)	1923-07-01	
60	现在的中国亟需书生式的教育家	教育杂志 15(7)	1923-07-20	
61	怎样鼓励学生的父母来参观学校	教育杂志 15(7)	1923-07-20	
62	性教育概论	教育杂志 15(8)	1923-08-20	性教育专号
63	韦尔思女士的计案课程	教育杂志 15(9)	1923-09-20	
64	教育上所需要的国家主义	教育杂志 15(9)	1923-09-20	
65	测量教授的成绩	教育杂志 15(10)	1923-10-20	
66	小学史地科中之国耻事实	教育杂志 15(10)	1923-10-20	
67	欧哈德的教授之方式	教育杂志 15(11)	1923-11-20	
68	大英帝国教育会议纪要	教育杂志 15(11)	1923-11-20	
69	再论现在中国亟需书生式的教育家	教育杂志 15(11)	1923-11-20	

续表

序号	篇名/书名	刊名卷(期)/出版社	发表时间	备注
70	德维士的教授术	教育杂志15(12)	1923-12-20	
71	大英帝国教育会议纪要(续)	教育杂志15(12)	1923-12-20	
72	从什么地方看出国家主义的教育之需要	教育杂志15(12)	1923-12-20	
73	新学制社会教科书	商务印书馆	1923	与丁晓先合著,该书共八册,由朱经农、王岫庐校定。
74	小学教学法概要	教育杂志16(1)	1924-01-20	小学各科教学法号(上)
75	小学公民科教学法	教育杂志16(1)	1924-01-20	
76	新希望	少年中国4(10)	1924-02	
77	我国现时需要世界主义的教育吗	少年中国4(10)	1924-02	
78	从什么地方看出国家主义的教育之需要	少年中国4(10)	1924-02	
79	对于小学社会的科学中采择外国材料之意见	教育杂志16(3)	1924-03-20	
80	进一步讨论平民教育问题	教育杂志16(4)	1924-04-20	
81	德奥两国教育上之新运动	教育杂志16(5)	1924-05-20	
82	平民教育之价值谈	教育杂志16(5)	1924-05-20	
83	为怀疑国家主义者解惑	教育杂志16(5)	1924-05-20	
84	教师之人格问题	教育杂志16(6)	1924-06-20	
85	试验学校之演进	教育杂志16(7)	1924-07-20	Mead, A. R. 著
86	从统计的事实证明平民学校学生年龄应当提高	教育杂志16(7)	1924-07-20	
87	南京平民教育运动的现在与将来	中华教育界14(1)	1924-07	
88	中国城市小学几个问题	中华教育界14(2)	1924-08	
89	平民教育之宣传及其方法	教育与人生2(60)	1924-12-08	

续表

序号	篇名/书名	刊名卷(期)/出版社	发表时间	备注
90	缅甸一瞥	商务印书馆	1925-01	Kelly, R. T. 著 汪今鸾译,常道直校
91	内战与平民教育	中华教育界 14(7)	1925-01	
92	对于教会大学问题之管见	中华教育界 14(8)	1925-02	
93	南京平民教育上之新设施	中华教育界 14(9)	1925-03	
94	我国教育界流行的偏见之一	教育杂志 17(4)	1925-04-20	
95	对于我国教育现状之危言	中华教育 14(11)	1925-05	
96	教育专业论	中华教育 14(12)	1925-06	
97	国家主义与平民教育问题	中华教育界 15(1)	1925-07	
98	杜威教授论留学问题	教育杂志 17(7)	1925-07-20	
99	美人对于沪案之态度	醒狮(50)	1925-9-19	
100	旅美参观学校纪略	教育杂志 17(10)	1925-10-20	
101	国家主义与德国教育之进展（上）	教育杂志 17(11)	1925-11-20	
102	国家主义与德国教育之进展（下）	教育杂志 17(12)	1925-12-20	
103	上海惨杀事件与收回教育权之机会	中华教育界 15(6)	1925-12	
104	社会教育与个性教育	商务印书馆	1925	与王骏生合著
105	学校风潮的研究	商务印书馆	1925	与余家菊合著
106	成人教育	商务印书馆	1925	与任白涛合著
107	性教育概论	商务印书馆	1925	
108	留学杂评	醒狮(70)	1926-02-06	
109	留学杂评(续)	醒狮(71)	1926-02-20	
110	美国纽甲色省汉特顿县之乡村学校及乡村生活	教育杂志 18(3)	1926-03-20	

续 表

序号	篇名/书名	刊名卷(期)/出版社	发表时间	备注
111	留美学生状况与今后之留学政策	中华教育界15(9)	1926-03	
112	留美学生与秘密结社问题	中华教育界15(9)	1926-03	
113	美国教育之管窥	教育杂志18(4)	1926-04-20	
114	教师分等制	中华教育界16(2)	1926-08	
115	参观美国公立学校略记	教育杂志18(9)	1926-09-20	
116	美国之职业教育及特殊教育举例	教育杂志18(10)	1926-10-20	
117	参观美国一村之教育状况	中华教育界16(4)	1926-10	
118	何浮氏论德国教育之精神	中华教育界16(5)	1926-11	
119	土耳其一瞥	商务印书馆	1926-11	（英）密林根著；孟琇玮译；常道直校
120	究竟有上帝否	商务印书馆	1926-11	（英）密林根著；孟琇玮译；常道直校
121	德国改造共和后之教育革新	中华教育界16(7)	1927-01	
122	英国之补习教育及其职业教育	教育杂志19(5)	1927-05-20	
123	海外通讯	教育杂志19(5)	1927-05-20	与李石岑、周予同的两封通信
124	英国教育近况述要	中华教育16(11)	1927-05	
125	英国乡村生活及乡村小学之概况	教育杂志19(6)	1927-06-20	
126	英国师范教育之现状	中华教育16(12)	1927-06	
127	伦敦市之小学校中学校及职业学校	教育杂志19(11)	1927-11-20	
128	参观德国柏林之基本学校国民学校及平民中学校略记	教育杂志20(7)	1928-07-20	
129	参观柏林男女中等学校略记	教育杂志20(8)	1928-08-20	

续 表

序号	篇名/书名	刊名卷(期)/出版社	发表时间	备注
130	视导制度商榷	教育汇刊（南京 1929）(1)	1929-03	国立中央大学教育学院编辑，该文分别在国立中央大学行政周刊95与98期连载
131	欧美大学之比较及我国高等教育问题	寰球中国学生会周刊(340)	1929-05-07	此文在国立中央大学半月刊第一卷九十六期上转载
132	欧美大学之比较及我国高等教育问题(续)	寰球中国学生会周刊(341)	1929-05-21	此文在国立中央大学半月刊第一卷九十七期上转载
133	法国社会学家杜克汉之教育学说	民铎杂志10(4)	1929-09	
134	游学杂感	教育杂志21(8)	1929-08-20	此文在1929年10月22日另刊于寰球中国学生会周刊
135	大学之任务	国立中央大学半月刊1(1)	1929-10-16	
136	民众教育任务谈	教育与民众1(3)	1929-10	
137	游学杂感(续)	寰球中国学生会周刊(354)	1929-11-05	
138	大学之制度	国立中央大学半月刊1(6)	1930-01-01	
139	学制之比较研究	国立中央大学教育学院教育季刊1(1)	1930-02	常道直
140	民众教育谈片	教育与民众1(8)	1930-03	

序号	篇名/书名	刊名卷(期)/出版社	发表时间	备注
141	教育参观对于专攻教育学科者,究竟有什么价值	国立中央大学教育学院教育季刊1(2)	1930-05	
142	参观杂评	国立中央大学教育学院教育季刊1(2)	1930-05	
143	法国初等教育概观(附表)	教育杂志22(6)	1930-06-20	
144	法国中等教育之近况	教育杂志22(6)	1930-06-20	
145	教育专业化之特质	国立中央大学学生会会刊	1930-06	
146	教育漫谈:游学杂感之续	教育杂志22(9)	1930-09-20	
147	今后教育研究努力的方向	中华教育界18(10)	1930-10-15	
148	德法英美四国教育概观	商务印刷馆	1930	
149	教育行政大纲	中华书局(上海)	1930	该书分为上、下两册
150	比较教育	中华书局	1930	
151	增订教育行政大纲	中华书局	1931	
152	民众精神教育引言	民众教育季刊1(1)	1932-08-01	
153	师范大学之双重的任务	师大月刊(1)	1932-11-01	
154	沪战杂咏　翁将军歌	国风(南京)2(3)	1933-02-01	张其昀编辑钟山书局出版
155	宪法上之教育权利与教育义务	社会建设1(1)	1933-04	黄公觉总主编
156	德国教育制度	钟山书局(南京)	1933-04	
157	苏俄最近新生产教育学说之概要及其批判	东方杂志30(14)	1933-07-16	此文另刊于苏俄评论第五卷第二期
158	生产教育之根本问题	东方杂志30(16)	1933-08-16	
159	宪法上关于教育之规定	国立中央大学教育丛刊1(1)	1933-11	
160	法国教育制度	文化学社(北平)	1933	
161	师范教育论	立达书局(北平)	1933	

续 表

序号	篇名/书名	刊名卷(期)/出版社	发表时间	备注
162	个人计划(六五)	东方杂志 31(1)	1933-01-01	
163	读宪法草案初稿修正案教育章	教育杂志 24(1)	1934-01-20	
164	"一周岁"的中国教育学会	大公报	1934-01-22	
165	中国师范教育改造之起点	中华教育界 21(7)	1934-01	中国教育改造号
166	教育者之哲学的素养	师大月刊(12)	1934-05-31	
167	所望于今后之民众教育者	教育与民众 5(10)	1934-05	
168	新中华比较教育	中华书局	1934	高级中学师范科用书
169	现行学制需要改善的几点	中华教育界 22(9)	1935-03	
170	师范教育之趋势	中华教育界 23(9)	1935-03	此文另刊于国立中央大学教育丛刊第三卷第一期
171	现行督学制之检讨	江苏教育(4—5)	1935-06-15	教育视导专号
172	师范教育之趋势	教育丛刊 3(1)	1935-12	此文另刊于1936年3月1日出版的中国教育界第二十三卷第九期
173	我对于视导之意见	福建教育 2(4)	1936-04-10	
174	青年与团体生活	广播周报(83)	1936-04-25	
175	师范教育上几种显著的倾向	湖北教育月刊 3(1)	1936-05-15	
176	审议机关在教育行政组织中之地位与功能	教育丛刊 3(2)	1936-06	
177	对于现行学制一点补充意见：一种新型式的中等学校	教与学 2(3)	1936-09-01	正中书局教与学月刊社

续表

序号	篇名/书名	刊名卷(期)/出版社	发表时间	备注
178	各国教育制度	中华书局	1936	该书分为上、下两册,历时五年完成
179	国民教育与国家实力	前进教育 1(1)	1937-02-01	
180	大学联合招生之我见	前进教育 1(5/6)	1937-05-16	
181	我国义务教育之根本问题	中华教育界 24(12)	1937-06-01	
182	战时教育行政上几个问题	西南通刊 1(1)	1938-03-27	创刊号,重庆人民日报福刊
183	战时教育与平时教育	新民族	1938-04-10	
184	战时在职教师之训练与辅导问题	教育通讯	1938	
185	新中国之国民训练计划刍议	教育杂志 28(11)	1938	
186	教师报国之机会	教育通讯(汉口)(12)	1938-06-11	
187	现行中学改造之必备及其途径	教育通讯周刊(29)	1938-10-08	
188	对于一切教育改革主张之赘言	教与学 3(10)	1938-12-31	
189	教育合理化运动发端	学灯(37)	1939-02-12	
190	学制合理化之一般原则及现行学制修正方案	建国教育季刊 1(2)	1939-03-01	今后二年各项教育问题专号
191	现行学制应予修正之十点	教育通讯周刊 2(9)	1939-03-04	学制问题专号
192	中学毕业会考与大学统一招生	新民族	1939-03-29	
193	学制改进问题	国立中央大学教育丛刊	1939-06	
194	战时教育之意义与平时教育之关系	国立中央大学教育丛刊	1939-06	常道直(讲);朱锡裕、范仲德记
195	全国教师公约——今年教师节对于教师们之献言	教育通讯周刊 2(33)	1939-08-26	
196	中心学校制度与地方教育改进	教与学 4(12)	1940-02-29	
197	论我国宪法上关于教育应有之规定	国立中央大学师范学院教育丛刊 5(1)	1940-06	

续 表

序号	篇名/书名	刊名卷(期)/出版社	发表时间	备注
198	宪法与教育机会平等	教与学 5(5)	1940-07-31	
199	教师节谈到教师之新职责	教育通讯周刊 3(32)	1940-08-24	教师节专号
200	中学制度改进途径之展望	教育通讯周刊 4(1)	1941-01	
201	论教育节约	中央周刊 3(31)	1941-02-28	
202	师范学院教育学系课程问题	教育通讯周刊 4(19)	1941-05-17	
203	侨民教育问题蠡测	侨民教育季刊(1)	1941-06-30	创刊号,社长、发行者:李清悚
204	论职业教育制度上需加调整之几点	教育与职业(195)	1941-08-01	
205	尊师与教师自尊	教育通讯周刊 4(32—33)	1941-08-30	教师节专号
206	训导过程之两极性	中央日报	1942-04-16	4版45册
207	中学制度改进之注意点及其步骤	中等教育(1)	1942-04	福建教育厅出版
208	泛论课程研究	中央日报	1942-05-16	4版46册
209	关于教育学系课程的根本理论	高等教育季刊 1(4)	1942-06-01	
210	勖学教育的青年	读书通讯(45)	1942-07-01	
211	调整中等学校师资训练制度私议	中等教育季刊 2(3)	1942-07-25	
212	学制改进的关键	教育研究(103/104)	1942-07	国立中山大学出版(1928年创刊)
213	当前中学制度上几个显著的问题及其解决途径	中等教育季刊 2(4)	1942-10-25	
214	社会教育一解	社会教育季刊(重庆)创刊号	1943-03	
215	欧美大学生活特性之一斑	东方杂志 39(2)	1943-03-30	
216	论高中毕业生服务指导	教育与职业(198)	1943-05-05	
217	我国中等教育之需要	教育通讯(汉口)6(15/16)	1943-06-10	

续 表

序号	篇名/书名	刊名卷(期)/出版社	发表时间	备注
218	对于体育的意见和理想:十二月三日教育部中等教司常司长道直对国立体育师范专校员生讲词	健与力 4(12)	1943-12	常道直(讲);谌厚博(记)
219	论今后教育之趋势	中国教育学会年报(三十三年)	1944-10	中华书局出版
220	神经移植成功	锻炼(4)	1945-04	
221	中国教育史	正中书局(上海)	1945	王凤喈编著;常道直校订
222	计划教育之一般原则及其主要问题	正气杂志(5)	1946-05	
223	教育制度改进论	正中书局(上海)	1947-05	
224	世界教育专业组织与国际和平	教育杂志 32(1)	1947-07-01	战后中国教育专号(上)
225	当前我国教育上两大课题	教育杂志 32(2)	1947-08	战后中国教育专号(下)
226	基本教育与世界和平	教育杂志 32(3)	1947-09	
227	各国初等教育之特点	国民教育辅导月刊 1(3)	1947-08-31	常道直(讲);纪海泉(记);台湾省教育厅编
228	美苏教育之比较	台湾训练 5(2)	1947-10-16	
229	我国学制之外国渊源	台湾训练 5(4)	1947-11-06	
230	现代各国教育思想及实际上之重要倾向	台湾训练 5(5)	1947-12-01	常道直(讲);陈成俊(记)
231	日本再教育问题	新中华 复5(24)	1947-12-10	
232	教育风气与教育团体	教育杂志 33(1)	1948-01	
233	论今后我国教育学术界努力之方向	中国教育学会年报(三十六年)	1948-01	

续 表

序号	篇名/书名	刊名卷(期)/出版社	发表时间	备注
234	世界教育专业组织之诞生及其使命:出席世界教育专业会议之报告	中国教育学会年报(三十六年)	1948-01	
235	如何促成教育之专业化	教育杂志33(4)	1948-04	
236	教师节与教师公约	教育通讯月刊5(12)	1948-08-15	复刊第五卷第十二期;主编:陈东原
237	中国学制民主化与中学教育	教育杂志33(8)	1948-08	
238	国际教师宪章私议	教育杂志33(11)	1948-11	
239	教育行政	正中书局(上海)		与李季开、韩遂愚合著
240	杨·阿姆司·夸美纽斯的生平和教育思想	华东师大学报(人文科学版)(1)	1958	
241	赫尔巴特的教学论的再评价	华东师大学报(人文科学版)(3)	1958	

图书在版编目(CIP)数据

大夏教育文存.常道直卷/杜成宪主编.—上海:华东师范大学出版社,2016.3
ISBN 978-7-5675-5001-8

Ⅰ.①大… Ⅱ.①杜… Ⅲ.①教育制度-研究-世界 Ⅳ.①G4

中国版本图书馆CIP数据核字(2016)第068360号

本书由上海文化发展基金会图书出版专项基金资助出版

大夏教育文存 常道直卷

主　　编　杜成宪
本卷主编　杨来恩
策　　划　王　焰
责任编辑　金　勇
责任校对　陈　易
装帧设计　高　山

出版发行　华东师范大学出版社
社　　址　上海市中山北路3663号　邮编200062
网　　址　www.ecnupress.com.cn
电　　话　021-60821666　行政传真021-62572105
客服电话　021-62865537　门市(邮购)电话021-62869887
地　　址　上海市中山北路3663号华东师范大学校内先锋路口
网　　店　http://hdsdcbs.tmall.com

印　刷　者　上海中华商务联合印刷有限公司
开　　本　787×1092　16开
印　　张　34
字　　数　575千字
版　　次　2018年11月第1版
印　　次　2018年11月第1次
书　　号　ISBN 978-7-5675-5001-8/G·9310
定　　价　148.00元

出　版　人　王　焰

(如发现本版图书有印订质量问题,请寄回本社客服中心调换或电话021-62865537联系)